近代无锡、保定农户经济行为研究

韩锋 隋福民◎著

经济管理出版社
ECONOMY & MANAGEMENT PUBLISHING HOUSE

图书在版编目（CIP）数据

近代无锡、保定农户经济行为研究/韩锋，隋福民著．—北京：经济管理出版社，2023.2
ISBN 978-7-5096-8954-7

Ⅰ.①近… Ⅱ.①韩… ②隋… Ⅲ.①农户—经济行为—研究—无锡 ②农户—经济行为—研究—保定 Ⅳ.①F325.15

中国国家版本馆 CIP 数据核字(2023)第 035559 号

组稿编辑：任爱清
责任编辑：任爱清
责任印制：黄章平
责任校对：张晓燕

出版发行：经济管理出版社
（北京市海淀区北蜂窝 8 号中雅大厦 A 座 11 层　100038）
网　　址：www. E-mp. com. cn
电　　话：（010） 51915602
印　　刷：唐山昊达印刷有限公司
经　　销：新华书店
开　　本：787mm×1092mm/16
印　　张：20
字　　数：450 千字
版　　次：2023 年 3 月第 1 版　　2023 年 3 月第 1 次印刷
书　　号：ISBN 978-7-5096-8954-7
定　　价：98.00 元

前　言

党的十九大报告指出，农业农村农民问题是关系国计民生的根本性问题，必须始终把解决好“三农”问题作为全党工作的重中之重。而对农民的经济行为研究无疑有助于更好地了解农民、了解农村，从而更好地解读“三农”问题。

党的二十大报告指出，要加快建设农业强国，扎实推动乡村产业、人才、文化、生态、组织振兴。习近平总书记多次指出：“我们要坚持用大历史观来看待农业、农村、农民问题，只有深刻理解了‘三农’问题，才能更好理解我们这个党、这个国家、这个民族。”借助“无锡、保定农村调查”资料对农民的经济行为研究无疑有助于更好地用大历史观来看待农业、农村、农民问题，更加深刻地理解“三农”问题。

“无锡、保定农村调查”是一个关于中国两地农村的系列调查，截止到目前，一共进行了四次，分别于1929/1930年、1958年、1987年和1998年进行。四次调查积累了两地数千户农户的跨越近70年的家庭经济数据。这对于研究中国的农业、农村变迁以及农户家庭经济的变迁极为珍贵。第一次调查是由时任中央研究院社会科学研究所社会学组主任陈翰笙组织领导的。发起“无锡、保定农村调查”的目的正如陈翰笙所言，“我们认为可靠的材料和合理的整理所给予我们有组织的知识，可以使我们明了中国农村经济的根本关系，就是使我们认识中国农村社会的特性。这种建筑在根本关系上的特性，二三十年内是不容易更改的。虽然调查的时期觉得远些，只要是可靠的调查，便有科学的价值……大概研究工作成本总是贵的，科学不是偶然，人力亦不是勉强的。与其草率地得了一些浮泛的知识，还不如脚踏实地去认识一切根本关系。我们很希望改造中国的策略是有根据有组织的可靠的知识。策略假使根本有错误，改造也就不会成功。”① 调查地点的选择按照计划有三处：江南、华北和岭南（分属于长江、黄河、珠江三个流域）。陈翰笙认为：“江南、河北和岭南是中国工商业比较发达而农村经济变化得最快的地方。假使我们能够彻底地了解这三个不同的经济区域的生产关系如何在那里演进，认识这些地方的社会结构的本质，对于全国社会经济发展的程序，就不难窥见其梗概；而于挽救中国今日农村的危机，也就不难得到一个有效的设计。研究中国农村经济先从这三个地方着手，才是扼要的办法。”② 但由于多种原因，岭南的调查是在陈翰笙离开中研院之后进行的。在中央研究院工作期间，仅完成了无锡和保定

---

① 原载《农村周报》第三十六期，1930年8月。

② 陈翰笙．广东农村生产关系和生产力［M］//汪熙，杨小佛．陈翰笙文集．上海：复旦大学出版社，1985：73.

的农村调查。

第二次调查是在1958年进行的，组织领导者为时任国家统计局局长薛暮桥和时任中国科学院经济研究所所长、国家统计局副局长孙冶方。第二次调查除了调查1957年两地农户的基本经济情况外，还对第一次调查的资料和数据进行了补充、修正和完善。与此同时，为了便于观察不同时期农户家庭的经济变化，还回溯调查了1936年和1946年（1948年）的家庭经济情况。

本书对农户经济行为的研究是基于“无锡、保定农村调查”近代部分数据。借助这部分数据还原当时的历史，同时，通过对同一地不同年份的农户经济行为进行比较及对不同地的农户经济行为进行比较，为农户经济行为研究提供借鉴和参考。

目　录

第一章　1929年保定同一地不同村农民的经济行为差异

第一节　人口状况分析

为了对农民的经济行为进行比较研究，我们首先比较五个村调查数据中的基本变量，如年末常住男性人口、年末常住女性人口、年内常住男性人口、年内常住女性人口、男性劳动力、女性劳动力。近代中国农民大部分以土地为生，而且当时的生产工具相对落后，男女劳动力可能存在差异。我们借助宝贵的无锡、保定数据还原一下当时的历史，看看1929年同是保定清苑县但是不同村劳动力的差异是否会对农民的经济行为产生影响。原始数据包括：薛庄156户、东顾庄158户、何家桥224户、李罗侯176户、蔡家营68户，由于这五个村庄样本量相对较多，固上村只有2个样本，故剔除掉，只比较这五个村庄。

另外，以下涉及家庭规模计算时，如果考察与土地有关，通常采用年末男性和女性人口之和或年内男性和女性人口之和。如果考察在外人口，特别是上学率时，需要加上年末在外人口或年内在外人口。整个数据删除了家庭规模为0的人口。

由表1-1可以看出，薛庄年末常住男性人口均值略低于其他四个村庄，而其他四个村庄比较接近。

表1-1　1929年保定清苑县五个村年末常住男性人口概况

调查村		N	最小值	最大值	均值	标准偏差
薛庄	年末常住男性人口	155	0.00	7.00	2.2258	1.47951
东顾庄	年末常住男性人口	154	0.00	9.00	2.8701	1.89496
何家桥	年末常住男性人口	218	0.00	11.00	2.7844	1.88233
李罗侯	年末常住男性人口	170	0.00	8.00	2.8588	1.67581
蔡家营	年末常住男性人口	68	1.00	7.00	2.7941	1.47171

由表1-2可以看出，薛庄年末常住女性人口均值最低，但和李罗侯接近，其次为

何家桥、东顾庄，最高的为蔡家营。

表 1-2　1929 年保定清苑县五个村年末常住女性人口概况

调查村		N	最小值	最大值	均值	标准偏差
薛庄	年末常住女性人口	155	0.00	9.00	2.5935	1.62647
东顾庄	年末常住女性人口	154	0.00	13.00	2.8506	2.27169
何家桥	年末常住女性人口	218	0.00	13.00	2.7569	2.22689
李罗侯	年末常住女性人口	170	0.00	11.00	2.6118	1.90666
蔡家营	年末常住女性人口	68	0.00	10.00	3.1544	1.99861

以上五个村庄相比较，李罗侯村年末常住女性人口和男性人口接近，但和其他村庄比较女性少但男性和其他几个村庄接近；薛庄女性多于男性，但和其他村庄比较男性人口低于其他四个村庄，女性人口相对多些；蔡家营本身女性人口多于男性人口，与其他村庄比较除薛庄外男性人口接近，女性人口也远高于其他村庄；东顾庄本身男性和女性人口接近，与其他村庄比较除薛庄外男性人口接近，女性人口较多，仅次于蔡家营；何家桥村男性和女性人口接近，男性略高于女性，与其他村庄相比除薛庄外其他村庄年末男性人口接近，女性人口高于薛庄和李罗侯，低于东顾庄与蔡家营，与东顾庄接近。

由表 1-3 可以看出，薛庄的家庭规模是几个村庄最小的，与上述表 1-1 和表 1-2 分析结果相符。蔡家营是五个村庄中家庭规模最大的，其次为东顾庄，再次为何家桥、李罗侯。

表 1-3　1929 年保定清苑县五个村年末家庭规模概况

调查村		N	最小值	最大值	均值	标准偏差
薛庄	年末家庭规模	155	1.00	14.00	4.8194	2.52126
东顾庄	年末家庭规模	154	1.00	20.00	5.7208	3.74602
何家桥	年末家庭规模	218	1.00	24.00	5.5413	3.66332
李罗侯	年末家庭规模	170	1.00	19.00	5.4706	3.20535
蔡家营	年末家庭规模	68	1.00	17.00	5.9485	3.05685

接下来看看五个村年末男性人口占家庭规模比例，这里需要进行数据预处理，因为有些农户的家庭规模为 0 需要剔除掉，所以表 1-1 至表 1-3 已删除 19 个年末家庭规模为 0 的样本。

由表 1-4 可以看出，薛庄和蔡家营男性人口占家庭规模比重均小于 50%，说明这两个村庄特别是薛庄女性人口占家庭规模比重高。其余三个村李罗侯的男性占比最高，其次是何家桥和东顾庄。

表 1-4　1929 年保定清苑县五个村年末男性人口占家庭规模比重概况

调查村		N	最小值	最大值	均值	标准偏差
薛庄	年末男性人口占家庭规模比重	155	0.00	1.00	0.4609	0.23813
东顾庄	年末男性人口占家庭规模比重	154	0.00	1.00	0.5212	0.20115
何家桥	年末男性人口占家庭规模比重	218	0.00	1.00	0.5262	0.22281
李罗侯	年末男性人口占家庭规模比重	170	0.00	1.00	0.5429	0.19797
蔡家营	年末男性人口占家庭规模比重	68	0.14	1.00	0.4975	0.17324

以上是年末人口的情况，也可能有些人外出打工只有年末在家，所以我们有必要调查一下年内人口的情况。我们也是先计算家庭规模，删除年内家庭规模为 0 的农户共 19 户。

由表 1-5 可以看出，年内常住男性人口还是存在着差异，最高的为李罗侯村，其次为何家桥村，再次为东顾庄、蔡家营，最少为薛庄。

表 1-5　1929 年保定清苑县五个村年内常住男性人口概况

调查村		N	最小值	最大值	均值	标准偏差
薛庄	年内常住男性人口	155	0.00	7.00	2.2258	1.47951
东顾庄	年内常住男性人口	153	0.00	9.00	2.7843	1.86004
何家桥	年内常住男性人口	219	0.00	11.00	2.8037	1.88738
李罗侯	年内常住男性人口	170	0.00	8.00	2.8588	1.67581
蔡家营	年内常住男性人口	68	1.00	7.00	2.7647	1.46723

由表 1-6 可以看出，年内常住女性人口也存在着差异，最高的为蔡家营村，其次为东顾庄村，再次为何家桥、李罗侯、薛庄。

表 1-6　1929 年保定清苑县五个村年内常住女性人口概况

调查村		N	最小值	最大值	均值	标准偏差
薛庄	年内常住女性人口	155	0.00	9.00	2.6000	1.62609
东顾庄	年内常住女性人口	153	0.00	13.00	2.8431	2.26564
何家桥	年内常住女性人口	219	0.00	13.00	2.7854	2.25538
李罗侯	年内常住女性人口	170	0.00	11.00	2.6353	1.94204
蔡家营	年内常住女性人口	68	0.00	10.00	3.1691	1.97864

由表 1-7 可以看出，年内家庭规模蔡家营最高，其次为东顾庄、何家桥、李罗侯，最后为薛庄。

表 1-7　1929 年保定清苑县五个村年内家庭规模概况

调查村		N	最小值	最大值	均值	标准偏差
薛庄	年内家庭规模	155	1.00	14.00	4.8258	2.51785
东顾庄	年内家庭规模	153	1.00	20.00	5.6275	3.73089
何家桥	年内家庭规模	219	1.00	24.00	5.5890	3.69541
李罗侯	年内家庭规模	170	1.00	19.00	5.4941	3.24219
蔡家营	年内家庭规模	68	2.00	17.00	5.9338	3.01477

由表 1-8 可以看出，年内男性人口占家庭规模比重除了薛庄和蔡家营未达到 50%，其余均稍超过 50%，说明薛庄和蔡家营的家庭结构中年内男性人口所占比重低于女性人口，而其他村庄则相反。

表 1-8　1929 年保定清苑县五个村年内男性人口占家庭规模比重概况

调查村		N	最小值	最大值	均值	标准偏差
薛庄	年内男性人口占家庭规模比重	155	0.00	1.00	0.4604	0.23852
东顾庄	年内男性人口占家庭规模比重	153	0.00	1.00	0.5159	0.20118
何家桥	年内男性人口占家庭规模比重	219	0.00	1.00	0.5244	0.22093
李罗侯	年内男性人口占家庭规模比重	170	0.00	1.00	0.5416	0.19806
蔡家营	年内男性人口占家庭规模比重	68	0.14	1.00	0.4877	0.16310

通过上述研究可以发现一个有趣的现象，1929 年保定清苑县五个调查村的年内人口情况与年末接近。这是否意味着外出务工或上学的人口并不多？也就是现在所说的人口流动性差。后续我们进一步讨论。

第二节　1929 年保定男、女性劳动力情况

除以上关于家庭规模和性别及其占比外，我们也很关心，每户男性劳动力和女性劳动力及其在家庭规模中的占比情况。需要说明的是，家庭规模为 0 的 19 个样本中年末和年内仅有两个样本不同，差异不大，我们以下均以年末家庭规模作为家庭规模。

由表 1-9 可以看出，五个村男性劳动力还是存在着差异，蔡家营每户男性劳动力最多，其次为李罗侯，再次为东顾庄、何家桥，最少为薛庄。

表 1-9 1929 年保定清苑县五个村男性劳动力概况

调查村		N	最小值	最大值	均值	标准偏差
薛庄	其中：男性劳动力	155	0.00	4.00	1.2194	0.88473
东顾庄	其中：男性劳动力	154	0.00	6.00	1.7597	1.17743
何家桥	其中：男性劳动力	218	0.00	8.00	1.7202	1.22179
李罗侯	其中：男性劳动力	170	0.00	6.00	1.8941	1.14120
蔡家营	其中：男性劳动力	68	0.00	5.00	1.9118	1.12946

由表 1-10 可以看出，男性劳动力占家庭规模比重比较高的是李罗侯、蔡家营、何家桥、东顾庄，最低的为薛庄。接下来我们看看女性劳动力在家庭规模中的占比情况，具体如表 1-11 所示。

表 1-10 1929 年保定清苑县五个村男性劳动力占家庭规模比重概况

调查村		N	最小值	最大值	均值	标准偏差
薛庄	男性劳动力占家庭规模比重	155	0.00	1.00	0.2821	0.22568
东顾庄	男性劳动力占家庭规模比重	154	0.00	1.00	0.3462	0.21606
何家桥	男性劳动力占家庭规模比重	218	0.00	1.00	0.3582	0.24168
李罗侯	男性劳动力占家庭规模比重	170	0.00	1.00	0.3891	0.22600
蔡家营	男性劳动力占家庭规模比重	68	0.00	1.00	0.3678	0.21212

表 1-11 1929 年保定清苑县五个村女性劳动力占家庭规模比重概况

调查村		N	最小值	最大值	均值	标准偏差
薛庄	女性劳动力占家庭规模比重	155	0.00	1.00	0.3490	0.21408
东顾庄	女性劳动力占家庭规模比重	154	0.00	1.00	0.3369	0.17694
何家桥	女性劳动力占家庭规模比重	218	0.00	1.00	0.2927	0.21798
李罗侯	女性劳动力占家庭规模比重	170	0.00	1.00	0.2498	0.16776
蔡家营	女性劳动力占家庭规模比重	68	0.00	1.00	0.3156	0.16913

由表 1-11 并结合表 1-10 可以看出，薛庄的家庭中女性劳动力占比高于男性劳动力；东顾庄男、女性劳动力在家庭规模中占比接近且男性略高于女性；何家桥、蔡家营男性劳动力在家庭规模中的占比高于女性劳动力在家庭规模中的占比；李罗侯男性劳动力在家庭规模中的占比高于女性劳动力在家庭规模中的占比，且程度高于何家桥与蔡家营。

我们分性别比较了男、女性劳动力在家庭规模中的占比，可以看出，不同村落男、女性劳动力在家庭规模中的占比是不同的，这会对农民的经济行为产生什么影响呢？在后面的研究中将一一剖析。接下来有必要研究男性和女性劳动力汇总在家庭规模中的占比，即直接合并表 1-10 和表 1-11。

由表 1-12 可以看出，五个村劳动力在家庭规模中的占比均在 60%以上，其中蔡家营和东顾庄占比高些，其次为何家桥，再次为李罗侯和薛庄。

表 1-12　1929 年保定清苑县五个村劳动力占家庭规模比重概况

调查村		N	最小值	最大值	均值	标准偏差
薛庄	劳动力占家庭规模比重	155	0.00	1.33	0.6311	0.25549
东顾庄	劳动力占家庭规模比重	154	0.00	1.00	0.6831	0.21614
何家桥	劳动力占家庭规模比重	218	0.00	1.00	0.6509	0.24122
李罗侯	劳动力占家庭规模比重	170	0.00	1.00	0.6389	0.22457
蔡家营	劳动力占家庭规模比重	68	0.00	2.00	0.6834	0.27985

第三节　1929 年保定农民教育投入情况

表 1-13 计算了 7~13 岁人口占家庭规模的比重，考虑 7~13 岁人口可能外出求学，所以我们以下计算家庭规模时，不仅考虑年末常住男性和女性人口，还要考虑年末在外人口。并且我们进行了数据清洗，删除 7~13 岁人口数加上 14 岁以上人口数大于年末常住男性人口加上女性人口再加上年末在外人口数的共计 7 个样本。

表 1-13　1929 年保定清苑县五个村 7~13 岁人口占家庭规模比重概况

调查村		N	最小值	最大值	均值	标准偏差
薛庄	7~13 岁人口占家庭规模比重	153	0.00	0.50	0.1055	0.13957
东顾庄	7~13 岁人口占家庭规模比重	152	0.00	0.50	0.1068	0.13515
何家桥	7~13 岁人口占家庭规模比重	216	0.00	0.67	0.1153	0.14015
李罗侯	7~13 岁人口占家庭规模比重	169	0.00	0.60	0.1223	0.14307
蔡家营	7~13 岁人口占家庭规模比重	68	0.00	0.40	0.1172	0.12832

由表 1-13 可以看出，7~13 岁人口在五个村家庭规模中占比均在 10%以上，其中薛庄最低，其次是东顾庄，再次是何家桥和蔡家营，最后是李罗侯为最高。

这些人口是否上学？从中也略可以看出 1929 年农民对教育的投入情况。要想了解这些无疑还得借助历史数据，我们借助无锡、保定历史调查数据进一步分析 7~13 岁人口在学人数比例，以了解各村各户对教育的投入情况。将 7~13 岁人口数作为分母，将其为 0 的数据剔除掉（见表 1-14）。

表 1-14　1929 年保定清苑县五个村 7~13 岁人口在学人数占比概况

调查村		N	最小值	最大值	均值	标准偏差
薛庄	7~13 岁在学人数占比	66	0.00	1.00	0.3245	0.44389
东顾庄	7~13 岁在学人数占比	69	0.00	1.00	0.1051	0.25391
何家桥	7~13 岁在学人数占比	104	0.00	1.00	0.0946	0.25203
李罗侯	7~13 岁在学人数占比	86	0.00	1.00	0.1618	0.33489
蔡家营	7~13 岁在学人数占比	36	0.00	1.00	0.3333	0.41404

由表 1-14 可以看出，7~13 岁人口在学人数比例蔡家营和薛庄很高，其次为李罗侯，再次为东顾庄和何家桥。

以上分析了 7~13 岁人口的在学情况，可以看出，蔡家营 7~13 岁人口占家庭规模比重为是 11.72%，在学人数比重为 33.33%；薛庄 7~13 岁人口占家庭规模比重为 10.55%，在学人数比重为 32.45%；李罗侯 7~13 岁人口占家庭规模比重为 12.23%，在学人数比重为 16.18%；东顾庄 7~13 岁人口占家庭规模比重为 10.68%，在学人数比重为 10.51%；何家桥 7~13 岁人口占家庭规模比重为 11.53%，在学人数比重为 9.46%。从中可见，虽然五个村都属于保定清苑县，但 7~13 岁人口的在学人数比重差异很大。14 岁以上人口的情况如何？表 1-15 借助无锡、保定历史调查数据进行了深入探究。

表 1-15　1929 年保定清苑县五个村 14 岁以上人口占比概况

调查村		N	最小值	最大值	均值	标准偏差
薛庄	14 岁以上人口占比	153	0.00	1.00	0.6560	0.22707
东顾庄	14 岁以上人口占比	152	0.00	1.00	0.6617	0.22007
何家桥	14 岁以上人口占比	216	0.00	1.00	0.6763	0.22917
李罗侯	14 岁以上人口占比	169	0.00	1.00	0.6881	0.22053
蔡家营	14 岁以上人口占比	68	0.33	1.00	0.7151	0.19004

由表 1-15 可以看出，清苑县五个村 14 岁以上人口均占 65% 以上，差异不是特别大。

那么这个群体在家庭规模中占的比重如此大，他们的受教育情况如何呢？本书借助无锡、保定历史调查数据还原来看。表 1-16 需要删除 14 岁以上人口为 0 的家庭共 5 户。

表 1-16　1929 年保定清苑县五个村 14 岁以上人口文盲占比概况

调查村		N	最小值	最大值	均值	标准偏差
薛庄	14 岁以上人口文盲占比	152	0.33	1.00	0.8807	0.18998
东顾庄	14 岁以上人口文盲占比	149	0.50	1.00	0.9382	0.12966
何家桥	14 岁以上人口文盲占比	214	0.33	1.00	0.9164	0.15353
李罗侯	14 岁以上人口文盲占比	168	0.44	1.00	0.9487	0.11656
蔡家营	14 岁以上人口文盲占比	68	0.50	1.00	0.8748	0.15570

清苑县五个村的14岁以上人口中文盲占比较大，都在87%以上。其中文盲占比最高的是李罗侯，其次是东顾庄，再次是何家桥。薛庄和蔡家营的文盲占比相对低些（见表1-16）。

由表1-17可以看出，14岁以上人口初小占比蔡家营最大，其次是薛庄和何家桥，再次是东顾庄和李罗侯。

表1-17　1929年保定清苑县五个村14岁以上人口初小占比概况

调查村		N	最小值	最大值	均值	标准偏差
薛庄	14岁以上人口初小占比	152	0.00	0.67	0.0763	0.15780
东顾庄	14岁以上人口初小占比	149	0.00	0.50	0.0538	0.12407
何家桥	14岁以上人口初小占比	214	0.00	0.67	0.0608	0.13139
李罗侯	14岁以上人口初小占比	168	0.00	0.50	0.0452	0.10355
蔡家营	14岁以上人口初小占比	68	0.00	0.50	0.1195	0.15178

由表1-18可以看出，14岁以上人口高小占比薛庄最大，其次是何家桥，再次是蔡家营和东顾庄，李罗侯最小。

表1-18　1929年保定清苑县五个村14岁以上人口高小占比概况

调查村		N	最小值	最大值	均值	标准偏差
薛庄	14岁以上人口高小占比	152	0.00	0.67	0.0310	0.10322
东顾庄	14岁以上人口高小占比	149	0.00	0.25	0.0066	0.03712
何家桥	14岁以上人口高小占比	214	0.00	0.67	0.0214	0.08267
李罗侯	14岁以上人口高小占比	168	0.00	0.25	0.0056	0.03095
蔡家营	14岁以上人口高小占比	68	0.00	0.25	0.0078	0.03835

由表1-19可以看出，14岁以上人口初中占比薛庄最大，其次是何家桥，再次是东顾庄，李罗侯和蔡家营几乎没有。

表1-19　1929年保定清苑县五个村14岁以上人口初中占比概况

调查村		N	最小值	最大值	均值	标准偏差
薛庄	14岁以上人口初中占比	152	0.00	0.33	0.0049	0.03618
东顾庄	14岁以上人口初中占比	149	0.00	0.11	0.0007	0.00910
何家桥	14岁以上人口初中占比	214	0.00	0.25	0.0023	0.02411
李罗侯	14岁以上人口初中占比	168	0.00	0.00	0.0000	0.00000
蔡家营	14岁以上人口初中占比	68	0.00	0.00	0.0000	0.00000

由表1-20可以看出，14岁以上人口高中占比薛庄最大，其次是李罗侯，再次是东

顾庄，何家桥和蔡家营几乎没有。

表 1-20 1929 年保定清苑县五个村 14 岁以上人口高中占比概况

调查村		N	最小值	最大值	均值	标准偏差
薛庄	14 岁以上人口高中占比	152	0.00	0.50	0.0071	0.05248
东顾庄	14 岁以上人口高中占比	149	0.00	0.09	0.0006	0.00745
何家桥	14 岁以上人口高中占比	214	0.00	0.00	0.0000	0.00000
李罗侯	14 岁以上人口高中占比	168	0.00	0.17	0.0010	0.01286
蔡家营	14 岁以上人口高中占比	68	0.00	0.00	0.0000	0.00000

由 1-21 表可以看出，五个村 14 岁以上人口大学占比均为 0。

表 1-21 1929 年保定清苑县五个村 14 岁以上人口大学占比概况

调查村		N	最小值	最大值	均值	标准偏差
薛庄	14 岁以上人口大学占比	152	0.00	0.00	0.0000	0.00000
东顾庄	14 岁以上人口大学占比	149	0.00	0.00	0.0000	0.00000
何家桥	14 岁以上人口大学占比	214	0.00	0.00	0.0000	0.00000
李罗侯	14 岁以上人口大学占比	168	0.00	0.00	0.0000	0.00000
蔡家营	14 岁以上人口大学占比	68	0.00	0.00	0.0000	0.00000

综合上述分析可以看出，虽然五个村同属于保定清苑县，但农民的教育投入是不同的。薛庄 7~13 岁人口在学人数占比 32.45%；14 岁以上人口高小、初中和高中占比均最大，分别为 3.1%、0.49%和 0.71%；14 岁以上人口初小占比仅低于蔡家营，为 7.63%；薛庄 14 岁以上人口文盲占比也相对较低，为 88.07%。保定农村经济调查概况资料记载，薛庄位于保定西北角，距护城河不足半里，西靠京汉路，东邻刘庄，南毗营坊，北毗郭庄。该村和城市关系较密切，所以认字的人也多一些，地富自不必说，即使中农和部分贫农户，也要努力让孩子上个一年两载，所以一字不识的（男的）很少，半文盲倒多一些。

东顾庄 7~13 岁人口在学人数占比 10.51%；14 岁以上人口高中占比 0.06%，初中占比 0.07%，高小占比 0.66%，初小占比 5.38%，文盲占比相对较高，为 93.82%。何家桥 7~13 岁人口在学人数占比 9.46%；14 岁以上人口文盲占比 91.64%，初小占比 6.08%，高小占比 2.14%，初中占比 0.23%，高中占比为 0。李罗侯 7~13 岁人口在学人数占比 16.18%；14 岁以上人口文盲占比 94.87%，初小占比 4.52%，高小占比 0.56%，初中占比 0，高中占比 0.1%。蔡家营 7~13 岁人口在学人数占比 33.33%；14 岁以上人口文盲占比 87.48%，初小占比 11.95%，高小占比 0.78%，初中占比和高中占比均为 0。

第四节　1929 年保定农民年内年末在外人口情况

前文我们对 1929 年保定农民的教育投入情况进行了研究，下面研究 1929 年保定农民年末和年内在外人口的情况，首先研究年末在外人口的情况，这里的家庭规模是年末常住人口加上在外人口。

由表 1-22 可以看出，五个村年末在外男性人口占家庭规模比重存在着差异，薛庄年末在外的男性人口占家庭规模 9. 39%为最多，其次为东顾庄、何家桥、李罗侯，蔡家营最少。表 1-23 介绍了年末在外女性人口占家庭规模比重情况。

表 1-22　1929 年保定清苑县五个村年末在外男性人口占家庭规模比重概况

调查村		N	最小值	最大值	均值	标准偏差
薛庄	年末在外男性人口占家庭规模比重	152	0. 00	0. 60	0. 0939	0. 13567
东顾庄	年末在外男性人口占家庭规模比重	149	0. 00	0. 75	0. 0642	0. 14020
何家桥	年末在外男性人口占家庭规模比重	214	0. 00	0. 67	0. 0554	0. 12822
李罗侯	年末在外男性人口占家庭规模比重	168	0. 00	0. 75	0. 0430	0. 12123
蔡家营	年末在外男性人口占家庭规模比重	68	0. 00	0. 67	0. 0253	0. 09253

由表 1-23 可以看出，五个村年末在外女性人口均较少且也存在着差异。年末在外的男性和女性均比较少，特别是女性在外更少，但村和村之间也存在着差异。

表 1-23　1929 年保定清苑县五个村年末在外女性人口占家庭规模比重概况

调查村		N	最小值	最大值	均值	标准偏差
薛庄	年末在外女性人口占家庭规模比重	152	0. 00	0. 40	0. 0086	0. 04488
东顾庄	年末在外女性人口占家庭规模比重	149	0. 00	0. 27	0. 0058	0. 03324
何家桥	年末在外女性人口占家庭规模比重	214	0. 00	0. 57	0. 0039	0. 04320
李罗侯	年末在外女性人口占家庭规模比重	168	0. 00	0. 33	0. 0035	0. 03205
蔡家营	年末在外女性人口占家庭规模比重	68	0. 00	0. 25	0. 0037	0. 03032

我们研究年内外出人口的情况，家庭规模是年内常住人口加上年内在外人口。

表 1-24　1929 年保定清苑县五个村年内在外男性人口占家庭规模比重概况

调查村		N	最小值	最大值	均值	标准偏差
薛庄	年内在外男性人口占家庭规模比重	152	0. 00	0. 60	0. 0938	0. 13356
东顾庄	年内在外男性人口占家庭规模比重	149	0. 00	0. 75	0. 0730	0. 14621

续表

调查村		N	最小值	最大值	均值	标准偏差
何家桥	年内在外男性人口占家庭规模比重	214	0.00	0.67	0.0535	0.12549
李罗侯	年内在外男性人口占家庭规模比重	168	0.00	0.75	0.0474	0.13289
蔡家营	年内在外男性人口占家庭规模比重	68	0.00	0.33	0.0228	0.06398

由表 1-22 和表 1-24 可以看出，五个村年内在外男性人口占家庭规模比重与年末在外男性人口占家庭规模比重接近。仍然是薛庄最多，占 9.38%，其次为东顾庄（7.30%）、何家桥（5.35%）、李罗侯（4.74%），最少的是蔡家营（2.28%）。

由表 1-23 和表 1-25 可以看出，五个村年内在外女性人口占家庭规模比重和年末在外女性人口占家庭规模比重均较小。其中东顾庄和何家桥、李罗侯村年内在外女性人口占家庭规模比重接近，薛庄年内在外女性人口占家庭规模比重略高于年末在外女性人口占家庭规模比重，而蔡家营年内在外女性人口占家庭规模比重略高于年末在外女性人口占家庭规模比重。结合调查数据，我们进一步探究年内外出人口的具体情况（见表 1-26）。

表 1-25　1929 年保定清苑县五个村年内在外女性人口占家庭规模比重概况

调查村		N	最小值	最大值	均值	标准偏差
薛庄	年内在外女性人口占家庭规模比重	152	0.00	0.40	0.0103	0.04926
东顾庄	年内在外女性人口占家庭规模比重	149	0.00	0.27	0.0058	0.03324
何家桥	年内在外女性人口占家庭规模比重	214	0.00	0.57	0.0039	0.04320
李罗侯	年内在外女性人口占家庭规模比重	168	0.00	0.33	0.0035	0.03205
蔡家营	年内在外女性人口占家庭规模比重	68	0.00	0.25	0.0066	0.03854

表 1-26　1929 年保定清苑县五个村年内在外男性劳动力占家庭规模比重概况

调查村		N	最小值	最大值	均值	标准偏差
薛庄	年内在外男性劳动力占家庭规模比重	152	0.00	2.00	0.1033	0.20340
东顾庄	年内在外男性劳动力占家庭规模比重	149	0.00	0.75	0.0694	0.14044
何家桥	年内在外男性劳动力占家庭规模比重	214	0.00	0.67	0.0512	0.12411
李罗侯	年内在外男性劳动力占家庭规模比重	168	0.00	0.75	0.0474	0.13289
蔡家营	年内在外男性劳动力占家庭规模比重	68	0.00	0.33	0.0228	0.06398

由表 1-26 可以看出，年内在外男性劳动力占家庭规模比重各村之间存在着差异，薛庄最高，为 0.1033，其次东顾庄为 0.0694，何家桥为 0.0512，李罗侯为 0.0474，蔡家营为 0.0228。

由表 1-27 可以看出，年内在外女性劳动力占家庭规模比重均较小，同时各村之间略存在着差异。

表 1-27　1929 年保定清苑县五个村年内在外女性劳动力占家庭规模比重概况

调查村		N	最小值	最大值	均值	标准偏差
薛庄	年内在外女性劳动力占家庭规模比重	152	0.00	0.25	0.0074	0.03564
东顾庄	年内在外女性劳动力占家庭规模比重	149	0.00	0.20	0.0045	0.02590
何家桥	年内在外女性劳动力占家庭规模比重	214	0.00	0.18	0.0015	0.01577
李罗侯	年内在外女性劳动力占家庭规模比重	168	0.00	0.33	0.0035	0.03205
蔡家营	年内在外女性劳动力占家庭规模比重	68	0.00	0.25	0.0066	0.03854

结合调查数据，表 1-28 展示年内在外的人口职业情况。

表 1-28　1929 年保定清苑县年内在外人口为革命军政机关及国营企业职工者占家庭规模比重概况

调查村		N	最小值	最大值	均值	标准偏差
薛庄	年内在外人口中为革命军政机关及国营企业职工者占家庭规模比重	152	0.00	0.00	0.0000	0.00000
东顾庄	年内在外人口中为革命军政机关及国营企业职工者占家庭规模比重	149	0.00	0.00	0.0000	0.00000
何家桥	年内在外人口中为革命军政机关及国营企业职工者占家庭规模比重	214	0.00	0.00	0.0000	0.00000
李罗侯	年内在外人口中为革命军政机关及国营企业职工者占家庭规模比重	168	0.00	0.00	0.0000	0.00000
蔡家营	年内在外人口中为革命军政机关及国营企业职工者占家庭规模比重	68	0.00	0.00	0.0000	0.00000

由表 1-28 可以看出，五个村年内在外为人口革命军政机关及国营企业职工者均无。

由表 1-29 可以看出，五个村年内在外人口为个体手工业者占家庭规模比重存在着差异，东顾庄最高，为 0.0268，薛庄为 0.0263，何家桥为 0.0187，蔡家营为 0.0147，李罗侯年内在外没有从事个体手工业者。

表 1-29　1929 年保定清苑县年内在外人口为个体手工业者占家庭规模比重概况

调查村		N	最小值	最大值	均值	标准偏差
薛庄	年内在外人口中为个体手工业者占家庭规模比重	152	0.00	2.00	0.0263	0.19758

续表

调查村		N	最小值	最大值	均值	标准偏差
东顾庄	年内在外人口中为个体手工业者占家庭规模比重	149	0.00	1.00	0.0268	0.16218
何家桥	年内在外人口中为个体手工业者占家庭规模比重	214	0.00	1.00	0.0187	0.13575
李罗侯	年内在外人口中为个体手工业者占家庭规模比重	168	0.00	0.00	0.0000	0.00000
蔡家营	年内在外人口中为个体手工业者占家庭规模比重	68	0.00	1.00	0.0147	0.12127

由表1-30可以看出，几个村年内在外为小商贩者占家庭规模比重存在着差异，仍是东顾庄最高，为0.1007，薛庄为0.0921，何家桥为0.0187，李罗侯为0.0179，蔡家营年内在外人口中没有小商贩者。

表1-30　1929年保定清苑县年内在外人口为小商贩者占家庭规模比重概况

调查村		N	最小值	最大值	均值	标准偏差
薛庄	年内在外人口中为小商贩者占家庭规模比重	152	0.00	4.00	0.0921	0.46543
东顾庄	年内在外人口中为小商贩者占家庭规模比重	149	0.00	3.00	0.1007	0.41501
何家桥	年内在外人口中为小商贩者占家庭规模比重	214	0.00	2.00	0.0187	0.16679
李罗侯	年内在外人口中为小商贩者占家庭规模比重	168	0.00	1.00	0.0179	0.13283
蔡家营	年内在外人口中为小商贩者占家庭规模比重	68	0.00	0.00	0.0000	0.00000

由表1-31可以看出，五个村年内在外为其他职业的情况存在着差异。

（1）薛庄年内在外人口为私营企业职工者占家庭规模比重为0.1579，年内在外人口为其他个体劳动者占家庭规模比重0.1447，年内在外人口中为旧军政机关人员者占家庭规模比重为0.0921，年内在外人口为小商贩者占家庭规模比重为0.0921，年内在外人口为自由职业者占家庭规模比重为0.0329，年内在外人口中为个体手工业者占家庭规模比重为0.0263，年内在外人口中为产业工人者占家庭规模比重为0.0197，年内在外人口中为工商业资本家者占家庭规模比重为0.0132，年内在外人口中没有宗教及迷信职业者、各类合作社员者以及革命军政机关及国营企业职工者。

（2）东顾庄年内在外人口为小商贩者占家庭规模比重为0.1007，年内在外人口中为私营企业职工者和年内在外人口中为其他个体劳动者占家庭规模比重均为0.0336，年内在外人口中为个体手工业者占家庭规模比重为0.0268，年内在外人口中为工商业资本家者、年内在外人口中为旧军政机关人员者、年内在外人口中为自由职业者占家庭规模比重均为0.0134，该村年内在外人口中没有宗教及迷信职业者、产业工人、各类合作社员、革命军政机关及国营企业职工。

（3）何家桥年内在外人口中为其他个体劳动者占家庭规模比重为0.0327，年内在外人口中为旧军政机关人员者、年内在外人口中为个体手工业者、年内在外人口中为小商贩者占家庭规模比重均为0.0187，年内在外人口中为自由职业者占家庭规模比重为0.0140，年内在外人口没有工商业资本家者、私营企业职工者、宗教及迷信职业者、产业工人者、各类合作社员者、革命军政机关及国营企业职工者。

（4）李罗侯年内在外人口中为其他个体劳动者占家庭规模比重为0.0417，年内在外人口中为私营企业职工者占家庭规模比重为0.0357，年内在外人口中为产业工人者占家庭规模比重为0.0119，年内在外人口中为小商贩者占家庭规模比重为0.0179，年内在外人口中为旧军政机关人员者、年内在外人口中为自由职业者、年内在外人口中为宗教及迷信职业者占家庭规模比重均为0.0060，年内在外人口中没有工商业资本家者、各类合作社员者、革命军政机关及国营企业职工者、个体手工业者。

（5）蔡家营年内在外人口中为自由职业者、年内在外人口中为其他个体劳动者占家庭规模比重均为0.0441，年内在外人口中为个体手工业者占家庭规模比重为0.0147，年内在外人口没有工商业资本家者、旧军政机关人员者、私营企业职工者、宗教及迷信职业者、产业工人者、各类合作社员者、革命军政机关及国营企业职工者、小商贩者。

表1-31　1929年保定清苑县年内在外为其他职业者占家庭规模比重概况

调查村		N	最小值	最大值	均值	标准偏差
薛庄	年内在外人口中为工商业资本家者	152	0.00	2.00	0.0132	0.16222
	年内在外人口中为旧军政机关人员者	152	0.00	2.00	0.0921	0.33266
	年内在外人口中为私营企业职工者	152	0.00	3.00	0.1579	0.46186
	年内在外人口中为自由职业者	152	0.00	1.00	0.0329	0.17895
	年内在外人口中为宗教及迷信职业者	152	0.00	0.00	0.0000	0.00000
	年内在外人口中为产业工人者	152	0.00	1.00	0.0197	0.13955
	年内在外人口中为各类合作社员者	152	0.00	0.00	0.0000	0.00000
	年内在外人口中为其他个体劳动者	152	0.00	3.00	0.1447	0.45175
	年内在外人口中为革命军政机关及国营企业职工者	152	0.00	0.00	0.0000	0.00000
	年内在外人口中为个体手工业者	152	0.00	2.00	0.0263	0.19758
	年内在外人口中为小商贩者	152	0.00	4.00	0.0921	0.46543
	有效个案数	152				

续表

调查村		N	最小值	最大值	均值	标准偏差
东顾庄	年内在外人口中为工商业资本家者	149	0. 00	2. 00	0. 0134	0. 16385
	年内在外人口中为旧军政机关人员者	149	0. 00	1. 00	0. 0134	0. 11546
	年内在外人口中为私营企业职工者	149	0. 00	4. 00	0. 0336	0. 33724
	年内在外人口中为自由职业者	149	0. 00	1. 00	0. 0134	0. 11546
	年内在外人口中为宗教及迷信职业者	149	0. 00	0. 00	0. 0000	0. 00000
	年内在外人口中为产业工人者	149	0. 00	0. 00	0. 0000	0. 00000
	年内在外人口中为各类合作社员者	149	0. 00	0. 00	0. 0000	0. 00000
	年内在外人口中为其他个体劳动者	149	0. 00	1. 00	0. 0336	0. 18069
	年内在外人口中为革命军政机关及国营企业职工者	149	0. 00	0. 00	0. 0000	0. 00000
	年内在外人口中为个体手工业者	149	0. 00	1. 00	0. 0268	0. 16218
	年内在外人口中为小商贩者	149	0. 00	3. 00	0. 1007	0. 41501
	有效个案数	149				
何家桥	年内在外人口中为工商业资本家者	214	0. 00	0. 00	0. 0000	0. 00000
	年内在外人口中为旧军政机关人员者	214	0. 00	2. 00	0. 0187	0. 16679
	年内在外人口中为私营企业职工者	214	0. 00	0. 00	0. 0000	0. 00000
	年内在外人口中为自由职业者	214	0. 00	1. 00	0. 0140	0. 11784
	年内在外人口中为宗教及迷信职业者	214	0. 00	0. 00	0. 0000	0. 00000
	年内在外人口中为产业工人者	214	0. 00	0. 00	0. 0000	0. 00000
	年内在外人口中为各类合作社员者	214	0. 00	0. 00	0. 0000	0. 00000
	年内在外人口中为其他个体劳动者	214	0. 00	1. 00	0. 0327	0. 17829
	年内在外人口中为革命军政机关及国营企业职工者	214	0. 00	0. 00	0. 0000	0. 00000
	年内在外人口中为个体手工业者	214	0. 00	1. 00	0. 0187	0. 13575
	年内在外人口中为小商贩者	214	0. 00	2. 00	0. 0187	0. 16679
	有效个案数	214				
李罗侯	年内在外人口中为工商业资本家者	168	0. 00	0. 00	0. 0000	0. 00000
	年内在外人口中为旧军政机关人员者	168	0. 00	1. 00	0. 0060	0. 07715
	年内在外人口中为私营企业职工者	168	0. 00	2. 00	0. 0357	0. 21592
	年内在外人口中为自由职业者	168	0. 00	1. 00	0. 0060	0. 07715
	年内在外人口中为宗教及迷信职业者	168	0. 00	1. 00	0. 0060	0. 07715
	年内在外人口中为产业工人者	168	0. 00	1. 00	0. 0119	0. 10878
	年内在外人口中为各类合作社员者	168	0. 00	0. 00	0. 0000	0. 00000
	年内在外人口中为其他个体劳动者	168	0. 00	2. 00	0. 0417	0. 22835

续表

调查村		N	最小值	最大值	均值	标准偏差
李罗侯	年内在外人口中为革命军政机关及国营企业职工者	168	0.00	0.00	0.0000	0.00000
	年内在外人口中为个体手工业者	168	0.00	0.00	0.0000	0.00000
	年内在外人口中为小商贩者	168	0.00	1.00	0.0179	0.13283
	有效个案数	168				
蔡家营	年内在外人口中为工商业资本家者	68	0.00	0.00	0.0000	0.00000
	年内在外人口中为旧军政机关人员者	68	0.00	0.00	0.0000	0.00000
	年内在外人口中为私营企业职工者	68	0.00	0.00	0.0000	0.00000
	年内在外人口中为自由职业者	68	0.00	2.00	0.0441	0.26954
	年内在外人口中为宗教及迷信职业者	68	0.00	0.00	0.0000	0.00000
	年内在外人口中为产业工人者	68	0.00	0.00	0.0000	0.00000
	年内在外人口中为各类合作社员者	68	0.00	0.00	0.0000	0.00000
	年内在外人口中为其他个体劳动者	68	0.00	1.00	0.0441	0.20688
	年内在外人口中为革命军政机关及国营企业职工者	68	0.00	0.00	0.0000	0.00000
	年内在外人口中为个体手工业者	68	0.00	1.00	0.0147	0.12127
	年内在外人口中为小商贩者	68	0.00	0.00	0.0000	0.00000
	有效个案数	68				

表1-32结合数据对不同年龄层的人口做进一步分析。

表1-32　1929年保定清苑县年内在外人口中7~13岁人口合计

调查村			频率	百分比（%）	有效百分比（%）	累计百分比（%）
薛庄	有效	0	152	100.00	100.00	100.00
东顾庄	有效	0	146	98.00	98.00	98.00
		1	2	1.30	1.30	99.30
		4	1	0.70	0.70	100.00
		总计	149	100.00	100.00	
何家桥	有效	0	211	98.60	98.60	98.60
		1	3	1.40	1.40	100.00
		总计	214	100.00	100.00	
李罗侯	有效	0	168	100.0	100.00	100.00
蔡家营	有效	0	68	100.00	100.00	100.00

由表1-32可以看出，1929年保定清苑县年内在外人口中7~13岁人口比较少，薛

庄、李罗侯、蔡家营均为0，何家桥有3户家庭各有一个7~13岁人口，东顾庄有2户家庭各有一个7~13岁人口，有1户家庭有四个7~13岁人口。数据中同时记载这几个7~13岁人口均没有上学。表1-33重点探究年内在外人口中14岁以上人口的情况。

表1-33　1929年保定清苑县年内在外人口中14岁以上人口合计

调查村			频率	百分比（%）	有效百分比（%）	累计百分比（%）
薛庄	有效	0	93	61.20	61.20	61.20
		1	37	24.30	24.30	85.50
		2	14	9.20	9.20	94.70
		3	6	3.90	3.90	98.70
		4	2	1.30	1.30	100.00
		总计	152	100.00	100.00	
东顾庄	有效	0	106	71.10	71.10	71.10
		1	27	18.10	18.10	89.30
		2	11	7.40	7.40	96.60
		3	4	2.70	2.70	99.30
		5	1	0.70	0.70	100.00
		总计	149	100.00	100.00	
何家桥	有效	0	174	81.30	81.30	81.30
		1	30	14.00	14.00	95.30
		2	9	4.20	4.20	99.50
		4	1	0.50	0.50	100.00
		总计	214	100.00	100.00	
李罗侯	有效	0	141	83.90	83.90	83.90
		1	20	11.90	11.90	95.80
		2	5	3.00	3.00	98.80
		3	2	1.20	1.20	100.00
		总计	168	100.00	100.00	
蔡家营	有效	0	57	83.80	83.80	83.80
		1	9	13.20	13.20	97.10
		2	2	2.90	2.90	100.00
		总计	68	100.00	100.00	

由表1-33可以看出1929年保定清苑县年内在外人口中14岁以上人口的情况。

（1）薛庄调查样本一共为152户，其中年内在外人口中14岁以上人口为0的有93户，为1的有37户，为2的有14户，为3的有6户，为4的有2户。

（2）东顾庄调查样本一共为149户，其中年内在外人口中14岁以上人口为0的有106户，为1的有27户，为2的有11户，为3的有4户，为5的有1户。

（3）何家桥调查样本一共为 214 户，其中年内在外人口中 14 岁以上人口为 0 的有 174 户，为 1 的有 30 户，为 2 的有 9 户，为 4 的有 1 户。

（4）李罗侯调查样本一共为 168 户，其中年内在外人口中 14 岁以上人口为 0 的有 141 户，为 1 的有 20 户，为 2 的有 5 户，为 3 的有 2 户。

（5）蔡家营调查样本一共为 68 户，其中年内在外人口中 14 岁以上人口为 0 的有 57 户，为 1 的有 9 户，为 2 的有 2 户。

表 1-34 重点分析这些人群受教育的情况。

表 1-34　1929 年保定清苑县年内在外人口中 14 岁以上人口文盲占比

调查村		N	最小值	最大值	均值	标准偏差
薛庄	年内在外人口中 14 岁以上人口文盲占比	59	0.00	1.00	0.4280	0.45128
东顾庄	年内在外人口中 14 岁以上人口文盲占比	43	0.00	1.00	0.8504	0.33660
何家桥	年内在外人口中 14 岁以上人口文盲占比	40	0.00	1.00	0.8250	0.38481
李罗侯	年内在外人口中 14 岁以上人口文盲占比	27	0.00	1.00	0.8704	0.32795
蔡家营	年内在外人口中 14 岁以上人口文盲占比	11	0.00	1.00	0.8182	0.40452

由表 1-34 可以看出，保定清苑县年内在外人口中 14 岁以上人口文盲占比薛庄最少，为 0.4280，其他四个村比较接近，蔡家营为 0.8182，何家桥为 0.8250，东顾庄为 0.8504，李罗侯为 0.8704。

由表 1-35 可以看出，保定清苑县年内在外人口中 14 岁以上人口初小占比薛庄最大，为 0.3983，东顾庄为 0.1031，李罗侯为 0.0926，何家桥为 0.0750，蔡家营为 0。具体数据是：薛庄年内在外人口中 14 岁以上人口为初小程度者取值为 1 的有 23 户，取值为 2 的有 5 户。东顾庄年内在外人口中 14 岁以上人口为初小程度者取值为 1 的有 5 户，取值为 3 的有 1 户。何家桥年内在外人口中 14 岁以上人口为初小程度者取值为 1 的有 2 户，取值为 2 的有 1 户。李罗侯年内在外人口中 14 岁以上人口为初小程度者取值为 1 的有 3 户。

表 1-35　1929 年保定清苑县年内在外人口中 14 岁以上人口初小占比

调查村		N	最小值	最大值	均值	标准偏差
薛庄	年内在外人口中 14 岁以上人口初小占比	59	0.00	1.00	0.3983	0.45277
东顾庄	年内在外人口中 14 岁以上人口初小占比	43	0.00	1.00	0.1031	0.27877
何家桥	年内在外人口中 14 岁以上人口初小占比	40	0.00	1.00	0.0750	0.26675
李罗侯	年内在外人口中 14 岁以上人口初小占比	27	0.00	1.00	0.0926	0.27863
蔡家营	年内在外人口中 14 岁以上人口初小占比	11	0.00	0.00	0.0000	0.00000

由表 1-36 可以看出，保定清苑县年内在外人口中 14 岁以上人口高小占比薛庄最大，为 0.1370，何家桥为 0.0500，东顾庄为 0.0233，李罗侯和蔡家营均没有高小程度者。具体数据是：薛庄年内在外人口中 14 岁以上人口高小程度者取值为 1 的有 10 户，取值为 3 的有 1 户。东顾庄取值为 1 的有 1 户。何家桥取值为 1 的有 1 户，取值为 2 的有 1 户。

表 1-36 1929 年保定清苑县年内在外人口中 14 岁以上人口高小占比

调查村		N	最小值	最大值	均值	标准偏差
薛庄	年内在外人口中 14 岁以上人口高小占比	59	0.00	1.00	0.1370	0.31667
东顾庄	年内在外人口中 14 岁以上人口高小占比	43	0.00	1.00	0.0233	0.15250
何家桥	年内在外人口中 14 岁以上人口高小占比	40	0.00	1.00	0.0500	0.22072
李罗侯	年内在外人口中 14 岁以上人口高小占比	27	0.00	0.00	0.0000	0.00000
蔡家营	年内在外人口中 14 岁以上人口高小占比	11	0.00	0.00	0.0000	0.00000

由表 1-37 可以看出，保定清苑县年内在外人口中 14 岁以上人口初中占比蔡家营最大，为 0.1818，东顾庄为 0.0465，李罗侯为 0.0370，薛庄为 0.0169，何家桥没有初中学历人员。具体数据为薛庄、东顾庄年内在外人口中 14 岁以上人口初中程度者取值为 1 的有 2 户。李罗侯取值为 1 的有 1 户。蔡家营取值为 1 的有 1 户，取值为 2 的有 1 户。

表 1-37 1929 年保定清苑县年内在外人口中 14 岁以上人口初中占比

调查村		N	最小值	最大值	均值	标准偏差
薛庄	年内在外人口中 14 岁以上人口初中占比	59	0.00	0.50	0.0169	0.09126
东顾庄	年内在外人口中 14 岁以上人口初中占比	43	0.00	1.00	0.0465	0.21308
何家桥	年内在外人口中 14 岁以上人口初中占比	40	0.00	0.00	0.0000	0.00000
李罗侯	年内在外人口中 14 岁以上人口初中占比	27	0.00	1.00	0.0370	0.19245
蔡家营	年内在外人口中 14 岁以上人口初中占比	11	0.00	1.00	0.1818	0.40452

由表 1-38 可以看出，保定清苑县年内在外人口中 14 岁以上人口高中占比何家桥最大，为 0.0250，其次是薛庄，为 0.0085，东顾庄、李罗侯、蔡家营没有高中生。具体数据是何家桥有 1 户有 2 个高中生，薛庄有 1 户有 1 个高中生。

表 1-38 1929 年保定清苑县年内在外人口中 14 岁以上人口高中占比

调查村		N	最小值	最大值	均值	标准偏差
薛庄	年内在外人口中 14 岁以上人口高中占比	59	0.00	0.50	0.0085	0.06509
东顾庄	年内在外人口中 14 岁以上人口高中占比	43	0.00	0.00	0.0000	0.00000
何家桥	年内在外人口中 14 岁以上人口高中占比	40	0.00	1.00	0.0250	0.15811
李罗侯	年内在外人口中 14 岁以上人口高中占比	27	0.00	0.00	0.0000	0.00000
蔡家营	年内在外人口中 14 岁以上人口高中占比	11	0.00	0.00	0.0000	0.00000

由表 1-39 可以看出，保定清苑县年内在外人口中 14 岁以上人口大学占比薛庄最大，为 0.0113，其余四个村均为 0，具体数据是薛庄有 1 户有 2 个大学生。

表 1-39　1929 年保定清苑县年内在外人口中 14 岁以上人口大学占比

调查村		N	最小值	最大值	均值	标准偏差
薛庄	年内在外人口中 14 岁以上人口大学占比	59	0.00	0.67	0.0113	0.08679
东顾庄	年内在外人口中 14 岁以上人口大学占比	43	0.00	0.00	0.0000	0.00000
何家桥	年内在外人口中 14 岁以上人口大学占比	40	0.00	0.00	0.0000	0.00000
李罗侯	年内在外人口中 14 岁以上人口大学占比	27	0.00	0.00	0.0000	0.00000
蔡家营	年内在外人口中 14 岁以上人口大学占比	11	0.00	0.00	0.0000	0.00000

第五节　1929 年保定农民农业经营情况

由表 1-40 可以看出，薛庄农业雇入长工人数（人）均值为 0.17、农业雇入长工工资（元）11.4164、农业雇入短零工天数（天）14.2237、农业雇入短零工工资总额（元）5.7575。东顾庄农业雇入长工人数（人）均值为 0.14、农业雇入长工工资（元）7.0021、农业雇入短零工天数（天）4.0872、农业雇入短零工工资总额（元）2.1134。何家桥农业雇入长工人数（人）均值为 0.11、农业雇入长工工资（元）7.3987、农业雇入短零工天数（天）2.1168、农业雇入短零工工资总额（元）1.4009。李罗侯农业雇入长工人数（人）均值为 0.10、农业雇入长工工资（元）4.7805、农业雇入短零工天数（天）2.8512、农业雇入短零工工资总额（元）0.8351。蔡家营农业雇入长工人数（人）均值为 0.09、农业雇入长工工资（元）5.2287、农业雇入短零工天数（天）10.4412、农业雇入短零工工资总额（元）4.0025。

表 1-40　1929 年保定清苑县农业雇入长短工情况

调查村		N	最小值	最大值	均值	标准偏差
薛庄	农业雇入长工人数（人）	152	0	2	0.17	0.457
	农业雇入长工工资（元）	152	0.00	171.90	11.4164	31.08193
	农业雇入短零工天数（天）	152	0.00	430.00	14.2237	42.86050
	农业雇入短零工工资总额（元）	152	0.00	72.76	5.7575	12.43111
东顾庄	农业雇入长工人数（人）	149	0	3	0.14	0.493
	农业雇入长工工资（元）	149	0.00	196.45	7.0021	27.73587
	农业雇入短零工天数（天）	149	0.00	200.00	4.0872	19.20126
	农业雇入短零工工资总额（元）	149	0.00	91.00	2.1134	10.97471
何家桥	农业雇入长工人数（人）	214	0	4	0.11	0.430
	农业雇入长工工资（元）	214	0.00	204.00	7.3987	28.00214
	农业雇入短零工天数（天）	214	0.00	80.00	2.1168	9.76582
	农业雇入短零工工资总额（元）	214	0.00	54.57	1.4009	6.45099

续表

调查村		N	最小值	最大值	均值	标准偏差
李罗侯	农业雇入长工人数（人）	168	0	2	0.10	0.335
	农业雇入长工工资（元）	168	0.00	90.95	4.7805	15.82871
	农业雇入短零工天数（天）	168	0.00	90.00	2.8512	11.91418
	农业雇入短零工工资总额（元）	168	0.00	22.70	0.8351	3.29117
蔡家营	农业雇入长工人数（人）	68	0	1	0.09	0.286
	农业雇入长工工资（元）	68	0.00	90.95	5.2287	17.73210
	农业雇入短零工天数（天）	68	0.00	200.00	10.4412	36.05277
	农业雇入短零工工资总额（元）	68	0.00	75.47	4.0025	13.76738

由表1-41可以看出，薛庄农业出雇长工人数（人）均值为0.0132、农业出雇长工工资（元）0.9987、农业出雇短零工天数（天）19.6776、农业出雇短零工工资总额（元）7.7277。东顾庄农业出雇长工人数（人）均值为0.1879、农业出雇长工工资（元）8.6809、农业出雇短零工天数（天）22.8389、农业出雇短零工工资总额（元）8.1543。何家桥农业出雇长工人数（人）均值为0.1262、农业出雇长工工资（元）7.3251、农业出雇短零工天数（天）24.2944、农业出雇短零工工资总额（元）16.9625。李罗侯农业出雇长工人数（人）均值为0.1220、农业出雇长工工资（元）6.3018、农业出雇短零工天数（天）14.3750、农业出雇短零工工资总额（元）3.5360。蔡家营农业出雇长工人数（人）均值为0.2059、农业出雇长工工资（元）12.1647、农业出雇短零工天数（天）58.1176、农业出雇短零工工资总额（元）24.2619。

表1-41 1929年保定清苑县农业出雇长短工情况

调查村		N	最小值	最大值	均值	标准偏差
薛庄	农业出雇长工人数（人）	152	0.00	1.00	0.0132	0.11433
	农业出雇长工工资（元）	152	0.00	76.40	0.9987	8.67764
	农业出雇短零工天数（天）	152	0.00	480.00	19.6776	56.43054
	农业出雇短零工工资总额（元）	152	0.00	218.00	7.7277	23.42873
东顾庄	农业出雇长工人数（人）	149	0.00	3.00	0.1879	0.53738
	农业出雇长工工资（元）	149	0.00	227.38	8.6809	28.79394
	农业出雇短零工天数（天）	149	0.00	200.00	22.8389	41.14248
	农业出雇短零工工资总额（元）	149	0.00	65.48	8.1543	14.22021
何家桥	农业出雇长工人数（人）	214	0.00	2.00	0.1262	0.38513
	农业出雇长工工资（元）	214	0.00	127.33	7.3251	22.57248
	农业出雇短零工天数（天）	214	0.00	250.00	24.2944	47.92681
	农业出雇短零工工资总额（元）	214	0.00	910.00	16.9625	66.81234

续表

调查村		N	最小值	最大值	均值	标准偏差
李罗侯	农业出雇长工人数（人）	168	0.00	2.00	0.1220	0.34388
	农业出雇长工工资（元）	168	0.00	127.00	6.3018	19.65478
	农业出雇短零工天数（天）	168	0.00	210.00	14.3750	35.12027
	农业出雇短零工工资总额（元）	168	0.00	47.26	3.5360	8.51380
蔡家营	农业出雇长工人数（人）	68	0.00	2.00	0.2059	0.44248
	农业出雇长工工资（元）	68	0.00	145.52	12.1647	27.94646
	农业出雇短零工天数（天）	68	0.00	540.00	58.1176	94.32898
	农业出雇短零工工资总额（元）	68	0.00	245.57	24.2619	41.24356

由表1-42可以看出，薛庄占有土地面积均值为：耕地面积合计（亩）10.2809，耕地面积中水浇地面积（亩）1.8724，非耕地面积合计（亩）0.8942。东顾庄占有土地面积均值为：耕地面积合计（亩）31.0726，耕地面积中水浇地面积（亩）6.3443，非耕地面积合计（亩）0.7644。何家桥占有土地面积均值为：耕地面积合计（亩）20.1242，耕地面积中水浇地面积（亩）0.9658，非耕地面积合计（亩）0.8816。李罗侯占有土地面积均值为：耕地面积合计（亩）21.3673，耕地面积中水浇地面积（亩）13.1132，非耕地面积合计（亩）1.4339。蔡家营占有土地面积均值为：耕地面积合计（亩）23.4544，耕地面积中水浇地面积（亩）0.8404，非耕地面积合计（亩）0.6746。

表1-42　1929年保定清苑县各村占有土地面积情况

调查村		N	最小值	最大值	均值	标准偏差
薛庄	耕地面积合计（亩）	152	0.00	54.00	10.2809	11.71248
	耕地面积中水浇地面积（亩）	152	0.00	20.00	1.8724	3.96892
	非耕地面积合计（亩）	152	0.00	26.00	0.8942	2.20886
东顾庄	耕地面积合计（亩）	149	0.00	250.00	31.0726	43.54983
	耕地面积中水浇地面积（亩）	149	0.00	80.00	6.3443	12.04154
	非耕地面积合计（亩）	149	0.00	6.50	0.7644	1.02457
何家桥	耕地面积合计（亩）	214	0.00	350.00	20.1242	34.52254
	耕地面积中水浇地面积（亩）	214	0.00	36.50	0.9658	2.68846
	非耕地面积合计（亩）	214	0.00	4.80	0.8816	0.93218
李罗侯	耕地面积合计（亩）	168	0.70	313.00	21.3673	31.05804
	耕地面积中水浇地面积（亩）	168	0.00	313.00	13.1132	26.16936
	非耕地面积合计（亩）	168	0.00	113.00	1.4339	8.69072
蔡家营	耕地面积合计（亩）	68	0.00	515.00	23.4544	63.80567
	耕地面积中水浇地面积（亩）	68	0.00	7.50	0.8404	1.30574
	非耕地面积合计（亩）	68	0.00	2.50	0.6746	0.54284

由表 1-43 可以看出，薛庄典入地亩均值为：耕地面积（亩）0.8980，非耕地面积（亩）0.0000；典出地亩均值为：耕地面积（亩）0.3487，非耕地面积（亩）0.0000。东顾庄典入地亩均值为：耕地面积（亩）0.1517，非耕地面积（亩）0.0000；典出地亩均值为：耕地面积（亩）0.2638，非耕地面积（亩）0.0000。何家桥典入地亩均值为：耕地面积（亩）0.0093，非耕地面积（亩）0.0000；典出地亩均值为：耕地面积（亩）0.0421，非耕地面积（亩）0.0000。李罗侯典入地亩均值为：耕地面积（亩）0.1220，非耕地面积（亩）0.0000；典出地亩均值为：耕地面积（亩）0.1664，非耕地面积（亩）0.0012。蔡家营典入地亩均值为：耕地面积（亩）0.1324，非耕地面积（亩）0.0000；典出地亩均值为：耕地面积（亩）0.4118，非耕地面积（亩）0.0000。

表 1-43 1929 年保定清苑县各村典入典出情况

调查村		N	最小值	最大值	均值	标准偏差
薛庄	典入地亩：耕地面积（亩）	152	0.00	18.00	0.8980	2.77724
	非耕地面积（亩）	152	0.00	0.00	0.0000	0.00000
	典出地亩：耕地面积（亩）	152	0.00	25.00	0.3487	2.27646
	非耕地面积（亩）	152	0.00	0.00	0.0000	0.00000
东顾庄	典入地亩：耕地面积（亩）	149	0.00	8.00	0.1517	0.90953
	非耕地面积（亩）	149	0.00	0.00	0.0000	0.00000
	典出地亩：耕地面积（亩）	149	0.00	15.60	0.2638	1.54370
	非耕地面积（亩）	149	0.00	0.00	0.0000	0.00000
何家桥	典入地亩：耕地面积（亩）	214	0.00	2.00	0.0093	0.13672
	非耕地面积（亩）	214	0.00	0.00	0.0000	0.00000
	典出地亩：耕地面积（亩）	214	0.00	6.00	0.0421	0.45770
	非耕地面积（亩）	214	0.00	0.00	0.0000	0.00000
李罗侯	典入地亩：耕地面积（亩）	168	0.00	7.00	0.1220	0.78439
	非耕地面积（亩）	168	0.00	0.00	0.0000	0.00000
	典出地亩：耕地面积（亩）	168	0.00	6.50	0.1664	0.84060
	非耕地面积（亩）	168	0.00	0.20	0.0012	0.01543
蔡家营	典入地亩：耕地面积（亩）	68	0.00	4.00	0.1324	0.64425
	非耕地面积（亩）	68	0.00	0.00	0.0000	0.00000
	典出地亩：耕地面积（亩）	68	0.00	20.00	0.4118	2.47516
	非耕地面积（亩）	68	0.00	0.00	0.0000	0.00000

由表 1-44 可以看出：

（1）薛庄占有农业生产工具均值：水车（辆）0.0660、铁轮大车（辆）0.1645、胶轮大车（辆）0.0000、犁（架）0.1908、种什（架）0.1974。

（2）东顾庄占有农业生产工具均值：水车（辆）0.0782、铁轮大车（辆）0.2450、胶轮大车（辆）0.0000、犁（架）0.4966、种什（架）0.2953。

（3）何家桥占有农业生产工具均值：水车（辆）0.0000、铁轮大车（辆）0.2589、胶轮大车（辆）0.0000、犁（架）0.4556、种什（架）0.2921。

（4）李罗侯占有农业生产工具均值：水车（辆）0.1309、铁轮大车（辆）0.3242、胶轮大车（辆）0.0000、犁（架）0.5804、种什（架）0.2336。

（5）蔡家营占有农业生产工具均值：水车（辆）0.0221、铁轮大车（辆）0.2499、胶轮大车（辆）0.0000、犁（架）0.4559、种什（架）0.2725。

具体数据是薛庄有水车1辆的有12户，东顾庄有水车1辆的有12户，何家桥所有调查户均没有水车，李罗侯有水车1辆的有20户，蔡家营有水车1辆的有1户。

薛庄有铁轮大车1辆的有25户，东顾庄有铁轮大车1辆的有39户，何家桥有铁轮大车1辆的有56户，李罗侯有铁轮大车1辆的有56户，蔡家营有铁轮大车1辆的有17户。

薛庄、东顾庄、何家桥、李罗侯、蔡家营调查户均没有胶轮大车。

薛庄有犁1架的有23户，有犁2架的有3户。东顾庄有犁1架的有43户，有犁2架的有11户，有犁3架的有3户。何家桥有犁1架的有77户，有犁2架的有11户。李罗侯有犁1架的有56户，有犁2架的有19户，有犁4架的有1户。蔡家营有犁1架的有29户，有犁2架的有1户。

薛庄有种什1架的有30户。东顾庄有种什1架的有40户，有种什2架的有2户。何家桥有种什1架的有61户，有种什2架的有1户。李罗侯有种什1架的有39户。蔡家营有种什1架的有18户。

此外，由数据还可以看出以下生活用具的情况。

薛庄、东顾庄、李罗侯、蔡家营调查户都没有自行车。何家桥有1户有1辆自行车。

薛庄有1户有1个手电筒。其他村庄调查户均没有手电筒。

五个调查村庄均没有矿石收音机。

东顾庄有1户有1个热水瓶，其余村庄均没有热水瓶。

表1-44　1929年保定清苑县各村占有农业生产工具情况

调查村		N	最小值	最大值	均值	标准偏差
薛庄	水车（辆）	152	0.00	1.00	0.0660	0.22636
	铁轮大车（辆）	152	0.00	1.00	0.1645	0.37193
	胶轮大车（辆）	152	0.00	0.00	0.0000	0.00000
	犁（架）	152	0.00	2.00	0.1908	0.44175
	种什（架）	152	0.00	1.00	0.1974	0.39933
东顾庄	水车（辆）	149	0.00	1.00	0.0782	0.26048
	铁轮大车（辆）	149	0.00	1.00	0.2450	0.42162
	胶轮大车（辆）	149	0.00	0.00	0.0000	0.00000
	犁（架）	149	0.00	3.00	0.4966	0.72246
	种什（架）	149	0.00	2.00	0.2953	0.48635

续表

调查村		N	最小值	最大值	均值	标准偏差
何家桥	水车（辆）	214	0.00	0.00	0.0000	0.00000
	铁轮大车（辆）	214	0.00	1.00	0.2589	0.42822
	胶轮大车（辆）	214	0.00	0.00	0.0000	0.00000
	犁（架）	214	0.00	2.00	0.4556	0.59073
	种什（架）	214	0.00	2.00	0.2921	0.46470
李罗侯	水车（辆）	168	0.00	1.33	0.1309	0.30804
	铁轮大车（辆）	168	0.00	1.00	0.3242	0.45717
	胶轮大车（辆）	168	0.00	0.00	0.0000	0.00000
	犁（架）	168	0.00	4.00	0.5804	0.73275
	种什（架）	168	0.00	1.00	0.2336	0.41019
蔡家营	水车（辆）	68	0.00	1.00	0.0221	0.12766
	铁轮大车（辆）	68	0.00	1.00	0.2499	0.41577
	胶轮大车（辆）	68	0.00	0.00	0.0000	0.00000
	犁（架）	68	0.00	2.00	0.4559	0.53067
	种什（架）	68	0.00	1.00	0.2725	0.44217

由表1-45可以看出：

（1）房屋。①薛庄：现住房屋间数均值4.0987，现住房屋中砖房间数0.5987，现住房屋中租、典、借房屋间数0.3487，生产用房间数0.6480，生产用房中砖房间数0.0000。②东顾庄：现住房屋间数均值4.332，现住房屋中砖房间数2.2919，现住房屋中租、典、借房屋间数0.1107，生产用房间数1.1644，生产用房中砖房间数0.3322。③何家桥：现住房屋间数均值4.3154，现住房屋中砖房间数2.3972，现住房屋中租、典、借房屋间数0.1636，生产用房间数1.2243，生产用房中砖房间数0.3201。④李罗侯：现住房屋间数均值4.4018，现住房屋中砖房间数2.1131，现住房屋中租、典、借房屋间数0.0595，生产用房间数0.9792，生产用房中砖房间数0.2262。⑤蔡家营：现住房屋间数均值4.5735，现住房屋中砖房间数3.5147，现住房屋中租、典、借房屋间数0.0882，生产用房间数0.7279，生产用房中砖房间数0.5662。

（2）农户。①薛庄共152户，现住房屋间数：0间的有2户，1间的有8户，2间的有29户，3间的有46户，4间的有18户，5间的有10户，6间的有17户，7间的有9户，8间的有4户，9间的有2户，10间的有3户，11间的有1户，12间的有1户，14间的有1户，22间的有1户。②东顾庄共149户，现住房屋间数：1间的有6户，2间的有24户，3间的有57户，4间的有15户，5间的有20户，6间的有4户，7间的有6户，8间的有4户，9间的有3户，11间的有2户，12间的有4户，15间的有2户，19间的有1户，20间的有1户。③何家桥共214户，现住房屋间数：0间的有1户，1间的有11户，2间的有37户，3间的有71户，4间的有18户，5间的有32户，6间的有10户，7间的有17户，8间的有2户，9间的有5户，10间的有1户，11间的有3户，13间的有1

户，14间的有1户，15间的有2户，23间的有1户，36间的有1户。④李罗侯共168户，现住房屋间数：0间的有6户，1间的有1户，2间的有21户，3间的有56户，4间的有19户，5间的有22户，6间的有13户，7间的有11户，8间的有7户，9间的有1户，10间的有3户，11间的有3户，12间的有3户，13间的有1户，17间的有1户。⑤蔡家营共68户，现住房屋间数：0间的有2户，1间的有2户，2间的有8户，3间的有13户，4间的有15户，5间的有14户，6间的有3户，7间的有2户，8间的有1户，9间的有4户，10间的有1户，12间的有1户，14间的有1户，16间的有1户。

（3）现住房屋中砖房间数。①薛庄共152户，有0间的128户，有1间的4户，有2间的4户，有3间的8户，有4间的2户，有5间的3户，有6间的2户，有22间的1户。②东顾庄共149户，有0间的74户，有2间的13户，有3间的30户，有4间的9户，有5间的8户，有6间的2户，有8间的4户，有9间的3户，有11间的2户，有12间的2户，有15间的1户，有19间的1户。③何家桥共214户，有0间的100户，有1间的4户，有2间的8户，有3间的51户，有4间的9户，有5间的19户，有6间的4户，有7间的9户，有9间的4户，有10间的1户，有11间的2户，有14间的1户，有15间的1户，有31间的1户。④李罗侯共168户，有0间的94户，有2间的5户，有3间的23户，有4间的11户，有5间的15户，有6间的8户，有7间的5户，有8间的1户，有10间的2户，有11间的1户，有12间的1户，有13间的2户。⑤蔡家营共68户，有0间的17户，有1间的2户，有2间的6户，有3间的11户，有4间的10户，有5间的12户，有6间的2户，有7间的3户，有9间的2户，有12间的1户，有14间的1户，有16间的1户。

（4）现住房屋中租、典、借房屋间数。①薛庄共152户，有0间的131户，有1间的5户，有2间的7户，有3间的6户，有4间的1户，有7间的2户。②东顾庄共149户，有0间的139户，有1间的5户，有2间的3户，有3间的2户。③何家桥共214户，有0间的196户，有1间的5户，有2间的10户，有3间的2户，有4间的1户。④李罗侯共168户，有0间的162户，有1间的2户，有2间的4户。⑤蔡家营共68户，有0间的65户，有1间的1户，有2间的1户，有3间的1户。

（5）生产用房间数。①薛庄共152户，有0间的113户，有1间的14户，有2间的10户，有3间的9户，有4间的2户，有6间的1户，有7间的1户，有8间的1户，有9间的1户。②东顾庄共149户，有0间的94户，有1间的11户，有2间的21户，有3间的7户，有4间的4户，有5间的6户，有6间的1户，有7间的2户，有8间的2户，有20间的1户。③何家桥共214户，有0间的共132户，有1间的11户，有2间的30户，有3间的12户，有4间的9户，有5间的9户，有6间的5户，有7间的3户，有8间的1户，有9间的1户，有10间的1户。④李罗侯共168户，有0间的109户，有1间的11户，有2间的22户，有3间的13户，有4间的4户，有5间的5户，有6间的1户，有7间的1户，有8间的1户，有10间的1户。⑤蔡家营共68户，有0间的51户，有1间的4户，有2间的5户，有3间的3户，有4间的1户，有5间的2户，有6间的1户，有7间的1户。

（6）生产用房中砖房间数。①薛庄共152户，均无。②东顾庄共149户，有0间的138户，有2间的1户，有3间的2户，有4间的3户，有5间的3户，有7间的1

户，有 8 间的 1 户。③何家桥共 214 户，有 0 间的 194 户，有 1 间的 2 户，有 2 间的 7 户，有 4 间的 5 户，有 5 间的 3 户，有 6 间的 2 户，有 7 间的 1 户。④李罗侯共 168 户，有 0 间的 157 户，有 1 间的 2 户，有 2 间的 1 户，有 3 间的 4 户，有 4 间的 1 户，有 5 间的 2 户，有 8 间的 1 户。⑤蔡家营共 68 户，有 0 间的 54 户，有 1 间的 4 户，有 2 间的 4 户，有 3 间的 2 户，有 4 间的 1 户，有 5 间的 2 户，有 7 间的 1 户。

表 1-45　1929 年保定清苑县各村房屋情况

调查村		N	最小值	最大值	均值	标准偏差
薛庄	现住房屋间数	152	0. 00	22. 00	4. 0987	2. 79785
	现住房屋中砖房间数	152	0. 00	22. 00	0. 5987	2. 13225
	现住房屋中租、典、借房屋间数	152	0. 00	7. 00	0. 3487	1. 06888
	生产用房间数	152	0. 00	9. 00	0. 6480	1. 48373
	生产用房中砖房间数	152	0. 00	0. 00	0. 0000	0. 00000
东顾庄	现住房屋间数	149	1. 00	20. 00	4. 3322	3. 18496
	现住房屋中砖房间数	149	0. 00	19. 00	2. 2919	3. 24979
	现住房屋中租、典、借房屋间数	149	0. 00	3. 00	0. 1107	0. 46078
	生产用房间数	149	0. 00	20. 00	1. 1644	2. 35845
	生产用房中砖房间数	149	0. 00	7. 50	0. 3322	1. 25689
何家桥	现住房屋间数	214	0. 00	36. 00	4. 3154	3. 55405
	现住房屋中砖房间数	214	0. 00	31. 00	2. 3972	3. 40618
	现住房屋中租、典、借房屋间数	214	0. 00	4. 00	0. 1636	0. 58653
	生产用房间数	214	0. 00	10. 00	1. 2243	1. 97429
	生产用房中砖房间数	214	0. 00	7. 00	0. 3201	1. 13175
李罗侯	现住房屋间数	168	0. 00	17. 00	4. 4018	2. 71625
	现住房屋中砖房间数	168	0. 00	13. 00	2. 1131	2. 90194
	现住房屋中租、典、借房屋间数	168	0. 00	2. 00	0. 0595	0. 32283
	生产用房间数	168	0. 00	10. 00	0. 9792	1. 70887
	生产用房中砖房间数	168	0. 00	8. 00	0. 2262	0. 98918
蔡家营	现住房屋间数	68	0. 00	16. 00	4. 5735	2. 95143
	现住房屋中砖房间数	68	0. 00	16. 00	3. 5147	3. 26786
	现住房屋中租、典、借房屋间数	68	0. 00	3. 00	0. 0882	0. 44839
	生产用房间数	68	0. 00	7. 00	0. 7279	1. 56557
	生产用房中砖房间数	68	0. 00	7. 00	0. 5662	1. 39001

由表 1-46 可以看出：

（1）薛庄牲畜：猪（头）最多，均值为 0. 3947，其次为驴（头）均值为 0. 1316，骡（头）均值为 0. 0987，牛（头）均值为 0. 0329，马（匹）均值为 0. 0132，羊（只）均值为 0. 0000。

具体数据是薛庄共152户，有1头牛的2户，有3头牛的1户，其余户均没有养牛。有1匹马的2户，其余户均没有养马。有1头驴的20户，其余户均没有养驴。有1头骡的13户，有2头骡的1户。有1头猪的39户，有2头猪的8户，有5头猪的1户。没有养羊的。

（2）东顾庄牲畜：驴（头）最多，均值为0.3289，其次为猪（头）均值为0.2550，骡（头）均值为0.1611，牛（头）马（匹）均值均为0.0201，没有养羊。

具体数据是东顾庄共149户，有1头牛的3户。有1匹马的3户。有1头驴的49户，有2头驴的1户。有1头骡的9户，有2头骡的6户，有3头骡的1户。有1头猪的32户，有2头猪的3户。没有养羊的。

（3）何家桥牲畜：牛（头）最多，均值为0.1176，其次为骡（头）均值为0.1145，马（匹）均值为0.0958，驴（头）均值为0.0701，猪（头）均值为0.0467，没有养羊的。

具体数据是何家桥共214户，有1头牛的29户。有1匹马的20户，有2匹马的1户。有1头驴的14户，有2头驴的1户。有1头骡的16户，有2头骡的2户，有3头骡的2户。何家桥有1头猪的8户，有2头猪的1户。没有养羊的。

（4）李罗侯牲畜：猪（头）最多，均值为0.6994，其次为驴（头）均值为0.4563，马（匹）均值为0.0536，骡（头）均值为0.0417，羊（只）均值为0.0357，牛（头）均值为0.0119。

具体数据是李罗侯共168户，有1头牛的2户。有1匹马的9户。有1头驴的74户，2头驴的2户。有1头骡的7户。有1头猪的106户，2头猪的6户。有6头羊的1户。

（5）蔡家营牲畜：牛（头）最多，均值为0.1924，其次为猪（头）均值为0.1765，骡（头）均值为0.0809，驴（头）均值为0.0588，马（匹）均值为0.0441，没有养羊的。

蔡家营共68户，有1头牛的16户。有1匹马的3户。有1头驴的4户。有1头骡的6户。有1头猪的12户。没有养羊的。

表1-46　1929年保定清苑县各村牲畜情况

调查村		N	最小值	最大值	均值	标准偏差
薛庄	牛（头）	152	0.00	3.00	0.0329	0.26788
	马（匹）	152	0.00	1.00	0.0132	0.11433
	驴（头）	152	0.00	1.00	0.1316	0.33915
	骡（头）	152	0.00	2.00	0.0987	0.32059
	猪（头）	152	0.00	5.00	0.3947	0.69204
	羊（只）	152	0.00	0.00	0.0000	0.00000
东顾庄	牛（头）	149	0.00	1.00	0.0201	0.14093
	马（匹）	149	0.00	1.00	0.0201	0.14093
	驴（头）	149	0.00	2.00	0.3289	0.47850

续表

调查村		N	最小值	最大值	均值	标准偏差
东顾庄	骡（头）	149	0.00	3.00	0.1611	0.50761
	猪（头）	149	0.00	2.00	0.2550	0.48147
	羊（只）	149	0.00	0.00	0.0000	0.00000
何家桥	牛（头）	214	0.00	1.00	0.1176	0.30265
	马（匹）	214	0.00	2.00	0.0958	0.30478
	驴（头）	214	0.00	2.00	0.0701	0.26931
	骡（头）	214	0.00	3.00	0.1145	0.41647
	猪（头）	214	0.00	2.00	0.0467	0.23269
	羊（只）	214	0.00	0.00	0.0000	0.00000
李罗侯	牛（头）	168	0.00	1.00	0.0119	0.10878
	马（匹）	168	0.00	1.00	0.0536	0.22584
	驴（头）	168	0.00	2.00	0.4563	0.51795
	骡（头）	168	0.00	1.00	0.0417	0.20042
	猪（头）	168	0.00	2.00	0.6994	0.53090
	羊（只）	168	0.00	6.00	0.0357	0.46291
蔡家营	牛（头）	68	0.00	1.00	0.1924	0.35419
	马（匹）	68	0.00	1.00	0.0441	0.20688
	驴（头）	68	0.00	1.00	0.0588	0.23704
	骡（头）	68	0.00	1.00	0.0809	0.26780
	猪（头）	68	0.00	1.00	0.1765	0.38405
	羊（只）	68	0.00	0.00	0.0000	0.00000

由表 1-47 可以看出，1929 年保定清苑县各村的户均水井情况不尽相同。李罗侯最多，户均水井 1.22 口，其次为东顾庄为 0.54 口，蔡家营为 0.31 口，薛庄为 0.19 口，何家桥为 0.14 口。

具体数据是薛庄共 152 户，有 1 口水井的 29 户。东顾庄共 149 户，有 1 口水井的 46 户，有 2 口水井的 7 户，有 3 口水井的 3 户，有 5 口水井的 1 户，有 7 口水井的 1 户。何家桥共 214 户，有 1 口水井的 19 户，有 2 口水井的 1 户。李罗侯共 168 户，有 1 口水井的 40 户，有 2 口水井的 40 户，有 3 口水井的 13 户，有 5 口水井的 3 户，有 6 口水井的 1 户，有 24 口水井的 1 户。蔡家营共 68 户，有 1 口水井的 22 户，有 2 口水井的 1 户。

表 1-47　1929 年保定清苑县各村水井情况

调查村		N	最小值	最大值	均值	标准偏差
薛庄	水井（口）	152	0.00	1	0.19	0.347
东顾庄	水井（口）	149	0.00	7	0.54	0.933

续表

调查村		N	最小值	最大值	均值	标准偏差
何家桥	水井（口）	214	0.00	2	0.14	0.295
李罗侯	水井（口）	168	0.00	24	1.22	2.084
蔡家营	水井（口）	68	0.00	2	0.31	0.441

由表 1-48 可以看出：①薛庄粮食均值：总播种面积（亩）16.8789、总产量（市斤）2213.7796；②东顾庄粮食均值：总播种面积（亩）37.2948、总产量（市斤）2149.5470；③何家桥粮食均值：总播种面积（亩）19.8202、总产量（市斤）1967.2556；④李罗侯粮食均值：总播种面积（亩）24.3605、总产量（市斤）3397.1798；⑤蔡家营粮食均值：总播种面积（亩）20.6324、总产量（市斤）2376.9268。总播种面积最多的是东顾庄37.2948 亩、其次为李罗侯 24.3605 亩、蔡家营 20.6324 亩、何家桥 19.8202 亩、薛庄16.8789 亩。总产量最高的为李罗侯 3397.1798 市斤、蔡家营 2376.9268 市斤、薛庄2213.7796 市斤、东顾庄 2149.5470 市斤、何家桥 1967.2556 市斤。

可见，未必是播种面积最大的产量高。这可能和其他条件有关，同时，也可能和粮食种植结构有关。进一步分析可以看出：

（1）薛庄播种面积最多的是小麦播种面积（亩）6.2612、其次为玉米播种面积（亩）6.0066、谷子播种面积（亩）2.9289、高粱播种面积（亩）1.0118、薯类播种面积（亩）0.6658、其他杂粮播种面积（亩）0.3171、大豆播种面积（亩）0.2928。粮食产量最高的是玉米产量（市斤）702.2401、其次为小麦产量（市斤）690.1770、谷子产量（市斤）407.3421、薯类产量（市斤）216.4605、高粱产量（市斤）123.6803、其他杂粮产量（市斤）37.0230、大豆产量（市斤）32.7105。

（2）东顾庄播种面积最多的为高粱播种面积（亩）13.2416、小麦播种面积（亩）11.0349、谷子播种面积（亩）9.4638、玉米播种面积（亩）8.9107、其他杂粮播种面积（亩）2.0758、薯类播种面积（亩）0.5094、大豆播种面积（亩）0.3839。粮食产量最高的是高粱产量（市斤）628.1369、谷子产量（市斤）460.5638、小麦产量（市斤）445.4711、玉米产量（市斤）405.3624、其他杂粮产量（市斤）121.4631、薯类产量（市斤）115.7886、大豆产量（市斤）16.4470。

（3）何家桥播种面积最多的为小麦播种面积（亩）9.7192、高粱播种面积（亩）5.8834、其他杂粮播种面积（亩）2.1397、谷子播种面积（亩）1.3692、玉米播种面积（亩）1.2369、大豆播种面积（亩）0.1346、薯类播种面积（亩）0.0000。粮食产量最高的是小麦产量（市斤）1015.0401、高粱产量（市斤）549.8032、其他杂粮产量（市斤）202.7631、谷子产量（市斤）149.9883、玉米产量（市斤）77.7841、大豆产量（市斤）10.6168、薯类产量（市斤）0.0000。

（4）李罗侯播种面积最多的谷子播种面积（亩）6.0324、小麦播种面积（亩）5.4795、玉米播种面积（亩）5.2482、其他杂粮播种面积（亩）3.7480、高粱播种面积（亩）2.3780、薯类播种面积（亩）1.7560、大豆播种面积（亩）0.1470。粮食产量最高的是谷子（市斤）791.5893、玉米产量（市斤）728.6464、小麦产量（市斤）

688. 5601、其他杂粮产量（市斤）465. 4583、薯类产量（市斤）449. 6637、高粱产量（市斤）151. 5357、大豆产量（市斤）10. 0315。

（5）蔡家营播种面积最多的小麦播种面积（亩）9. 6882、玉米播种面积（亩）5. 2912、高粱播种面积（亩）5. 1647、谷子播种面积（亩）2. 3103、其他杂粮播种面积（亩）0. 7890、薯类播种面积（亩）0. 3221、大豆播种面积（亩）0. 2691。粮食产量最高的是小麦产量（市斤）774. 1176、高粱产量（市斤）589. 1953、玉米产量（市斤）561. 5653、谷子产量（市斤）332. 4059、其他杂粮产量（市斤）86. 3382、薯类产量（市斤）68. 4853、大豆产量（市斤）30. 3824。

表 1-48 1929 年保定清苑县各村粮食情况

调查村		N	最小值	最大值	均值	标准偏差
薛庄	总播种面积（亩）	152	0. 00	130. 00	16. 8789	19. 53774
	总产量（市斤）	152	0. 00	16850. 00	2213. 7796	2895. 45982
	小麦播种面积（亩）	152	0. 00	55. 00	6. 2612	7. 38170
	小麦产量（市斤）	152	0. 00	6600. 00	690. 1770	932. 67844
	玉米播种面积（亩）	152	0. 00	40. 00	6. 0066	6. 38903
	玉米产量（市斤）	152	0. 00	5200. 00	702. 2401	842. 31287
	谷子播种面积（亩）	152	0. 00	26. 00	2. 9289	4. 29158
	谷子产量（市斤）	152	0. 00	4160. 00	407. 3421	651. 76708
	高粱播种面积（亩）	152	0. 00	10. 00	1. 0118	2. 12758
	高粱产量（市斤）	152	0. 00	1350. 00	123. 6803	274. 66518
	薯类播种面积（亩）	152	0. 00	7. 00	0. 6658	1. 12415
	薯类产量（市斤）	152	0. 00	2800. 00	216. 4605	400. 46521
	大豆播种面积（亩）	152	0. 00	10. 00	0. 2928	1. 11314
	大豆产量（市斤）	152	0. 00	1600. 00	32. 7105	150. 40386
	其他杂粮播种面积（亩）	152	0. 00	10. 00	0. 3171	1. 08504
	其他杂粮产量（市斤）	152	0. 00	1200. 00	37. 0230	120. 91270
	有效个案数	152				
东顾庄	总播种面积（亩）	149	0. 00	314. 00	37. 2948	53. 54000
	总产量（市斤）	149	0. 00	21195. 00	2149. 5470	3218. 94907
	小麦播种面积（亩）	149	0. 00	400. 00	11. 0349	35. 56982
	小麦产量（市斤）	149	0. 00	5600. 00	445. 4711	769. 91194
	玉米播种面积（亩）	149	0. 00	204. 00	8. 9107	22. 56950
	玉米产量（市斤）	149	0. 00	5250. 00	405. 3624	690. 91918
	谷子播种面积（亩）	149	0. 00	200. 00	9. 4638	22. 32471
	谷子产量（市斤）	149	0. 00	4500. 00	460. 5638	734. 50958
	高粱播种面积（亩）	149	0. 00	113. 00	13. 2416	16. 22753

续表

调查村		N	最小值	最大值	均值	标准偏差
东顾庄	高粱产量（市斤）	149	0.00	6780.00	628.1369	838.26820
	薯类播种面积（亩）	149	0.00	5.00	0.5094	0.88029
	薯类产量（市斤）	149	0.00	1200.00	115.7886	208.25714
	大豆播种面积（亩）	149	0.00	15.00	0.3839	1.81841
	大豆产量（市斤）	149	0.00	540.00	16.4470	76.87702
	其他杂粮播种面积（亩）	149	0.00	34.00	2.0758	4.78389
	其他杂粮产量（市斤）	149	0.00	2980.00	121.4631	352.71004
	有效个案数	149				
何家桥	总播种面积（亩）	214	0.00	346.00	19.8202	33.98481
	总产量（市斤）	214	0.00	31935.00	1967.2556	3094.38632
	小麦播种面积（亩）	214	0.00	230.00	9.7192	21.14576
	小麦产量（市斤）	214	0.00	23000.00	1015.0401	2058.27037
	玉米播种面积（亩）	214	0.00	30.00	1.2369	3.41652
	玉米产量（市斤）	214	0.00	2400.00	77.7841	278.99215
	谷子播种面积（亩）	214	0.00	20.00	1.3692	2.97040
	谷子产量（市斤）	214	0.00	2400.00	149.9883	348.06507
	高粱播种面积（亩）	214	0.00	120.00	5.8834	10.75887
	高粱产量（市斤）	214	0.00	4800.00	549.8032	729.33835
	薯类播种面积（亩）	214	0.00	0.00	0.0000	0.00000
	薯类产量（市斤）	214	0.00	0.00	0.0000	0.00000
	大豆播种面积（亩）	214	0.00	7.00	0.1346	0.84577
	大豆产量（市斤）	214	0.00	600.00	10.6168	68.82101
	其他杂粮播种面积（亩）	214	0.00	72.00	2.1397	6.34754
	其他杂粮产量（市斤）	214	0.00	4620.00	202.7631	506.46794
	有效个案数	214				
李罗侯	总播种面积（亩）	168	0.00	140.00	24.3605	24.08867
	总产量（市斤）	168	0.00	23487.00	3397.1798	3526.40648
	小麦播种面积（亩）	168	0.00	40.00	5.4795	5.74044
	小麦产量（市斤）	168	0.00	8000.00	688.5601	878.01987
	玉米播种面积（亩）	168	0.00	30.00	5.2482	5.06511
	玉米产量（市斤）	168	0.00	5400.00	728.6464	803.73306
	谷子播种面积（亩）	168	0.00	40.00	6.0324	6.88934
	谷子产量（市斤）	168	0.00	5600.00	791.5893	966.52998
	高粱播种面积（亩）	168	0.00	24.00	2.3780	4.10719
	高粱产量（市斤）	168	0.00	1872.00	151.5357	292.24467

续表

调查村		N	最小值	最大值	均值	标准偏差
李罗侯	薯类播种面积（亩）	168	0.00	7.00	1.7560	1.11906
	薯类产量（市斤）	168	0.00	2125.00	449.6637	354.23972
	大豆播种面积（亩）	168	0.00	5.00	0.1470	0.79240
	大豆产量（市斤）	168	0.00	450.00	10.0315	55.26566
	其他杂粮播种面积（亩）	168	0.00	60.00	3.7480	5.83606
	其他杂粮产量（市斤）	168	0.00	2835.00	465.4583	496.16445
	有效个案数	168				
蔡家营	总播种面积（亩）	68	0.00	124.00	20.6324	25.04096
	总产量（市斤）	68	0.00	16730.00	2376.9268	3256.31334
	小麦播种面积（亩）	68	0.00	215.00	9.6882	27.22825
	小麦产量（市斤）	68	0.00	8750.00	774.1176	1287.99008
	玉米播种面积（亩）	68	0.00	24.00	5.2912	5.92202
	玉米产量（市斤）	68	0.00	2880.00	561.5653	679.50676
	谷子播种面积（亩）	68	0.00	21.70	2.3103	4.15039
	谷子产量（市斤）	68	0.00	3570.00	332.4059	691.88856
	高粱播种面积（亩）	68	0.00	25.00	5.1647	6.20206
	高粱产量（市斤）	68	0.00	3250.00	589.1953	762.95919
	薯类播种面积（亩）	68	0.00	5.00	0.3221	0.81201
	薯类产量（市斤）	68	0.00	1000.00	68.4853	171.60624
	大豆播种面积（亩）	68	0.00	10.00	0.2691	1.32578
	大豆产量（市斤）	68	0.00	1060.00	30.3824	145.50304
	其他杂粮播种面积（亩）	68	0.00	11.05	0.7890	2.04791
	其他杂粮产量（市斤）	68	0.00	1144.00	86.3382	224.41969
	有效个案数	68				

由表 1-49 可以看出，棉花播种面积最多的是李罗侯播种面积（亩）0.6476、东顾庄播种面积（亩）0.5523、蔡家营播种面积（亩）0.5044、薛庄播种面积（亩）0.2368、何家桥播种面积（亩）0.0000。棉花产量最高的是蔡家营产量（市斤）44.6618、其次是李罗侯产量（市斤）33.4435、东顾庄产量（市斤）23.0128、薛庄产量（市斤）19.7368、何家桥产量（市斤）0.0093。

表 1-49　1929 年保定清苑县各村经济作物棉花情况

调查村		N	最小值	最大值	均值	标准偏差
薛庄	播种面积（亩）	152	0.00	5.00	0.2368	0.78468
	产量（市斤）	152	0.00	500.00	19.7368	68.85244

续表

调查村		N	最小值	最大值	均值	标准偏差
东顾庄	播种面积（亩）	149	0.00	12.00	0.5523	1.62733
	产量（市斤）	149	0.00	456.50	23.0128	69.20102
何家桥	播种面积（亩）	214	0.00	0.00	0.0000	0.00000
	产量（市斤）	214	0.00	2.00	0.0093	0.13672
李罗侯	播种面积（亩）	168	0.00	5.00	0.6476	0.91671
	产量（市斤）	168	0.00	330.00	33.4435	52.42035
蔡家营	播种面积（亩）	68	0.00	9.00	0.5044	1.57399
	产量（市斤）	68	0.00	810.00	44.6618	141.34594

由表1-50可以看出：①何家桥其他作物：播种面积（亩）1.0055，产值（元）140.0281；②李罗侯其他作物：播种面积（亩）0.7661，产值（元）15.7401；③东顾庄其他作物：播种面积（亩）0.3864，产值（元）11.7042；④蔡家营其他作物：播种面积（亩）0.1279，产值（元）80.2426；⑤薛庄其他作物：播种面积（亩）0.0908，产值（元）4.7564。

表1-50　1929年保定清苑县各村其他作物情况

调查村		N	最小值	最大值	均值	标准偏差
薛庄	播种面积（亩）	152	0.00	3.00	0.0908	0.41277
	产值（元）	152	0.00	150.00	4.7564	20.32308
东顾庄	播种面积（亩）	149	0.00	13.00	0.3864	1.57147
	产值（元）	149	0.00	800.00	11.7042	68.68888
何家桥	播种面积（亩）	214	0.00	95.00	1.0055	6.49991
	产值（元）	214	0.00	8470.00	140.0281	766.95415
李罗侯	播种面积（亩）	168	0.00	18.00	0.7661	1.60313
	产值（元）	168	0.00	135.00	15.7401	20.74242
蔡家营	播种面积（亩）	68	0.00	2.80	0.1279	0.40329
	产值（元）	68	0.00	5200.00	80.2426	630.20464

由表1-51可以看出：

（1）薛庄农副业及其他收入均值：在外人口寄回收入（元）727.6，副业收入（元）655.2，工资收入（元）650，出租生产、生活资料收入（元）512，出售家畜、家禽价值：出售猪收入（元）90，救济补助及赠送收入（元）80，植物栽培收入（元）30，出售家畜、家禽价值：出售肥料收入（元）18，出售家畜、家禽价值：出售家禽收入（元）10，出售家畜、家禽价值：出售羊收入（元），从农业社取得收入（元），从农业社取得收入中劳动报酬收入（元）均为0。

（2）东顾庄农副业及其他收入：在外人口寄回收入（元）23.4578，工资收入（元）18.9191，副业收入（元）18.0868，出售猪收入（元）2.3749，出售家禽收入（元）1.7001，救济补助及赠送收入（元）0.2442，出租生产、生活资料收入（元）0.2079，植物栽培收入，出售家畜、家禽价值：出售羊收入，出售家畜、家禽价值：出售肥料收入，从农业社取得收入，从农业社取得收入中劳动报酬收入均为0元。

（3）何家桥农副业及其他收入：工资收入（元）75.7246，副业收入（元）19.9875，在外人口寄回收入（元）6.5117，出售家畜、家禽价值：出售家禽收入（元）1.1984，救济补助及赠送收入（元）0.9601，出租生产、生活资料收入（元）0.68，出售家畜、家禽价值：出售猪收入（元）0.015，出售家畜、家禽价值：出售羊收入（元）0.0085，出售家畜、家禽价值：出售肥料收入（元）0.0042，植物栽培收入、从农业社取得收入、从农业社取得收入中劳动报酬收入均为0元。

（4）李罗侯农副业及其他收入：副业收入（元）21.5982，出售家畜、家禽价值：出售猪收入（元）13.9791，工资收入（元）9.5743，在外人口寄回收入（元）1.5312，出租生产、生活资料收入（元）1.1786，出售家畜、家禽价值：出售家禽收入（元）0.3795，植物栽培收入（元），出售家畜、家禽价值：出售羊收入（元），出售家畜、家禽价值：出售肥料收入（元），从农业社取得收入（元），从农业社取得收入中劳动报酬收入（元），救济补助及赠送收入（元）均为0元。

（5）蔡家营农副业及其他收入：工资收入（元）42.2772，副业收入（元）16.5278，在外人口寄回收入（元）2.7941，出售家畜、家禽价值：出售猪收入（元）1.7353，出售家畜、家禽价值：出售家禽收入（元）0.6953，植物栽培收入（元）0.25，出售家畜、家禽价值：出售羊收入（元），出售家畜、家禽价值：出售肥料收入（元），从农业社取得收入（元），从农业社取得收入中劳动报酬收入（元），出租生产、生活资料收入（元），救济补助及赠送收入（元）均为0元。

表1-51　1929年保定清苑县各村农副业及其他收入情况

调查村		N	最小值	最大值	均值	标准偏差
薛庄	植物栽培收入（元）	152	0.00	30.00	0.2931	2.69737
	出售家畜、家禽价值：出售猪收入（元）	152	0.00	90.00	5.3895	14.53084
	出售羊收入（元）	152	0.00	0.00	0.0000	0.00000
	出售家禽收入（元）	152	0.00	10.00	0.1099	0.89463
	出售肥料收入（元）	152	0.00	18.00	0.1184	1.45999
	副业收入（元）	152	0.00	655.20	34.7776	96.29029
	工资收入（元）	152	0.00	650.00	30.3234	84.60457
	在外人口寄回收入（元）	152	0.00	727.60	60.6041	135.64584
	从农业社取得收入（元）	152	0.00	0.00	0.0000	0.00000
	从农业社取得收入中劳动报酬收入（元）	152	0.00	0.00	0.0000	0.00000
	出租生产、生活资料收入（元）	152	0.00	512.00	6.2580	43.02835
	救济补助及赠送收入（元）	152	0.00	80.00	1.6926	10.92061

续表

调查村		N	最小值	最大值	均值	标准偏差
薛庄	其他收入（元）	152	0.00	1080.00	16.1612	99.11705
	有效个案数	152				
东顾庄	植物栽培收入（元）	149	0.00	0.00	0.0000	0.00000
	出售家畜、家禽价值：出售猪收入（元）	149	0.00	30.92	2.3749	6.65071
	出售羊收入（元）	149	0.00	0.00	0.0000	0.00000
	出售家禽收入（元）	149	0.00	90.95	1.7001	7.92692
	出售肥料收入（元）	149	0.00	0.00	0.0000	0.00000
	副业收入（元）	149	0.00	263.80	18.0868	47.76067
	工资收入（元）	149	0.00	227.38	18.9191	32.39081
	在外人口寄回收入（元）	149	0.00	1091.40	23.4578	106.94314
	从农业社取得收入（元）	149	0.00	0.00	0.0000	0.00000
	从农业社取得收入中劳动报酬收入（元）	149	0.00	0.00	0.0000	0.00000
	出租生产、生活资料收入（元）	149	0.00	21.01	0.2079	1.89983
	救济补助及赠送收入（元）	149	0.00	36.38	0.2442	2.98037
	其他收入（元）	149	0.00	90.95	1.4368	9.99250
	有效个案数	149				
何家桥	植物栽培收入（元）	214	0.00	0.00	0.0000	0.00000
	出售家畜、家禽价值：出售猪收入（元）	214	0.00	3.20	0.0150	0.21875
	出售羊收入（元）	214	0.00	1.81	0.0085	0.12373
	出售家禽收入（元）	214	0.00	51.46	1.1984	4.78863
	出售肥料收入（元）	214	0.00	0.90	0.0042	0.06152
	副业收入（元）	214	0.00	1280.00	19.9875	102.76494
	工资收入（元）	214	0.00	4578.00	75.7246	418.26569
	在外人口寄回收入（元）	214	0.00	308.20	6.5117	35.84505
	从农业社取得收入（元）	214	0.00	0.00	0.0000	0.00000
	从农业社取得收入中劳动报酬收入（元）	214	0.00	0.00	0.0000	0.00000
	出租生产、生活资料收入（元）	214	0.00	145.52	0.6800	9.94754
	救济补助及赠送收入（元）	214	0.00	90.95	0.9601	7.58497
	其他收入（元）	214	0.00	109.10	0.8243	8.35189
	有效个案数	214				
李罗侯	植物栽培收入（元）	168	0.00	0.00	0.0000	0.00000
	出售家畜、家禽价值：出售猪收入（元）	168	0.00	98.20	13.9791	14.53955
	出售羊收入（元）	168	0.00	0.00	0.0000	0.00000
	出售家禽收入（元）	168	0.00	6.37	0.3795	1.09302
	出售肥料收入（元）	168	0.00	0.00	0.0000	0.00000

续表

调查村		N	最小值	最大值	均值	标准偏差
李罗侯	副业收入（元）	168	0.00	818.60	21.5982	85.68026
	工资收入（元）	168	0.00	163.30	9.5743	22.38103
	在外人口寄回收入（元）	168	0.00	120.00	1.5312	11.37653
	从农业社取得收入（元）	168	0.00	0.00	0.0000	0.00000
	从农业社取得收入中劳动报酬收入（元）	168	0.00	0.00	0.0000	0.00000
	出租生产、生活资料收入（元）	168	0.00	180.00	1.1786	13.94829
	救济补助及赠送收入（元）	168	0.00	0.00	0.0000	0.00000
	其他收入（元）	168	0.00	0.00	0.0000	0.00000
	有效个案数	168				
蔡家营	植物栽培收入（元）	68	0.00	17.00	0.2500	2.06155
	出售家畜、家禽价值：出售猪收入（元）	68	0.00	37.00	1.7353	6.89499
	出售羊收入（元）	68	0.00	0.00	0.0000	0.00000
	出售家禽收入（元）	68	0.00	20.00	0.6953	2.89327
	出售肥料收入（元）	68	0.00	0.00	0.0000	0.00000
	副业收入（元）	68	0.00	192.00	16.5278	37.73466
	工资收入（元）	68	0.00	245.57	42.2772	51.79621
	在外人口寄回收入（元）	68	0.00	190.00	2.7941	23.04088
	从农业社取得收入（元）	68	0.00	0.00	0.0000	0.00000
	从农业社取得收入中劳动报酬收入（元）	68	0.00	0.00	0.0000	0.00000
	出租生产、生活资料收入（元）	68	0.00	0.00	0.0000	0.00000
	救济补助及赠送收入（元）	68	0.00	0.00	0.0000	0.00000
	其他收入（元）	68	0.00	27.28	0.5350	3.47173
	有效个案数	68				

由表1-52可以看出：

(1) 薛庄年末负债累计数中货币数（元）29.6807，全年应付利息（元）25.2307，年末负债累计数（元）0，其中向各类债主借款累计数：向地富借（元）29.9945、向中农借（元）13.4954、向银行借（元）3.8289、向信用社借（元）0.0855、向钱庄借（元）0.0658、通过其他途径借（元）0。

(2) 东顾庄年末负债累计数中货币数（元）9.3602，全年应付利息（元）1.4074，年末负债累计数（元）0，其中向各类债主借款累计数：向地富借（元）9.3602、向中农借（元）7.2399，通过其他途径借（元）0.713；向银行借（元）、向信用社借（元）、向钱庄借（元）均为0元。

(3) 何家桥年末负债累计数中货币数（元）23.8924，全年应付利息（元）6.2823，年末负债累计数（元）0.34，其中向各类债主借款累计数：向地富借（元）

23.8924；向中农借（元）17.2803，向银行借（元）、向信用社借（元）、向钱庄借（元）、通过其他途径借（元）均为0元。

（4）李罗侯年末负债累计数中货币数（元）28.95，全年应付利息（元）0.6805，年末负债累计数（元）0，其中向各类债主借款累计数：向中农借（元）25.0612、向地富借（元）24.5971、向银行借（元）、向信用社借（元）、向钱庄借（元）、通过其他途径借（元）均为0元。

（5）蔡家营年末负债累计数中货币数（元）43.2031，全年应付利息（元）0，年末负债累计数（元）0，其中向各类债主借款累计数：向地富借（元）43.2031、向中农借（元）41.8656、向银行借（元）1.3375；向信用社借、向钱庄借、通过其他途径借均为0元。

表1-52　1929年保定清苑县各村年末负债情况

调查村		N	最小值	最大值	均值	标准偏差
薛庄	年末负债累计数（元）	152	0.00	0.00	0.0000	0.00000
	年末负债累计数中货币数（元）	152	0.00	727.50	29.6807	109.14216
	其中向各类债主借款累计数：向地富借（元）	152	0.00	727.50	29.9945	109.15292
	向中农借（元）	152	0.00	1500.00	13.4954	125.12228
	向银行借（元）	152	0.00	582.00	3.8289	47.20643
	向信用社借（元）	152	0.00	13.00	0.0855	1.05444
	向钱庄借（元）	152	0.00	10.00	0.0658	0.81111
	通过其他途径借（元）	152	0.00	0.00	0.0000	0.00000
	全年应付利息（元）	152	0.00	727.50	25.2307	104.45084
	有效个案数	152				
东顾庄	年末负债累计数（元）	149	0.00	0.00	0.0000	0.00000
	年末负债累计数中货币数（元）	149	0.00	454.75	9.3602	41.64339
	其中向各类债主借款累计数：向地富借（元）	149	0.00	454.75	9.3602	41.64339
	向中农借（元）	149	0.00	454.75	7.2399	40.72770
	向银行借（元）	149	0.00	0.00	0.0000	0.00000
	向信用社借（元）	149	0.00	0.00	0.0000	0.00000
	向钱庄借（元）	149	0.00	0.00	0.0000	0.00000
	通过其他途径借（元）	149	0.00	54.57	0.7130	6.13525
	全年应付利息（元）	149	0.00	90.95	1.4074	8.40920
	有效个案数	149				
何家桥	年末负债累计数（元）	214	0.00	72.76	0.3400	4.97377
	年末负债累计数中货币数（元）	214	0.00	776.00	23.8924	71.35000

续表

调查村		N	最小值	最大值	均值	标准偏差
何家桥	其中向各类债主借款累计数：向地富借（元）	214	0.00	776.00	23.8924	71.35000
	向中农借（元）	214	0.00	776.00	17.2803	67.00108
	向银行借（元）	214	0.00	0.00	0.0000	0.00000
	向信用社借（元）	214	0.00	0.00	0.0000	0.00000
	向钱庄借（元）	214	0.00	0.00	0.0000	0.00000
	通过其他途径借（元）	214	0.00	0.00	0.0000	0.00000
	全年应付利息（元）	214	0.00	230.00	6.2823	28.47295
	有效个案数	214				
李罗侯	年末负债累计数（元）	168	0.00	0.00	0.0000	0.00000
	年末负债累计数中货币数（元）	168	0.00	837.12	28.9500	103.16593
	其中向各类债主借款累计数：向地富借（元）	168	0.00	837.12	24.5971	98.44544
	向中农借（元）	168	0.00	837.12	25.0612	96.23459
	向银行借（元）	168	0.00	0.00	0.0000	0.00000
	向信用社借（元）	168	0.00	0.00	0.0000	0.00000
	向钱庄借（元）	168	0.00	0.00	0.0000	0.00000
	通过其他途径借（元）	168	0.00	0.00	0.0000	0.00000
	全年应付利息（元）	168	0.00	60.00	0.6805	6.01439
	有效个案数	168				
蔡家营	年末负债累计数（元）	68	0.00	0.00	0.0000	0.00000
	年末负债累计数中货币数（元）	68	0.00	482.00	43.2031	95.18204
	其中向各类债主借款累计数：向地富借（元）	68	0.00	482.00	43.2031	95.18204
	向中农借（元）	68	0.00	482.00	41.8656	95.14009
	向银行借（元）	68	0.00	90.95	1.3375	11.02931
	向信用社借（元）	68	0.00	0.00	0.0000	0.00000
	向钱庄借（元）	68	0.00	0.00	0.0000	0.00000
	通过其他途径借（元）	68	0.00	0.00	0.0000	0.00000
	全年应付利息（元）	68	0.00	0.00	0.0000	0.00000
	有效个案数	68				

第二章　1936 年保定同一地不同村农民的经济行为差异

第一节　人口状况分析

基于 1936 年无锡、保定的调查数据，观察一下 1936 年保定清苑县不同村的农户经济行为情况。

在进行分析之前先对数据进行清洗，删除年末常住总人口为 0 的样本共计 36 个，然后在此基础之上删除年内常住总人口为 0 的样本。

表 2-1 涉及家庭规模计算时，如果考察与土地有关，通常采用年末男性和女性人口之和或年内男性和女性人口之和；如果考察在外人口，特别是上学率，需要加上年末在外人口或年内在外人口。整个数据我们删除了家庭规模为 0 的人口。

表 2-1　1936 年保定清苑县八个村年末常住男性人口概况

调查村		N	最小值	最大值	均值	标准偏差
大祝泽	年末常住男性人口	109	0.00	8	2.6789	1.33424
大阳村	年末常住男性人口	263	0.00	18	2.6616	1.86662
固上	年末常住男性人口	307	0.00	14	2.6417	1.75695
东顾庄	年末常住男性人口	173	0.00	8	2.6012	1.58752
蔡家营	年末常住男性人口	74	0.00	5	2.4459	1.14846
何家桥	年末常住男性人口	246	0.00	7	2.4106	1.41065
南邓	年末常住男性人口	203	0.00	8	2.2438	1.47114
薛庄	年末常住男性人口	166	0.00	7	1.8675	1.37749

由表 2-1 可以看出，1936 年八个村年末常住男性人口还是存在着差异，薛庄相比其他村年末常住男性人口最少，其次是南邓和何家桥及蔡家营。大祝泽、大阳村、固上、东顾庄四个村年末常住男性人口多些。

由表 2-2 可以看出，八个村庄年末常住女性人口也存在着差异，东顾庄年末常住女性人口最多，南邓最少。

表 2-2　1936 年保定清苑县八个村年末常住女性人口概况

调查村		N	最小值	最大值	均值	标准偏差
东顾庄	年末常住女性人口	173	0.00	14	2.7168	2.24789
蔡家营	年末常住女性人口	74	0.00	8	2.5676	1.44375
大阳村	年末常住女性人口	263	0.00	9	2.5399	1.64773
固上	年末常住女性人口	307	0.00	16	2.5220	1.9899
何家桥	年末常住女性人口	246	0.00	8	2.4268	1.62513
薛庄	年末常住女性人口	166	0.00	9	2.3614	1.40629
大祝泽	年末常住女性人口	109	0.00	6	2.3028	1.45618
南邓	年末常住女性人口	203	0.00	8	2.2660	1.48509

由表 2-3 可以看出，八个村年末家庭规模存在着差异，东顾庄家庭规模最大，薛庄家庭规模最小。

表 2-3　1936 年保定清苑县八个村年末家庭规模概况

调查村		N	最小值	最大值	均值	标准偏差
东顾庄	年末家庭规模	173	1	22	5.3179	3.34761
大阳村	年末家庭规模	263	1	27	5.2015	3.01796
固上	年末家庭规模	307	1	30	5.1637	3.34268
蔡家营	年末家庭规模	74	1	11	5.0135	2.03054
大祝泽	年末家庭规模	109	1	13	4.9817	2.29626
何家桥	年末家庭规模	246	1	12	4.8374	2.54901
南邓	年末家庭规模	203	1	14	4.5099	2.49341
薛庄	年末家庭规模	166	1	12	4.2289	2.23376

由表 2-4 可以看出，前六个村年末男性人口占家庭规模比重均超过 0.5，蔡家营略低于 0.5，薛庄的年末男性人口占家庭规模比重最小，为 0.4233。

表 2-4　1936 年保定清苑县八个村年末常住男性人口占家庭规模比重概况

调查村		N	最小值	最大值	均值	标准偏差
大祝泽	年末常住男性占家庭规模比重	109	0.00	1	0.5594	0.20014
固上	年末常住男性占家庭规模比重	307	0.00	1	0.546	0.2229
何家桥	年末常住男性占家庭规模比重	246	0.00	1	0.5131	0.23133
大阳村	年末常住男性占家庭规模比重	263	0.00	1	0.5114	0.21249
东顾庄	年末常住男性占家庭规模比重	173	0.00	1	0.5082	0.21017
南邓	年末常住男性占家庭规模比重	203	0.00	1	0.5008	0.22111
蔡家营	年末常住男性占家庭规模比重	74	0.00	1	0.4865	0.18518
薛庄	年末常住男性占家庭规模比重	166	0.00	1	0.4233	0.24799

由表 2-5 可以看出，八个村年内常住男性人口也存在着差异，仍然是薛庄最少。

表 2-5 1936 年保定清苑县八个村年内常住男性人口概况

调查村		N	最小值	最大值	均值	标准偏差
大阳村	年内常住男性人口	263	0.00	18	2.6578	1.86695
大祝泽	年内常住男性人口	109	0.00	8	2.6514	1.35145
固上	年内常住男性人口	307	0.00	16	2.6287	1.74677
东顾庄	年内常住男性人口	173	0.00	8	2.5434	1.53813
何家桥	年内常住男性人口	246	0.00	7	2.4431	1.40073
蔡家营	年内常住男性人口	74	0.00	5	2.4189	1.18214
南邓	年内常住男性人口	203	0.00	8	2.2463	1.47115
薛庄	年内常住男性人口	166	0.00	7	1.8675	1.37308

由表 2-6 可以看出，八个村年内常住女性人口存在着差异，东顾庄最多，大祝泽最少。

表 2-6 1936 年保定清苑县八个村年内常住女性人口概况

调查村		N	最小值	最大值	均值	标准偏差
东顾庄	年内常住女性人口	173	0.00	14	2.7052	2.23862
蔡家营	年内常住女性人口	74	0.00	8	2.6216	1.43061
大阳村	年内常住女性人口	263	0.00	9	2.5475	1.66137
固上	年内常住女性人口	307	0.00	9	2.4471	1.81942
何家桥	年内常住女性人口	246	0.00	8	2.4187	1.62474
薛庄	年内常住女性人口	166	0.00	9	2.3675	1.41118
南邓	年内常住女性人口	203	0.00	23	2.3547	2.0781
大祝泽	年内常住女性人口	109	0.00	6	2.3303	1.45332

由表 2-7 可以看出，八个村年内家庭规模存在着差异，但和年末家庭规模接近，东顾庄规模最大，薛庄规模最小。

表 2-7 1936 年保定清苑县八个村年内家庭规模概况

调查村		N	最小值	最大值	均值	标准偏差
东顾庄	年内家庭规模	173	1	22	5.2486	3.30988
大阳村	年内家庭规模	263	1	27	5.2053	3.02717
固上	年内家庭规模	307	1	25	5.0757	3.11336
蔡家营	年内家庭规模	74	1	11	5.0405	2.08346
大祝泽	年内家庭规模	109	1	13	4.9817	2.30029
何家桥	年内家庭规模	246	1	12	4.8618	2.52472
南邓	年内家庭规模	203	1	25	4.6010	2.89208
薛庄	年内家庭规模	166	1	12	4.2349	2.23991

由表2-8可以看出，1936年保定清苑县八个村年内男性人口占家庭规模比重存在着差异，大祝泽最多，薛庄最少。

表2-8　1936年保定清苑县八个村年内男性人口占家庭规模比重概况

调查村		N	最小值	最大值	均值	标准偏差
大祝泽	年内男性人口占家庭规模比重	109	0.00	1	0.5527	0.20289
固上	年内男性人口占家庭规模比重	307	0.00	1	0.5496	0.22368
何家桥	年内男性人口占家庭规模比重	246	0.00	1	0.519	0.23171
大阳村	年内男性人口占家庭规模比重	263	0.00	1	0.5079	0.21267
东顾庄	年内男性人口占家庭规模比重	173	0.00	1	0.5045	0.21146
南邓	年内男性人口占家庭规模比重	203	0.00	1	0.5014	0.21857
蔡家营	年内男性人口占家庭规模比重	74	0.00	1	0.4715	0.1884
薛庄	年内男性人口占家庭规模比重	166	0.00	1	0.4234	0.24731

第二节　1936年保定男、女性劳动力情况

借助史料还原1936年无锡、保定调查数据中保定八个调查村男、女性劳动力在家庭规模中的占比情况。

由表2-9可以看出，八个村的男性劳动力还是存在着差异，大祝泽最多，薛庄最少。

表2-9　1936年保定清苑县八个村男性劳动力概况

调查村		N	最小值	最大值	均值	标准偏差
大祝泽	男性劳动力	109	0.00	6	1.7982	1.08466
固上	男性劳动力	307	0.00	9	1.7752	1.2254
大阳村	男性劳动力	263	0.00	7	1.6958	1.14862
东顾庄	男性劳动力	173	0.00	6	1.6705	1.09497
蔡家营	男性劳动力	74	0.00	5	1.6486	0.94263
何家桥	男性劳动力	246	0.00	6	1.5122	1.02113
南邓	男性劳动力	203	0.00	6	1.3325	0.93556
薛庄	男性劳动力	166	0.00	3	1.1024	0.82116

由表 2-10 可以看出，八个村虽然都属于保定清苑县，但男性劳动力占家庭规模比重存在着差异，其中由高到低分别为大祝泽、固上、大阳村、蔡家营、何家桥、东顾庄、南邓、薛庄。

表 2-10　1936 年保定清苑县八个村男性劳动力占家庭规模比重概况

调查村		N	最小值	最大值	均值	标准偏差
大祝泽	男性劳动力占家庭规模比重	109	0.00	1	0.3979	0.22653
固上	男性劳动力占家庭规模比重	307	0.00	1	0.3904	0.25356
大阳村	男性劳动力占家庭规模比重	263	0.00	1	0.3519	0.22712
蔡家营	男性劳动力占家庭规模比重	74	0.00	1	0.3496	0.20276
何家桥	男性劳动力占家庭规模比重	246	0.00	2	0.3469	0.27769
东顾庄	男性劳动力占家庭规模比重	173	0.00	1	0.3442	0.20332
南邓	男性劳动力占家庭规模比重	203	0.00	1	0.3177	0.22036
薛庄	男性劳动力占家庭规模比重	166	0.00	1	0.2781	0.23042

由表 2-11 可以看出，八个村女性劳动力占家庭规模比重，从高到低依次为薛庄、东顾庄、大阳村、蔡家营、何家桥、大祝泽、南邓、固上。同时综合表 2-10 可以看出，薛庄的男性劳动力在家庭规模中的占比是八个村最低的，为 0.2781，但女性劳动力在家庭规模中的占比却是八个村最高的，为 0.3759。东顾庄的女性劳动力在家庭规模中的占比为 0.3578，也高于男性劳动力在家庭规模中的占比（0.3442）。其余几个村均是男性劳动力在家庭规模中的占比高于女性劳动力在家庭规模中的占比。

表 2-11　1936 年保定清苑县八个村女性劳动力占家庭规模比重概况

调查村		N	最小值	最大值	均值	标准偏差
薛庄	女性劳动力占家庭规模比重	166	0.00	1	0.3759	0.26457
东顾庄	女性劳动力占家庭规模比重	173	0.00	1	0.3578	0.20685
大阳村	女性劳动力占家庭规模比重	263	0.00	1	0.3425	0.18943
蔡家营	女性劳动力占家庭规模比重	74	0.00	1	0.3374	0.19124
何家桥	女性劳动力占家庭规模比重	246	0.00	1	0.3149	0.22379
大祝泽	女性劳动力占家庭规模比重	109	0.00	1	0.3099	0.18657
南邓	女性劳动力占家庭规模比重	203	0.00	1	0.2880	0.18817
固上	女性劳动力占家庭规模比重	307	0.00	1	0.2730	0.19011

由表 2-12 可以看出，八个村劳动力在家庭规模中占比均超过 60%且存在着差异，从高到低依次为大祝泽、东顾庄、大阳村、蔡家营、固上、何家桥、薛庄、南邓。

表 2-12 1936 年保定清苑县八个村劳动力占家庭规模比重概况

调查村		N	最小值	最大值	均值	标准偏差
大祝泽	劳动力占家庭规模比重	109	0.25	1	0.7078	0.22271
东顾庄	劳动力占家庭规模比重	173	0.2	1.5	0.7020	0.22827
大阳村	劳动力占家庭规模比重	263	0.00	1.25	0.6944	0.22434
蔡家营	劳动力占家庭规模比重	74	0	1.25	0.6870	0.25445
固上	劳动力占家庭规模比重	307	0.00	1.5	0.6634	0.25437
何家桥	劳动力占家庭规模比重	246	0.00	3	0.6617	0.31699
薛庄	劳动力占家庭规模比重	166	0.00	1	0.6541	0.26294
南邓	劳动力占家庭规模比重	203	0.00	1	0.6057	0.23747

第三节 1936 年保定农民教育投入情况

表 2-13 计算了 7~13 岁人口占家庭规模比重，考虑 7~13 岁人口可能外出求学，所以我们计算家庭规模时，不仅考虑年末常住男性和女性人口，而且还要考虑年末在外人口。我们进行数据清洗时，删除 7~13 岁人口数加上 14 岁以上人口数大于年末常住男性人口上女性人口及上年末在外人口数共计 21 个样本。

表 2-13 1936 年保定清苑县八个村 7~13 岁人口占家庭规模比重概况

调查村		N	最小值	最大值	均值	标准偏差
何家桥	7~13 岁人口占家庭规模比重	241	0.00	1	0.1435	0.17238
薛庄	7~13 岁人口占家庭规模比重	165	0.00	0.5	0.1354	0.15893
蔡家营	7~13 岁人口占家庭规模比重	71	0.00	0.5	0.1307	0.13752
东顾庄	7~13 岁人口占家庭规模比重	171	0.00	0.6	0.1302	0.14217
固上	7~13 岁人口占家庭规模比重	303	0.00	0.67	0.1287	0.15106
南邓	7~13 岁人口占家庭规模比重	202	0.00	0.5	0.1205	0.14256
大阳村	7~13 岁人口占家庭规模比重	260	0.00	0.5	0.1192	0.14374
大祝泽	7~13 岁人口占家庭规模比重	107	0.00	0.6	0.108	0.13941

由表 2-13 可以看出，7~13 岁人口在八个村家庭规模中的占比均在 10%以上，其中大祝泽最低，何家桥最高。

这些人口是否上学？从中也略可以看出 1936 年农民对教育的投入情况。要想了解这些无疑还得借助历史数据，我们借助无锡、保定历史调查数据进一步分析 7~13 岁人口在学人数比例，以了解各村各户对教育的投入情况。将 7~13 岁人口数作为分母，将其为 0 的数据剔除掉。

由表 2-14 可以看出，八个村 7~13 岁人口在学人数占比均超过 13%且存在着差异，从高到低依次为大祝泽、大阳村、薛庄、蔡家营、固上、东顾庄、南邓、何家桥。

表 2-14　1936 年保定清苑县八个村 7~13 岁人口在学人数占比概况

调查村		N	最小值	最大值	均值	标准偏差
大祝泽	7~13 岁在学人数占比	50	0. 00	1	0. 3467	0. 45406
大阳村	7~13 岁在学人数占比	126	0. 00	1	0. 2721	0. 40513
薛庄	7~13 岁在学人数占比	80	0. 00	1	0. 2688	0. 41039
蔡家营	7~13 岁在学人数占比	39	0. 00	1	0. 2521	0. 40981
固上	7~13 岁在学人数占比	153	0. 00	1	0. 2215	0. 38584
东顾庄	7~13 岁在学人数占比	94	0. 00	1	0. 1507	0. 32615
南邓	7~13 岁在学人数占比	98	0. 00	1	0. 1497	0. 33289
何家桥	7~13 岁在学人数占比	127	0. 00	1	0. 1352	0. 31055

由表 2-15 可以看出，八个村 14 岁以上人口占比 62%以上且存在着差异，14 岁以上人口占家庭规模比重最高的大祝泽村高达 0. 7339。

那么这个群体在家庭规模中占的比例如此大，他们的受教育情况如何呢？借助无锡、保定历史调查数据还原来看。以下需要删除 14 岁以上人口为 0 的家庭共5 户。

表 2-15　1936 年保定清苑县八个村 14 岁以上人口占家庭规模比重概况

调查村		N	最小值	最大值	均值	标准偏差
大祝泽	14 岁以上人口占家庭规模比重	107	0. 25	1	0. 7339	0. 22134
固上	14 岁以上人口占家庭规模比重	303	0. 00	1	0. 7207	0. 22407
何家桥	14 岁以上人口占家庭规模比重	241	0. 00	1	0. 6978	0. 22547
大阳村	14 岁以上人口占家庭规模比重	260	0. 00	1	0. 6792	0. 22457
蔡家营	14 岁以上人口占家庭规模比重	71	0. 00	1	0. 6661	0. 21389
东顾庄	14 岁以上人口占家庭规模比重	171	0. 00	1	0. 6612	0. 22797
南邓	14 岁以上人口占家庭规模比重	202	0. 00	1	0. 6581	0. 23078
薛庄	14 岁以上人口占家庭规模比重	165	0. 00	1	0. 6254	0. 23907

由表 2-16 可以看出，八个村 14 岁以上人口文盲占比很高，均为 82%以上，且从高到低分别为东顾庄、大阳村、何家桥、南邓、大祝泽、薛庄、固上、蔡家营。东顾庄和大阳村的 14 岁以上人口文盲占比均达到 90%以上，蔡家营最低，为 0. 8287。

表 2-16　1936 年保定清苑县八个村 14 岁以上人口文盲占比概况

调查村		N	最小值	最大值	均值	标准偏差
东顾庄	14 岁以上人口文盲占比	169	0.00	1	0.9293	0.16466
大阳村	14 岁以上人口文盲占比	258	0.00	1	0.9030	0.16321
何家桥	14 岁以上人口文盲占比	238	0.00	1	0.8921	0.19437
南邓	14 岁以上人口文盲占比	200	0.00	1	0.8840	0.20972
大祝泽	14 岁以上人口文盲占比	107	0.00	1	0.8792	0.21703
薛庄	14 岁以上人口文盲占比	163	0.00	1	0.8608	0.2288
固上	14 岁以上人口文盲占比	302	0.00	1	0.8601	0.20933
蔡家营	14 岁以上人口文盲占比	70	0.33	1.5	0.8287	0.20708

由表 2-17 可以看出，八个村 14 岁以上人口初小占比存在着差异，从高到低依次为蔡家营、南邓、固上、薛庄、大祝泽、大阳村、何家桥、东顾庄。蔡家营最高，为 0.1689，东顾庄最低，为 0.0617。

表 2-17　1936 年保定清苑县八个村 14 岁以上人口初小占比概况

调查村		N	最小值	最大值	均值	标准偏差
蔡家营	14 岁以上人口初小占比	70	0.00	0.6	0.1689	0.17896
南邓	14 岁以上人口初小占比	200	0.00	1	0.1004	0.19183
固上	14 岁以上人口初小占比	302	0.00	1	0.0966	0.17191
薛庄	14 岁以上人口初小占比	163	0.00	1	0.0895	0.18144
大祝泽	14 岁以上人口初小占比	107	0.00	1	0.0879	0.17316
大阳村	14 岁以上人口初小占比	258	0.00	1	0.0809	0.14261
何家桥	14 岁以上人口初小占比	238	0.00	1	0.0794	0.16543
东顾庄	14 岁以上人口初小占比	169	0.00	1	0.0617	0.15601

由表 2-18 可以看出，八个村 14 岁以上人口高小占比存在着差异，从高到低依次为固上、薛庄、大祝泽、何家桥、南邓、大阳村、东顾庄、蔡家营。固上最高，为 0.0403，蔡家营最低，为 0.0083。

表 2-18　1936 年保定清苑县八个村 14 岁以上人口高小占比概况

调查村		N	最小值	最大值	均值	标准偏差
固上	14 岁以上人口高小占比	302	0.00	1	0.0403	0.11666
薛庄	14 岁以上人口高小占比	163	0.00	0.67	0.0355	0.11760
大祝泽	14 岁以上人口高小占比	107	0.00	0.5	0.0258	0.08537
何家桥	14 岁以上人口高小占比	238	0.00	0.5	0.0213	0.07990
南邓	14 岁以上人口高小占比	200	0.00	0.67	0.0150	0.07491

续表

调查村		N	最小值	最大值	均值	标准偏差
大阳村	14 岁以上人口高小占比	258	0.00	0.5	0.0089	0.04870
东顾庄	14 岁以上人口高小占比	169	0.00	0.5	0.0087	0.05106
蔡家营	14 岁以上人口高小占比	70	0.00	0.25	0.0083	0.04050

由表 2-19 可以看出，八个村 14 岁以上人口初中占比存在着差异，占比从高到低依次为蔡家营、何家桥、薛庄、大祝泽、大阳村、东顾庄、南邓、固上。从中也可看出整体占比都比较低。但从表中最大值这一列可以看出，何家桥村的所有农户中有的农户占比高达 0.67，蔡家营和薛庄占比均高达 0.33，最低的固上也为 0.08。

表 2-19　1936 年保定清苑县八个村 14 岁以上人口初中占比概况

调查村		N	最小值	最大值	均值	标准偏差
蔡家营	14 岁以上人口初中占比	70	0.00	0.33	0.0048	0.03984
何家桥	14 岁以上人口初中占比	238	0.00	0.67	0.0041	0.04541
薛庄	14 岁以上人口初中占比	163	0.00	0.33	0.004	0.03182
大祝泽	14 岁以上人口初中占比	107	0.00	0.14	0.0027	0.01944
大阳村	14 岁以上人口初中占比	258	0.00	0.5	0.0024	0.03186
东顾庄	14 岁以上人口初中占比	169	0.00	0.17	0.0010	0.01282
南邓	14 岁以上人口初中占比	200	0.00	0.13	0.0006	0.00884
固上	14 岁以上人口初中占比	302	0.00	0.08	0.0003	0.0048

由表 2-20 可以看出，大祝泽、何家桥、南邓、蔡家营四个村没有高中生，其余四个村 14 岁以上人口高中占比也存在着差异，从高到低依次为薛庄、大阳村、固上、东顾庄。虽然四个村的占比都比较低，但从最大值这列可以看出，薛庄的某户占比高达 0.33、大阳村的某户占比高达 0.5、固上的某户占比为 0.2，东顾庄比较少，最高占比为 0.08。

表 2-20　1936 年保定清苑县八个村 14 岁以上人口高中占比概况

调查村		N	最小值	最大值	均值	标准偏差
薛庄	14 岁以上人口高中占比	163	0.00	0.33	0.0041	0.03681
大阳村	14 岁以上人口高中占比	258	0.00	0.5	0.0019	0.03113
固上	14 岁以上人口高中占比	302	0.00	0.2	0.0007	0.01151
东顾庄	14 岁以上人口高中占比	169	0.00	0.08	0.0005	0.00641
大祝泽	14 岁以上人口高中占比	107	0.00	0.0	0.0000	0.00000
何家桥	14 岁以上人口高中占比	238	0.00	0.0	0.0000	0.00000
南邓	14 岁以上人口高中占比	200	0.00	0.0	0.0000	0.00000
蔡家营	14 岁以上人口高中占比	70	0.00	0.0	0.0000	0.00000

由表 2-21 可以看出，八个村均没有上大学的。

表 2-21　1936 年保定清苑县八个村 14 岁以上人口大学占比概况

调查村		N	最小值	最大值	均值	标准偏差
薛庄	14 岁以上人口大学占比	163	0.00	0.00	0.00	0.00
大祝泽	14 岁以上人口大学占比	107	0.00	0.00	0.00	0.00
东顾庄	14 岁以上人口大学占比	169	0.00	0.00	0.00	0.00
何家桥	14 岁以上人口大学占比	238	0.00	0.00	0.00	0.00
大阳村	14 岁以上人口大学占比	258	0.00	0.00	0.00	0.00
固上	14 岁以上人口大学占比	302	0.00	0.00	0.00	0.00
南邓	14 岁以上人口大学占比	200	0.00	0.00	0.00	0.00
蔡家营	14 岁以上人口大学占比	70	0.00	0.00	0.00	0.00

由以上分析可以看出 1936 年保定几个调查村的教育投入情况还是存在着差异的。

第四节　1936 年保定农民年内年末在外人口情况

此节我们借助无锡、保定历史调查数据还原当时保定几个调查村年内年末在外人口的情况。首先分析 1936 年保定农民在外人口在家庭规模中的占比情况，从而对当时的历史有所了解与发现。

由表 2-22 可以看出，1936 年保定清苑县八个村年末在外男性人口占家庭规模比重存在着差异，由高到低依次为薛庄、南邓、蔡家营、东顾庄、大阳村、何家桥、固上、大祝泽。只有薛庄超过了家庭规模的 10%，其余均低于 10%，大祝泽最少，为 3.06%。

表 2-22　1936 年保定清苑县八个村年末在外男性人口占家庭规模比重概况

调查村		N	最小值	最大值	均值	标准偏差
薛庄	年末在外男性人口占家庭规模比重	165	0.00	0.67	0.1125	0.16655
南邓	年末在外男性人口占家庭规模比重	202	0.00	0.57	0.0851	0.15592
蔡家营	年末在外男性人口占家庭规模比重	71	0.00	0.5	0.0771	0.14539
东顾庄	年末在外男性人口占家庭规模比重	171	0.00	0.75	0.0720	0.13665
大阳村	年末在外男性人口占家庭规模比重	260	0.00	0.5	0.0693	0.12704
何家桥	年末在外男性人口占家庭规模比重	241	0.00	0.5	0.0522	0.11219
固上	年末在外男性人口占家庭规模比重	303	0.00	0.67	0.0361	0.09876
大祝泽	年末在外男性人口占家庭规模比重	107	0.00	0.75	0.0306	0.10259

由表 2-23 可以看出，1936 年保定清苑县八个村年末在外女性人口占家庭规模比重存在着差异，由高到低依次为薛庄、大阳村、固上、东顾庄、大祝泽、南邓、何家桥、蔡家营。整体占比均比较低，薛庄在几个村中相对较高，为 0.0155，蔡家营年末在外女性占家庭规模比重最低，为 0。但从表中最大值这列可以看出，除蔡家营村外，剩余村中某些户年末在外的女性占家庭规模比重还是比较高的。

表 2-23　1936 年保定清苑县八个村年末在外女性人口占家庭规模比重概况

调查村		N	最小值	最大值	均值	标准偏差
薛庄	年末在外女性人口占家庭规模比重	165	0.00	0.5	0.0155	0.05990
大阳村	年末在外女性人口占家庭规模比重	260	0.00	0.5	0.0084	0.05154
固上	年末在外女性人口占家庭规模比重	303	0.00	0.5	0.0076	0.04562
东顾庄	年末在外女性人口占家庭规模比重	171	0.00	0.25	0.0056	0.03115
大祝泽	年末在外女性人口占家庭规模比重	107	0.00	0.33	0.0045	0.03494
南邓	年末在外女性人口占家庭规模比重	202	0.00	0.33	0.0034	0.03003
何家桥	年末在外女性人口占家庭规模比重	241	0.00	0.21	0.0009	0.01356
蔡家营	年末在外女性人口占家庭规模比重	71	0.00	0.00	0.0000	0.00000

由表 2-24 可以看出，1936 年保定清苑县八个村年内在外男性人口占家庭规模比重整体存在着差异，由高到低依次为薛庄、南邓、蔡家营、东顾庄、大阳村、何家桥、固上、大祝泽。薛庄最高，为 0.1118，大祝泽最低，为 0.0306。从表中最大值这列可以看出八个村中个别农户年内在外男性人口占家庭规模比重还是很高的。同时结合本章第二节表 2-10 可以看出，薛庄男性劳动力占家庭规模比重是八个村最低的，为 0.2781，但年内在外男性人口占家庭规模比重高。大祝泽男性劳动力占家庭规模比重是几个村最高的，为 0.3979，但年内在外男性人口占家庭规模比重最低，为 0.0306。

表 2-24　1936 年保定清苑县八个村年内在外男性人口占家庭规模比重概况

调查村		N	最小值	最大值	均值	标准偏差
薛庄	年内在外男性人口占家庭规模比重	165	0.00	0.67	0.1118	0.16678
南邓	年内在外男性人口占家庭规模比重	202	0.00	0.57	0.0855	0.15612
蔡家营	年内在外男性人口占家庭规模比重	71	0.00	0.5	0.0771	0.14539
东顾庄	年内在外男性人口占家庭规模比重	171	0.00	0.75	0.0727	0.13368
大阳村	年内在外男性人口占家庭规模比重	260	0.00	0.5	0.0693	0.12704
何家桥	年内在外男性人口占家庭规模比重	241	0.00	0.5	0.0522	0.11219
固上	年内在外男性人口占家庭规模比重	303	0.00	0.67	0.0361	0.09876
大祝泽	年内在外男性人口占家庭规模比重	107	0.00	0.75	0.0306	0.10259

由表 2-25 可以看出，1936 年保定清苑县八个村年内在外女性人口占家庭规模比重

存在着差异，由高到低依次为薛庄、大阳村、固上、东顾庄、大祝泽、蔡家营、南邓、何家桥。虽然各村整体上比较低，但从表中最大值这一列可以看出几个调查村中某些户的占比还是比较高的。

表 2-25　1936 年保定清苑县八个村年内在外女性人口占家庭规模比重概况

调查村		N	最小值	最大值	均值	标准偏差
薛庄	年内在外女性人口占家庭规模比重	165	0. 00	0. 5	0. 0172	0. 06643
大阳村	年内在外女性人口占家庭规模比重	260	0. 00	0. 5	0. 0094	0. 05367
固上	年内在外女性人口占家庭规模比重	303	0. 00	0. 5	0. 0076	0. 04562
东顾庄	年内在外女性人口占家庭规模比重	171	0. 00	0. 25	0. 0056	0. 03115
大祝泽	年内在外女性人口占家庭规模比重	107	0. 00	0. 33	0. 0045	0. 03494
蔡家营	年内在外女性人口占家庭规模比重	71	0. 00	0. 25	0. 0035	0. 02967
南邓	年内在外女性人口占家庭规模比重	202	0. 00	0. 33	0. 0034	0. 03003
何家桥	年内在外女性人口占家庭规模比重	241	0. 00	0. 21	0. 0009	0. 01356

由表 2-26 可以看出，1936 年保定清苑县八个村年内在外男性劳动力占家庭规模比重存在着差异，从高到低依次为薛庄、南邓、蔡家营、大阳村、东顾庄、何家桥、固上、大祝泽。薛庄整体上在几个村中年内在外男性劳动力占家庭规模比重较高。

表 2-26　1936 年保定清苑县八个村年内在外男性劳动力占家庭规模比重概况

调查村		N	最小值	最大值	均值	标准偏差
薛庄	年内在外男性劳动力占家庭规模比重	165	0. 00	0. 67	0. 1034	0. 1551
南邓	年内在外男性劳动力占家庭规模比重	202	0. 00	0. 57	0. 0833	0. 15354
蔡家营	年内在外男性劳动力占家庭规模比重	71	0. 00	0. 5	0. 0771	0. 14539
大阳村	年内在外男性劳动力占家庭规模比重	260	0. 00	0. 5	0. 0653	0. 12274
东顾庄	年内在外男性劳动力占家庭规模比重	171	0. 00	0. 75	0. 0633	0. 12567
何家桥	年内在外男性劳动力占家庭规模比重	241	0. 00	0. 5	0. 0505	0. 11052
固上	年内在外男性劳动力占家庭规模比重	303	0. 00	0. 67	0. 0353	0. 09735
大祝泽	年内在外男性劳动力占家庭规模比重	107	0. 00	0. 75	0. 0306	0. 10259

由表 2-27 可以看出，1936 年保定清苑县八个村年内在外女性劳动力占家庭规模比重整体不高，但也存在着差异，从高到低依次为薛庄、大阳村、固上、东顾庄、大祝泽、蔡家营、南邓、何家桥。接下来我们研究在外人口的职业情况，我们借助统计软件对调查数据进行频率统计，统计出在外人口的职业情况。

（1）1936 年保定清苑县八个村年内在外为革命军政机关及国营企业职工者何家桥、固上有 2 户家庭有 1 位从事该职业，大阳村有 1 户家庭有 1 位从事该职业，南邓有 1 户家庭有 3 位从事该职业。其余均没有从事该职业的。

（2）1936 年保定清苑县八个村年内在外为个体手工业者薛庄有 1 户家庭有 1 位、有 1 户家庭有 2 位，东顾庄、何家桥、大阳村有 2 户家庭有 1 位，固上有 3 户家庭有 1 位，南邓有 4 户家庭有 1 位，蔡家营有 1 户家庭有 1 位。

（3）1936 年保定清苑县八个村年内在外为小商贩者薛庄有 7 户家庭有 1 位、有 1 户家庭有 3 位，大祝泽有 1 户家庭有 1 位，东顾庄有 9 户家庭有 1 位、有 1 户家庭有 2 位、有 1 户家庭有 3 位，何家桥有 5 户家庭有 1 位，大阳村有 5 户家庭有 1 位、有 1 户家庭有 2 位，固上有 13 户家庭有 1 位、有 2 户家庭有 2 位，南邓有 1 户家庭有 1 位，蔡家营有家庭 1 户有 1 位。

（4）1936 年保定清苑县八个村年内在外为工商业资本家者的薛庄有 1 户有 2 位、有 1 户有 3 位，东顾庄有 1 户有 2 位，大阳村有 3 户有 1 位，固上有 1 户有 1 位，南邓有 1 户有 1 位、有 1 户有 3 位。

（5）1936 年保定清苑县八个村年内在外为旧军政机关人员者薛庄有 9 户有 1 位、有 2 户有 2 位，大祝泽有 4 户有 1 位、有 2 户有 2 位，东顾庄有 4 户有 1 位，何家桥有 2 户有 1 位，大阳村有 27 户有 1 位、有 4 户有 2 位、有 1 户有 4 位，固上有 7 户有 1 位，南邓有 1 户有 1 位，蔡家营有 1 户有 1 位。

（6）1936 年保定清苑县八个村年内在外为私营企业职工者薛庄有 13 户有 1 位、有 5 户有 2 位、有 1 户有 3 位，大祝泽有 3 户有 1 位，东顾庄有 3 户有 1 位、有 1 户有 2 位、有 1 户有 4 位，大阳村有 16 户有 1 位、有 1 户有 2 位，固上有 10 户有 1 位、有 3 户有 2 位，南邓有 4 户有 1 位、有 1 户有 2 位，蔡家营有 2 户有 1 位。

（7）1936 年保定清苑县八个村年内在外为自由职业者薛庄有 5 位、大祝泽有 2 位、东顾庄有 1 位、何家桥有 2 位、大阳村有 21 位、固上有 3 位、南邓有 1 位、蔡家营有 1 位。

（8）1936 年保定清苑县八个村年内在外为宗教及迷信职业者大阳村有 1 户有，其余村均没有。

（9）1936 年保定清苑县八个村年内在外为产业工人者薛庄有 5 位、大祝泽有 2 位、何家桥有 2 位、大阳村有 11 位、固上有 4 位、蔡家营有 1 位。

（10）1936 年保定清苑县八个村年内在外为各类合作社员者大阳村有 1 位。

（11）1936 年保定清苑县八个村年内在外为其他个体劳动者薛庄有 20 位、大祝泽有 3 位、东顾庄有 3 位、何家桥有 14 位、大阳村有 7 位、固上有 4 位、南邓有 10 位、蔡家营有 4 位。

表 2-27　1936 年保定清苑县八个村年内在外女性劳动力占家庭规模比重概况

调查村		N	最小值	最大值	均值	标准偏差
薛庄	年内在外女性劳动力占家庭规模比重	165	0.00	0.4	0.0162	0.06000
大阳村	年内在外女性劳动力占家庭规模比重	260	0.00	0.5	0.0073	0.04493
固上	年内在外女性劳动力占家庭规模比重	303	0.00	0.5	0.0067	0.04314
东顾庄	年内在外女性劳动力占家庭规模比重	171	0.00	0.25	0.0049	0.02756

续表

调查村		N	最小值	最大值	均值	标准偏差
大祝泽	年内在外女性劳动力占家庭规模比重	107	0.00	0.33	0.0045	0.03494
蔡家营	年内在外女性劳动力占家庭规模比重	71	0.00	0.25	0.0035	0.02967
南邓	年内在外女性劳动力占家庭规模比重	202	0.00	0.25	0.0026	0.02219
何家桥	年内在外女性劳动力占家庭规模比重	241	0.00	0.16	0.0007	0.01017

由表 2-28 可以看出，八个村年内在外人口中 7~13 岁人口均比较少，结合频率统计，具体为薛庄有 6 位、东顾庄有 5 位、何家桥有 3 位、大阳村有 3 位、南邓有 1 位。

表 2-28　1936 年保定清苑县八个村年内在外人口中 7~13 岁人口合计

调查村		N	最小值	最大值	均值	标准偏差
薛庄	年内在外人口中 7~13 岁人口合计	165	0.00	2.00	0.0364	0.24422
东顾庄	年内在外人口中 7~13 岁人口合计	171	0.00	1.00	0.0292	0.16897
何家桥	年内在外人口中 7~13 岁人口合计	241	0.00	2.00	0.0124	0.14380
大阳村	年内在外人口中 7~13 岁人口合计	260	0.00	1.00	0.0115	0.10700
南邓	年内在外人口中 7~13 岁人口合计	202	0.00	1.00	0.0050	0.07036
大祝泽	年内在外人口中 7~13 岁人口合计	107	0.00	0.00	0.0000	0.00000
固上	年内在外人口中 7~13 岁人口合计	303	0.00	0.00	0.0000	0.00000
蔡家营	年内在外人口中 7~13 岁人口合计	71	0.00	0.00	0.0000	0.00000

由表 2-29 可以看出，八个村年内在外人口中 7~13 岁人口薛庄有 2 位、东顾庄有 2 位、何家桥有 1 位、大阳村有 2 位在学。

表 2-29　1936 年保定清苑县八个村年内在外人口中 7~13 岁人口中在学人数

调查村			频率	百分比（%）	有效百分比（%）	累计百分比（%）
薛庄	有效	0.00	164	99.4	99.4	99.4
		2.00	1	0.6	0.6	100.0
		总计	165	100.0	100.0	
大祝泽	有效	0.00	107	100.0	100.0	100.0
东顾庄	有效	0.00	169	98.8	98.8	98.8
		1.00	2	1.2	1.2	100.0
		总计	171	100.0	100.0	
何家桥	有效	0.00	240	99.6	99.6	99.6
		1.00	1	0.4	0.4	100.0
		总计	241	100.0	100.0	

续表

调查村			频率	百分比（%）	有效百分比（%）	累计百分比（%）
大阳村	有效	0.00	258	99.2	99.2	99.2
		1.00	2	0.8	0.8	100.0
		总计	260	100.0	100.0	
固上	有效	0.00	303	100.0	100.0	100.0
南邓	有效	0.00	202	100.0	100.0	100.0
蔡家营	有效	0.00	71	100.0	100.0	100.0

由表 2-30 可以看出，1936 年保定清苑县八个村年内在外人口中 14 岁以上人口合计由高到低依次为薛庄、东顾庄、蔡家营、南邓、大阳村、何家桥、固上、大祝泽。薛庄年内在外人口中 14 岁以上人口占比最高，大祝泽最低。

表 2-30　1936 年保定清苑县八个村年内在外人口中 14 岁以上人口合计

调查村		N	最小值	最大值	均值	标准偏差
薛庄	年内在外人口中 14 岁以上人口合计	165	0.00	4	0.6303	0.92542
东顾庄	年内在外人口中 14 岁以上人口合计	171	0.00	4	0.4211	0.75803
蔡家营	年内在外人口中 14 岁以上人口合计	71	0.00	3	0.4085	0.74790
南邓	年内在外人口中 14 岁以上人口合计	202	0.00	4	0.3812	0.69700
大阳村	年内在外人口中 14 岁以上人口合计	260	0.00	7	0.3808	0.78917
何家桥	年内在外人口中 14 岁以上人口合计	241	0.00	8	0.2573	0.68328
固上	年内在外人口中 14 岁以上人口合计	303	0.00	3	0.2277	0.60704
大祝泽	年内在外人口中 14 岁以上人口合计	107	0.00	3	0.1589	0.51669

由表 2-31 可以看出，1936 年保定清苑县八个村年内在外人口中 14 岁以上人口文盲占比几个村存在着差异，由高到低依次为南邓、何家桥、东顾庄、蔡家营、大阳村、薛庄、大祝泽、固上。

表 2-31　1936 年保定清苑县八个村年内在外人口中 14 岁以上人口文盲占比

调查村		N	最小值	最大值	均值	标准偏差
南邓	年内在外人口中 14 岁以上人口文盲占比	58	0.00	1	0.8448	0.35302
何家桥	年内在外人口中 14 岁以上人口文盲占比	50	0.00	1	0.8000	0.37796
东顾庄	年内在外人口中 14 岁以上人口文盲占比	50	0.00	1	0.7483	0.41050
蔡家营	年内在外人口中 14 岁以上人口文盲占比	21	0.00	1	0.6111	0.46348
大阳村	年内在外人口中 14 岁以上人口文盲占比	70	0.00	1	0.4791	0.47894
薛庄	年内在外人口中 14 岁以上人口文盲占比	65	0.00	1	0.4667	0.45089
大祝泽	年内在外人口中 14 岁以上人口文盲占比	11	0.00	1	0.3636	0.45227
固上	年内在外人口中 14 岁以上人口文盲占比	45	0.00	1	0.3259	0.43802

由表 2-32 可以看出，1936 年保定清苑县八个村年内在外人口中 14 岁以上人口初小占比存在着差异，由高到低依次为大祝泽、薛庄、大阳村、固上、蔡家营、南邓、东顾庄、何家桥。

表 2-32　1936 年保定清苑县八个村年内在外人口中 14 岁以上人口初小占比

调查村		N	最小值	最大值	均值	标准偏差
大祝泽	年内在外人口中 14 岁以上人口初小占比	11	0.00	2	0.5909	0.66401
薛庄	年内在外人口中 14 岁以上人口初小占比	65	0.00	1	0.359	0.44315
大阳村	年内在外人口中 14 岁以上人口初小占比	70	0.00	1	0.3495	0.45481
固上	年内在外人口中 14 岁以上人口初小占比	45	0.00	1	0.3481	0.44070
蔡家营	年内在外人口中 14 岁以上人口初小占比	21	0.00	1	0.2460	0.40007
南邓	年内在外人口中 14 岁以上人口初小占比	58	0.00	1	0.1552	0.35302
东顾庄	年内在外人口中 14 岁以上人口初小占比	50	0.00	1	0.1517	0.34326
何家桥	年内在外人口中 14 岁以上人口初小占比	50	0.00	1	0.0950	0.26191

由表 2-33 可以看出，1936 年保定清苑县八个村年内在外人口中 14 岁以上人口高小占比存在着差异，由高到低依次为大祝泽、固上、薛庄、大阳村、东顾庄、何家桥、蔡家营、南邓。

表 2-33　1936 年保定清苑县八个村年内在外人口中 14 岁以上人口高小占比

调查村		N	最小值	最大值	均值	标准偏差
大祝泽	年内在外人口中 14 岁以上人口高小占比	11	0.00	1	0.2273	0.41010
固上	年内在外人口中 14 岁以上人口高小占比	45	0.00	1	0.2185	0.37743
薛庄	年内在外人口中 14 岁以上人口高小占比	65	0.00	1	0.1179	0.27437
大阳村	年内在外人口中 14 岁以上人口高小占比	70	0.00	1	0.0762	0.26112
东顾庄	年内在外人口中 14 岁以上人口高小占比	50	0.00	1	0.0600	0.21759
何家桥	年内在外人口中 14 岁以上人口高小占比	50	0.00	1	0.0600	0.23990
蔡家营	年内在外人口中 14 岁以上人口高小占比	21	0.00	1	0.0476	0.21822
南邓	年内在外人口中 14 岁以上人口高小占比	58	0.00	0.00	0.0000	0.00000

由表 2-34 可以看出，1936 年保定清苑县八个村年内在外人口中 14 岁以上人口初中占比存在着差异，由高到低依次为大祝泽、大阳村、固上、蔡家营、东顾庄、何家桥、薛庄，南邓没有初中生。

表 2-34　1936 年保定清苑县八个村年内在外人口中 14 岁以上人口初中占比

调查村		N	最小值	最大值	均值	标准偏差
大祝泽	年内在外人口中 14 岁以上人口初中占比	11	0.00	1	0.0909	0.30151
大阳村	年内在外人口中 14 岁以上人口初中占比	70	0.00	1	0.0810	0.26881

续表

调查村		N	最小值	最大值	均值	标准偏差
固上	年内在外人口中 14 岁以上人口初中占比	45	0.00	1	0.0667	0.20536
蔡家营	年内在外人口中 14 岁以上人口初中占比	21	0.00	1	0.0476	0.21822
东顾庄	年内在外人口中 14 岁以上人口初中占比	50	0.00	1	0.0400	0.19795
何家桥	年内在外人口中 14 岁以上人口初中占比	50	0.00	1	0.0400	0.19795
薛庄	年内在外人口中 14 岁以上人口初中占比	65	0.00	0.5	0.0154	0.08702
南邓	年内在外人口中 14 岁以上人口初中占比	58	0.00	0.00	0.0000	0.00000

由表 2-35 可以看出，1936 年保定清苑县八个村年内在外人口中 14 岁以上人口高中占比存在着差异，由高到低依次为蔡家营、固上、大阳村、何家桥，其余几个村为 0。

表 2-35 1936 年保定清苑县八个村年内在外人口中 14 岁以上人口高中占比

调查村		N	最小值	最大值	均值	标准偏差
蔡家营	年内在外人口中 14 岁以上人口高中占比	21	0.00	1	0.0476	0.21822
固上	年内在外人口中 14 岁以上人口高中占比	45	0.00	1	0.0222	0.14907
大阳村	年内在外人口中 14 岁以上人口高中占比	70	0.00	1	0.0143	0.11952
何家桥	年内在外人口中 14 岁以上人口高中占比	50	0.00	0.25	0.0050	0.03536
大祝泽	年内在外人口中 14 岁以上人口高中占比	11	0.00	0.00	0.0000	0.00000
东顾庄	年内在外人口中 14 岁以上人口高中占比	50	0.00	0.00	0.0000	0.00000
薛庄	年内在外人口中 14 岁以上人口高中占比	65	0.00	0.00	0.0000	0.00000
南邓	年内在外人口中 14 岁以上人口高中占比	58	0.00	0.00	0.0000	0.00000

由表 2-36 可以看出，1936 年保定清苑县八个村年内在外人口中 14 岁以上人口上大学的不多，仅固上和薛庄有。

表 2-36 1936 年保定清苑县八个村年内在外人口中 14 岁以上人口大学占比

调查村		N	最小值	最大值	均值	标准偏差
固上	年内在外人口中 14 岁以上人口大学占比	45	0.00	0.5	0.0185	0.08864
薛庄	年内在外人口中 14 岁以上人口大学占比	65	0.00	0.67	0.0103	0.08269
大祝泽	年内在外人口中 14 岁以上人口大学占比	11	0.00	0.00	0.0000	0.00000
东顾庄	年内在外人口中 14 岁以上人口大学占比	50	0.00	0.00	0.0000	0.00000
何家桥	年内在外人口中 14 岁以上人口大学占比	50	0.00	0.00	0.0000	0.00000
大阳村	年内在外人口中 14 岁以上人口大学占比	70	0.00	0.00	0.0000	0.00000
南邓	年内在外人口中 14 岁以上人口大学占比	58	0.00	0.00	0.0000	0.00000
蔡家营	年内在外人口中 14 岁以上人口大学占比	21	0.00	0.00	0.0000	0.00000

第五节　1936 年保定农民农业经营情况

我们首先研究 1936 年保定清苑县八个调查村占有土地情况，数据已进行清洗和核查，耕地中水浇地应该小于耕地面积合计。

由表 2-37 可以看出，有些村内部占有耕地面积存在很大差异，多的上百亩、少的什么也没。村和村之前也存在着差异，由高到低依次为东顾庄、固上、何家桥、大祝泽、大阳村、南邓、蔡家营、薛庄，最高村户均耕地为 30. 5027 亩、最低的村户均耕地为 9. 2193 亩。耕地面积中水浇地面积各村之间也存在着差异，由高到低依次为东顾庄、大祝泽、大阳村、薛庄、固上、南邓、蔡家营、何家桥，最高村户均水浇地面积为 7. 9831 亩、最低村户均水浇地面积为 0. 7839 亩。各村非耕地之间也存在着差异，但差异不大。

表 2-37　1936 年保定清苑县八个村占有土地情况

调查村		N	最小值	最大值	均值	标准偏差
薛庄	耕地面积合计（亩）	166	0. 00	78	9. 2193	11. 79113
	耕地面积中水浇地面积（亩）	166	0. 00	35	2. 0768	4. 83792
	非耕地面积合计（亩）	166	0. 00	75	1. 2051	5. 84263
大祝泽	耕地面积合计（亩）	107	0. 00	52	15. 5013	12. 93552
	耕地面积中水浇地面积（亩）	107	0. 00	50	7. 2532	9. 15119
	非耕地面积合计（亩）	107	0. 00	5. 2	0. 8159	0. 78261
东顾庄	耕地面积合计（亩）	172	0. 00	390	30. 5027	49. 84390
	耕地面积中水浇地面积（亩）	172	0. 00	130	7. 9831	17. 32981
	非耕地面积合计（亩）	172	0. 00	9	0. 7372	1. 03914
何家桥	耕地面积合计（亩）	244	0. 00	465	20. 5060	39. 69886
	耕地面积中水浇地面积（亩）	244	0. 00	6	0. 7839	0. 98301
	非耕地面积合计（亩）	244	0. 00	4. 3	0. 7465	0. 75909
大阳村	耕地面积合计（亩）	261	0	148. 7	15. 2828	19. 18504
	耕地面积中水浇地面积（亩）	261	0. 00	62. 8	4. 0592	5. 66108
	非耕地面积合计（亩）	261	0. 00	48	0. 9493	3. 28877
固上	耕地面积合计（亩）	306	0. 00	525	22. 0317	42. 55887
	耕地面积中水浇地面积（亩）	306	0. 00	23	1. 8155	2. 94518
	非耕地面积合计（亩）	306	0. 00	13	0. 7161	1. 07971
南邓	耕地面积合计（亩）	198	0. 00	332	14. 6564	33. 68184
	耕地面积中水浇地面积（亩）	198	0. 00	25	0. 9755	2. 38101
	非耕地面积合计（亩）	198	0. 00	15	0. 7348	1. 51505

续表

调查村		N	最小值	最大值	均值	标准偏差
蔡家营	耕地面积合计（亩）	74	0.00	92.7	13.8768	15.19892
	耕地面积中水浇地面积（亩）	74	0.00	7	0.8105	1.13101
	非耕地面积合计（亩）	74	0.00	2.5	0.6226	0.48875

由表 2-38 可以看出，几个村典入典出土地都不是特别多，即使如此各村之间也存在差异。

表 2-38　1936 年保定清苑县八个村典入典出情况

调查村		N	最小值	最大值	均值	标准偏差
薛庄	典入地亩：耕地面积（亩）	166	0.00	18	0.3886	1.76702
	非耕地面积（亩）	166	0.00	0.5	0.0030	0.03881
	典出地亩：耕地面积（亩）	166	0.00	9	0.2349	1.16473
	非耕地面积（亩）	166	0.00	0	0	0
大祝泽	典入地亩：耕地面积（亩）	107	0.00	19	0.4720	2.25375
	非耕地面积（亩）	107	0.00	0	0	0
	典出地亩：耕地面积（亩）	107	0.00	3.5	0.0607	0.44356
	非耕地面积（亩）	107	0.00	0	0	0
东顾庄	典入地亩：耕地面积（亩）	172	0.00	5	0.0494	0.42461
	非耕地面积（亩）	172	0.00	0	0	0
	典出地亩：耕地面积（亩）	172	0.00	3.7	0.0564	0.38345
	非耕地面积（亩）	172	0.00	0	0	0
何家桥	典入地亩：耕地面积（亩）	244	0.00	2.5	0.0102	0.16005
	非耕地面积（亩）	244	0.00	0	0	0
	典出地亩：耕地面积（亩）	244	0.00	3	0.0205	0.23038
	非耕地面积（亩）	244	0.00	0	0	0
大阳村	典入地亩：耕地面积（亩）	261	0.00	19.5	0.4527	2.10913
	非耕地面积（亩）	261	0.00	20	0.0766	1.23797
	典出地亩：耕地面积（亩）	261	0.00	10.5	0.2831	1.25650
	非耕地面积（亩）	261	0.00	6	0.023	0.37139
固上	典入地亩：耕地面积（亩）	306	0.00	5	0.0229	0.3075
	非耕地面积（亩）	306	0.00	0	0	0
	典出地亩：耕地面积（亩）	306	0.00	9	0.0809	0.69967
	非耕地面积（亩）	306	0.00	0	0	0

续表

调查村		N	最小值	最大值	均值	标准偏差
南邓	典入地亩：耕地面积（亩）	198	0.00	6.7	0.4788	1.39733
	非耕地面积（亩）	198	0.00	0	0	0
	典出地亩：耕地面积（亩）	198	0.00	8	0.2935	1.20435
	非耕地面积（亩）	198	0.00	0	0	0
蔡家营	典入地亩：耕地面积（亩）	74	0.00	8.5	0.1689	1.08627
	非耕地面积（亩）	74	0.00	0	0	0
	典出地亩：耕地面积（亩）	74	0.00	3.5	0.0878	0.53224
	非耕地面积（亩）	74	0.00	0	0	0

由表2-39可以看出，各村之间生产生活工具存在着差异。东顾庄户均占有农业生产工具中水车（辆）最多，其次为大祝泽，最少的为固上。村之间的差异较大。

（1）占有农业生产工具中铁轮大车（辆）几个村虽有差异，但差异不大。大祝泽最多，其次为何家桥和东顾庄，薛庄最少。

（2）占有农业生产工具中胶轮大车（辆）大阳村最多，其次为南邓、薛庄和固上，剩余村庄均为0。

（3）占有农业生产工具中犁（架）几个村存在着差异，但差异不大。东顾庄最多，其次为大祝泽，薛庄最少。

（4）占有农业生产工具中种什（架）几个村也存在着差异，但差异不显著。蔡家营最多，其次为何家桥和东顾庄，薛庄最少。

（5）占有生活用具中自行车（辆）整体比较低，蔡家营最少，为0辆，其次为大阳村，东顾庄最多。

（6）占有生活用具中手电筒（个）整体很低，东顾庄、南邓、蔡家营为0，不为0的村比较多的是大阳村及薛庄。

（7）占有生活用具中矿石收音机（台）几个村均没有。

（8）占有生活用具中热水瓶（个）大部分为0，不为0的三个村固上最多，其次为大祝泽，再次为大阳村。

表2-39 1936年保定清苑县八个村占有农业生产生活工具情况

调查村		N	最小值	最大值	均值	标准偏差
薛庄	占有农业生产工具：水车（辆）	166	0.00	1	0.0955	0.2727
	铁轮大车（辆）	166	0.00	1	0.1325	0.34009
	胶轮大车（辆）	166	0.00	1	0.006	0.07762
	犁（架）	166	0.00	2	0.2349	0.49136
	种什（架）	166	0.00	2	0.1687	0.3914

续表

调查村		N	最小值	最大值	均值	标准偏差
薛庄	占有农业生产工具：自行车（辆）	166	0.00	1	0.012	0.10943
	手电筒（个）	166	0.00	1	0.012	0.10943
	矿石收音机（台）	166	0.00	0	0	0
	热水瓶（个）	166	0.00	0	0	0
大祝泽	占有农业生产工具：水车（辆）	107	0.00	2	0.2103	0.41662
	铁轮大车（辆）	107	0.00	1	0.2944	0.45533
	胶轮大车（辆）	107	0.00	0	0	0
	犁（架）	107	0.00	2	0.5701	0.70191
	种什（架）	107	0.00	1	0.2243	0.41908
	自行车（辆）	107	0.00	1	0.0093	0.09667
	手电筒（个）	107	0.00	1	0.0093	0.09667
	矿石收音机（台）	107	0.00	0	0	0
	热水瓶（个）	107	0.00	1	0.0187	0.13607
东顾庄	占有农业生产工具：水车（辆）	172	0.00	20	0.2445	1.54907
	铁轮大车（辆）	172	0.00	1	0.2674	0.42713
	胶轮大车（辆）	172	0.00	0	0	0
	犁（架）	172	0.00	5	0.6221	0.83923
	种什（架）	172	0.00	2	0.2721	0.46895
	自行车（辆）	172	0.00	2	0.0407	0.22576
	手电筒（个）	172	0.00	0	0	0
	矿石收音机（台）	172	0.00	0	0	0
	热水瓶（个）	172	0.00	0	0	0
何家桥	占有农业生产工具：水车（辆）	244	0.00	1	0.0041	0.06402
	铁轮大车（辆）	244	0.00	1	0.268	0.41898
	胶轮大车（辆）	244	0.00	0	0	0
	犁（架）	244	0.00	2	0.4828	0.57033
	种什（架）	244	0.00	1	0.2821	0.44034
	自行车（辆）	244	0.00	1	0.0123	0.11043
	手电筒（个）	244	0.00	1	0.0082	0.09035
	矿石收音机（台）	244	0.00	0	0	0
	热水瓶（个）	244	0.00	0	0	0
大阳村	占有农业生产工具：水车（辆）	261	0.00	1	0.061	0.2352
	铁轮大车（辆）	261	0.00	2	0.2404	0.43012
	胶轮大车（辆）	261	0.00	2	0.0115	0.1382
	犁（架）	261	0.00	3	0.4418	0.62682

续表

调查村		N	最小值	最大值	均值	标准偏差
大阳村	占有农业生产工具：种什（架）	261	0.00	2	0.2299	0.44595
	自行车（辆）	261	0.00	1	0.0038	0.0619
	手电筒（个）	261	0.00	3	0.0192	0.20479
	矿石收音机（台）	261	0.00	0	0	0
	热水瓶（个）	261	0.00	1	0.0077	0.08737
固上	占有农业生产工具：水车（辆）	306	0.00	1	0.0033	0.05717
	铁轮大车（辆）	306	0.00	2	0.2429	0.43061
	胶轮大车（辆）	306	0.00	1	0.0033	0.05717
	犁（架）	306	0.00	3	0.4134	0.58241
	种什（架）	306	0.00	3	0.2598	0.47251
	自行车（辆）	306	0.00	2	0.0163	0.15061
	手电筒（个）	306	0.00	1	0.0065	0.08071
	矿石收音机（台）	306	0.00	0	0	0
	热水瓶（个）	306	0.00	6	0.0229	0.34754
南邓	占有农业生产工具：水车（辆）	198	0.00	1	0.0102	0.08029
	铁轮大车（辆）	198	0.00	1	0.1394	0.31032
	胶轮大车（辆）	198	0.00	1	0.0063	0.07317
	犁（架）	198	0.00	1	0.3321	0.46162
	种什（架）	198	0.00	1	0.2087	0.39336
	自行车（辆）	198	0.00	1	0.0101	0.10025
	手电筒（个）	198	0.00	0	0	0
	矿石收音机（台）	198	0.00	0	0	0
	热水瓶（个）	198	0.00	0	0	0
蔡家营	占有农业生产工具：水车（辆）	74	0.00	1	0.0412	0.16867
	铁轮大车（辆）	74	0.00	1	0.1891	0.36418
	胶轮大车（辆）	74	0.00	0	0	0
	犁（架）	74	0.00	2	0.518	0.54591
	种什（架）	74	0.00	2	0.3089	0.47824
	自行车（辆）	74	0.00	0	0	0
	手电筒（个）	74	0.00	0	0	0
	矿石收音机（台）	74	0.00	0	0	0
	热水瓶（个）	74	0.00	0	0	0

由表2-40可以看出，几个村房屋情况也存在着差异。由表中最小值和最大值这两列可以看出，同一村不同户之间的差距还是很大的，村和村之间也存在着差异。现住

房屋中租、典、借房屋间数均比较少，几个村相对比较多的是薛庄及固上，蔡家营和大祝泽都相对比较少。现住房屋间数几个村差异不大，均在3间以上，相对比较多的为东顾庄、蔡家营、何家桥，其余几个村差异不大，最少的为薛庄。现住房屋中砖房间数薛庄最少，其次为大祝泽，并且这两个村与其他几个村相比差异显著，所有村中蔡家营最多，其次为南邓。生产用房间数几个村整体上存在着差异，但差异不是特别大，固上最多，其次为东顾庄，薛庄最少，其次为大阳村。生产用房中砖房间数几个村存在着差异，薛庄最少，为0，南邓最多，其次为固上。

表2-40　1936年保定清苑县八个村房屋情况

调查村		N	最小值	最大值	均值	标准偏差
薛庄	现住房屋间数	166	0.00	18	3.6988	2.4032
	现住房屋中砖房间数	166	0.00	8	0.4036	1.26001
	现住房屋中租、典、借房屋间数	166	0.00	5	0.2801	0.81361
	生产用房间数	166	0.00	9	0.4759	1.37489
	生产用房中砖房间数	166	0.00	0	0	0
大祝泽	现住房屋间数	107	1.00	10	3.8645	1.79828
	现住房屋中砖房间数	107	0.00	6	0.4112	1.27348
	现住房屋中租、典、借房屋间数	107	0.00	3	0.0374	0.30484
	生产用房间数	107	0.00	25	0.8879	2.5719
	生产用房中砖房间数	107	0.00	1	0.028	0.16586
东顾庄	现住房屋间数	172	0.00	40	4.5872	4.66365
	现住房屋中砖房间数	172	0.00	19	2.3227	3.5383
	现住房屋中租、典、借房屋间数	172	0.00	3	0.1453	0.55074
	生产用房间数	172	0.00	16	0.9331	1.95786
	生产用房中砖房间数	172	0.00	16	0.3808	1.73594
何家桥	现住房屋间数	244	0.00	36	4.457	3.80372
	现住房屋中砖房间数	244	0.00	31	2.3586	3.20196
	现住房屋中租、典、借房屋间数	244	0.00	7	0.1311	0.65359
	生产用房间数	244	0.00	9	0.7664	1.49991
	生产用房中砖房间数	244	0.00	7	0.125	0.66802
大阳村	现住房屋间数	261	0.00	13	3.9253	2.12837
	现住房屋中砖房间数	261	0.00	12	1.1303	2.38913
	现住房屋中租、典、借房屋间数	261	0.00	3	0.0843	0.39538
	生产用房间数	261	0.00	7	0.546	1.27769
	生产用房中砖房间数	261	0.00	4	0.0843	0.4729

续表

调查村		N	最小值	最大值	均值	标准偏差
固上	现住房屋间数	306	0.00	28	3.7582	2.92227
	现住房屋中砖房间数	306	0.00	28	1.9755	3.37569
	现住房屋中租、典、借房屋间数	306	0.00	5	0.2631	0.78838
	生产用房间数	306	0.00	29	1.098	2.84925
	生产用房中砖房间数	306	0.00	29	0.5833	2.4422
南邓	现住房屋间数	198	0.00	45	3.7702	3.54793
	现住房屋中砖房间数	198	0.00	45	3.1111	3.7657
	现住房屋中租、典、借房屋间数	198	0.00	4	0.1616	0.60383
	生产用房间数	198	0.00	13	0.899	1.9667
	生产用房中砖房间数	198	0.00	13	0.6566	1.87374
蔡家营	现住房屋间数	74	0.00	16	4.5676	2.73777
	现住房屋中砖房间数	74	0.00	16	3.5135	3.13396
	现住房屋中租、典、借房屋间数	74	0.00	2	0.027	0.2325
	生产用房间数	74	0.00	7	0.6081	1.40271
	生产用房中砖房间数	74	0.00	7	0.4189	1.2164

由表 2-41 可以看出，1936 年保定清苑县八个村牲畜情况也存在着差异，但整体上均不高。①薛庄最多的为猪，其次为驴和骡，再次为马，没有养羊户；②大祝泽最多的为猪，其次为驴和骡，再次为牛和马，没有养羊户；③东顾庄最多的为驴，其次为猪和骡，再次为牛和马，没有养羊户；④何家桥最多的为牛，其次为驴和骡，再次为马和猪，没有养羊户；⑤大阳村最多的为猪和驴，其次为羊和骡，最后为牛和马；⑥固上最多的为猪，其次为牛和骡，再次为驴和马，最少为羊；⑦南邓牲畜情况从高到低是牛、猪、驴、马、骡，没有养羊户；⑧蔡家营村比较多的为牛和猪，其次为驴，最后为马、骡、羊。

表 2-41 1936 年保定清苑县八个村牲畜情况

调查村		N	最小值	最大值	均值	标准偏差
薛庄	牛（头）	166	0.00	0	0	0
	马（匹）	166	0.00	1	0.0181	0.13362
	驴（头）	166	0.00	1	0.1325	0.34009
	骡（头）	166	0.00	2	0.1024	0.34165
	猪（头）	166	0.00	5	0.3072	0.60968
	羊（只）	166	0.00	0	0	0
大祝泽	牛（头）	107	0.00	1	0.0187	0.13607
	马（匹）	107	0.00	1	0.0187	0.13607

续表

调查村		N	最小值	最大值	均值	标准偏差
大祝泽	驴（头）	107	0.00	2	0.3645	0.51657
	骡（头）	107	0.00	2	0.1308	0.3656
	猪（头）	107	0.00	2	0.5421	0.55424
	羊（只）	107	0.00	0	0	0
东顾庄	牛（头）	172	0.00	1	0.0174	0.13129
	马（匹）	172	0.00	1	0.0174	0.13129
	驴（头）	172	0.00	2	0.3953	0.50117
	骡（头）	172	0.00	4	0.1802	0.54565
	猪（头）	172	0.00	2	0.2384	0.49101
	羊（只）	172	0.00	0	0	0
何家桥	牛（头）	244	0.00	1	0.1253	0.30204
	马（匹）	244	0.00	1	0.0779	0.25836
	驴（头）	244	0.00	3	0.0902	0.33033
	骡（头）	244	0.00	2	0.0792	0.26953
	猪（头）	244	0.00	1	0.0205	0.14197
	羊（只）	244	0.00	0	0	0
大阳村	牛（头）	261	0.00	1	0.0307	0.16704
	马（匹）	261	0.00	1	0.0268	0.16187
	驴（头）	261	0.00	1	0.2471	0.4224
	骡（头）	261	0.00	3	0.1188	0.38887
	猪（头）	261	0.00	3	0.4176	0.5388
	羊（只）	261	0.00	24	0.1245	1.5282
固上	牛（头）	306	0.00	2	0.1692	0.37283
	马（匹）	306	0.00	2	0.0686	0.27792
	驴（头）	306	0.00	1	0.0899	0.28214
	骡（头）	306	0.00	3	0.1078	0.38599
	猪（头）	306	0.00	80	0.6961	4.63795
	羊（只）	306	0.00	1	0.0065	0.08071
南邓	牛（头）	198	0.00	33	0.3005	2.35595
	马（匹）	198	0.00	0.33	0.0029	0.02935
	驴（头）	198	0.00	5	0.0635	0.39587
	骡（头）	198	0.00	0.5	0.0025	0.03553
	猪（头）	198	0.00	3	0.1263	0.37595
	羊（只）	198	0.00	0	0	0

续表

调查村		N	最小值	最大值	均值	标准偏差
蔡家营	牛（头）	74	0.00	1	0.2251	0.36718
	马（匹）	74	0.00	1	0.027	0.16327
	驴（头）	74	0.00	1	0.0889	0.26396
	骡（头）	74	0.00	1	0.027	0.16327
	猪（头）	74	0.00	1	0.1892	0.39433
	羊（只）	74	0.00	1	0.027	0.16327

由表 2-42 可以看出，1936 年保定清苑县八个村水井情况存在着差异，并且不同户之间差距很大。户均最多的为大阳村，其次为东顾庄村，再次为大祝泽村，薛庄最少。

表 2-42　1936 年保定清苑县八个村水井情况

调查村		N	最小值	最大值	均值	标准偏差
薛庄	水井（口）	166	0.00	2	0.1907	0.36826
大祝泽	水井（口）	107	0.00	3	0.4617	0.68689
东顾庄	水井（口）	172	0.00	7	0.6243	0.97496
何家桥	水井（口）	244	0.00	20.7	0.3627	1.91669
大阳村	水井（口）	261	0.00	5.5	0.8474	0.85023
固上	水井（口）	306	0.00	6	0.334	0.61669
南邓	水井（口）	198	0.00	33	0.3594	2.3546
蔡家营	水井（口）	74	0.00	7	0.39	0.88952

第三章　1946年保定同一地不同村农民的经济行为差异

第一节　人口状况分析

为了对农民的经济行为进行比较研究，我们首先比较10个村调查数据中的基本变量，如年末常住男性人口、年末常住女性人口、年内常住男性人口、年内常住女性人口、男性劳动力、女性劳动力。近代中国农民大部分以土地为生，而且当时的生产工具相对落后，男女劳动力可能存在着差异。接下来我们借助宝贵的无锡、保定数据还原一下当时的历史，看看1946年同是保定清苑县但是不同村劳动力的差异是否会对农民的经济行为产生影响。这一章我们研究1946年保定调查村的情况，涉及的村有10个，薛庄173户、大祝泽134户、东顾庄191户、何家桥262户、大阳村305户、李罗侯214户、固上145户、谢庄184户、南邓169户、蔡家营83户。

另外，当涉及家庭规模计算时，如果考察与土地有关通常采用年末男性和女性人口和或年内男性和女性人口和。如果考察在外人口，特别是上学率时，需要加上年末在外人口或年内在外人口。整个数据我们删除了家庭规模为0的人口。年末常住人口共有37个为0，年内常住人口共有36个为0，且两者重叠，所以我们删除年末常住人口为0的37个样本。

由表3-1可以看出，1946年保定清苑县10个村年末常住男性人口存在着差异，但差异并不显著。

表3-1　1946年保定清苑县10个村年末常住男性人口概况

调查村		N	最小值	最大值	均值	标准偏差
薛庄	年末常住男性人口	173	0.00	9.00	2.2312	1.48001
	有效个案数	173				
大祝泽	年末常住男性人口	134	0.00	9.00	2.3731	1.52509
	有效个案数	134				

续表

调查村		N	最小值	最大值	均值	标准偏差
东顾庄	年末常住男性人口	191	0.00	10.00	2.3089	1.50573
	有效个案数	191				
何家桥	年末常住男性人口	262	0.00	9.00	2.4069	1.53579
	有效个案数	262				
大阳村	年末常住男性人口	305	0.00	9.00	2.4623	1.56841
	有效个案数	305				
李罗侯	年末常住男性人口	214	0.00	8.00	2.5888	1.29610
	有效个案数	214				
固上	年末常住男性人口	145	0.00	11.00	2.5448	1.66241
	有效个案数	145				
谢庄	年末常住男性人口	184	0.00	13.00	2.3424	1.64538
	有效个案数	184				
南邓	年末常住男性人口	169	0.00	6.00	2.3017	1.26351
	有效个案数	169				
蔡家营	年末常住男性人口	83	0.00	5.00	2.4377	1.42087
	有效个案数	83				

由表3-2可以看出，1946年保定清苑县10个村年末常住女性人口也存在着差异，同样也不显著。

表3-2 1946年保定清苑县10个村年末常住女性人口概况

调查村		N	最小值	最大值	均值	标准偏差
薛庄	年末常住女性人口	173	0.00	8.00	2.3006	1.47137
	有效个案数	173				
大祝泽	年末常住女性人口	134	0.00	8.00	2.4925	1.66678
	有效个案数	134				
东顾庄	年末常住女性人口	191	0.00	10.00	2.4293	1.76038
	有效个案数	191				
何家桥	年末常住女性人口	262	0.00	9.00	2.5076	1.61869
	有效个案数	262				
大阳村	年末常住女性人口	305	0.00	8.00	2.4918	1.57930
	有效个案数	305				
李罗侯	年末常住女性人口	214	0.00	8.00	2.5794	1.64467
	有效个案数	214				

续表

调查村		N	最小值	最大值	均值	标准偏差
固上	年末常住女性人口	145	0.00	11.00	2.5724	1.95698
	有效个案数	145				
谢庄	年末常住女性人口	184	0.00	13.00	2.3043	1.70335
	有效个案数	184				
南邓	年末常住女性人口	169	0.00	11.25	2.2292	1.50087
	有效个案数	169				
蔡家营	年末常住女性人口	83	0.00	6.00	2.4217	1.40661
	有效个案数	83				

由表 3-3 可以看出，1946 年保定清苑县 10 个村年末家庭规模存在着差异，但差异不太大，李罗侯年末家庭规模最大，其次为固上；南邓最少，其次为薛庄。

表 3-3 1946 年保定清苑县 10 个村年末家庭规模概况

调查村		N	最小值	最大值	均值	标准偏差
李罗侯	年末常住人口	214	1	13	5.1682	2.39908
固上	年末常住人口	145	1	22	5.1172	3.18526
大阳村	年末常住人口	305	1	16	4.9541	2.69829
何家桥	年末常住人口	262	1	17	4.9145	2.72827
大祝泽	年末常住人口	134	1	16	4.8657	2.68045
蔡家营	年末常住人口	83	1	10	4.8594	2.36975
东顾庄	年末常住人口	191	1	20	4.7382	2.83856
谢庄	年末常住人口	184	1	24	4.6467	2.91785
薛庄	年末常住人口	173	1	12	4.5318	2.42693
南邓	年末常住人口	169	1	14.25	4.5309	2.21169

由表 3-4 可以看出，1946 年保定清苑县 10 个村年末男性人口占家庭规模比重存在着差异，但差异不大。

表 3-4 1946 年保定清苑县 10 个村年末男性人口占家庭规模比重概况

调查村		N	最小值	最大值	均值	标准偏差
薛庄	年末男性人口占家庭规模比重	173	0.00	1.00	0.4719	0.24103
	有效个案数	173				
大祝泽	年末男性人口占家庭规模比重	134	0.00	1.00	0.5113	0.21482
	有效个案数	134				

续表

调查村		N	最小值	最大值	均值	标准偏差
东顾庄	年末男性人口占家庭规模比重	191	0.00	1.00	0.5055	0.22422
	有效个案数	191				
何家桥	年末男性人口占家庭规模比重	262	0.00	1.00	0.4946	0.21606
	有效个案数	262				
大阳村	年末男性人口占家庭规模比重	305	0.00	1.00	0.5080	0.20893
	有效个案数	305				
李罗侯	年末男性人口占家庭规模比重	214	0.00	1.00	0.5202	0.19343
	有效个案数	214				
固上	年末男性人口占家庭规模比重	145	0.00	1.00	0.5157	0.21069
	有效个案数	145				
谢庄	年末男性人口占家庭规模比重	184	0.00	1.00	0.5071	0.21357
	有效个案数	184				
南邓	年末男性人口占家庭规模比重	169	0.00	1.00	0.5215	0.21218
	有效个案数	169				
蔡家营	年末男性人口占家庭规模比重	83	0.00	1.00	0.5000	0.21958
	有效个案数	83				

由表 3-5 可以看出，1946 年保定清苑县 10 个村年内常住男性人口存在着差异，但差异不大。

表 3-5 1946 年保定清苑县 10 个村年内常住男性人口概况

调查村		N	最小值	最大值	均值	标准偏差
李罗侯	年内常住男性人口	214	0	8	2.5818	1.30513
固上	年内常住男性人口	145	0	11	2.5379	1.65
蔡家营	年内常住男性人口	83	0	5	2.4377	1.38611
大阳村	年内常住男性人口	305	0	9	2.4295	1.54402
何家桥	年内常住男性人口	262	0	9	2.4107	1.53477
大祝泽	年内常住男性人口	134	0	9	2.3881	1.53118
谢庄	年内常住男性人口	184	0	13	2.3043	1.64459
东顾庄	年内常住男性人口	191	0	10	2.2932	1.50714
南邓	年内常住男性人口	169	0	6	2.2839	1.26058
薛庄	年内常住男性人口	173	0	9	2.2428	1.48599

由表 3-6 可以看出，1946 年保定清苑县 10 个村年内常住女性人口存在着差异。

表 3-6 1946 年保定清苑县 10 个村年内常住女性人口概况

调查村		N	最小值	最大值	均值	标准偏差
薛庄	年内常住女性人口	173	0.00	8.00	2.2948	1.47057
	有效个案数	173				
大祝泽	年内常住女性人口	134	0.00	8.00	2.4776	1.67115
	有效个案数	134				
东顾庄	年内常住女性人口	191	0.00	10.00	2.4031	1.74410
	有效个案数	191				
何家桥	年内常住女性人口	262	0.00	9.00	2.5496	1.61439
	有效个案数	262				
大阳村	年内常住女性人口	305	0.00	9.00	2.4623	1.58095
	有效个案数	305				
李罗侯	年内常住女性人口	214	0.00	8.00	2.6075	1.66858
	有效个案数	214				
固上	年内常住女性人口	145	0.00	11.00	2.5655	1.89229
	有效个案数	145				
谢庄	年内常住女性人口	184	0.00	13.00	2.2935	1.67944
	有效个案数	184				
南邓	年内常住女性人口	169	0.00	11.25	2.2588	1.53141
	有效个案数	169				
蔡家营	年内常住女性人口	83	0.00	6.00	2.4096	1.39718
	有效个案数	83				

由表 3-7 可以看出，1946 年保定清苑县 10 个村年内家庭规模存在着差异。

表 3-7 1946 年保定清苑县 10 个村年内家庭规模概况

调查村		N	最小值	最大值	均值	标准偏差
李罗侯	年内常住人口	214	1	13	5.1893	2.39482
固上	年内常住人口	145	1	22	5.1034	3.12411
何家桥	年内常住人口	262	1	17	4.9603	2.71525
大阳村	年内常住人口	305	1	16	4.8918	2.68244
大祝泽	年内常住人口	134	1	16	4.8657	2.67765
蔡家营	年内常住人口	83	1	10	4.8473	2.35091
东顾庄	年内常住人口	191	1	20	4.6963	2.82879
谢庄	年内常住人口	184	1	24	4.5978	2.91429
南邓	年内常住人口	169	1	14.25	4.5427	2.27517
薛庄	年内常住人口	173	1	12	4.5376	2.43402

由表 3-8 可以看出，1946 年保定清苑县 10 个村年内男性人口占家庭规模比重存在着差异。

表 3-8　1946 年保定清苑县 10 个村年内男性人口占家庭规模比重概况

调查村		N	最小值	最大值	均值	标准偏差
薛庄	年内男性人口占家庭规模比重	173	0.00	1.00	0.4728	0.24134
	有效个案数	173				
大祝泽	年内男性人口占家庭规模比重	134	0.00	1.00	0.5142	0.21648
	有效个案数	134				
东顾庄	年内男性人口占家庭规模比重	191	0.00	1.00	0.5039	0.22754
	有效个案数	191				
何家桥	年内男性人口占家庭规模比重	262	0.00	1.00	0.4893	0.20830
	有效个案数	262				
大阳村	年内男性人口占家庭规模比重	305	0.00	1.00	0.5082	0.21226
	有效个案数	305				
李罗侯	年内男性人口占家庭规模比重	214	0.00	1.00	0.5153	0.19029
	有效个案数	214				
固上	年内男性人口占家庭规模比重	145	0.00	1.00	0.5155	0.20428
	有效个案数	145				
谢庄	年内男性人口占家庭规模比重	184	0.00	1.00	0.4991	0.21548
	有效个案数	184				
南邓	年内男性人口占家庭规模比重	169	0.00	1.00	0.5200	0.21304
	有效个案数	169				
蔡家营	年内男性人口占家庭规模比重	83	0.00	1.00	0.5019	0.21791
	有效个案数	83				

第二节　1946 年保定男、女性劳动力情况

除以上关于家庭规模、性别及其占比研究外，我们也很关心每户家庭中男性劳动力和女性劳动力及其在家庭规模中占比的情况，结合调查数据，分析如下。需要说明的是，家庭规模为 0 的有 37 个样本，年末和年内仅有一个样本不同，差异并不大，我们以下均以年末家庭规模作为家庭规模。

由表 3-9 可以看出，1946 年保定清苑县 10 个村男性劳动力存在着差异。

表 3-9　1946 年保定清苑县 10 个村男性劳动力概况

调查村		N	最小值	最大值	均值	标准偏差
薛庄	其中：男性劳动力	173	0.00	4.00	1.3179	0.88105
	有效个案数	173				
大祝泽	其中：男性劳动力	134	0.00	5.00	1.6045	0.95790
	有效个案数	134				
东顾庄	其中：男性劳动力	191	0.00	11.00	1.5131	1.17365
	有效个案数	191				
何家桥	其中：男性劳动力	262	0.00	5.00	1.5763	1.03200
	有效个案数	262				
大阳村	其中：男性劳动力	305	0.00	5.00	1.5344	0.97651
	有效个案数	305				
李罗侯	其中：男性劳动力	214	0.00	4.00	1.6308	0.88237
	有效个案数	214				
固上	其中：男性劳动力	145	0.00	7.00	1.6414	1.13453
	有效个案数	145				
谢庄	其中：男性劳动力	184	0.00	10.00	1.5598	1.18585
	有效个案数	184				
南邓	其中：男性劳动力	169	0.00	5.00	1.4615	0.87966
	有效个案数	169				
蔡家营	其中：男性劳动力	83	0.00	4.00	1.6184	0.99612
	有效个案数	83				

由表 3-10 可以看出，1946 年保定清苑县 10 个村男性劳动力占家庭规模比重存在着差异，但均在 29%以上。

表 3-10　1946 年保定清苑县 10 个村男性劳动力占家庭规模比重概况

调查村		N	最小值	最大值	均值	标准偏差
薛庄	男性劳动力占家庭规模比重	173	0.00	1.00	0.2985	0.21434
	有效个案数	173				
大祝泽	男性劳动力占家庭规模比重	134	0.00	1.00	0.3770	0.22827
	有效个案数	134				
东顾庄	男性劳动力占家庭规模比重	191	0.00	2.75	0.3599	0.29158
	有效个案数	191				
何家桥	男性劳动力占家庭规模比重	262	0.00	1.00	0.3437	0.21661
	有效个案数	262				

续表

调查村		N	最小值	最大值	均值	标准偏差
大阳村	男性劳动力占家庭规模比重	305	0.00	1.00	0.3456	0.22593
	有效个案数	305				
李罗侯	男性劳动力占家庭规模比重	214	0.00	1.00	0.3499	0.20213
	有效个案数	214				
固上	男性劳动力占家庭规模比重	145	0.00	1.00	0.3532	0.21905
	有效个案数	145				
谢庄	男性劳动力占家庭规模比重	184	0.00	1.00	0.3594	0.22404
	有效个案数	184				
南邓	男性劳动力占家庭规模比重	169	0.00	1.00	0.3546	0.21337
	有效个案数	169				
蔡家营	男性劳动力占家庭规模比重	83	0.00	1.00	0.3526	0.21994
	有效个案数	83				

由表 3-11 可以看出，1946 年保定清苑县 10 个村女性劳动力占家庭规模比重存在着差异，但均在 28%以上。

表 3-11 1946 年保定清苑县 10 个村女性劳动力占家庭规模比重概况

调查村		N	最小值	最大值	均值	标准偏差
薛庄	女性劳动力占家庭规模比重	173	0.00	1.00	0.3492	0.24880
	有效个案数	173				
大祝泽	女性劳动力占家庭规模比重	134	0.00	1.00	0.3088	0.17556
	有效个案数	134				
东顾庄	女性劳动力占家庭规模比重	191	0.00	1.00	0.3446	0.18474
	有效个案数	191				
何家桥	女性劳动力占家庭规模比重	262	0.00	1.33	0.3295	0.21162
	有效个案数	262				
大阳村	女性劳动力占家庭规模比重	305	0.00	1.00	0.3229	0.17605
	有效个案数	305				
李罗侯	女性劳动力占家庭规模比重	214	0.00	1.00	0.2911	0.16603
	有效个案数	214				
固上	女性劳动力占家庭规模比重	145	0.00	1.00	0.3179	0.18750
	有效个案数	145				
谢庄	女性劳动力占家庭规模比重	184	0.00	1.00	0.3361	0.22800
	有效个案数	184				
南邓	女性劳动力占家庭规模比重	169	0.00	1.00	0.2852	0.17437
	有效个案数	169				

续表

调查村		N	最小值	最大值	均值	标准偏差
蔡家营	女性劳动力占家庭规模比重	83	0.00	1.00	0.3596	0.21107
	有效个案数	83				

由表 3-12 可以看出，1946 年保定清苑县 10 个村劳动力占家庭规模比重存在着差异，但均在 64%之上。其中蔡家营最多，南邓村最少。

表 3-12　1946 年保定清苑县 10 个村劳动力占家庭规模比重概况

调查村		N	最小值	最大值	均值	标准偏差
薛庄	劳动力占家庭规模比重	173	0.00	1.00	0.6477	0.23903
	有效个案数	173				
大祝泽	劳动力占家庭规模比重	134	0.00	1.00	0.6859	0.24114
	有效个案数	134				
东顾庄	劳动力占家庭规模比重	191	0.25	3.00	0.7045	0.27909
	有效个案数	191				
何家桥	劳动力占家庭规模比重	262	0.00	1.75	0.6732	0.26062
	有效个案数	262				
大阳村	劳动力占家庭规模比重	305	0.00	1.20	0.6686	0.23287
	有效个案数	305				
李罗侯	劳动力占家庭规模比重	214	0.00	1.67	0.6410	0.23722
	有效个案数	214				
固上	劳动力占家庭规模比重	145	0.00	2.00	0.6712	0.26759
	有效个案数	145				
谢庄	劳动力占家庭规模比重	184	0.17	1.33	0.6956	0.23379
	有效个案数	184				
南邓	劳动力占家庭规模比重	169	0.00	1.00	0.6398	0.22873
	有效个案数	169				
蔡家营	劳动力占家庭规模比重	83	0.00	1.00	0.7122	0.22602
	有效个案数	83				

第三节　1946 年保定农民教育投入情况

以下我们计算 7~13 岁人口占家庭规模比重，考虑 7~13 岁人口可能外出求学，所以当计算家庭规模时，不仅考虑年末常住男性和女性人口，而且还要考虑年末在外人口。我们对原始数据进行清洗，删除家庭规模为 0 的 3 户农户，删除 7～13 岁人口数加上 14 岁以上人口数大于年末常住男性人口加上女性人口及加上年末在外人口数共计 25 个样本。

由表 3-13 可以看出，1946 年保定清苑县 10 个村 7～13 岁人口占家庭规模比重存在着差异，但均在 8%以上。

表 3-13　1946 年保定清苑县 10 个村 7～13 岁人口占家庭规模比重概况

调查村		N	最小值	最大值	均值	标准偏差
薛庄	7～13 岁人口占家庭规模比重	175	0.00	0.67	0.1162	0.13917
	有效个案数	175				
大祝泽	7～13 岁人口占家庭规模比重	134	0.00	0.50	0.1178	0.14869
	有效个案数	134				
东顾庄	7～13 岁人口占家庭规模比重	191	0.00	0.67	0.1173	0.14525
	有效个案数	191				
何家桥	7～13 岁人口占家庭规模比重	258	0.00	0.67	0.1044	0.13488
	有效个案数	258				
大阳村	7～13 岁人口占家庭规模比重	303	0.00	0.50	0.0924	0.12939
	有效个案数	303				
李罗侯	7～13 岁人口占家庭规模比重	214	0.00	0.67	0.1190	0.14111
	有效个案数	214				
固上	7～13 岁人口占家庭规模比重	148	0.00	1.00	0.0968	0.14353
	有效个案数	148				
谢庄	7～13 岁人口占家庭规模比重	190	0.00	0.50	0.0868	0.13343
	有效个案数	190				
南邓	7～13 岁人口占家庭规模比重	172	0.00	0.60	0.1303	0.15467
	有效个案数	172				
蔡家营	7～13 岁人口占家庭规模比重	84	0.00	0.50	0.0968	0.14182
	有效个案数	84				

接着研究 1946 年保定清苑县 10 个村 7～13 岁人口在学人数占比概况，发现个别数据的比例高于 1，核查数据，清洗掉这样的数据 2 条。

由表 3-14 可以看出，1946 年保定清苑县 10 个村 7～13 岁人口在学人数占比存在着差异，薛庄高达 52.18%，最少的为固上（20.90%）。

表 3-14　1946 年保定清苑县 10 个村 7~13 岁人口在学人数占比概况

调查村		N	最小值	最大值	均值	标准偏差
薛庄	7~13 岁人口在学占比	84	0.00	1.00	0.5218	0.46983
	有效个案数	84				
大祝泽	7~13 岁人口在学占比	62	0.00	1.00	0.3629	0.45521
	有效个案数	62				
东顾庄	7~13 岁人口在学占比	92	0.00	1.00	0.2391	0.38679
	有效个案数	92				
何家桥	7~13 岁人口在学占比	115	0.00	1.00	0.2957	0.43431
	有效个案数	115				
大阳村	7~13 岁人口在学占比	124	0.00	1.00	0.3503	0.44339
	有效个案数	124				
李罗侯	7~13 岁人口在学占比	101	0.00	1.00	0.2096	0.35269
	有效个案数	101				
固上	7~13 岁人口在学占比	63	0.00	1.00	0.2090	0.40046
	有效个案数	63				
谢庄	7~13 岁人口在学占比	67	0.00	1.00	0.4378	0.44931
	有效个案数	67				
南邓	7~13 岁人口在学占比	84	0.00	1.00	0.3442	0.43326
	有效个案数	84				
蔡家营	7~13 岁人口在学占比	32	0.00	1.00	0.4792	0.49323
	有效个案数	32				

由表 3-15 可以看出，1946 年保定清苑县 10 个村 14 岁以上人口占家庭规模比重存在着差异，但均在 63%之上。

表 3-15　1946 年保定清苑县 10 个村 14 岁以上人口占家庭规模比重概况

调查村		N	最小值	最大值	均值	标准偏差
薛庄	14 岁以上人口占家庭规模比重	175	0.00	1.00	0.6382	0.25251
	有效个案数	175				
大祝泽	14 岁以上人口占家庭规模比重	134	0.00	1.00	0.6760	0.24157
	有效个案数	134				
东顾庄	14 岁以上人口占家庭规模比重	191	0.00	1.00	0.6682	0.22336
	有效个案数	191				
何家桥	14 岁以上人口占家庭规模比重	258	0.00	1.00	0.6826	0.22845
	有效个案数	258				

续表

调查村		N	最小值	最大值	均值	标准偏差
大阳村	14 岁以上人口占家庭规模比重	303	0.00	1.00	0.6801	0.22598
	有效个案数	303				
李罗侯	14 岁以上人口占家庭规模比重	214	0.00	1.00	0.6926	0.23386
	有效个案数	214				
固上	14 岁以上人口占家庭规模比重	148	0.00	1.00	0.6341	0.28757
	有效个案数	148				
谢庄	14 岁以上人口占家庭规模比重	190	0.00	1.00	0.6952	0.27068
	有效个案数	190				
南邓	14 岁以上人口占家庭规模比重	172	0.00	1.00	0.6804	0.25214
	有效个案数	172				
蔡家营	14 岁以上人口占家庭规模比重	84	0.00	1.00	0.7350	0.21650
	有效个案数	84				

下面进行分析之前也进行了数据清洗和核查，删除了一条比例高于 1 的数据。

由表 3-16 可以看出，1946 年保定清苑县 10 个村 14 岁以上人口文盲占比存在着差异，但均在 77%之上。文盲占比最高的是东顾庄，其次为李罗侯；最少的为蔡家营，其次为薛庄。

表 3-16　1946 年保定清苑县 10 个村 14 岁以上人口文盲占比概况

调查村		N	最小值	最大值	均值	标准偏差
薛庄	14 岁以上人口文盲占比	171	0.00	1.00	0.7893	0.27092
	有效个案数	171				
大祝泽	14 岁以上人口文盲占比	132	0.00	1.00	0.8106	0.24146
	有效个案数	132				
东顾庄	14 岁以上人口文盲占比	189	0.00	1.00	0.9167	0.17064
	有效个案数	189				
何家桥	14 岁以上人口文盲占比	254	0.00	1.00	0.8433	0.22854
	有效个案数	254				
大阳村	14 岁以上人口文盲占比	298	0.00	1.00	0.8818	0.18925
	有效个案数	298				
李罗侯	14 岁以上人口文盲占比	207	0.33	1.00	0.8854	0.18055
	有效个案数	207				
固上	14 岁以上人口文盲占比	135	0.00	1.00	0.8507	0.22014
	有效个案数	135				

续表

调查村		N	最小值	最大值	均值	标准偏差
谢庄	14岁以上人口文盲占比	181	0.00	1.00	0.8791	0.20269
	有效个案数	181				
南邓	14岁以上人口文盲占比	166	0.00	1.00	0.8607	0.22057
	有效个案数	166				
蔡家营	14岁以上人口文盲占比	83	0.00	1.00	0.7762	0.25776
	有效个案数	83				

下面进行分析之前也进行了数据清洗和核查，删除了一条比例高于1的数据。

由表3-17可以看出，1946年保定清苑县10个村14岁以上人口初小占比存在着差异，但均在7%之上。初小占比最高的为蔡家营，其次为大祝泽、薛庄、何家桥，最少的为谢庄，比较少的为东顾庄。

表3-17 1946年保定清苑县10个村14岁以上人口初小占比概况

调查村		N	最小值	最大值	均值	标准偏差
薛庄	14岁以上人口初小占比	171	0.00	1.00	0.1282	0.21903
	有效个案数	171				
大祝泽	14岁以上人口初小占比	132	0.00	1.00	0.1303	0.21750
	有效个案数	132				
东顾庄	14岁以上人口初小占比	189	0.00	1.00	0.0763	0.16669
	有效个案数	189				
何家桥	14岁以上人口初小占比	254	0.00	1.00	0.1242	0.20799
	有效个案数	254				
大阳村	14岁以上人口初小占比	298	0.00	1.00	0.0997	0.16977
	有效个案数	298				
李罗侯	14岁以上人口初小占比	207	0.00	0.67	0.0912	0.15994
	有效个案数	207				
固上	14岁以上人口初小占比	134	0.00	1.00	0.0862	0.17416
	有效个案数	134				
谢庄	14岁以上人口初小占比	181	0.00	0.60	0.0749	0.15174
	有效个案数	181				
南邓	14岁以上人口初小占比	166	0.00	1.00	0.1152	0.19981
	有效个案数	166				
蔡家营	14岁以上人口初小占比	83	0.00	1.00	0.1936	0.24683
	有效个案数	83				

由表 3-18 可以看出，1946 年保定清苑县 10 个村 14 岁以上人口高小占比整体比较低，但也存在着差异，除东顾庄比较低、大阳村稍低外，其余均在 2%之上。固上最高，其次为薛庄和大祝泽。

表 3-18　1946 年保定清苑县 10 个村 14 岁以上人口高小占比概况

调查村		N	最小值	最大值	均值	标准偏差
薛庄	14 岁以上人口高小占比	171	0.00	0.67	0.0560	0.13272
	有效个案数	171				
大祝泽	14 岁以上人口高小占比	132	0.00	0.50	0.0540	0.13143
	有效个案数	132				
东顾庄	14 岁以上人口高小占比	189	0.00	0.50	0.0070	0.04734
	有效个案数	189				
何家桥	14 岁以上人口高小占比	254	0.00	0.50	0.0225	0.07902
	有效个案数	254				
大阳村	14 岁以上人口高小占比	298	0.00	0.50	0.0157	0.06633
	有效个案数	298				
李罗侯	14 岁以上人口高小占比	207	0.00	0.50	0.0220	0.08442
	有效个案数	207				
固上	14 岁以上人口高小占比	136	0.00	0.50	0.0575	0.13653
	有效个案数	136				
谢庄	14 岁以上人口高小占比	181	0.00	0.50	0.0420	0.10480
	有效个案数	181				
南邓	14 岁以上人口高小占比	166	0.00	0.67	0.0221	0.08429
	有效个案数	166				
蔡家营	14 岁以上人口高小占比	83	0.00	0.50	0.0212	0.08649
	有效个案数	83				

由表 3-19 可以看出，1946 年保定清苑县 10 个村 14 岁以上人口初中占比存在着差异，且普遍较低。薛庄最高，东顾庄、谢庄、蔡家营均为 0。

表 3-19　1946 年保定清苑县 10 个村 14 岁以上人口初中占比概况

调查村		N	最小值	最大值	均值	标准偏差
薛庄	14 岁以上人口初中占比	171	0.00	0.67	0.0175	0.07840
	有效个案数	171				
大祝泽	14 岁以上人口初中占比	132	0.00	0.33	0.0051	0.04087
	有效个案数	132				

续表

调查村		N	最小值	最大值	均值	标准偏差
东顾庄	14 岁以上人口初中占比	189	0.00	0.00	0.0000	0.00000
	有效个案数	189				
何家桥	14 岁以上人口初中占比	254	0.00	0.67	0.0046	0.04589
	有效个案数	254				
大阳村	14 岁以上人口初中占比	298	0.00	0.20	0.0011	0.01364
	有效个案数	298				
李罗侯	14 岁以上人口初中占比	207	0.00	0.14	0.0014	0.01401
	有效个案数	207				
固上	14 岁以上人口初中占比	136	0.00	0.33	0.0057	0.03744
	有效个案数	136				
谢庄	14 岁以上人口初中占比	181	0.00	0.00	0.0000	0.00000
	有效个案数	181				
南邓	14 岁以上人口初中占比	166	0.00	0.33	0.0020	0.02587
	有效个案数	166				
蔡家营	14 岁以上人口初中占比	83	0.00	0.00	0.0000	0.00000
	有效个案数	83				

由表 3-20 可以看出，1946 年保定清苑县 10 个村 14 岁以上人口高中占比普通较低，有 6 个村为 0，其余 4 个村薛庄为 0.0019、大阳村为 0.0016、谢庄为 0.0007、蔡家营为 0.0030。

表 3-20　1946 年保定清苑县 10 个村 14 岁以上人口高中占比概况

调查村		N	最小值	最大值	均值	标准偏差
薛庄	14 岁以上人口高中占比	171	0.00	0.33	0.0019	0.02549
	有效个案数	171				
大祝泽	14 岁以上人口高中占比	132	0.00	0.00	0.0000	0.00000
	有效个案数	132				
东顾庄	14 岁以上人口高中占比	189	0.00	0.00	0.0000	0.00000
	有效个案数	189				
何家桥	14 岁以上人口高中占比	254	0.00	0.00	0.0000	0.00000
	有效个案数	254				
大阳村	14 岁以上人口高中占比	298	0.00	0.29	0.0016	0.02017
	有效个案数	298				
李罗侯	14 岁以上人口高中占比	207	0.00	0.00	0.0000	0.00000
	有效个案数	207				

续表

调查村		N	最小值	最大值	均值	标准偏差
固上	14 岁以上人口高中占比	136	0.00	0.00	0.0000	0.00000
	有效个案数	136				
谢庄	14 岁以上人口高中占比	181	0.00	0.13	0.0007	0.00929
	有效个案数	181				
南邓	14 岁以上人口高中占比	166	0.00	0.00	0.0000	0.00000
	有效个案数	166				
蔡家营	14 岁以上人口高中占比	83	0.00	0.25	0.0030	0.02744
	有效个案数	83				

由表 3-21 可以看出，1946 年保定清苑县 8 个村 14 岁以上人口大学占比为 0，仅何家桥为 0.0008、南邓为 0.0012。

表 3-21　1946 年保定清苑县 10 个村 14 岁以上人口大学占比概况

调查村		N	最小值	最大值	均值	标准偏差
薛庄	14 岁以上人口大学占比	171	0.00	0.00	0.0000	0.00000
	有效个案数	171				
大祝泽	14 岁以上人口大学占比	132	0.00	0.00	0.0000	0.00000
	有效个案数	132				
东顾庄	14 岁以上人口大学占比	189	0.00	0.00	0.0000	0.00000
	有效个案数	189				
何家桥	14 岁以上人口大学占比	254	0.00	0.20	0.0008	0.01255
	有效个案数	254				
大阳村	14 岁以上人口大学占比	298	0.00	0.00	0.0000	0.00000
	有效个案数	298				
李罗侯	14 岁以上人口大学占比	207	0.00	0.00	0.0000	0.00000
	有效个案数	207				
固上	14 岁以上人口大学占比	136	0.00	0.00	0.0000	0.00000
	有效个案数	136				
谢庄	14 岁以上人口大学占比	181	0.00	0.00	0.0000	0.00000
	有效个案数	181				
南邓	14 岁以上人口大学占比	166	0.00	0.20	0.0012	0.01552
	有效个案数	166				
蔡家营	14 岁以上人口大学占比	83	0.00	0.00	0.0000	0.00000
	有效个案数	83				

第四节 1946年保定农民年内年末在外人口情况

前文我们对1946年保定农民的教育投入情况进行了分析，下面研究1946年保定农民年末和年内在外人口情况，首先研究年末在外人口情况，这里家庭规模是年末常住人口加上在外人口。

由表3-22可以看出，1946年保定清苑县10个村年末在外男性人口占家庭规模比重存在着差异，其中薛庄最高，大祝泽最低。

表3-22 1946年保定清苑县10个村年末在外男性人口占家庭规模比重概况

调查村		N	最小值	最大值	均值	标准偏差
薛庄	年末在外男性人口占家庭规模比重	175	0.00	1.00	0.1000	0.16132
	有效个案数	175				
大祝泽	年末在外男性人口占家庭规模比重	134	0.00	0.63	0.0443	0.10919
	有效个案数	134				
东顾庄	年末在外男性人口占家庭规模比重	191	0.00	1.00	0.0616	0.14028
	有效个案数	191				
何家桥	年末在外男性人口占家庭规模比重	258	0.00	1.00	0.0687	0.17032
	有效个案数	258				
大阳村	年末在外男性人口占家庭规模比重	303	0.00	1.00	0.0714	0.14274
	有效个案数	303				
李罗侯	年末在外男性人口占家庭规模比重	214	0.00	1.00	0.0456	0.15918
	有效个案数	214				
固上	年末在外男性人口占家庭规模比重	148	0.00	1.00	0.0719	0.17237
	有效个案数	148				
谢庄	年末在外男性人口占家庭规模比重	190	0.00	1.00	0.0770	0.17846
	有效个案数	190				
南邓	年末在外男性人口占家庭规模比重	172	0.00	1.00	0.0569	0.15010
	有效个案数	172				
蔡家营	年末在外男性人口占家庭规模比重	84	0.00	1.00	0.0479	0.14597
	有效个案数	84				

由表3-23可以看出，1946年保定清苑县10个村年末在外女性人口占家庭规模比重存在着差异，且均比较低，其中固上最高，李罗侯最低。

表 3-23 1946 年保定清苑县 10 个村年末在外女性人口占家庭规模比重概况

调查村		N	最小值	最大值	均值	标准偏差
薛庄	年末在外女性人口占家庭规模比重	175	0.00	0.75	0.0283	0.10161
	有效个案数	175				
大祝泽	年末在外女性人口占家庭规模比重	134	0.00	0.25	0.0059	0.03560
	有效个案数	134				
东顾庄	年末在外女性人口占家庭规模比重	191	0.00	0.50	0.0070	0.04571
	有效个案数	191				
何家桥	年末在外女性人口占家庭规模比重	258	0.00	0.44	0.0086	0.05499
	有效个案数	258				
大阳村	年末在外女性人口占家庭规模比重	303	0.00	1.00	0.0130	0.07743
	有效个案数	303				
李罗侯	年末在外女性人口占家庭规模比重	214	0.00	0.40	0.0056	0.04162
	有效个案数	214				
固上	年末在外女性人口占家庭规模比重	148	0.00	0.75	0.0375	0.12103
	有效个案数	148				
谢庄	年末在外女性人口占家庭规模比重	190	0.00	0.60	0.0121	0.06605
	有效个案数	190				
南邓	年末在外女性人口占家庭规模比重	172	0.00	1.00	0.0103	0.08157
	有效个案数	172				
蔡家营	年末在外女性人口占家庭规模比重	84	0.00	0.17	0.0062	0.02915
	有效个案数	84				

由表 3-24 可以看出，1946 年保定清苑县 10 个村年内在外男性人口占家庭规模比重存在着差异，其中薛庄最高，大祝泽最低。

表 3-24 1946 年保定清苑县 10 个村年内在外男性人口占家庭规模比重概况

调查村		N	最小值	最大值	均值	标准偏差
薛庄	年内在外男性人口占家庭规模比重	175	0.00	1.00	0.1000	0.16132
	有效个案数	175				
大祝泽	年内在外男性人口占家庭规模比重	134	0.00	0.63	0.0443	0.10919
	有效个案数	134				
东顾庄	年内在外男性人口占家庭规模比重	191	0.00	1.00	0.0623	0.14090
	有效个案数	191				
何家桥	年内在外男性人口占家庭规模比重	258	0.00	1.00	0.0707	0.17310
	有效个案数	258				

续表

调查村		N	最小值	最大值	均值	标准偏差
大阳村	年内在外男性人口占家庭规模比重	303	0.00	1.00	0.0722	0.14305
	有效个案数	303				
李罗侯	年内在外男性人口占家庭规模比重	214	0.00	1.00	0.0456	0.15918
	有效个案数	214				
固上	年内在外男性人口占家庭规模比重	148	0.00	1.00	0.0719	0.17237
	有效个案数	148				
谢庄	年内在外男性人口占家庭规模比重	190	0.00	1.00	0.0760	0.17832
	有效个案数	190				
南邓	年内在外男性人口占家庭规模比重	172	0.00	1.00	0.0569	0.15010
	有效个案数	172				
蔡家营	年内在外男性人口占家庭规模比重	84	0.00	1.00	0.0479	0.14597
	有效个案数	84				

由表 3-25 可以看出，1946 年保定清苑县 10 个村年内在外女性人口占家庭规模比重存在着差异，其中固上最高，李罗侯最低。

表 3-25　1946 年保定清苑县 10 个村年内在外女性人口占家庭规模比重概况

调查村		N	最小值	最大值	均值	标准偏差
薛庄	年内在外女性人口占家庭规模比重	175	0.00	0.75	0.0283	0.10161
	有效个案数	175				
大祝泽	年内在外女性人口占家庭规模比重	134	0.00	0.25	0.0059	0.03560
	有效个案数	134				
东顾庄	年内在外女性人口占家庭规模比重	191	0.00	0.50	0.0070	0.04571
	有效个案数	191				
何家桥	年内在外女性人口占家庭规模比重	258	0.00	0.44	0.0096	0.05957
	有效个案数	258				
大阳村	年内在外女性人口占家庭规模比重	303	0.00	1.00	0.0130	0.07743
	有效个案数	303				
李罗侯	年内在外女性人口占家庭规模比重	214	0.00	0.40	0.0056	0.04162
	有效个案数	214				
固上	年内在外女性人口占家庭规模比重	148	0.00	0.75	0.0375	0.12103
	有效个案数	148				
谢庄	年内在外女性人口占家庭规模比重	190	0.00	0.60	0.0121	0.06605
	有效个案数	190				

续表

调查村		N	最小值	最大值	均值	标准偏差
南邓	年内在外女性人口占家庭规模比重	172	0.00	1.00	0.0103	0.08157
	有效个案数	172				
蔡家营	年内在外女性人口占家庭规模比重	84	0.00	0.29	0.0096	0.04218
	有效个案数	84				

由表3-26可以看出，1946年保定清苑县10个村年内在外男性劳动力占家庭规模比重存在着差异，其中薛庄最高，大祝泽最低。

表3-26 1946年保定清苑县10个村年内在外男性劳动力占家庭规模比重概况

调查村		N	最小值	最大值	均值	标准偏差
薛庄	年内在外男性劳动力占家庭规模比重	175	0.00	1.00	0.0913	0.15143
	有效个案数	175				
大祝泽	年内在外男性劳动力占家庭规模比重	134	0.00	0.50	0.0379	0.08875
	有效个案数	134				
东顾庄	年内在外男性劳动力占家庭规模比重	191	0.00	1.00	0.0578	0.13461
	有效个案数	191				
何家桥	年内在外男性劳动力占家庭规模比重	258	0.00	1.00	0.0677	0.16832
	有效个案数	258				
大阳村	年内在外男性劳动力占家庭规模比重	303	0.00	1.00	0.0699	0.14076
	有效个案数	303				
李罗侯	年内在外男性劳动力占家庭规模比重	214	0.00	1.00	0.0433	0.15351
	有效个案数	214				
固上	年内在外男性劳动力占家庭规模比重	148	0.00	1.00	0.0600	0.14327
	有效个案数	148				
谢庄	年内在外男性劳动力占家庭规模比重	190	0.00	1.00	0.0720	0.17489
	有效个案数	190				
南邓	年内在外男性劳动力占家庭规模比重	172	0.00	1.00	0.0530	0.14319
	有效个案数	172				
蔡家营	年内在外男性劳动力占家庭规模比重	84	0.00	1.00	0.0479	0.14597
	有效个案数	84				

由表3-27可以看出，1946年保定清苑县10个村年内在外女性劳动力占家庭规模比重整体较低，但也存在着差异，固上最高，东顾庄最低。

表 3-27　1946 年保定清苑县 10 个村年内在外女性劳动力占家庭规模比重概况

调查村		N	最小值	最大值	均值	标准偏差
薛庄	年内在外女性劳动力占家庭规模比重	175	0.00	0.50	0.0196	0.06751
	有效个案数	175				
大祝泽	年内在外女性劳动力占家庭规模比重	134	0.00	0.25	0.0041	0.02634
	有效个案数	134				
东顾庄	年内在外女性劳动力占家庭规模比重	191	0.00	0.25	0.0038	0.02475
	有效个案数	191				
何家桥	年内在外女性劳动力占家庭规模比重	258	0.00	0.40	0.0048	0.03467
	有效个案数	258				
大阳村	年内在外女性劳动力占家庭规模比重	303	0.00	1.00	0.0118	0.07535
	有效个案数	303				
李罗侯	年内在外女性劳动力占家庭规模比重	214	0.00	0.40	0.0052	0.04048
	有效个案数	214				
固上	年内在外女性劳动力占家庭规模比重	148	0.00	0.50	0.0263	0.08818
	有效个案数	148				
谢庄	年内在外女性劳动力占家庭规模比重	190	0.00	0.50	0.0090	0.04883
	有效个案数	190				
南邓	年内在外女性劳动力占家庭规模比重	172	0.00	1.00	0.0098	0.08074
	有效个案数	172				
蔡家营	年内在外女性劳动力占家庭规模比重	84	0.00	0.17	0.0062	0.02915
	有效个案数	84				

由表 3-28 可以看出，1946 年保定清苑县 10 个村年内在外职业占家庭规模比重存在着差异，不同职业之间也存在着差异。

表 3-28　1946 年保定清苑县 10 个村年内在外职业概况

调查村		N	最小值	最大值	均值	标准偏差
薛庄	年内在外人口中为革命军政机关及国营企业职工者	175	0.00	1.00	0.0286	0.16708
	年内在外人口中为个体手工业者	175	0.00	3.00	0.0286	0.24979
	年内在外人口中为小商贩者	175	0.00	2.00	0.0457	0.23531
	年内在外人口中为工商业资本家者	175	0.00	1.00	0.0114	0.10660
	年内在外人口中为旧军政机关人员者	175	0.00	3.00	0.0800	0.34641
	年内在外人口中为私营企业职工者	175	0.00	2.00	0.1257	0.36542
	年内在外人口中为自由职业者	175	0.00	1.00	0.0057	0.07559
	年内在外人口中为宗教及迷信职业者	175	0.00	0.00	0.0000	0.00000

续表

调查村		N	最小值	最大值	均值	标准偏差
薛庄	年内在外人口中为产业工人者	175	0.00	1.00	0.0343	0.18248
	年内在外人口中为各类合作社员者	175	0.00	0.00	0.0000	0.00000
	年内在外人口中为其他个体劳动者	175	0.00	1.00	0.0857	0.28074
	有效个案数	175				
大祝泽	年内在外人口中为革命军政机关及国营企业职工者	134	0.00	1.00	0.0373	0.19024
	年内在外人口中为个体手工业者	134	0.00	0.00	0.0000	0.00000
	年内在外人口中为小商贩者	134	0.00	2.00	0.0299	0.21027
	年内在外人口中为工商业资本家者	134	0.00	0.00	0.0000	0.00000
	年内在外人口中为旧军政机关人员者	134	0.00	1.00	0.0448	0.20759
	年内在外人口中为私营企业职工者	134	0.00	3.00	0.0373	0.28514
	年内在外人口中为自由职业者	134	0.00	1.00	0.0075	0.08639
	年内在外人口中为宗教及迷信职业者	134	0.00	0.00	0.0000	0.00000
	年内在外人口中为产业工人者	134	0.00	1.00	0.0373	0.19024
	年内在外人口中为各类合作社员者	134	0.00	0.00	0.0000	0.00000
	年内在外人口中为其他个体劳动者	134	0.00	3.00	0.0522	0.33171
	有效个案数	134				
东顾庄	年内在外人口中为革命军政机关及国营企业职工者	191	0.00	1.00	0.0314	0.17489
	年内在外人口中为个体手工业者	191	0.00	0.00	0.0000	0.00000
	年内在外人口中为小商贩者	191	0.00	2.00	0.0366	0.21452
	年内在外人口中为工商业资本家者	191	0.00	2.00	0.0157	0.16146
	年内在外人口中为旧军政机关人员者	191	0.00	1.00	0.0157	0.12467
	年内在外人口中为私营企业职工者	191	0.00	5.00	0.0733	0.42904
	年内在外人口中为自由职业者	191	0.00	1.00	0.0052	0.07236
	年内在外人口中为宗教及迷信职业者	191	0.00	0.00	0.0000	0.00000
	年内在外人口中为产业工人者	191	0.00	0.00	0.0000	0.00000
	年内在外人口中为各类合作社员者	191	0.00	0.00	0.0000	0.00000
	年内在外人口中为其他个体劳动者	191	0.00	1.00	0.0262	0.16008
	有效个案数	191				
何家桥	年内在外人口中为革命军政机关及国营企业职工者	258	0.00	1.00	0.0465	0.21100
	年内在外人口中为个体手工业者	258	0.00	1.00	0.0078	0.08787
	年内在外人口中为小商贩者	258	0.00	1.00	0.0155	0.12379
	年内在外人口中为工商业资本家者	258	0.00	0.00	0.0000	0.00000

续表

调查村		N	最小值	最大值	均值	标准偏差
何家桥	年内在外人口中为旧军政机关人员者	258	0.00	2.00	0.0349	0.22218
	年内在外人口中为私营企业职工者	258	0.00	2.00	0.0233	0.21482
	年内在外人口中为自由职业者	258	0.00	1.00	0.0039	0.06226
	年内在外人口中为宗教及迷信职业者	258	0.00	0.00	0.0000	0.00000
	年内在外人口中为产业工人者	258	0.00	2.00	0.0271	0.18515
	年内在外人口中为各类合作社员者	258	0.00	0.00	0.0000	0.00000
	年内在外人口中为其他个体劳动者	258	0.00	1.00	0.0349	0.18384
	有效个案数	258				
大阳村	年内在外人口中为革命军政机关及国营企业职工者	303	0.00	3.00	0.0396	0.24089
	年内在外人口中为个体手工业者	303	0.00	1.00	0.0033	0.05745
	年内在外人口中为小商贩者	303	0.00	1.00	0.0099	0.09917
	年内在外人口中为工商业资本家者	303	0.00	1.00	0.0066	0.08111
	年内在外人口中为旧军政机关人员者	303	0.00	3.00	0.1980	0.46791
	年内在外人口中为私营企业职工者	303	0.00	2.00	0.0429	0.21868
	年内在外人口中为自由职业者	303	0.00	1.00	0.0066	0.08111
	年内在外人口中为宗教及迷信职业者	303	0.00	1.00	0.0066	0.08111
	年内在外人口中为产业工人者	303	0.00	1.00	0.0330	0.17894
	年内在外人口中为各类合作社员者	303	0.00	1.00	0.0033	0.05745
	年内在外人口中为其他个体劳动者	303	0.00	1.00	0.0231	0.15048
	有效个案数	303				
李罗侯	年内在外人口中为革命军政机关及国营企业职工者	214	0.00	2.00	0.0467	0.23269
	年内在外人口中为个体手工业者	214	0.00	1.00	0.0093	0.09645
	年内在外人口中为小商贩者	214	0.00	2.00	0.0140	0.15257
	年内在外人口中为工商业资本家者	214	0.00	0.00	0.0000	0.00000
	年内在外人口中为旧军政机关人员者	214	0.00	1.00	0.0047	0.06836
	年内在外人口中为私营企业职工者	214	0.00	1.00	0.0234	0.15141
	年内在外人口中为自由职业者	214	0.00	0.00	0.0000	0.00000
	年内在外人口中为宗教及迷信职业者	214	0.00	0.00	0.0000	0.00000
	年内在外人口中为产业工人者	214	0.00	1.00	0.0140	0.11784
	年内在外人口中为各类合作社员者	214	0.00	0.00	0.0000	0.00000
	年内在外人口中为其他个体劳动者	214	0.00	1.00	0.0187	0.13575
	有效个案数	214				

续表

调查村		N	最小值	最大值	均值	标准偏差
固上	年内在外人口中为革命军政机关及国营企业职工者	148	0.00	2.00	0.1081	0.35254
	年内在外人口中为个体手工业者	148	0.00	1.00	0.0068	0.08220
	年内在外人口中为小商贩者	148	0.00	2.00	0.0676	0.27755
	年内在外人口中为工商业资本家者	148	0.00	0.00	0.0000	0.00000
	年内在外人口中为旧军政机关人员者	148	0.00	1.00	0.0203	0.14140
	年内在外人口中为私营企业职工者	148	0.00	2.00	0.0203	0.18330
	年内在外人口中为自由职业者	148	0.00	1.00	0.0135	0.11585
	年内在外人口中为宗教及迷信职业者	148	0.00	0.00	0.0000	0.00000
	年内在外人口中为产业工人者	148	0.00	1.00	0.0068	0.08220
	年内在外人口中为各类合作社员者	148	0.00	0.00	0.0000	0.00000
	年内在外人口中为其他个体劳动者	148	0.00	2.00	0.0203	0.18330
	有效个案数	148				
谢庄	年内在外人口中为革命军政机关及国营企业职工者	190	0.00	2.00	0.1368	0.37404
	年内在外人口中为个体手工业者	190	0.00	1.00	0.0053	0.07255
	年内在外人口中为小商贩者	190	0.00	1.00	0.0053	0.07255
	年内在外人口中为工商业资本家者	190	0.00	0.00	0.0000	0.00000
	年内在外人口中为旧军政机关人员者	190	0.00	1.00	0.0158	0.12499
	年内在外人口中为私营企业职工者	190	0.00	3.00	0.0684	0.32620
	年内在外人口中为自由职业者	190	0.00	1.00	0.0105	0.10233
	年内在外人口中为宗教及迷信职业者	190	0.00	1.00	0.0105	0.10233
	年内在外人口中为产业工人者	190	0.00	1.00	0.0316	0.17534
	年内在外人口中为各类合作社员者	190	0.00	0.00	0.0000	0.00000
	年内在外人口中为其他个体劳动者	190	0.00	2.00	0.0368	0.21507
	有效个案数	190				
南邓	年内在外人口中为革命军政机关及国营企业职工者	172	0.00	3.00	0.1105	0.38160
	年内在外人口中为个体手工业者	172	0.00	1.00	0.0233	0.15115
	年内在外人口中为小商贩者	172	0.00	0.00	0.0000	0.00000
	年内在外人口中为工商业资本家者	172	0.00	1.00	0.0058	0.07625
	年内在外人口中为旧军政机关人员者	172	0.00	1.00	0.0058	0.07625
	年内在外人口中为私营企业职工者	172	0.00	1.00	0.0058	0.07625
	年内在外人口中为自由职业者	172	0.00	1.00	0.0058	0.07625
	年内在外人口中为宗教及迷信职业者	172	0.00	0.00	0.0000	0.00000

续表

调查村		N	最小值	最大值	均值	标准偏差
南邓	年内在外人口中为产业工人者	172	0.00	1.00	0.0174	0.13129
	年内在外人口中为各类合作社员者	172	0.00	0.00	0.0000	0.00000
	年内在外人口中为其他个体劳动者	172	0.00	4.00	0.0291	0.31395
	有效个案数	172				
蔡家营	年内在外人口中为革命军政机关及国营企业职工者	84	0.00	2.00	0.0476	0.26456
	年内在外人口中为个体手工业者	84	0.00	0.00	0.0000	0.00000
	年内在外人口中为小商贩者	84	0.00	0.00	0.0000	0.00000
	年内在外人口中为工商业资本家者	84	0.00	0.00	0.0000	0.00000
	年内在外人口中为旧军政机关人员者	84	0.00	1.00	0.0119	0.10911
	年内在外人口中为私营企业职工者	84	0.00	2.00	0.0476	0.26456
	年内在外人口中为自由职业者	84	0.00	0.00	0.0000	0.00000
	年内在外人口中为宗教及迷信职业者	84	0.00	1.00	0.0119	0.10911
	年内在外人口中为产业工人者	84	0.00	0.00	0.0000	0.00000
	年内在外人口中为各类合作社员者	84	0.00	0.00	0.0000	0.00000
	年内在外人口中为其他个体劳动者	84	0.00	1.00	0.0238	0.15337
	有效个案数	84				

由表 3-29 可以看出，1946 年保定清苑县 10 个村年内在外人口中 7~13 岁人口合计整体较低，但存在着差异，其中大祝泽最高，李罗侯和蔡家营没有。

表 3-29　1946 年保定清苑县 10 个村年内在外人口中 7~13 岁人口合计

调查村		N	最小值	最大值	均值	标准偏差
薛庄	年内在外人口中 7~13 岁人口合计	175	0.00	1.00	0.0343	0.18248
	有效个案数	175				
大祝泽	年内在外人口中 7~13 岁人口合计	134	0.00	2.00	0.0373	0.22634
	有效个案数	134				
东顾庄	年内在外人口中 7~13 岁人口合计	191	0.00	1.00	0.0157	0.12467
	有效个案数	191				
何家桥	年内在外人口中 7~13 岁人口合计	258	0.00	1.00	0.0039	0.06226
	有效个案数	258				
大阳村	年内在外人口中 7~13 岁人口合计	303	0.00	1.00	0.0066	0.08111
	有效个案数	303				
李罗侯	年内在外人口中 7~13 岁人口合计	214	0.00	0.00	0.0000	0.00000
	有效个案数	214				

续表

调查村		N	最小值	最大值	均值	标准偏差
固上	年内在外人口中7~13岁人口合计	148	0.00	2.00	0.0338	0.21557
	有效个案数	148				
谢庄	年内在外人口中7~13岁人口合计	190	0.00	1.00	0.0105	0.10233
	有效个案数	190				
南邓	年内在外人口中7~13岁人口合计	172	0.00	1.00	0.0058	0.07625
	有效个案数	172				
蔡家营	年内在外人口中7~13岁人口合计	84	0.00	0.00	0.0000	0.00000
	有效个案数	84				

由表3-30可以看出，1946年保定清苑县10个村年内在外人口中7~13岁人口在学人数均比较少。

表3-30 1946年保定清苑县10个村年内在外人口中7~13岁人口在学人数

调查村			频率	百分比（%）	有效百分比（%）	累计百分比（%）
薛庄	有效	0.00	170	97.10	97.10	97.10
		1.00	4	2.30	2.30	99.40
		2.00	1	0.60	0.60	100.00
		总计	175	100.00	100.00	
大祝泽	有效	0.00	132	98.50	98.50	98.50
		1.00	2	1.50	1.50	100.00
		总计	134	100.00	100.00	
东顾庄	有效	0.00	191	100.00	100.00	100.00
何家桥	有效	0.00	257	99.60	99.60	99.60
		1.00	1	0.40	0.40	100.00
		总计	258	100.00	100.00	
大阳村	有效	0.00	301	99.30	99.30	99.30
		1.00	2	0.70	0.70	100.00
		总计	303	100.00	100.00	
李罗侯	有效	0.00	214	100.00	100.00	100.00
固上	有效	0.00	146	98.60	98.60	98.60
		1.00	2	1.40	1.40	100.00
		总计	148	100.00	100.00	
谢庄	有效	0.00	190	100.00	100.00	100.00

续表

调查村			频率	百分比（%）	有效百分比（%）	累计百分比（%）
南邓	有效	0.00	171	99.40	99.40	99.40
		1.00	1	0.60	0.60	100.00
		总计	172	100.00	100.00	
蔡家营	有效	0.00	84	100.00	100.00	100.00

由表 3-31 可以看出，1946 年保定清苑县 10 个村年内在外人口中 14 岁以上人口合计存在着差异，薛庄最高，李罗侯最低。

表 3-31　1946 年保定清苑县年内在外人口中 14 岁以上人口合计

调查村		N	最小值	最大值	均值	标准偏差
薛庄	年内在外人口中 14 岁以上人口合计	175	0.00	6.00	0.5371	0.88898
	有效个案数	175				
大祝泽	年内在外人口中 14 岁以上人口合计	134	0.00	5.00	0.2761	0.72953
	有效个案数	134				
东顾庄	年内在外人口中 14 岁以上人口合计	191	0.00	7.00	0.3298	0.78210
	有效个案数	191				
何家桥	年内在外人口中 14 岁以上人口合计	258	0.00	4.00	0.3062	0.68562
	有效个案数	258				
大阳村	年内在外人口中 14 岁以上人口合计	303	0.00	8.00	0.4191	0.83343
	有效个案数	303				
李罗侯	年内在外人口中 14 岁以上人口合计	214	0.00	5.00	0.2056	0.63154
	有效个案数	214				
固上	年内在外人口中 14 岁以上人口合计	148	0.00	5.00	0.3851	0.96555
	有效个案数	148				
谢庄	年内在外人口中 14 岁以上人口合计	190	0.00	4.00	0.3526	0.72511
	有效个案数	190				
南邓	年内在外人口中 14 岁以上人口合计	172	0.00	5.00	0.2733	0.70982
	有效个案数	172				
蔡家营	年内在外人口中 14 岁以上人口合计	84	0.00	3.00	0.2500	0.65629
	有效个案数	84				

由表 3-32 可以看出，1946 年保定清苑县 10 个村年内在外人口中 14 岁以上人口文盲占比存在很大差异，其中东顾庄最高，其次为何家桥，固上、蔡家营、薛庄比较低。

表 3-32 1946年保定清苑县10个村年内在外人口中14岁以上人口文盲占比

调查村		N	最小值	最大值	均值	标准偏差
薛庄	年内在外人口中14岁以上人口文盲占比	62	0.00	1.00	0.4274	0.44825
	有效个案数	62				
大祝泽	年内在外人口中14岁以上人口文盲占比	24	0.00	1.00	0.4792	0.47729
	有效个案数	24				
东顾庄	年内在外人口中14岁以上人口文盲占比	44	0.00	1.00	0.7768	0.37962
	有效个案数	44				
何家桥	年内在外人口中14岁以上人口文盲占比	58	0.00	1.00	0.7040	0.43962
	有效个案数	58				
大阳村	年内在外人口中14岁以上人口文盲占比	90	0.00	1.00	0.4792	0.47443
	有效个案数	90				
李罗侯	年内在外人口中14岁以上人口文盲占比	30	0.00	1.00	0.5422	0.47286
	有效个案数	30				
固上	年内在外人口中14岁以上人口文盲占比	29	0.00	1.00	0.4126	0.39795
	有效个案数	29				
谢庄	年内在外人口中14岁以上人口文盲占比	46	0.00	1.00	0.5054	0.45010
	有效个案数	46				
南邓	年内在外人口中14岁以上人口文盲占比	32	0.00	1.00	0.5219	0.47772
	有效个案数	32				
蔡家营	年内在外人口中14岁以上人口文盲占比	14	0.00	1.00	0.4167	0.43731
	有效个案数	14				

由表3-33可以看出，1946年保定清苑县10个村年内在外人口中14岁以上人口初小占比差异很大，其中蔡家营最高，东顾庄最低。

表 3-33 1946年保定清苑县10个村年内在外人口中14岁以上人口初小占比

调查村		N	最小值	最大值	均值	标准偏差
薛庄	年内在外人口中14岁以上人口初小占比	62	0.00	1.00	0.3441	0.43511
	有效个案数	62				
大祝泽	年内在外人口中14岁以上人口初小占比	24	0.00	1.00	0.1771	0.34953
	有效个案数	24				
东顾庄	年内在外人口中14岁以上人口初小占比	44	0.00	1.00	0.0982	0.25126
	有效个案数	44				
何家桥	年内在外人口中14岁以上人口初小占比	58	0.00	1.00	0.1580	0.34153
	有效个案数	58				

续表

调查村		N	最小值	最大值	均值	标准偏差
大阳村	年内在外人口中 14 岁以上人口初小占比	90	0.00	1.00	0.3435	0.44778
	有效个案数	90				
李罗侯	年内在外人口中 14 岁以上人口初小占比	30	0.00	1.00	0.3578	0.45223
	有效个案数	30				
固上	年内在外人口中 14 岁以上人口初小占比	29	0.00	1.00	0.2356	0.38964
	有效个案数	29				
谢庄	年内在外人口中 14 岁以上人口初小占比	46	0.00	1.00	0.1141	0.27742
	有效个案数	46				
南邓	年内在外人口中 14 岁以上人口初小占比	32	0.00	1.00	0.3115	0.42994
	有效个案数	32				
蔡家营	年内在外人口中 14 岁以上人口初小占比	14	0.00	1.00	0.4167	0.43731
	有效个案数	14				

由表 3-34 可以看出，1946 年保定清苑县 10 个村年内在外人口中 14 岁以上人口高小占比差异很大，其中固上最高，蔡家营最低。

表 3-34　1946 年保定清苑县 10 个村年内在外人口中 14 岁以上人口高小占比

调查村		N	最小值	最大值	均值	标准偏差
薛庄	年内在外人口中 14 岁以上人口高小占比	62	0.00	1.00	0.1317	0.29743
	有效个案数	62				
大祝泽	年内在外人口中 14 岁以上人口高小占比	24	0.00	1.00	0.2188	0.41252
	有效个案数	24				
东顾庄	年内在外人口中 14 岁以上人口高小占比	44	0.00	1.00	0.1023	0.29687
	有效个案数	44				
何家桥	年内在外人口中 14 岁以上人口高小占比	58	0.00	1.00	0.0862	0.28312
	有效个案数	58				
大阳村	年内在外人口中 14 岁以上人口高小占比	90	0.00	1.00	0.1199	0.29876
	有效个案数	90				
李罗侯	年内在外人口中 14 岁以上人口高小占比	30	0.00	1.00	0.0333	0.18257
	有效个案数	30				
固上	年内在外人口中 14 岁以上人口高小占比	29	0.00	1.00	0.2690	0.36731
	有效个案数	29				
谢庄	年内在外人口中 14 岁以上人口高小占比	46	0.00	1.00	0.2609	0.40621
	有效个案数	46				

续表

调查村		N	最小值	最大值	均值	标准偏差
南邓	年内在外人口中 14 岁以上人口高小占比	32	0.00	1.00	0.1667	0.36905
	有效个案数	32				
蔡家营	年内在外人口中 14 岁以上人口高小占比	14	0.00	0.33	0.0238	0.08909
	有效个案数	14				

由表 3-35 可以看出，1946 年保定清苑县 10 个村年内在外人口中 14 岁以上人口初中占比存在着很大差异，蔡家营最高，南邓没有。

表 3-35　1946 年保定清苑县 10 个村年内在外人口中 14 岁以上人口初中占比

调查村		N	最小值	最大值	均值	标准偏差
薛庄	年内在外人口中 14 岁以上人口初中占比	62	0.00	1.00	0.0538	0.20418
	有效个案数	62				
大祝泽	年内在外人口中 14 岁以上人口初中占比	24	0.00	1.00	0.1250	0.33783
	有效个案数	24				
东顾庄	年内在外人口中 14 岁以上人口初中占比	44	0.00	1.00	0.0227	0.15076
	有效个案数	44				
何家桥	年内在外人口中 14 岁以上人口初中占比	58	0.00	1.00	0.0172	0.13131
	有效个案数	58				
大阳村	年内在外人口中 14 岁以上人口初中占比	90	0.00	1.00	0.0463	0.18364
	有效个案数	90				
李罗侯	年内在外人口中 14 岁以上人口初中占比	30	0.00	1.00	0.0667	0.25371
	有效个案数	30				
固上	年内在外人口中 14 岁以上人口初中占比	29	0.00	1.00	0.0828	0.22846
	有效个案数	29				
谢庄	年内在外人口中 14 岁以上人口初中占比	46	0.00	1.00	0.0942	0.28686
	有效个案数	46				
南邓	年内在外人口中 14 岁以上人口初中占比	32	0.00	0.00	0.0000	0.00000
	有效个案数	32				
蔡家营	年内在外人口中 14 岁以上人口初中占比	14	0.00	1.00	0.1429	0.36314
	有效个案数	14				

由表 3-36 可以看出，1946 年保定清苑县 10 个村年内在外人口中 14 岁以上人口高中占比均较低，其中薛庄、大祝泽、东顾庄、李罗侯、固上、南邓、蔡家营均为 0，其他村由高到低是何家桥、谢庄、大阳村。

表 3-36 1946 年保定清苑县 10 个村年内在外人口中 14 岁以上人口高中占比

调查村		N	最小值	最大值	均值	标准偏差
薛庄	年内在外人口中 14 岁以上人口高中占比	62	0.00	0.00	0.0000	0.00000
	有效个案数	62				
大祝泽	年内在外人口中 14 岁以上人口高中占比	24	0.00	0.00	0.0000	0.00000
	有效个案数	24				
东顾庄	年内在外人口中 14 岁以上人口高中占比	44	0.00	0.00	0.0000	0.00000
	有效个案数	44				
何家桥	年内在外人口中 14 岁以上人口高中占比	58	0.00	0.50	0.0086	0.06565
	有效个案数	58				
大阳村	年内在外人口中 14 岁以上人口高中占比	90	0.00	0.50	0.0056	0.05270
	有效个案数	90				
李罗侯	年内在外人口中 14 岁以上人口高中占比	30	0.00	0.00	0.0000	0.00000
	有效个案数	30				
固上	年内在外人口中 14 岁以上人口高中占比	29	0.00	0.00	0.0000	0.00000
	有效个案数	29				
谢庄	年内在外人口中 14 岁以上人口高中占比	46	0.00	0.33	0.0072	0.04915
	有效个案数	46				
南邓	年内在外人口中 14 岁以上人口高中占比	32	0.00	0.00	0.0000	0.00000
	有效个案数	32				
蔡家营	年内在外人口中 14 岁以上人口高中占比	14	0.00	0.00	0.0000	0.00000
	有效个案数	14				

由表 3-37 可以看出，1946 年保定清苑县 10 个村年内在外人口中 14 岁以上人口大学占比较低，但存在着差异，仅四个村不为 0，谢庄最高，其次为薛庄，再次为何家桥和大阳村。

表 3-37 1946 年保定清苑县年内在外人口中 14 岁以上人口大学占比

调查村		N	最小值	最大值	均值	标准偏差
薛庄	年内在外人口中 14 岁以上人口大学占比	62	0.00	0.67	0.0108	0.08467
	有效个案数	62				
大祝泽	年内在外人口中 14 岁以上人口大学占比	24	0.00	0.00	0.0000	0.00000
	有效个案数	24				
东顾庄	年内在外人口中 14 岁以上人口大学占比	44	0.00	0.00	0.0000	0.00000
	有效个案数	44				
何家桥	年内在外人口中 14 岁以上人口大学占比	58	0.00	0.50	0.0086	0.06565
	有效个案数	58				

续表

调查村		N	最小值	最大值	均值	标准偏差
大阳村	年内在外人口中 14 岁以上人口大学占比	90	0.00	0.50	0.0056	0.05270
	有效个案数	90				
李罗侯	年内在外人口中 14 岁以上人口大学占比	30	0.00	0.00	0.0000	0.00000
	有效个案数	30				
固上	年内在外人口中 14 岁以上人口大学占比	29	0.00	0.00	0.0000	0.00000
	有效个案数	29				
谢庄	年内在外人口中 14 岁以上人口大学占比	46	0.00	0.50	0.0181	0.08769
	有效个案数	46				
南邓	年内在外人口中 14 岁以上人口大学占比	32	0.00	0.00	0.0000	0.00000
	有效个案数	32				
蔡家营	年内在外人口中 14 岁以上人口大学占比	14	0.00	0.00	0.0000	0.00000
	有效个案数	14				

第五节　1946 年保定农民农业经营情况

由表 3-38 可以看出，1946 年保定清苑县 10 个村占有土地情况差异很大，其中耕地面积合计（亩）最大为东顾庄，薛庄最小。

表 3-38　1946 年保定清苑县 10 个村占有土地情况

调查村		N	最小值	最大值	均值	标准偏差
薛庄	耕地面积合计（亩）	174	0.00	150.00	9.7621	16.32358
	耕地面积中水浇地面积（亩）	174	0.00	70.00	2.7320	7.03018
	非耕地面积合计（亩）	174	0.00	6.00	0.6478	0.84627
	有效个案数	174				
大祝泽	耕地面积合计（亩）	131	0.00	70.00	13.5938	12.82997
	耕地面积中水浇地面积（亩）	131	0.00	50.00	6.8508	9.05097
	非耕地面积合计（亩）	131	0.00	3.50	0.5910	0.53412
	有效个案数	131				
东顾庄	耕地面积合计（亩）	190	0.00	176.00	24.6466	25.69903
	耕地面积中水浇地面积（亩）	190	0.00	103.00	8.0354	13.01309
	非耕地面积合计（亩）	190	0.00	4.80	0.5710	0.67124
	有效个案数	190				

续表

调查村		N	最小值	最大值	均值	标准偏差
何家桥	耕地面积合计（亩）	256	0.00	123.00	18.8670	19.31382
	耕地面积中水浇地面积（亩）	256	0.00	7.15	0.7521	0.93746
	非耕地面积合计（亩）	256	0.00	4.00	0.6830	0.69428
	有效个案数	256				
大阳村	耕地面积合计（亩）	300	0.00	126.00	12.7838	14.83375
	耕地面积中水浇地面积（亩）	300	0.00	36.00	4.0294	4.88110
	非耕地面积合计（亩）	300	0.00	3.00	0.6076	0.52136
	有效个案数	300				
李罗侯	耕地面积合计（亩）	214	0.00	101.00	15.1821	11.89094
	耕地面积中水浇地面积（亩）	214	0.00	92.50	10.9190	10.69784
	非耕地面积合计（亩）	214	0.00	15.00	0.7310	1.11308
	有效个案数	214				
固上	耕地面积合计（亩）	148	0.00	144.00	18.6976	17.35941
	耕地面积中水浇地面积（亩）	148	0.00	15.00	1.2313	2.15757
	非耕地面积合计（亩）	148	0.00	15.00	0.5828	1.26514
	有效个案数	148				
谢庄	耕地面积合计（亩）	189	0.00	116.00	14.3997	15.20456
	耕地面积中水浇地面积（亩）	189	0.00	24.00	1.1622	2.73082
	非耕地面积合计（亩）	189	0.00	16.00	0.7146	1.86152
	有效个案数	189				
南邓	耕地面积合计（亩）	172	0.00	45.00	10.1921	7.71215
	耕地面积中水浇地面积（亩）	172	0.00	10.91	0.9753	1.55709
	非耕地面积合计（亩）	172	0.00	2.50	0.4620	0.42743
	有效个案数	172				
蔡家营	耕地面积合计（亩）	83	0.00	46.30	12.0640	8.81707
	耕地面积中水浇地面积（亩）	83	0.00	6.00	0.7760	0.94399
	非耕地面积合计（亩）	83	0.00	2.50	0.6006	0.48804
	有效个案数	83				

由表3-39可以看出，1946年保定清苑县10个村典入典出情况存在着差异，但差异不大。从最大值列和最小值列可以看出，不同农户之间的差异还是很大的。

表3-39　1946年保定清苑县10个村典入典出情况

调查村		N	最小值	最大值	均值	标准偏差
薛庄	典入地亩：耕地面积（亩）	174	0.00	7.00	0.1351	0.77563
	非耕地面积（亩）	174	0.00	0.50	0.0046	0.04409

续表

调查村		N	最小值	最大值	均值	标准偏差
薛庄	典出地亩：耕地面积（亩）	174	0.00	10.00	0.2069	1.18407
	非耕地面积（亩）	174	0.00	0.00	0.0000	0.00000
	有效个案数	174				
大祝泽	典入地亩：耕地面积（亩）	131	0.00	14.80	0.4489	1.79989
	非耕地面积（亩）	131	0.00	0.00	0.0000	0.00000
	典出地亩：耕地面积（亩）	131	0.00	6.00	0.0458	0.52422
	非耕地面积（亩）	131	0.00	0.00	0.0000	0.00000
	有效个案数	131				
东顾庄	典入地亩：耕地面积（亩）	190	0.00	5.00	0.0921	0.64041
	非耕地面积（亩）	190	0.00	0.00	0.0000	0.00000
	典出地亩：耕地面积（亩）	190	0.00	22.00	0.2658	2.15375
	非耕地面积（亩）	190	0.00	0.00	0.0000	0.00000
	有效个案数	190				
何家桥	典入地亩：耕地面积（亩）	256	0.00	1.80	0.0070	0.11250
	非耕地面积（亩）	256	0.00	1.00	0.0039	0.06250
	典出地亩：耕地面积（亩）	256	0.00	0.00	0.0000	0.00000
	非耕地面积（亩）	256	0.00	1.00	0.0039	0.06250
	有效个案数	256				
大阳村	典入地亩：耕地面积（亩）	300	0.00	7.00	0.1570	0.87713
	非耕地面积（亩）	300	0.00	0.00	0.0000	0.00000
	典出地亩：耕地面积（亩）	300	0.00	10.00	0.1030	0.78691
	非耕地面积（亩）	300	0.00	0.00	0.0000	0.00000
	有效个案数	300				
李罗侯	典入地亩：耕地面积（亩）	214	0.00	13.50	0.3061	1.50851
	非耕地面积（亩）	214	0.00	0.00	0.0000	0.00000
	典出地亩：耕地面积（亩）	214	0.00	31.50	0.2021	2.19936
	非耕地面积（亩）	214	0.00	0.00	0.0000	0.00000
	有效个案数	214				
固上	典入地亩：耕地面积（亩）	148	0.00	18.00	0.4412	2.31892
	非耕地面积（亩）	148	0.00	0.00	0.0000	0.00000
	典出地亩：耕地面积（亩）	148	0.00	0.00	0.0000	0.00000
	非耕地面积（亩）	148	0.00	0.00	0.0000	0.00000
	有效个案数	148				
谢庄	典入地亩：耕地面积（亩）	189	0.00	10.70	0.4688	1.57028
	非耕地面积（亩）	189	0.00	0.00	0.0000	0.00000

续表

调查村		N	最小值	最大值	均值	标准偏差
谢庄	典出地亩：耕地面积（亩）	189	0.00	40.00	0.3122	2.98630
	非耕地面积（亩）	189	0.00	0.00	0.0000	0.00000
	有效个案数	189				
南邓	典入地亩：耕地面积（亩）	172	0.00	13.00	0.3942	1.47734
	非耕地面积（亩）	172	0.00	0.20	0.0012	0.01525
	典出地亩：耕地面积（亩）	172	0.00	21.00	0.2561	1.81124
	非耕地面积（亩）	172	0.00	0.00	0.0000	0.00000
	有效个案数	172				
蔡家营	典入地亩：耕地面积（亩）	83	0.00	10.00	0.2783	1.27977
	非耕地面积（亩）	83	0.00	0.00	0.0000	0.00000
	典出地亩：耕地面积（亩）	83	0.00	4.00	0.0482	0.43906
	非耕地面积（亩）	83	0.00	0.00	0.0000	0.00000
	有效个案数	83				

由表3-40可以看出，1946年保定清苑县10个村占有农业生产生活工具情况存在着差异。

表3-40　1946年保定清苑县10个村占有农业生产生活工具情况

调查村		N	最小值	最大值	均值	标准偏差
薛庄	占有农业生产工具：水车（辆）	174	0.00	1.00	0.1130	0.29068
	铁轮大车（辆）	174	0.00	1.00	0.0862	0.28148
	胶轮大车（辆）	174	0.00	1.00	0.0287	0.16754
	犁（架）	174	0.00	2.00	0.2069	0.48415
	种什（架）	174	0.00	2.00	0.1207	0.34394
	自行车（辆）	174	0.00	1.00	0.0057	0.07581
	手电筒（个）	174	0.00	1.00	0.0172	0.13055
	矿石收音机（架）	174	0.00	0.00	0.0000	0.00000
	热水瓶（个）	174	0.00	1.00	0.0460	0.21004
	有效个案数	174				
大祝泽	占有农业生产工具：水车（辆）	131	0.00	2.00	0.1992	0.39701
	铁轮大车（辆）	131	0.00	1.00	0.2786	0.42553
	胶轮大车（辆）	131	0.00	0.00	0.0000	0.00000
	犁（架）	131	0.00	2.00	0.5496	0.72285
	种什（架）	131	0.00	1.00	0.2252	0.41701

续表

调查村		N	最小值	最大值	均值	标准偏差
大祝泽	占有农业生产工具：自行车（辆）	131	0.00	0.00	0.0000	0.00000
	手电筒（个）	131	0.00	0.00	0.0000	0.00000
	矿石收音机（台）	131	0.00	0.00	0.0000	0.00000
	热水瓶（个）	131	0.00	1.00	0.0076	0.08737
	有效个案数	131				
东顾庄	占有农业生产工具：水车（辆）	190	0.00	5.00	0.2515	0.54169
	铁轮大车（辆）	190	0.00	1.00	0.2454	0.39454
	胶轮大车（辆）	190	0.00	0.00	0.0000	0.00000
	犁（架）	190	0.00	3.00	0.6816	0.69764
	种什（架）	190	0.00	5.00	0.2818	0.54897
	自行车（辆）	190	0.00	2.00	0.0105	0.14510
	手电筒（个）	190	0.00	1.00	0.0053	0.07255
	矿石收音机（台）	190	0.00	0.00	0.0000	0.00000
	热水瓶（个）	190	0.00	0.00	0.0000	0.00000
	有效个案数	190				
何家桥	占有农业生产工具：水车（辆）	256	0.00	0.00	0.0000	0.00000
	铁轮大车（辆）	256	0.00	1.00	0.2902	0.42617
	胶轮大车（辆）	256	0.00	7.00	0.0273	0.43750
	犁（架）	256	0.00	7.00	0.4885	0.69703
	种什（架）	256	0.00	2.00	0.2445	0.43857
	自行车（辆）	256	0.00	1.00	0.0117	0.10783
	手电筒（个）	256	0.00	1.00	0.0078	0.08821
	矿石收音机（台）	256	0.00	0.00	0.0000	0.00000
	热水瓶（个）	256	0.00	1.00	0.0039	0.06250
	有效个案数	256				
大阳村	占有农业生产工具：水车（辆）	300	0.00	6.50	0.1267	0.46629
	铁轮大车（辆）	300	0.00	2.00	0.1917	0.38781
	胶轮大车（辆）	300	0.00	0.00	0.0000	0.00000
	犁（架）	300	0.00	3.00	0.4490	0.61918
	种什（架）	300	0.00	2.00	0.2157	0.41250
	自行车（辆）	300	0.00	1.00	0.0100	0.09966
	手电筒（个）	300	0.00	3.00	0.0233	0.20720
	矿石收音机（台）	300	0.00	1.00	0.0033	0.05774
	热水瓶（个）	300	0.00	1.00	0.0067	0.08151
	有效个案数	300				

续表

调查村		N	最小值	最大值	均值	标准偏差
李罗侯	占有农业生产工具：水车（辆）	214	0.00	2.00	0.2726	0.36429
	铁轮大车（辆）	214	0.00	1.00	0.3280	0.42030
	胶轮大车（辆）	214	0.00	2.00	0.0093	0.13672
	犁（架）	214	0.00	2.00	0.6379	0.63203
	种什（架）	214	0.00	2.00	0.2085	0.41522
	自行车（辆）	214	0.00	1.00	0.0093	0.09645
	手电筒（个）	214	0.00	1.00	0.0047	0.06836
	矿石收音机（台）	214	0.00	0.00	0.0000	0.00000
	热水瓶（个）	214	0.00	0.00	0.0000	0.00000
	有效个案数	214				
固上	占有农业生产工具：水车（辆）	148	0.00	1.00	0.0091	0.08664
	铁轮大车（辆）	148	0.00	1.00	0.1943	0.37889
	胶轮大车（辆）	148	0.00	1.00	0.0068	0.08220
	犁（架）	148	0.00	2.00	0.3767	0.52610
	种什（架）	148	0.00	1.00	0.2314	0.41249
	自行车（辆）	148	0.00	1.00	0.0068	0.08220
	手电筒（个）	148	0.00	1.00	0.0068	0.08220
	矿石收音机（台）	148	0.00	0.00	0.0000	0.00000
	热水瓶（个）	148	0.00	0.00	0.0000	0.00000
	有效个案数	148				
谢庄	占有农业生产工具：水车（辆）	189	0.00	1.00	0.0130	0.10495
	铁轮大车（辆）	189	0.00	1.00	0.1646	0.34231
	胶轮大车（辆）	189	0.00	0.00	0.0000	0.00000
	犁（架）	189	0.00	11.00	0.4147	0.93922
	种什（架）	189	0.00	1.00	0.2583	0.42498
	自行车（辆）	189	0.00	0.00	0.0000	0.00000
	手电筒（个）	189	0.00	0.00	0.0000	0.00000
	矿石收音机（台）	189	0.00	0.00	0.0000	0.00000
	热水瓶（个）	189	0.00	6.00	0.0317	0.43644
	有效个案数	189				
南邓	占有农业生产工具：水车（辆）	172	0.00	0.80	0.0137	0.07613
	铁轮大车（辆）	172	0.00	1.00	0.1273	0.27245
	胶轮大车（辆）	172	0.00	0.00	0.0000	0.00000
	犁（架）	172	0.00	1.00	0.3353	0.43830
	种什（架）	172	0.00	1.00	0.2097	0.36487

续表

调查村		N	最小值	最大值	均值	标准偏差
南邳	占有农业生产工具：自行车（辆）	172	0.00	1.00	0.0058	0.07625
	手电筒（个）	172	0.00	0.00	0.0000	0.00000
	矿石收音机（台）	172	0.00	0.00	0.0000	0.00000
	热水瓶（个）	172	0.00	0.00	0.0000	0.00000
	有效个案数	172				
蔡家营	占有农业生产工具：水车（辆）	83	0.00	1.00	0.0363	0.13196
	铁轮大车（辆）	83	0.00	1.00	0.1917	0.35322
	胶轮大车（辆）	83	0.00	0.00	0.0000	0.00000
	犁（架）	83	0.00	15.00	0.6486	1.67458
	种什（架）	83	0.00	15.00	0.4260	1.68002
	自行车（辆）	83	0.00	0.00	0.0000	0.00000
	手电筒（个）	83	0.00	0.00	0.0000	0.00000
	矿石收音机（台）	83	0.00	0.00	0.0000	0.00000
	热水瓶（个）	83	0.00	0.00	0.0000	0.00000
	有效个案数	83				

由表 3-41 可以看出，1946 年保定清苑县 10 个村房屋情况存在着差异。现住房屋间数最多的为蔡家营，其次为何家桥。现住房屋中砖房间数 10 个村差异较大，蔡家营为最多。现住房屋中租、典、借房屋间数 10 个村存在着差异，但取值均比较小。生产用房间数 10 个村存在着差异，但取值均比较小，生产用房中砖房间数取值更小。从最大值和最小值这两列可以看出，不同农户的差异可能很大。

表 3-41　1946 年保定清苑县 10 个村房屋情况

调查村		N	最小值	最大值	均值	标准偏差
薛庄	现住房屋间数	174	0.00	18.00	3.5029	2.56786
	现住房屋中砖房间数	174	0.00	18.00	0.4655	1.75985
	现住房屋中租、典、借房屋间数	174	0.00	4.00	0.3994	0.87015
	生产用房间数	174	0.00	9.00	0.4397	1.35497
	生产用房中砖房间数	174	0.00	0.00	0.0000	0.00000
	有效个案数	174				
大祝泽	现住房屋间数	131	0.00	10.00	3.5153	1.89325
	现住房屋中砖房间数	131	0.00	6.00	0.4198	1.26463
	现住房屋中租、典、借房屋间数	131	0.00	3.00	0.1603	0.57935
	生产用房间数	131	0.00	8.00	0.6908	1.28071
	生产用房中砖房间数	131	0.00	6.00	0.0916	0.58770
	有效个案数	131				

续表

调查村		N	最小值	最大值	均值	标准偏差
东顾庄	现住房屋间数	190	0.00	19.00	3.8605	2.73383
	现住房屋中砖房间数	190	0.00	19.00	2.1316	3.09267
	现住房屋中租、典、借房屋间数	190	0.00	3.00	0.1921	0.59200
	生产用房间数	190	0.00	7.50	0.7921	1.52326
	生产用房中砖房间数	190	0.00	7.50	0.2711	0.99812
	有效个案数	190				
何家桥	现住房屋间数	256	0.00	23.00	4.1855	2.86557
	现住房屋中砖房间数	256	0.00	14.00	2.1484	2.71117
	现住房屋中租、典、借房屋间数	256	0.00	3.00	0.1348	0.54088
	生产用房间数	256	0.00	14.00	0.7051	1.61061
	生产用房中砖房间数	256	0.00	7.00	0.1113	0.62333
	有效个案数	256				
大阳村	现住房屋间数	300	0.00	13.00	3.5733	2.01199
	现住房屋中砖房间数	300	0.00	12.00	1.0667	2.16321
	现住房屋中租、典、借房屋间数	300	0.00	3.00	0.1000	0.41300
	生产用房间数	300	0.00	7.00	0.4050	1.13627
	生产用房中砖房间数	300	0.00	4.00	0.0617	0.40527
	有效个案数	300				
李罗侯	现住房屋间数	214	0.00	19.00	3.9766	2.31182
	现住房屋中砖房间数	214	0.00	12.00	1.9182	2.46413
	现住房屋中租、典、借房屋间数	214	0.00	4.00	0.0981	0.52603
	生产用房间数	214	0.00	10.00	0.9673	1.72631
	生产用房中砖房间数	214	0.00	8.00	0.2150	0.88840
	有效个案数	214				
固上	现住房屋间数	148	0.00	28.00	3.3514	2.86692
	现住房屋中砖房间数	148	0.00	28.00	1.7939	3.14769
	现住房屋中租、典、借房屋间数	148	0.00	3.00	0.1486	0.58455
	生产用房间数	148	0.00	8.00	0.6757	1.38366
	生产用房中砖房间数	148	0.00	8.00	0.2973	1.01826
	有效个案数	148				
谢庄	现住房屋间数	189	0.00	11.00	3.2685	1.80157
	现住房屋中砖房间数	189	0.00	11.00	2.6971	1.99063
	现住房屋中租、典、借房屋间数	189	0.00	5.00	0.2143	0.73322
	生产用房间数	189	0.00	12.00	0.7646	1.65474

续表

调查村		N	最小值	最大值	均值	标准偏差
谢庄	生产用房中砖房间数	189	0.00	12.00	0.5238	1.48511
	有效个案数	189				
南邓	现住房屋间数	172	0.00	11.00	3.5698	1.82520
	现住房屋中砖房间数	172	0.00	11.00	2.8198	2.17765
	现住房屋中租、典、借房屋间数	172	0.00	3.00	0.1337	0.50682
	生产用房间数	172	0.00	6.00	0.6163	1.30938
	生产用房中砖房间数	172	0.00	6.00	0.3750	1.10306
	有效个案数	172				
蔡家营	现住房屋间数	83	0.00	14.00	4.4699	2.43244
	现住房屋中砖房间数	83	0.00	14.00	3.2711	2.80820
	现住房屋中租、典、借房屋间数	83	0.00	4.00	0.0723	0.48848
	生产用房间数	83	0.00	6.00	0.4337	1.13903
	生产用房中砖房间数	83	0.00	6.00	0.2771	1.03962
	有效个案数	83				

由表3-42可以看出，1946年保定清苑县10个村牲畜情况存在着差异，但整体取值都不大。

表3-42　1946年保定清苑县10个村牲畜情况

调查村		N	最小值	最大值	均值	标准偏差
薛庄	牛（头）	174	0.00	0.00	0.0000	0.00000
	马（匹）	174	0.00	1.00	0.0172	0.13055
	驴（头）	174	0.00	1.00	0.1149	0.31987
	骡（头）	174	0.00	2.00	0.0874	0.30137
	猪（头）	174	0.00	5.00	0.2816	0.57502
	羊（只）	174	0.00	1.00	0.0115	0.10690
	有效个案数	174				
大祝泽	牛（头）	131	0.00	1.00	0.0076	0.08737
	马（匹）	131	0.00	1.00	0.0076	0.08737
	驴（头）	131	0.00	2.00	0.3008	0.46185
	骡（头）	131	0.00	2.00	0.1527	0.37669
	猪（头）	131	0.00	2.00	0.4962	0.57344
	羊（只）	131	0.00	0.00	0.0000	0.00000
	有效个案数	131				

续表

调查村		N	最小值	最大值	均值	标准偏差
东顾庄	牛（头）	190	0.00	1.00	0.0105	0.10233
	马（匹）	190	0.00	1.00	0.0105	0.10233
	驴（头）	190	0.00	2.00	0.4474	0.50055
	骡（头）	190	0.00	2.00	0.1368	0.38450
	猪（头）	190	0.00	2.00	0.2105	0.44293
	羊（只）	190	0.00	1.00	0.0053	0.07255
	有效个案数	190				
何家桥	牛（头）	256	0.00	2.00	0.1155	0.30440
	马（匹）	256	0.00	2.00	0.0840	0.27755
	驴（头）	256	0.00	2.00	0.0905	0.28610
	骡（头）	256	0.00	1.00	0.1022	0.28263
	猪（头）	256	0.00	1.00	0.0215	0.14186
	羊（只）	256	0.00	0.00	0.0000	0.00000
	有效个案数	256				
大阳村	牛（头）	300	0.00	1.00	0.0100	0.09966
	马（匹）	300	0.00	1.00	0.0033	0.05774
	驴（头）	300	0.00	1.00	0.2624	0.41626
	骡（头）	300	0.00	2.00	0.0800	0.28890
	猪（头）	300	0.00	3.00	0.4033	0.53065
	羊（只）	300	0.00	24.00	0.1500	1.83814
	有效个案数	300				
李罗侯	牛（头）	214	0.00	0.00	0.0000	0.00000
	马（匹）	214	0.00	1.00	0.0047	0.06836
	驴（头）	214	0.00	5.50	0.6262	0.57467
	骡（头）	214	0.00	1.00	0.0140	0.11784
	猪（头）	214	0.00	2.00	0.7056	0.53713
	羊（只）	214	0.00	0.00	0.0000	0.00000
	有效个案数	214				
固上	牛（头）	148	0.00	1.00	0.2111	0.36621
	马（匹）	148	0.00	1.00	0.0135	0.11585
	驴（头）	148	0.00	1.00	0.0912	0.28594
	骡（头）	148	0.00	2.00	0.0270	0.20020
	猪（头）	148	0.00	2.00	0.2905	0.49834
	羊（只）	148	0.00	13.00	0.0946	1.07119
	有效个案数	148				

续表

调查村		N	最小值	最大值	均值	标准偏差
谢庄	牛（头）	189	0.00	1.00	0.0633	0.21327
	马（匹）	189	0.00	1.00	0.0291	0.16454
	驴（头）	189	0.00	2.00	0.2437	0.42456
	骡（头）	189	0.00	2.00	0.0344	0.20663
	猪（头）	189	0.00	1.00	0.1720	0.37304
	羊（只）	189	0.00	0.00	0.0000	0.00000
	有效个案数	189				
南邓	牛（头）	172	0.00	1.00	0.0815	0.21909
	马（匹）	172	0.00	0.00	0.0000	0.00000
	驴（头）	172	0.00	1.00	0.0445	0.17315
	骡（头）	172	0.00	1.00	0.0160	0.11196
	猪（头）	172	0.00	2.00	0.1366	0.35284
	羊（只）	172	0.00	0.00	0.0000	0.00000
	有效个案数	172				
蔡家营	牛（头）	83	0.00	1.00	0.1827	0.34392
	马（匹）	83	0.00	0.00	0.0000	0.00000
	驴（头）	83	0.00	1.00	0.0661	0.21281
	骡（头）	83	0.00	1.00	0.0542	0.22103
	猪（头）	83	0.00	1.00	0.1928	0.39687
	羊（只）	83	0.00	1.00	0.0120	0.10976
	有效个案数	83				

由表 3-43 可以看出，1946 年保定清苑县 10 个村水井情况存在着差异。

表 3-43　1946 年保定清苑县 10 个村水井情况

调查村		N	最小值	最大值	均值	标准偏差
薛庄	水井（口）	171	0.00	2.00	0.2188	0.40162
	有效个案数	171				
大祝泽	水井（口）	130	0.00	2.00	0.3937	0.54940
	有效个案数	130				
东顾庄	水井（口）	189	0.00	4.50	0.5870	0.77803
	有效个案数	189				
何家桥	水井（口）	241	0.00	1.00	0.1234	0.24177
	有效个案数	241				

续表

调查村		N	最小值	最大值	均值	标准偏差
大阳村	水井（口）	297	0.00	5.00	0.8211	0.83061
	有效个案数	297				
李罗侯	水井（口）	213	0.00	5.00	0.8273	0.97707
	有效个案数	213				
固上	水井（口）	148	0.00	2.00	0.1935	0.37758
	有效个案数	148				
谢庄	水井（口）	188	0.00	1.00	0.1307	0.30528
	有效个案数	188				
南邓	水井（口）	172	0.00	1.00	0.1581	0.27636
	有效个案数	172				
蔡家营	水井（口）	82	0.00	1.11	0.3004	0.38939
	有效个案数	82				

由表3-44可以看出，1946年保定清苑县10个村粮食播种情况存在着差异，东顾庄最大。从最大值和最小值这两列可以看出，不同户之间还是存在着较大差异的。

表3-44　1946年保定清苑县10个村粮食播种情况

调查村		N	最小值	最大值	均值	标准偏差
薛庄	总播种面积（亩）	171	0.00	128.00	12.9860	16.58310
	有效个案数	171				
大祝泽	总播种面积（亩）	130	0.00	90.00	19.6880	15.78514
	有效个案数	130				
东顾庄	总播种面积（亩）	189	0.00	212.00	28.3694	27.70891
	有效个案数	189				
何家桥	总播种面积（亩）	241	0.00	122.00	18.6099	18.80692
	有效个案数	241				
大阳村	总播种面积（亩）	297	0.00	145.00	15.9575	17.54105
	有效个案数	297				
李罗侯	总播种面积（亩）	212	0.00	135.00	20.1627	13.80807
	有效个案数	212				
固上	总播种面积（亩）	148	0.00	164.00	19.0489	18.73419
	有效个案数	148				
谢庄	总播种面积（亩）	188	0.00	176.00	21.0064	24.89223
	有效个案数	188				
南邓	总播种面积（亩）	172	0.00	127.00	12.4877	12.17522
	有效个案数	172				

续表

调查村		N	最小值	最大值	均值	标准偏差
蔡家营	总播种面积（亩）	82	0.00	55.00	14.0144	10.45186
	有效个案数	82				

由表 3-45 可以看出，1946 年保定清苑县 10 个村农副业及其他收入情况存在着差异。

表 3-45　1946 年保定清苑县 10 个村农副业及其他收入情况

调查村		N	最小值	最大值	均值	标准偏差
薛庄	植物栽培收入（元）	171	0.00	70.00	6.3029	13.94229
	出售家畜、家禽价值：出售猪收入（元）	171	0.00	30.00	0.3991	3.22748
	出售羊收入（元）	171	0.00	3.20	0.0187	0.24471
	出售家禽收入（元）	171	0.00	0.00	0.0000	0.00000
	出售肥料收入（元）	171	0.00	1382.40	43.3895	143.37877
	副业收入（元）	171	0.00	624.00	35.1803	100.79659
	工资收入（元）	171	0.00	968.00	32.7223	102.86526
	在外人口寄回收入（元）	171	0.00	330.87	1.9349	25.30226
	从农业社取得收入（元）	171	0.00	0.00	0.0000	0.00000
	从农业社取得收入中劳动报酬收入（元）	171	0.00	576.00	11.2221	55.75491
	出租生产、生活资料收入（元）	171	0.00	1100.00	9.0760	85.44066
	救济补助及赠送收入（元）	171	0.00	800.00	10.8868	67.65324
	其他收入（元）	171	0.00	605.00	15.1100	69.35200
	有效个案数	171				
大祝泽	植物栽培收入（元）	130	0.00	0.00	0.0000	0.00000
	出售家畜、家禽价值：出售猪收入（元）	130	0.00	75.00	12.0308	16.28141
	出售羊收入（元）	130	0.00	0.00	0.0000	0.00000
	出售家禽收入（元）	130	0.00	9.00	0.5038	1.65714
	出售肥料收入（元）	130	0.00	0.00	0.0000	0.00000
	副业收入（元）	130	0.00	380.00	13.3077	48.40348
	工资收入（元）	130	0.00	340.00	18.3838	51.94500
	在外人口寄回收入（元）	130	0.00	300.00	17.4846	54.72103
	从农业社取得收入（元）	130	0.00	0.00	0.0000	0.00000
	从农业社取得收入中劳动报酬收入（元）	130	0.00	0.00	0.0000	0.00000
	出租生产、生活资料收入（元）	130	0.00	360.00	2.9077	31.60131
	救济补助及赠送收入（元）	130	0.00	82.00	1.6308	9.67626
	其他收入（元）	130	0.00	400.00	5.9400	37.81100
	有效个案数	130				

续表

调查村		N	最小值	最大值	均值	标准偏差
东顾庄	植物栽培收入（元）	189	0.00	0.00	0.0000	0.00000
	出售家畜、家禽价值：出售猪收入（元）	189	0.00	54.78	2.0799	7.09461
	出售羊收入（元）	189	0.00	0.00	0.0000	0.00000
	出售家禽收入（元）	189	0.00	13.45	0.6492	1.81088
	出售肥料收入（元）	189	0.00	0.00	0.0000	0.00000
	副业收入（元）	189	0.00	1000.00	19.6387	81.75379
	工资收入（元）	189	0.00	267.08	16.1311	38.05971
	在外人口寄回收入（元）	189	0.00	1900.00	15.8937	140.78931
	从农业社取得收入（元）	189	0.00	0.00	0.00	0.00000
	从农业社取得收入中劳动报酬收入（元）	189	0.00	0.00	0.0000	0.00000
	出租生产、生活资料收入（元）	189	0.00	0.00	0.0000	0.00000
	救济补助及赠送收入（元）	189	0.00	60.00	0.3968	4.49304
	其他收入（元）	189	0.00	96.00	1.67	9.399
	有效个案数	189				
何家桥	植物栽培收入（元）	241	0.00	0.00	0.0000	0.00000
	出售家畜、家禽价值：出售猪收入（元）	241	0.00	9.67	0.0401	0.62290
	出售羊收入（元）	241	0.00	0.00	0.0000	0.00000
	出售家禽收入（元）	241	0.00	200.00	1.4120	12.99162
	出售肥料收入（元）	241	0.00	157.00	0.6515	10.11326
	副业收入（元）	241	0.00	386.88	9.2188	39.53749
	工资收入（元）	241	0.00	259.38	16.3996	35.54764
	在外人口寄回收入（元）	241	0.00	401.44	7.8866	43.46583
	从农业社取得收入（元）	241	0.00	0.00	0.0000	0.00000
	从农业社取得收入中劳动报酬收入（元）	241	0.00	0.00	0.0000	0.00000
	出租生产、生活资料收入（元）	241	0.00	0.00	0.0000	0.00000
	救济补助及赠送收入（元）	241	0.00	58.03	0.6668	4.79890
	其他收入（元）	241	0.00	0.00	0.0000	0.00000
	有效个案数	241				
大阳村	植物栽培收入（元）	297	0.00	0.00	0.0000	0.00000
	出售家畜、家禽价值：出售猪收入（元）	297	0.00	55.64	7.9978	12.14296
	出售羊收入（元）	297	0.00	0.00	0.0000	0.00000
	出售家禽收入（元）	297	0.00	502.00	2.2632	29.13343
	出售肥料收入（元）	297	0.00	60.00	0.2828	3.67251
	副业收入（元）	297	0.00	660.00	9.8680	46.48030
	工资收入（元）	297	0.00	220.00	14.1105	27.72237

续表

调查村		N	最小值	最大值	均值	标准偏差
太阳村	在外人口寄回收入（元）	297	0.00	262.00	7.8072	32.07512
	从农业社取得收入（元）	297	0.00	0.00	0.0000	0.00000
	从农业社取得收入中劳动报酬收入（元）	297	0.00	16.40	0.0552	0.95162
	出租生产、生活资料收入（元）	297	0.00	41.50	0.6630	4.49716
	救济补助及赠送收入（元）	297	0.00	87.00	0.3333	5.09372
	其他收入（元）	297	0.00	220.00	1.0300	13.10400
	有效个案数	297				
李罗侯	植物栽培收入（元）	212	0.00	0.00	0.0000	0.00000
	出售家畜、家禽价值：出售猪收入（元）	212	0.00	86.70	16.0684	16.76799
	出售羊收入（元）	212	0.00	5.00	0.0236	0.34340
	出售家禽收入（元）	212	0.00	15.00	0.3476	1.54102
	出售肥料收入（元）	212	0.00	0.00	0.0000	0.00000
	副业收入（元）	212	0.00	320.00	17.1282	44.85125
	工资收入（元）	212	0.00	120.00	5.1462	15.63774
	在外人口寄回收入（元）	212	0.00	80.00	1.1212	7.45532
	从农业社取得收入（元）	212	0.00	0.00	0.0000	0.00000
	从农业社取得收入中劳动报酬收入（元）	212	0.00	0.00	0.0000	0.00000
	出租生产、生活资料收入（元）	212	0.00	0.00	0.0000	0.00000
	救济补助及赠送收入（元）	212	0.00	23.00	0.1604	1.68144
	其他收入（元）	212	0.00	0.00	0.0000	0.00000
	有效个案数	212				
固上	植物栽培收入（元）	148	0.00	0.00	0.0000	0.00000
	出售家畜、家禽价值：出售猪收入（元）	148	0.00	1350.00	16.8703	111.64393
	出售羊收入（元）	148	0.00	102.50	0.7601	8.45988
	出售家禽收入（元）	148	0.00	400.00	3.1655	32.88647
	出售肥料收入（元）	148	0.00	2.40	0.0162	0.19728
	副业收入（元）	148	0.00	310.40	13.2332	42.36279
	工资收入（元）	148	0.00	386.88	12.1427	38.60877
	在外人口寄回收入（元）	148	0.00	300.00	6.3205	31.75392
	从农业社取得收入（元）	148	0.00	0.00	0.0000	0.00000
	从农业社取得收入中劳动报酬收入（元）	148	0.00	0.00	0.0000	0.00000
	出租生产、生活资料收入（元）	148	0.00	162.31	1.7502	15.48445
	救济补助及赠送收入（元）	148	0.00	59.06	0.5297	5.09808
	其他收入（元）	148	0.00	29.00	0.2000	2.38500
	有效个案数	148				

续表

调查村		N	最小值	最大值	均值	标准偏差
谢庄	植物栽培收入（元）	188	0.00	4.00	0.0213	0.29173
	出售家畜、家禽价值：出售猪收入（元）	188	0.00	58.00	2.5798	9.01211
	出售羊收入（元）	188	0.00	0.00	0.0000	0.00000
	出售家禽收入（元）	188	0.00	12.00	0.4399	1.68131
	出售肥料收入（元）	188	0.00	0.00	0.0000	0.00000
	副业收入（元）	188	0.00	520.00	12.5028	54.60318
	工资收入（元）	188	0.00	160.00	8.4781	24.10204
	在外人口寄回收入（元）	188	0.00	250.00	5.8191	26.31157
	从农业社取得收入（元）	188	0.00	0.00	0.0000	0.00000
	从农业社取得收入中劳动报酬收入（元）	188	0.00	0.00	0.0000	0.00000
	出租生产、生活资料收入（元）	188	0.00	169.00	1.2713	13.31582
	救济补助及赠送收入（元）	188	0.00	35.00	0.2660	2.77180
	其他收入（元）	188	0.00	250.00	1.8000	18.49200
	有效个案数	188				
南邓	植物栽培收入（元）	172	0.00	0.00	0.0000	0.00000
	出售家畜、家禽价值：出售猪收入（元）	172	0.00	66.00	4.0824	12.19304
	出售羊收入（元）	172	0.00	35.00	0.2035	2.66872
	出售家禽收入（元）	172	0.00	16.00	0.3256	1.85713
	出售肥料收入（元）	172	0.00	0.00	0.0000	0.00000
	副业收入（元）	172	0.00	216.00	11.2353	29.93353
	工资收入（元）	172	0.00	191.40	13.2731	26.40911
	在外人口寄回收入（元）	172	0.00	150.00	1.7203	13.75873
	从农业社取得收入（元）	172	0.00	0.00	0.0000	0.00000
	从农业社取得收入中劳动报酬收入（元）	172	0.00	0.00	0.0000	0.00000
	出租生产、生活资料收入（元）	172	0.00	0.00	0.0000	0.00000
	救济补助及赠送收入（元）	172	0.00	110.00	1.7655	10.23538
	其他收入（元）	172	0.00	94.00	3.6500	15.97000
	有效个案数	172				
蔡家营	植物栽培收入（元）	82	0.00	0.00	0.0000	0.00000
	出售家畜、家禽价值：出售猪收入（元）	82	0.00	45.00	2.0750	8.49173
	出售羊收入（元）	82	0.00	0.00	0.0000	0.00000
	出售家禽收入（元）	82	0.00	16.00	0.5829	2.39695
	出售肥料收入（元）	82	0.00	0.00	0.0000	0.00000
	副业收入（元）	82	0.00	156.96	14.0655	32.81653
	工资收入（元）	82	0.00	72.09	11.8422	19.50976

续表

调查村		N	最小值	最大值	均值	标准偏差
蔡家营	在外人口寄回收入（元）	82	0.00	240.00	4.1878	27.57649
	从农业社取得收入（元）	82	0.00	0.00	0.0000	0.00000
	从农业社取得收入中劳动报酬收入（元）	82	0.00	0.00	0.0000	0.00000
	出租生产、生活资料收入（元）	82	0.00	0.00	0.0000	0.00000
	救济补助及赠送收入（元）	82	0.00	70.00	1.2927	8.17930
	其他收入（元）	82	0.00	21.00	0.4900	2.79900
	有效个案数	82				

由表3-46可以看出，1946年保定清苑县10个村年末负债情况存在着差异。

表3-46 1946年保定清苑县10个村年末负债情况

调查村		N	最小值	最大值	均值	标准偏差
薛庄	年末负债累计数（元）	171	0.00	300.00	2.0468	23.23583
	年末负债累计数中货币数（元）	171	0.00	50.00	0.2924	3.82360
	其中向各类债主借款累计数：向地富借（元）	171	0.00	0.00	0.0000	0.00000
	向中农借（元）	171	0.00	0.00	0.0000	0.00000
	向银行借（元）	171	0.00	0.00	0.0000	0.00000
	向信用社借（元）	171	0.00	0.00	0.0000	0.00000
	向钱庄借（元）	171	0.00	0.00	0.0000	0.00000
	通过其他途径借（元）	171	0.00	18.00	0.1228	1.39415
	全年应付利息（元）	171	0.00	191.00	5.4327	14.49868
	有效个案数	171				
大祝泽	年末负债累计数（元）	130	0.00	0.00	0.0000	0.00000
	年末负债累计数中货币数（元）	130	0.00	0.00	0.0000	0.00000
	其中向各类债主借款累计数：向地富借（元）	130	0.00	0.00	0.0000	0.00000
	向中农借（元）	130	0.00	0.00	0.0000	0.00000
	向银行借（元）	130	0.00	0.00	0.0000	0.00000
	向信用社借（元）	130	0.00	0.00	0.0000	0.00000
	向钱庄借（元）	130	0.00	0.00	0.0000	0.00000
	通过其他途径借（元）	130	0.00	0.00	0.0000	0.00000
	全年应付利息（元）	130	0.00	0.00	0.0000	0.00000
	有效个案数	130				
东顾庄	年末负债累计数（元）	189	0.00	288.22	2.1523	21.71309
	年末负债累计数中货币数（元）	189	0.00	288.22	2.1523	21.71309
	其中向各类债主借款累计数：向地富借（元）	189	0.00	288.22	1.6635	21.00438
	向中农借（元）	189	0.00	0.00	0.0000	0.00000

续表

调查村		N	最小值	最大值	均值	标准偏差
东顾庄	其中向各类债主借款累计数：向银行借（元）	189	0.00	0.00	0.0000	0.00000
	向信用社借（元）	189	0.00	18.19	0.0962	1.32313
	向钱庄借（元）	189	0.00	0.00	0.0000	0.00000
	通过其他途径借（元）	189	0.00	0.00	0.0000	0.00000
	全年应付利息（元）	189	0.00	57.65	0.3322	4.20091
	有效个案数	189				
何家桥	年末负债累计数（元）	241	0.00	145.00	1.0559	10.74861
	年末负债累计数中货币数（元）	241	0.00	145.00	1.0559	10.74861
	其中向各类债主借款累计数：向地富借（元）	241	0.00	145.00	0.9206	10.55308
	向中农借（元）	241	0.00	0.00	0.0000	0.00000
	向银行借（元）	241	0.00	0.00	0.0000	0.00000
	向信用社借（元）	241	0.00	0.00	0.0000	0.00000
	向钱庄借（元）	241	0.00	0.00	0.0000	0.00000
	通过其他途径借（元）	241	0.00	32.62	0.1354	2.10124
	全年应付利息（元）	241	0.00	30.00	0.2078	2.22703
	有效个案数	241				
大阳村	年末负债累计数（元）	297	0.00	120.00	4.2269	15.82313
	年末负债累计数中货币数（元）	297	0.00	120.00	4.1528	15.79860
	其中向各类债主借款累计数：向地富借（元）	297	0.00	120.00	2.8178	13.45313
	向中农借（元）	297	0.00	50.00	0.7098	5.63022
	向银行借（元）	297	0.00	0.00	0.0000	0.00000
	向信用社借（元）	297	0.00	0.00	0.0000	0.00000
	向钱庄借（元）	297	0.00	10.00	0.0337	0.58026
	通过其他途径借（元）	297	0.00	20.00	0.1515	1.55766
	全年应付利息（元）	297	0.00	32.74	1.0057	4.09399
	有效个案数	297				
李罗侯	年末负债累计数（元）	212	0.00	100.00	1.0217	8.53314
	年末负债累计数中货币数（元）	212	0.00	100.00	1.0123	8.53316
	其中向各类债主借款累计数：向地富借（元）	212	0.00	54.60	0.4934	5.07272
	向中农借（元）	212	0.00	100.00	0.4717	6.86803
	向银行借（元）	212	0.00	10.00	0.0472	0.68680
	向信用社借（元）	212	0.00	0.00	0.0000	0.00000
	向钱庄借（元）	212	0.00	0.00	0.0000	0.00000
	通过其他途径借（元）	212	0.00	0.00	0.0000	0.00000

续表

调查村		N	最小值	最大值	均值	标准偏差
李罗侯	全年应付利息（元）	212	0.00	24.00	0.2485	2.13438
	有效个案数	212				
固上	年末负债累计数（元）	148	0.00	450.00	3.4459	37.28385
	年末负债累计数中货币数（元）	148	0.00	450.00	3.4459	37.28385
	其中向各类债主借款累计数：向地富借（元）	148	0.00	450.00	3.0405	36.98977
	向中农借（元）	148	0.00	0.00	0.0000	0.00000
	向银行借（元）	148	0.00	0.00	0.0000	0.00000
	向信用社借（元）	148	0.00	0.00	0.0000	0.00000
	向钱庄借（元）	148	0.00	0.00	0.0000	0.00000
	通过其他途径借（元）	148	0.00	0.00	0.0000	0.00000
	全年应付利息（元）	148	0.00	50.00	0.3378	4.10997
	有效个案数	148				
谢庄	年末负债累计数（元）	188	0.00	126.38	1.5393	11.07956
	年末负债累计数中货币数（元）	188	0.00	126.38	1.5393	11.07956
	其中向各类债主借款累计数：向地富借（元）	188	0.00	126.38	1.1510	10.39921
	向中农借（元）	188	0.00	0.00	0.0000	0.00000
	向银行借（元）	188	0.00	0.00	0.0000	0.00000
	向信用社借（元）	188	0.00	0.00	0.0000	0.00000
	向钱庄借（元）	188	0.00	25.00	0.1330	1.82331
	通过其他途径借（元）	188	0.00	3.00	0.0160	0.21880
	全年应付利息（元）	188	0.00	44.89	0.2893	3.29935
	有效个案数	188				
南邓	年末负债累计数（元）	172	0.00	30.00	0.1744	2.28748
	年末负债累计数中货币数（元）	172	0.00	30.00	0.1744	2.28748
	其中向各类债主借款累计数：向地富借（元）	172	0.00	30.00	0.1744	2.28748
	向中农借（元）	172	0.00	0.00	0.0000	0.00000
	向银行借（元）	172	0.00	0.00	0.0000	0.00000
	向信用社借（元）	172	0.00	0.00	0.0000	0.00000
	向钱庄借（元）	172	0.00	0.00	0.0000	0.00000
	通过其他途径借（元）	172	0.00	0.00	0.0000	0.00000
	全年应付利息（元）	172	0.00	8.40	0.0488	0.64049
	有效个案数	172				
蔡家营	年末负债累计数（元）	82	0.00	96.07	1.5850	11.20662
	年末负债累计数中货币数（元）	82	0.00	96.07	1.5850	11.20662

续表

调查村		N	最小值	最大值	均值	标准偏差
蔡家营	其中向各类债主借款累计数：向地富借（元）	82	0.00	96.07	1.5850	11.20662
	向中农借（元）	82	0.00	0.00	0.0000	0.00000
	向银行借（元）	82	0.00	0.00	0.0000	0.00000
	向信用社借（元）	82	0.00	0.00	0.0000	0.00000
	向钱庄借（元）	82	0.00	0.00	0.0000	0.00000
	通过其他途径借（元）	82	0.00	0.00	0.0000	0.00000
	全年应付利息（元）	82	0.00	24.07	0.4176	2.87281
	有效个案数	82				

第四章　1936年无锡同一地不同村农民的经济行为差异

第一节　人口状况分析

本章研究1936年无锡调查村的相关情况。我们首先研究各调查村的成分情况，溪南村有1户缺失，所以删除。

由表4-1可以看出，1936年无锡11个调查村的成分情况存在着差异。

（1）前进村100户中贫农32户，中农30户，工人21户，地主3户，富农1户，雇农2户，佃农2户，其他9户。

（2）吴塘村51户中贫农28户，中农12户，地主1户，富农4户，佃农1户，其他5户。

（3）马鞍村41户中贫农18户，中农12户，地主4户，富农6户，其他1户。

（4）庄桥村40户中贫农23户，中农12户，地主1户，工人2户，其他2户。

（5）太湖村41户中贫农20户，中农15户，地主1户，富农1户，工人3户，其他1户。

（6）曹庄村66户中贫农28户，中农21户，地主3户，富农9户，雇农1户，工人3户，其他1户。

（7）刘巷村94户中贫农54户，中农10户，工人11户，地主1户，富农3户，佃农4户，其他11户。

（8）玉东村96户中贫农62户，中农17户，工人9户，地主2户，富农2户，雇农1户，其他3户。

（9）华三房村37户中贫农19户，中农11户，地主2户，富农1户，雇农2户，工人1户，其他1户。

（10）利农村55户中贫农15户，工人14户，佃农8户，中农5户，地主1户，富农1户，雇农1户，其他10户。

（11）溪南村18户中地主8户，富农1户，中农3户，贫农2户，佃农3户，工人1户。

表 4-1　1936 年无锡 11 个村的成分情况

调查村			频率	百分比（%）	有效百分比（%）	累计百分比（%）
前进村	有效	地主	3	3.0	3.0	3.0
		富农	1	1.0	1.0	4.0
		中农	30	30.0	30.0	34.0
		贫农	32	32.0	32.0	66.0
		雇农	2	2.0	2.0	68.0
		佃农	2	2.0	2.0	70.0
		工人	21	21.0	21.0	91.0
		其他	9	9.0	9.0	100.0
		总计	100	100.0	100.0	
吴塘村	有效	地主	1	2.0	2.0	2.0
		富农	4	7.8	7.8	9.8
		中农	12	23.5	23.5	33.3
		贫农	28	54.9	54.9	88.2
		佃农	1	2.0	2.0	90.2
		其他	5	9.8	9.8	100.0
		总计	51	100.0	100.0	
马鞍村	有效	地主	4	9.8	9.8	9.8
		富农	6	14.6	14.6	24.4
		中农	12	29.3	29.3	53.7
		贫农	18	43.9	43.9	97.6
		其他	1	2.4	2.4	100.0
		总计	41	100.0	100.0	
庄桥村	有效	地主	1	2.5	2.5	2.5
		中农	12	30.0	30.0	32.5
		贫农	23	57.5	57.5	90.0
		工人	2	5.0	5.0	95.0
		其他	2	5.0	5.0	100.0
		总计	40	100.0	100.0	
太湖村	有效	地主	1	2.4	2.4	2.4
		富农	1	2.4	2.4	4.9
		中农	15	36.6	36.6	41.5
		贫农	20	48.8	48.8	90.2
		工人	3	7.3	7.3	97.6
		其他	1	2.4	2.4	100.0
		总计	41	100.0	100.0	

续表

调查村			频率	百分比（%）	有效百分比（%）	累计百分比（%）
曹庄村	有效	地主	3	4. 5	4. 5	4. 5
		富农	9	13. 6	13. 6	18. 2
		中农	21	31. 8	31. 8	50. 0
		贫农	28	42. 4	42. 4	92. 4
		雇农	1	1. 5	1. 5	93. 9
		工人	3	4. 5	4. 5	98. 5
		其他	1	1. 5	1. 5	100. 0
		总计	66	100. 0	100. 0	
刘巷村	有效	地主	1	1. 1	1. 1	1. 1
		富农	3	3. 2	3. 2	4. 3
		中农	10	10. 6	10. 6	14. 9
		贫农	54	57. 4	57. 4	72. 3
		佃农	4	4. 3	4. 3	76. 6
		工人	11	11. 7	11. 7	88. 3
		其他	11	11. 7	11. 7	100. 0
		总计	94	100. 0	100. 0	
玉东村	有效	地主	2	2. 1	2. 1	2. 1
		富农	2	2. 1	2. 1	4. 2
		中农	17	17. 7	17. 7	21. 9
		贫农	62	64. 6	64. 6	86. 5
		雇农	1	1. 0	1. 0	87. 5
		工人	9	9. 4	9. 4	96. 9
		其他	3	3. 1	3. 1	100. 0
		总计	96	100. 0	100. 0	
华三房村	有效	地主	2	5. 4	5. 4	5. 4
		富农	1	2. 7	2. 7	8. 1
		中农	11	29. 7	29. 7	37. 8
		贫农	19	51. 4	51. 4	89. 2
		雇农	2	5. 4	5. 4	94. 6
		工人	1	2. 7	2. 7	97. 3
		其他	1	2. 7	2. 7	100. 0
		总计	37	100. 0	100. 0	
利农村	有效	地主	1	1. 8	1. 8	1. 8
		富农	1	1. 8	1. 8	3. 6
		中农	5	9. 1	9. 1	12. 7

续表

调查村			频率	百分比（%）	有效百分比（%）	累计百分比（%）
利农村	有效	贫农	15	27.3	27.3	40.0
		雇农	1	1.8	1.8	41.8
		佃农	8	14.5	14.5	56.4
		工人	14	25.5	25.5	81.8
		其他	10	18.2	18.2	100.0
		总计	55	100.0	100.0	
溪南村	有效	地主	8	42.1	44.4	44.4
		富农	1	5.3	5.6	50.0
		中农	3	15.8	16.7	66.7
		贫农	2	10.5	11.1	77.8
		佃农	3	15.8	16.7	94.4
		工人	1	5.3	5.6	100.0
		总计	18	94.7	100.0	
	缺失	系统	1	5.3		
	总计		19	100.0		

由表4-2可以看出，1936年无锡11个村常住男性人口存在着差异，其中刘巷村最多，溪南村最少。

表4-2　1936年无锡11个村常住男性人口概况

调查村		N	最小值	最大值	均值	标准偏差
前进村	常住男性人口	100	0.00	5.00	1.8800	1.18305
	有效个案数	100				
吴塘村	常住男性人口	51	0.00	5.00	1.8235	1.12616
	有效个案数	51				
马鞍村	常住男性人口	41	1.00	5.00	2.4146	1.04823
	有效个案数	41				
庄桥村	常住男性人口	40	0.00	5.00	2.3750	1.21291
	有效个案数	40				
太湖村	常住男性人口	41	0.00	5.00	1.9268	0.95891
	有效个案数	41				
曹庄村	常住男性人口	66	0.00	5.00	1.7879	1.24672
	有效个案数	66				
刘巷村	常住男性人口	94	0.00	6.00	2.4149	1.40207
	有效个案数	94				

续表

调查村		N	最小值	最大值	均值	标准偏差
玉东村	常住男性人口	96	0.00	6.00	2.1979	1.27832
	有效个案数	96				
华三房村	常住男性人口	37	0.00	7.00	2.1622	1.50025
	有效个案数	37				
利农村	常住男性人口	55	0.00	6.00	2.0364	1.29047
	有效个案数	55				
溪南村	常住男性人口	19	0.00	6.00	1.6316	1.57093
	有效个案数	19				

由表 4-3 可以看出，1936 年无锡 11 个村常住女性人口存在着差异，但差异不是特别大，其中华三房村最多，玉东村最少。

表 4-3　1936 年无锡 11 个村常住女性人口概况

调查村		N	最小值	最大值	均值	标准偏差
前进村	常住女性人口	100	0.00	7.00	2.2000	1.47024
	有效个案数	100				
吴塘村	常住女性人口	51	0.00	5.00	2.2549	1.30909
	有效个案数	51				
马鞍村	常住女性人口	41	0.00	7.00	2.3902	1.49797
	有效个案数	41				
庄桥村	常住女性人口	40	0.00	6.00	2.3250	1.24833
	有效个案数	40				
太湖村	常住女性人口	41	0.00	5.00	2.0732	1.31130
	有效个案数	41				
曹庄村	常住女性人口	66	0.00	5.00	2.1212	1.28321
	有效个案数	66				
刘巷村	常住女性人口	94	0.00	6.00	2.2660	1.31309
	有效个案数	94				
玉东村	常住女性人口	96	0.00	7.00	2.0729	1.25022
	有效个案数	96				
华三房村	常住女性人口	37	0.00	9.00	2.4324	1.75658
	有效个案数	37				
利农村	常住女性人口	55	0.00	6.00	2.0909	1.32319
	有效个案数	55				
溪南村	常住女性人口	19	0.00	6.00	2.3158	1.85750
	有效个案数	19				

由表4-4可以看出，1936年无锡11个村常住人口存在着差异，其中马鞍村最多，曹庄村最少。

表4-4　1936年无锡11个村常住人口情况

调查村		N	最小值	最大值	均值	标准偏差
前进村	常住人口	100	0.00	10.00	4.0800	2.11622
	有效个案数	100				
吴塘村	常住人口	51	1.00	9.00	4.0784	1.86379
	有效个案数	51				
马鞍村	常住人口	41	1.00	12.00	4.8049	2.01519
	有效个案数	41				
庄桥村	常住人口	40	1.00	10.00	4.7000	1.85638
	有效个案数	40				
太湖村	常住人口	41	1.00	7.00	4.0000	1.83030
	有效个案数	41				
曹庄村	常住人口	66	0.00	9.00	3.9091	2.03604
	有效个案数	66				
刘巷村	常住人口	94	1.00	11.00	4.6809	2.24908
	有效个案数	94				
玉东村	常住人口	96	1.00	9.00	4.2708	1.98669
	有效个案数	96				
华三房村	常住人口	37	1.00	16.00	4.5946	2.86220
	有效个案数	37				
利农村	常住人口	55	0.00	11.00	4.1273	2.37311
	有效个案数	55				
溪南村	常住人口	19	0.00	12.00	3.9474	3.23992
	有效个案数	19				

第二节　1936年无锡男、女性劳动力情况

除以上关于家庭规模及性别研究外，我们还很关心农户家庭中男性劳动力和女性劳动力及其在家庭规模中占比的情况，结合调查数据，分析如下。需要说明的是，我们清洗了常住人口为0的9个样本数据，以下均以常住人口作为家庭规模。

由表4-5可以看出，1936年无锡11个村男性劳动力存在着差异，其中刘巷村最多，太湖村最少。

表 4-5　1936 年无锡 11 个村男性劳动力情况

调查村		N	最小值	最大值	均值	标准偏差
前进村	男性劳动力	100	0.00	3.00	0.9900	0.75872
	有效个案数	100				
吴塘村	男性劳动力	51	0.00	3.00	0.9216	0.71675
	有效个案数	51				
马鞍村	男性劳动力	41	0.00	4.00	1.3902	0.77065
	有效个案数	41				
庄桥村	男性劳动力	40	0.00	3.00	1.2250	0.57679
	有效个案数	40				
太湖村	男性劳动力	41	0.00	2.00	0.9024	0.49015
	有效个案数	41				
曹庄村	男性劳动力	66	0.00	3.00	1.0000	0.65633
	有效个案数	66				
刘巷村	男性劳动力	94	0.00	4.00	1.4787	0.90076
	有效个案数	94				
玉东村	男性劳动力	96	0.00	4.00	1.3229	0.88846
	有效个案数	96				
华三房村	男性劳动力	37	0.00	6.00	1.3243	1.13172
	有效个案数	37				
利农村	男性劳动力	55	0.00	3.00	1.0182	0.65237
	有效个案数	55				
溪南村	男性劳动力	19	0.00	4.00	0.9474	1.02598
	有效个案数	19				

由表 4-6 可以看出，1936 年无锡 11 个村男性劳动力占家庭规模比重存在着差异，其中刘巷村最多，溪南村最少。

表 4-6　1936 年无锡 11 个村男性劳动力占家庭规模比重概况

调查村		N	最小值	最大值	均值	标准偏差
前进村	男性劳动力占家庭规模比重	98	0.00	1.00	0.2636	0.22760
	有效个案数	98				
吴塘村	男性劳动力占家庭规模比重	51	0.00	1.00	0.2438	0.23215
	有效个案数	51				
马鞍村	男性劳动力占家庭规模比重	41	0.00	1.00	0.3220	0.20352
	有效个案数	41				

续表

调查村		N	最小值	最大值	均值	标准偏差
庄桥村	男性劳动力占家庭规模比重	40	0.00	1.00	0.2824	0.16419
	有效个案数	40				
太湖村	男性劳动力占家庭规模比重	41	0.00	1.00	0.2895	0.25430
	有效个案数	41				
曹庄村	男性劳动力占家庭规模比重	63	0.00	1.00	0.2759	0.19928
	有效个案数	63				
刘巷村	男性劳动力占家庭规模比重	94	0.00	1.00	0.3370	0.21416
	有效个案数	94				
玉东村	男性劳动力占家庭规模比重	96	0.00	1.00	0.3221	0.23229
	有效个案数	96				
华三房村	男性劳动力占家庭规模比重	36	0.00	1.00	0.3276	0.27008
	有效个案数	36				
利农村	男性劳动力占家庭规模比重	54	0.00	1.00	0.2842	0.23261
	有效个案数	54				
溪南村	男性劳动力占家庭规模比重	16	0.00	0.50	0.2218	0.15889
	有效个案数	16				

由表4-7可以看出，1936年无锡11个村女性劳动力存在着差异，其中华三房村最多，太湖村最少。

表4-7　1936年无锡11个村女性劳动力情况

调查村		N	最小值	最大值	均值	标准偏差
前进村	女性劳动力	100	0.00	5.00	1.3700	0.99143
	有效个案数	100				
吴塘村	女性劳动力	51	0.00	3.00	1.4706	0.83314
	有效个案数	51				
马鞍村	女性劳动力	41	0.00	5.00	1.4146	0.86532
	有效个案数	41				
庄桥村	女性劳动力	40	0.00	5.00	1.3000	0.85335
	有效个案数	40				
太湖村	女性劳动力	41	0.00	3.00	1.1707	0.73832
	有效个案数	41				
曹庄村	女性劳动力	66	0.00	3.00	1.2273	0.71888
	有效个案数	66				

续表

调查村		N	最小值	最大值	均值	标准偏差
刘巷村	女性劳动力	94	0.00	4.00	1.5319	0.82569
	有效个案数	94				
玉东村	女性劳动力	96	0.00	4.00	1.2917	0.72427
	有效个案数	96				
华三房村	女性劳动力	37	0.00	4.00	1.7027	1.05053
	有效个案数	37				
利农村	女性劳动力	55	0.00	3.00	1.2000	0.77936
	有效个案数	55				
溪南村	女性劳动力	19	0.00	5.00	1.5263	1.30675
	有效个案数	19				

由表 4-8 可以看出，1936 年无锡 11 个村女性劳动力占家庭规模比重存在着差异，其中溪南村最多，庄桥村最少。

表 4-8　1936 年无锡 11 个村女性劳动力占家庭规模比重概况

调查村		N	最小值	最大值	均值	标准偏差
前进村	女性劳动力占家庭规模比重	98	0.00	1.00	0.3434	0.23723
	有效个案数	98				
吴塘村	女性劳动力占家庭规模比重	51	0.00	1.00	0.3859	0.24039
	有效个案数	51				
马鞍村	女性劳动力占家庭规模比重	41	0.00	0.67	0.2936	0.14669
	有效个案数	41				
庄桥村	女性劳动力占家庭规模比重	40	0.00	1.00	0.2889	0.18942
	有效个案数	40				
太湖村	女性劳动力占家庭规模比重	41	0.00	0.60	0.2902	0.17151
	有效个案数	41				
曹庄村	女性劳动力占家庭规模比重	63	0.00	1.00	0.3608	0.23155
	有效个案数	63				
刘巷村	女性劳动力占家庭规模比重	94	0.00	1.00	0.3718	0.22187
	有效个案数	94				
玉东村	女性劳动力占家庭规模比重	96	0.00	1.00	0.3341	0.21901
	有效个案数	96				
华三房村	女性劳动力占家庭规模比重	36	0.00	1.00	0.3950	0.26379
	有效个案数	36				

续表

调查村		N	最小值	最大值	均值	标准偏差
利农村	女性劳动力占家庭规模比重	54	0.00	1.00	0.3233	0.23984
	有效个案数	54				
溪南村	女性劳动力占家庭规模比重	16	0.17	1.00	0.4711	0.28194
	有效个案数	16				

由表 4-9 可以看出，1936 年无锡 11 个村劳动力占家庭规模比重存在着差异，其中庄桥村最少，华三房村最多。

表 4-9　1936 年无锡 11 个村劳动力占家庭规模比重概况

调查村		N	最小值	最大值	均值	标准偏差
前进村	劳动力占家庭规模比重	98	0.00	1.00	0.6071	0.25005
	有效个案数	98				
吴塘村	劳动力占家庭规模比重	51	0.00	1.00	0.6297	0.24243
	有效个案数	51				
马鞍村	劳动力占家庭规模比重	41	0.00	1.00	0.6157	0.26688
	有效个案数	41				
庄桥村	劳动力占家庭规模比重	40	0.25	1.00	0.5713	0.21077
	有效个案数	40				
太湖村	劳动力占家庭规模比重	41	0.00	1.00	0.5798	0.29671
	有效个案数	41				
曹庄村	劳动力占家庭规模比重	63	0.00	1.00	0.6367	0.24586
	有效个案数	63				
刘巷村	劳动力占家庭规模比重	94	0.17	2.00	0.7088	0.26575
	有效个案数	94				
玉东村	劳动力占家庭规模比重	96	0.00	1.00	0.6562	0.25533
	有效个案数	96				
华三房村	劳动力占家庭规模比重	36	0.25	1.00	0.7226	0.25116
	有效个案数	36				
利农村	劳动力占家庭规模比重	54	0.25	1.00	0.6076	0.23250
	有效个案数	54				
溪南村	劳动力占家庭规模比重	16	0.17	1.00	0.6929	0.24029
	有效个案数	16				

第三节　1936 年无锡农民教育投入情况

以下计算 7~13 岁人口占家庭规模比重，考虑 7~13 岁人口可能外出求学，所以我们在计算家庭规模时，不仅考虑常住男性和女性人口，而且还要考虑在外人口。我们进行了数据清洗，删除 7~13 岁人口数加上 14 岁以上人口数大于常住男性人口加上女性人口及加上在外人口数共计 1 个样本。同时，我们删除家庭规模为 0 的农户，但这里没有为 0 的农户，所以不需要删除。

由表 4-10 可以看出，1936 年无锡文化状况，7~13 岁的学龄儿童存在着差异。

表 4-10　1936 年无锡 11 个村 7~13 岁的学龄儿童

调查村		N	最小值	最大值	均值	标准偏差
前进村	7~13 岁的学龄儿童（人）	100	0.00	3.00	0.5900	0.77973
	有效个案数	100				
吴塘村	7~13 岁的学龄儿童（人）	51	0.00	3.00	0.6471	0.79558
	有效个案数	51				
马鞍村	7~13 岁的学龄儿童（人）	41	0.00	3.00	0.7073	0.81375
	有效个案数	41				
庄桥村	7~13 岁的学龄儿童（人）	40	0.00	3.00	0.8500	0.92126
	有效个案数	40				
太湖村	7~13 岁的学龄儿童（人）	41	0.00	3.00	1.0000	0.94868
	有效个案数	41				
曹庄村	7~13 岁的学龄儿童（人）	66	0.00	3.00	0.6970	0.85880
	有效个案数	66				
刘巷村	7~13 岁的学龄儿童（人）	94	0.00	3.00	0.7660	0.88507
	有效个案数	94				
玉东村	7~13 岁的学龄儿童（人）	96	0.00	3.00	0.6563	0.84390
	有效个案数	96				
华三房村	7~13 岁的学龄儿童（人）	37	0.00	3.00	0.8649	0.97645
	有效个案数	37				
利农村	7~13 岁的学龄儿童（人）	55	0.00	4.00	0.7455	1.07528
	有效个案数	55				
溪南村	7~13 岁的学龄儿童（人）	19	0.00	2.00	0.5789	0.76853
	有效个案数	19				

由表 4-11 可以看出，1936 年无锡 11 个村 7~13 岁的学龄儿童占家庭规模比重存

在着差异，但均在10%之上。其中太湖村最多，前进村最少。

表 4-11　1936 年无锡 11 个村 7~13 岁的学龄儿童占家庭规模比重

调查村		N	最小值	最大值	均值	标准偏差
前进村	7~13 岁的学龄儿童占家庭规模比重	100	0.00	0.60	0.1074	0.14422
	有效个案数	100				
吴塘村	7~13 岁的学龄儿童占家庭规模比重	51	0.00	1.00	0.1351	0.18723
	有效个案数	51				
马鞍村	7~13 岁的学龄儿童占家庭规模比重	41	0.00	1.00	0.1333	0.18666
	有效个案数	41				
庄桥村	7~13 岁的学龄儿童占家庭规模比重	40	0.00	0.50	0.1508	0.16847
	有效个案数	40				
太湖村	7~13 岁的学龄儿童占家庭规模比重	41	0.00	0.67	0.2017	0.20031
	有效个案数	41				
曹庄村	7~13 岁的学龄儿童占家庭规模比重	66	0.00	0.67	0.1374	0.16895
	有效个案数	66				
刘巷村	7~13 岁的学龄儿童占家庭规模比重	94	0.00	0.60	0.1273	0.14564
	有效个案数	94				
玉东村	7~13 岁的学龄儿童占家庭规模比重	96	0.00	0.67	0.1225	0.15759
	有效个案数	96				
华三房村	7~13 岁的学龄儿童占家庭规模比重	36	0.00	0.50	0.1419	0.17081
	有效个案数	36				
利农村	7~13 岁的学龄儿童占家庭规模比重	55	0.00	0.67	0.1410	0.19288
	有效个案数	55				
溪南村	7~13 岁的学龄儿童占家庭规模比重	19	0.00	0.33	0.1096	0.14448
	有效个案数	19				

由表 4-12 可以看出，1936 年无锡 11 个村 7~13 岁的学龄儿童在学占比存在着差异。其中，吴塘村最多，为 0.6806，玉东村最少，为 0.3372。

表 4-12　1936 年无锡 11 个村 7~13 岁的学龄儿童在学占比

调查村		N	最小值	最大值	均值	标准偏差
前进村	7~13 岁的学龄儿童在学占比	43	0.00	1.00	0.4457	0.46108
	有效个案数	43				
吴塘村	7~13 岁的学龄儿童在学占比	24	0.00	1.00	0.6806	0.44210
	有效个案数	24				

续表

调查村		N	最小值	最大值	均值	标准偏差
马鞍村	7~13 岁的学龄儿童在学占比	21	0.00	1.00	0.5714	0.48181
	有效个案数	21				
庄桥村	7~13 岁的学龄儿童在学占比	22	0.00	1.00	0.3409	0.39332
	有效个案数	22				
太湖村	7~13 岁的学龄儿童在学占比	26	0.00	1.00	0.5385	0.42507
	有效个案数	26				
曹庄村	7~13 岁的学龄儿童在学占比	31	0.00	1.00	0.5860	0.46720
	有效个案数	31				
刘巷村	7~13 岁的学龄儿童在学占比	48	0.00	1.00	0.3611	0.44607
	有效个案数	48				
玉东村	7~13 岁的学龄儿童在学占比	43	0.00	1.00	0.3372	0.43261
	有效个案数	43				
华三房村	7~13 岁的学龄儿童在学占比	17	0.00	1.00	0.4314	0.46420
	有效个案数	17				
利农村	7~13 岁的学龄儿童在学占比	22	0.00	1.00	0.3864	0.43761
	有效个案数	22				
溪南村	7~13 岁的学龄儿童在学占比	8	0.00	1.00	0.6250	0.51755
	有效个案数	8				

由表 4-13 可以看出，1936 年无锡 11 个村 14 岁以上人口占家庭规模比重存在着差异。其中，华三房村最多，为 0.7094，溪南村最少，为 0.4731。

表 4-13　1936 年无锡 11 个村 14 岁以上人口占家庭规模比重情况

调查村		N	最小值	最大值	均值	标准偏差
前进村	14 岁以上人口占家庭规模比重	100	0.00	1.00	0.6077	0.25752
	有效个案数	100				
吴塘村	14 岁以上人口占家庭规模比重	51	0.00	1.00	0.6210	0.24408
	有效个案数	51				
马鞍村	14 岁以上人口占家庭规模比重	41	0.00	1.00	0.6308	0.25833
	有效个案数	41				
庄桥村	14 岁以上人口占家庭规模比重	40	0.22	1.00	0.5780	0.20074
	有效个案数	40				
太湖村	14 岁以上人口占家庭规模比重	41	0.00	1.00	0.5829	0.24923
	有效个案数	41				

续表

调查村		N	最小值	最大值	均值	标准偏差
曹庄村	14岁以上人口占家庭规模比重	66	0.00	1.00	0.6256	0.27335
	有效个案数	66				
刘巷村	14岁以上人口占家庭规模比重	94	0.00	1.00	0.6973	0.22836
	有效个案数	94				
玉东村	14岁以上人口占家庭规模比重	96	0.00	1.00	0.6234	0.24285
	有效个案数	96				
华三房村	14岁以上人口占家庭规模比重	36	0.17	1.00	0.7094	0.26622
	有效个案数	36				
利农村	14岁以上人口占家庭规模比重	55	0.00	1.00	0.5098	0.23186
	有效个案数	55				
溪南村	14岁以上人口占家庭规模比重	19	0.00	1.00	0.4731	0.30770
	有效个案数	19				

由表4-14可以看出，1936年无锡11个村14岁以上人口文盲占比存在着差异。其中，刘巷村最多，为0.8696，曹庄村最少，为0.6156。

表4-14 1936年无锡11个村14岁以上人口文盲占比情况

调查村		N	最小值	最大值	均值	标准偏差
前进村	14岁以上人口文盲占比	95	0.00	1.00	0.7012	0.26812
	有效个案数	95				
吴塘村	14岁以上人口文盲占比	50	0.00	1.00	0.7303	0.30533
	有效个案数	50				
马鞍村	14岁以上人口文盲占比	40	0.00	1.00	0.7196	0.27417
	有效个案数	40				
庄桥村	14岁以上人口文盲占比	40	0.00	1.00	0.7733	0.25775
	有效个案数	40				
太湖村	14岁以上人口文盲占比	40	0.00	1.00	0.6979	0.31131
	有效个案数	40				
曹庄村	变量14岁以上人口文盲占比	62	0.00	1.00	0.6156	0.25484
	有效个案数	62				
刘巷村	14岁以上人口文盲占比	92	0.33	1.00	0.8696	0.19424
	有效个案数	92				
玉东村	14岁以上人口文盲占比	95	0.00	1.00	0.7551	0.27184
	有效个案数	95				

续表

调查村		N	最小值	最大值	均值	标准偏差
华三房村	14 岁以上人口文盲占比	36	0.00	1.00	0.8120	0.27828
	有效个案数	36				
利农村	14 岁以上人口文盲占比	53	0.00	1.00	0.7601	0.25936
	有效个案数	53				
溪南村	14 岁以上人口文盲占比	16	0.25	1.00	0.6378	0.24727
	有效个案数	16				

由表 4-15 可以看出，1936 年无锡 11 个村 14 岁以上人口初小占比存在着差异。其中，刘巷村最低，为 0.0798，太湖村最高，为 0.2517。

表 4-15　1936 年无锡 11 个村 14 岁以上人口初小占比情况

调查村		N	最小值	最大值	均值	标准偏差
前进村	14 岁以上人口初小占比情况	95	0.00	1.00	0.2189	0.24442
	有效个案数	95				
吴塘村	14 岁以上人口初小占比情况	50	0.00	1.00	0.2080	0.25724
	有效个案数	50				
马鞍村	14 岁以上人口初小占比情况	40	0.00	1.00	0.2142	0.24940
	有效个案数	40				
庄桥村	14 岁以上人口初小占比情况	40	0.00	1.00	0.1738	0.23678
	有效个案数	40				
太湖村	14 岁以上人口初小占比情况	40	0.00	1.00	0.2517	0.30611
	有效个案数	40				
曹庄村	14 岁以上人口初小占比情况	62	0.00	1.00	0.2409	0.28255
	有效个案数	62				
刘巷村	14 岁以上人口初小占比情况	92	0.00	0.50	0.0798	0.14841
	有效个案数	92				
玉东村	14 岁以上人口初小占比情况	95	0.00	1.00	0.1655	0.23306
	有效个案数	95				
华三房村	14 岁以上人口初小占比情况	36	0.00	1.00	0.1370	0.23574
	有效个案数	36				
利农村	14 岁以上人口初小占比情况	53	0.00	1.00	0.1623	0.22164
	有效个案数	53				
溪南村	14 岁以上人口初小占比情况	16	0.00	0.50	0.1132	0.19956
	有效个案数	16				

由表4-16可以看出，1936年无锡11个村14岁以上人口高小占比存在着差异。其中，华三房村最低，为0.0231，溪南村最高，为0.1948。

表4-16　1936年无锡11个村14岁以上人口高小占比情况

调查村		N	最小值	最大值	均值	标准偏差
前进村	14岁以上人口高小占比	95	0.00	1.00	0.0703	0.18117
	有效个案数	95				
吴塘村	14岁以上人口高小占比	50	0.00	0.50	0.0517	0.13351
	有效个案数	50				
马鞍村	14岁以上人口高小占比	40	0.00	0.50	0.0412	0.10900
	有效个案数	40				
庄桥村	14岁以上人口高小占比	40	0.00	0.50	0.0529	0.13518
	有效个案数	40				
太湖村	14岁以上人口高小占比	40	0.00	0.50	0.0371	0.10725
	有效个案数	40				
曹庄村	14岁以上人口高小占比	62	0.00	0.50	0.1261	0.18865
	有效个案数	62				
刘巷村	14岁以上人口高小占比	92	0.00	0.67	0.0324	0.11476
	有效个案数	92				
玉东村	14岁以上人口高小占比	95	0.00	0.50	0.0776	0.14982
	有效个案数	95				
华三房村	14岁以上人口高小占比	36	0.00	0.50	0.0231	0.09882
	有效个案数	36				
利农村	14岁以上人口高小占比	53	0.00	0.50	0.0550	0.13862
	有效个案数	53				
溪南村	14岁以上人口高小占比	16	0.00	0.67	0.1948	0.22704
	有效个案数	16				

由表4-17可以看出，1936年无锡11个村14岁以上人口初中占比存在着差异。其中，吴塘村和庄桥村最低，均为0，溪南村最高为0.0260。

表4-17　1936年无锡11个村14岁以上人口初中占比情况

调查村		N	最小值	最大值	均值	标准偏差
前进村	14岁以上人口初中占比	95	0.00	0.33	0.0123	0.05951
	有效个案数	95				
吴塘村	14岁以上人口初中占比	50	0.00	0.00	0.0000	0.00000
	有效个案数	50				

续表

调查村		N	最小值	最大值	均值	标准偏差
马鞍村	14 岁以上人口初中占比	40	0.00	0.33	0.0250	0.08892
	有效个案数	40				
庄桥村	14 岁以上人口初中占比	40	0.00	0.00	0.0000	0.00000
	有效个案数	40				
太湖村	14 岁以上人口初中占比	40	0.00	0.33	0.0133	0.06076
	有效个案数	40				
曹庄村	14 岁以上人口初中占比	62	0.00	0.50	0.0175	0.08145
	有效个案数	62				
刘巷村	14 岁以上人口初中占比	92	0.00	0.33	0.0109	0.05953
	有效个案数	92				
玉东村	14 岁以上人口初中占比	95	0.00	0.17	0.0018	0.01710
	有效个案数	95				
华三房村	14 岁以上人口初中占比	36	0.00	0.50	0.0139	0.08333
	有效个案数	36				
利农村	14 岁以上人口初中占比	53	0.00	0.50	0.0226	0.09931
	有效个案数	53				
溪南村	14 岁以上人口初中占比	16	0.00	0.25	0.0260	0.07277
	有效个案数	16				

由表 4-18 可以看出，1936 年无锡 11 个村 14 岁以上人口高中占比整体上比较低，很多村没有上高中的，有几个村有上高中的也存在着差异。其中，前进村、马鞍村、庄桥村、太湖村、曹庄村、玉东村、利农村均为 0，溪南村最高，为 0.0281，华三房村为 0.0139，吴塘村为 0.0100，刘巷村为 0.0036。

表 4-18　1936 年无锡 11 个村 14 岁以上人口高中占比情况

调查村		N	最小值	最大值	均值	标准偏差
前进村	14 岁以上人口高中占比	95	0.00	0.00	0.0000	0.00000
	有效个案数	95				
吴塘村	14 岁以上人口高中占比	50	0.00	0.50	0.0100	0.07071
	有效个案数	50				
马鞍村	14 岁以上人口高中占比	40	0.00	0.00	0.0000	0.00000
	有效个案数	40				
庄桥村	14 岁以上人口高中占比	40	0.00	0.00	0.0000	0.00000
	有效个案数	40				

续表

调查村		N	最小值	最大值	均值	标准偏差
太湖村	14 岁以上人口高中占比	40	0.00	0.00	0.0000	0.00000
	有效个案数	40				
曹庄村	14 岁以上人口高中占比	62	0.00	0.00	0.0000	0.00000
	有效个案数	62				
刘巷村	14 岁以上人口高中占比	92	0.00	0.33	0.0036	0.03475
	有效个案数	92				
玉东村	14 岁以上人口高中占比	95	0.00	0.00	0.0000	0.00000
	有效个案数	95				
华三房村	14 岁以上人口高中占比	36	0.00	0.50	0.0139	0.08333
	有效个案数	36				
利农村	14 岁以上人口高中占比	53	0.00	0.00	0.0000	0.00000
	有效个案数	53				
溪南村	14 岁以上人口高中占比	16	0.00	0.25	0.0281	0.07739
	有效个案数	16				

由表 4-19 可以看出，1936 年无锡 11 个村 14 岁以上人口大学占比均比较低，仅有刘巷村有上大学的，为 0.0036。

表 4-19　1936 年无锡 11 个村 14 岁以上人口大学占比情况

调查村		N	最小值	最大值	均值	标准偏差
前进村	14 岁以上人口大学占比	95	0.00	0.00	0.0000	0.00000
	有效个案数	95				
吴塘村	14 岁以上人口大学占比	50	0.00	0.00	0.0000	0.00000
	有效个案数	50				
马鞍村	14 岁以上人口大学占比	40	0.00	0.00	0.0000	0.00000
	有效个案数	40				
庄桥村	14 岁以上人口大学占比	40	0.00	0.00	0.0000	0.00000
	有效个案数	40				
太湖村	14 岁以上人口大学占比	40	0.00	0.00	0.0000	0.00000
	有效个案数	40				
曹庄村	14 岁以上人口大学占比	62	0.00	0.00	0.0000	0.00000
	有效个案数	62				
刘巷村	14 岁以上人口大学占比	92	0.00	0.33	0.0036	0.03475
	有效个案数	92				

续表

调查村		N	最小值	最大值	均值	标准偏差
玉东村	14 岁以上人口大学占比	95	0.00	0.00	0.0000	0.00000
	有效个案数	95				
华三房村	14 岁以上人口大学占比	36	0.00	0.00	0.0000	0.00000
	有效个案数	36				
利农村	14 岁以上人口大学占比	53	0.00	0.00	0.0000	0.00000
	有效个案数	53				
溪南村	14 岁以上人口大学占比	16	0.00	0.00	0.0000	0.00000
	有效个案数	16				

第四节　1936 年无锡农民年内年末在外人口情况

前文我们对 1936 年的无锡 11 个村农民的教育投入情况进行了研究，下面研究 1936 年无锡 11 个村农民在外人口情况，这里家庭规模是常住人口加上在外人口。

由表 4-20 可以看出，1936 年无锡 11 个村在外男性人口占家庭规模比重存在着差异。其中，溪南村最高，为 0.2329，刘巷村最低，为 0.0304。

表 4-20　1936 年无锡 11 个村在外男性人口占家庭规模比重概况

调查村		N	最小值	最大值	均值	标准偏差
前进村	在外男性人口占家庭规模比重	100	0.00	1.00	0.1117	0.18670
	有效个案数	100				
吴塘村	在外男性人口占家庭规模比重	51	0.00	0.40	0.0812	0.12410
	有效个案数	51				
马鞍村	在外男性人口占家庭规模比重	41	0.00	0.25	0.0438	0.07843
	有效个案数	41				
庄桥村	在外男性人口占家庭规模比重	40	0.00	0.50	0.0543	0.12285
	有效个案数	40				
太湖村	在外男性人口占家庭规模比重	41	0.00	0.50	0.0724	0.13390
	有效个案数	41				
曹庄村	在外男性人口占家庭规模比重	66	0.00	1.00	0.0705	0.17510
	有效个案数	66				
刘巷村	在外男性人口占家庭规模比重	94	0.00	0.33	0.0304	0.07898
	有效个案数	94				

续表

调查村		N	最小值	最大值	均值	标准偏差
玉东村	在外男性人口占家庭规模比重	96	0.00	0.60	0.0755	0.13955
	有效个案数	96				
华三房村	在外男性人口占家庭规模比重	36	0.00	0.33	0.0348	0.08732
	有效个案数	36				
利农村	在外男性人口占家庭规模比重	55	0.00	0.67	0.0882	0.17286
	有效个案数	55				
溪南村	在外男性人口占家庭规模比重	19	0.00	1.00	0.2329	0.32084
	有效个案数	19				

由表4-21可以看出，1936年无锡11个村在外女性人口占家庭规模比重存在着差异。其中，溪南村最高，为0.0789，马鞍村最低，为0.0075。

表4-21　1936年无锡11个村在外女性人口占家庭规模比重概况

调查村		N	最小值	最大值	均值	标准偏差
前进村	在外女性人口占家庭规模比重	100	0.00	0.40	0.0309	0.08892
	有效个案数	100				
吴塘村	在外女性人口占家庭规模比重	51	0.00	0.33	0.0180	0.07325
	有效个案数	51				
马鞍村	在外女性人口占家庭规模比重	41	0.00	0.17	0.0075	0.03386
	有效个案数	41				
庄桥村	在外女性人口占家庭规模比重	40	0.00	0.25	0.0160	0.05761
	有效个案数	40				
太湖村	在外女性人口占家庭规模比重	41	0.00	0.67	0.0374	0.12741
	有效个案数	41				
曹庄村	在外女性人口占家庭规模比重	66	0.00	1.00	0.0359	0.14819
	有效个案数	66				
刘巷村	在外女性人口占家庭规模比重	94	0.00	0.50	0.0166	0.06759
	有效个案数	94				
玉东村	在外女性人口占家庭规模比重	96	0.00	0.50	0.0347	0.09918
	有效个案数	96				
华三房村	在外女性人口占家庭规模比重	36	0.00	0.44	0.0203	0.08691
	有效个案数	36				
利农村	在外女性人口占家庭规模比重	55	0.00	0.67	0.0787	0.15925
	有效个案数	55				

续表

调查村		N	最小值	最大值	均值	标准偏差
溪南村	在外女性人口占家庭规模比重	19	0. 00	0. 75	0. 0789	0. 20502
	有效个案数	19				

由表 4-22 可以看出，1936 年无锡 11 个村在外男性劳动力占家庭规模比重存在着差异。其中，刘巷村最低，为 0. 0304，溪南村最高，为 0. 2197。

表 4-22　1936 年无锡 11 个村在外男性劳动力占家庭规模比重概况

调查村		N	最小值	最大值	均值	标准偏差
前进村	在外男性劳动力占家庭规模比重	100	0. 00	1. 00	0. 1079	0. 18516
	有效个案数	100				
吴塘村	在外男性劳动力占家庭规模比重	51	0. 00	0. 40	0. 0812	0. 12410
	有效个案数	51				
马鞍村	在外男性劳动力占家庭规模比重	41	0. 00	0. 25	0. 0403	0. 07708
	有效个案数	41				
庄桥村	在外男性劳动力占家庭规模比重	40	0. 00	0. 50	0. 0418	0. 09956
	有效个案数	40				
太湖村	在外男性劳动力占家庭规模比重	41	0. 00	0. 50	0. 0773	0. 13484
	有效个案数	41				
曹庄村	在外男性劳动力占家庭规模比重	66	0. 00	1. 00	0. 0667	0. 16824
	有效个案数	66				
刘巷村	在外男性劳动力占家庭规模比重	94	0. 00	0. 33	0. 0304	0. 07898
	有效个案数	94				
玉东村	在外男性劳动力占家庭规模比重	96	0. 00	0. 50	0. 0629	0. 12434
	有效个案数	96				
华三房村	在外男性劳动力占家庭规模比重	36	0. 00	0. 33	0. 0348	0. 08732
	有效个案数	36				
利农村	在外男性劳动力占家庭规模比重	55	0. 00	0. 67	0. 0687	0. 13693
	有效个案数	55				
溪南村	在外男性劳动力占家庭规模比重	19	0. 00	1. 00	0. 2197	0. 30876
	有效个案数	19				

由表 4-23 可以看出，1936 年无锡 11 个村在外女性劳动力占家庭规模比重存在着差异。其中，马鞍村最低，为 0. 0041，利农村最高，为 0. 0557。

表 4-23　1936 年无锡 11 个村在外女性劳动力占家庭规模比重概况

调查村		N	最小值	最大值	均值	标准偏差
前进村	在外女性劳动力占家庭规模比重	100	0.00	0.40	0.0289	0.08732
	有效个案数	100				
吴塘村	在外女性劳动力占家庭规模比重	51	0.00	0.33	0.0114	0.05778
	有效个案数	51				
马鞍村	在外女性劳动力占家庭规模比重	41	0.00	0.17	0.0041	0.02603
	有效个案数	41				
庄桥村	在外女性劳动力占家庭规模比重	40	0.00	0.25	0.0160	0.05761
	有效个案数	40				
太湖村	在外女性劳动力占家庭规模比重	41	0.00	0.67	0.0374	0.12741
	有效个案数	41				
曹庄村	在外女性劳动力占家庭规模比重	66	0.00	1.00	0.0321	0.13905
	有效个案数	66				
刘巷村	在外女性劳动力占家庭规模比重	94	0.00	0.50	0.0166	0.06759
	有效个案数	94				
玉东村	在外女性劳动力占家庭规模比重	96	0.00	0.50	0.0332	0.09640
	有效个案数	96				
华三房村	在外女性劳动力占家庭规模比重	36	0.00	0.29	0.0110	0.05060
	有效个案数	36				
利农村	在外女性劳动力占家庭规模比重	55	0.00	0.33	0.0557	0.11064
	有效个案数	55				
溪南村	在外女性劳动力占家庭规模比重	19	0.00	0.50	0.0461	0.12645
	有效个案数	19				

由表 4-24 可以看出，1936 年无锡 11 个村在外职业情况存在着差异，且行业分布相对比较分散，遍布农民、手工业者、教师、医生、产业工人、其他自由职业者、小商贩、军政人员、工商业主、店员、家务劳动者、其他劳动者等，其中产业工人、其他劳动者有些村相对多。产业工人前进村有 1 人的有 11 户，玉东村有 1 人的有 8 户、有 2 人的有 1 户，利农村有 1 人的有 8 户、有 2 人的有 1 户、有 3 人的有 1 户。其他劳动者前进村有 1 人的有 12 户、有 2 人的有 1 户、有 3 人的有 2 户，吴塘村有 1 人的有 7 户，庄桥村有 1 人的有 6 户，刘巷村有 1 人的有 7 户、有 21 人的有 1 户，玉东村有 1 人的有 9 户。

表 4-24 1936年无锡11个村在外职业概况

在外人口的职业情况：农民

调查村			频率	百分比（%）	有效百分比（%）	累计百分比（%）
前进村	有效	0.00	99	99.0	99.0	99.0
		1.00	1	1.0	1.0	100.0
		总计	100	100.0	100.0	
吴塘村	有效	0.00	51	100.0	100.0	100.0
马鞍村	有效	0.00	40	97.6	97.6	97.6
		1.00	1	2.4	2.4	100.0
		总计	41	100.0	100.0	
庄桥村	有效	0.00	40	100.0	100.0	100.0
太湖村	有效	0.00	40	97.6	97.6	97.6
		1.00	1	2.4	2.4	100.0
		总计	41	100.0	100.0	
曹庄村	有效	0.00	65	98.5	98.5	98.5
		1.00	1	1.5	1.5	100.0
		总计	66	100.0	100.0	
刘巷村	有效	0.00	94	100.0	100.0	100.0
玉东村	有效	0.00	96	100.0	100.0	100.0
华三房村	有效	0.00	36	100.0	100.0	100.0
利农村	有效	0.00	54	98.2	98.2	98.2
		1.00	1	1.8	1.8	100.0
		总计	55	100.0	100.0	
溪南村	有效	0.00	19	100.0	100.0	100.0

在外人口的职业情况：手工业者

调查村			频率	百分比（%）	有效百分比（%）	累计百分比（%）
前进村	有效	0.00	97	97.0	97.0	97.0
		1.00	3	3.0	3.0	100.0
		总计	100	100.0	100.0	
吴塘村	有效	0.00	50	98.0	98.0	98.0
		1.00	1	2.0	2.0	100.0
		总计	51	100.0	100.0	
马鞍村	有效	0.00	39	95.1	95.1	95.1
		1.00	2	4.9	4.9	100.0
		总计	41	100.0	100.0	

续表

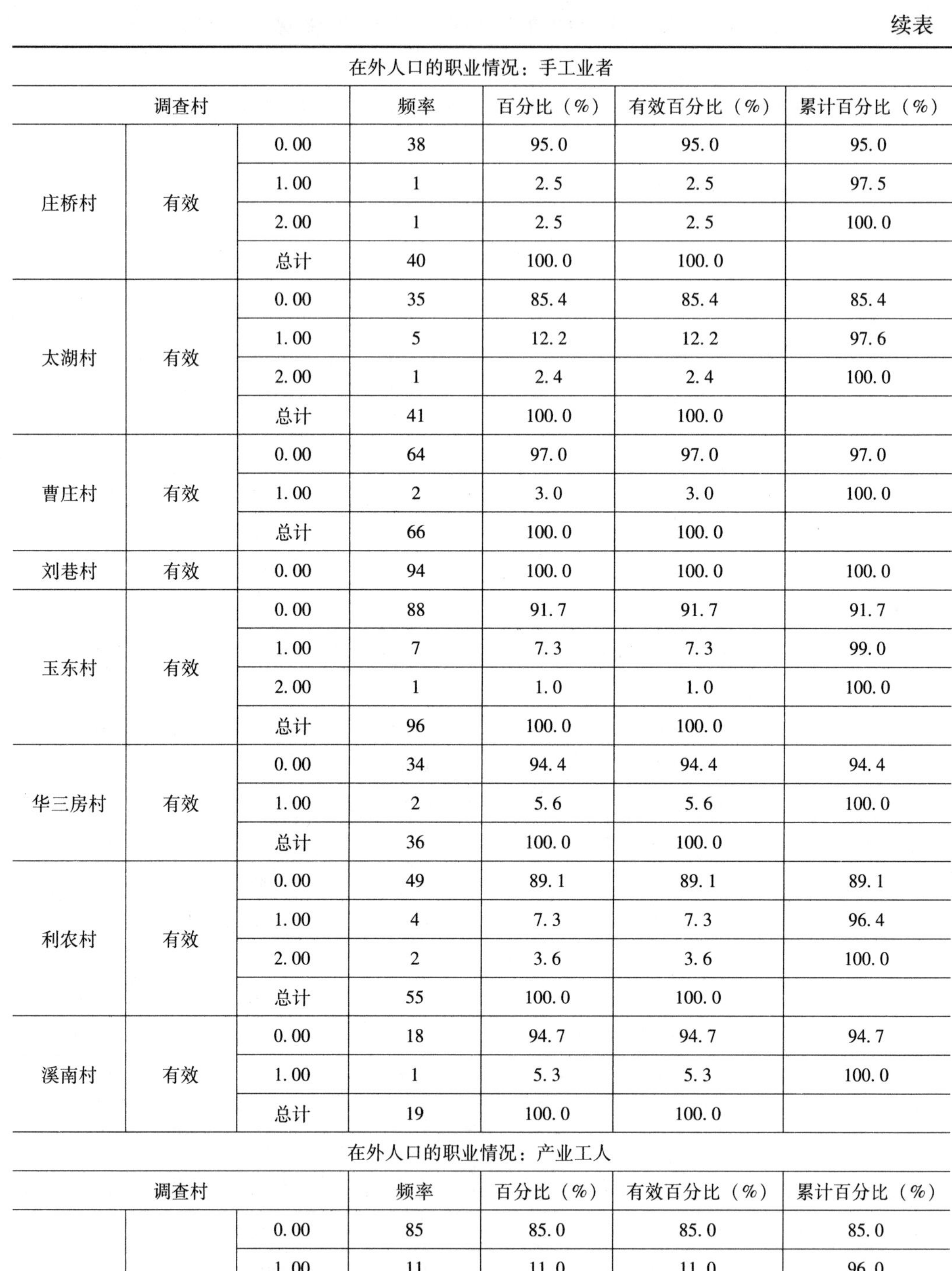

在外人口的职业情况：手工业者						
调查村			频率	百分比（%）	有效百分比（%）	累计百分比（%）
庄桥村	有效	0.00	38	95.0	95.0	95.0
		1.00	1	2.5	2.5	97.5
		2.00	1	2.5	2.5	100.0
		总计	40	100.0	100.0	
太湖村	有效	0.00	35	85.4	85.4	85.4
		1.00	5	12.2	12.2	97.6
		2.00	1	2.4	2.4	100.0
		总计	41	100.0	100.0	
曹庄村	有效	0.00	64	97.0	97.0	97.0
		1.00	2	3.0	3.0	100.0
		总计	66	100.0	100.0	
刘巷村	有效	0.00	94	100.0	100.0	100.0
玉东村	有效	0.00	88	91.7	91.7	91.7
		1.00	7	7.3	7.3	99.0
		2.00	1	1.0	1.0	100.0
		总计	96	100.0	100.0	
华三房村	有效	0.00	34	94.4	94.4	94.4
		1.00	2	5.6	5.6	100.0
		总计	36	100.0	100.0	
利农村	有效	0.00	49	89.1	89.1	89.1
		1.00	4	7.3	7.3	96.4
		2.00	2	3.6	3.6	100.0
		总计	55	100.0	100.0	
溪南村	有效	0.00	18	94.7	94.7	94.7
		1.00	1	5.3	5.3	100.0
		总计	19	100.0	100.0	
在外人口的职业情况：产业工人						
调查村			频率	百分比（%）	有效百分比（%）	累计百分比（%）
前进村	有效	0.00	85	85.0	85.0	85.0
		1.00	11	11.0	11.0	96.0
		2.00	4	4.0	4.0	100.0
		总计	100	100.0	100.0	

续表

在外人口的职业情况：产业工人						
调查村			频率	百分比（%）	有效百分比（%）	累计百分比（%）
吴塘村	有效	0.00	46	90.2	90.2	90.2
		1.00	5	9.8	9.8	100.0
		总计	51	100.0	100.0	
马鞍村	有效	0.00	39	95.1	95.1	95.1
		1.00	2	4.9	4.9	100.0
		总计	41	100.0	100.0	
庄桥村	有效	0.00	39	97.5	97.5	97.5
		3.00	1	2.5	2.5	100.0
		总计	40	100.0	100.0	
太湖村	有效	0.00	38	92.7	92.7	92.7
		1.00	2	4.9	4.9	97.6
		2.00	1	2.4	2.4	100.0
		总计	41	100.0	100.0	
曹庄村	有效	0.00	63	95.5	95.5	95.5
		1.00	3	4.5	4.5	100.0
		总计	66	100.0	100.0	
刘巷村	有效	0.00	88	93.6	93.6	93.6
		1.00	3	3.2	3.2	96.8
		2.00	3	3.2	3.2	100.0
		总计	94	100.0	100.0	
玉东村	有效	0.00	86	89.6	89.6	89.6
		1.00	8	8.3	8.3	97.9
		2.00	2	2.1	2.1	100.0
		总计	96	100.0	100.0	
华三房村	有效	0.00	35	97.2	97.2	97.2
		1.00	1	2.8	2.8	100.0
		总计	36	100.0	100.0	
利农村	有效	0.00	45	81.8	81.8	81.8
		1.00	8	14.5	14.5	96.4
		2.00	1	1.8	1.8	98.2
		3.00	1	1.8	1.8	100.0
		总计	55	100.0	100.0	

续表

在外人口的职业情况：产业工人						
调查村			频率	百分比（%）	有效百分比（%）	累计百分比（%）
溪南村	有效	0.00	15	78.9	78.9	78.9
		1.00	3	15.8	15.8	94.7
		2.00	1	5.3	5.3	100.0
		总计	19	100.0	100.0	
在外人口的职业情况：教师						
调查村			频率	百分比（%）	有效百分比（%）	累计百分比（%）
前进村	有效	0.00	99	99.0	99.0	99.0
		1.00	1	1.0	1.0	100.0
		总计	100	100.0	100.0	
吴塘村	有效	0.00	49	96.1	96.1	96.1
		1.00	2	3.9	3.9	100.0
		总计	51	100.0	100.0	
马鞍村	有效	0.00	40	97.6	97.6	97.6
		1.00	1	2.4	2.4	100.0
		总计	41	100.0	100.0	
庄桥村	有效	0.00	40	100.0	100.0	100.0
太湖村	有效	0.00	40	97.6	97.6	97.6
		1.00	1	2.4	2.4	100.0
		总计	41	100.0	100.0	
曹庄村	有效	0.00	63	95.5	95.5	95.5
		1.00	3	4.5	4.5	100.0
		总计	66	100.0	100.0	
刘巷村	有效	0.00	94	100.0	100.0	100.0
玉东村	有效	0.00	96	100.0	100.0	100.0
华三房村	有效	0.00	36	100.0	100.0	100.0
利农村	有效	0.00	55	100.0	100.0	100.0
溪南村	有效	0.00	19	100.0	100.0	100.0
在外人口的职业情况：医生						
调查村			频率	百分比（%）	有效百分比（%）	累计百分比（%）
前进村	有效	0.00	100	100.0	100.0	100.0
吴塘村	有效	0.00	50	98.0	98.0	98.0
		2.00	1	2.0	2.0	100.0
		总计	51	100.0	100.0	
马鞍村	有效	0.00	41	100.0	100.0	100.0

续表

在外人口的职业情况：医生						
调查村			频率	百分比（%）	有效百分比（%）	累计百分比（%）
庄桥村	有效	0.00	40	100.0	100.0	100.0
太湖村	有效	0.00	40	97.6	97.6	97.6
		1.00	1	2.4	2.4	100.0
		总计	41	100.0	100.0	
曹庄村	有效	0.00	66	100.0	100.0	100.0
刘巷村	有效	0.00	94	100.0	100.0	100.0
玉东村	有效	0.00	96	100.0	100.0	100.0
华三房村	有效	0.00	35	97.2	97.2	97.2
		1.00	1	2.8	2.8	100.0
		总计	36	100.0	100.0	
利农村	有效	0.00	54	98.2	98.2	98.2
		1.00	1	1.8	1.8	100.0
		总计	55	100.0	100.0	
溪南村	有效	0.00	19	100.0	100.0	100.0

在外人口的职业情况：其他自由职业者						
调查村			频率	百分比（%）	有效百分比（%）	累计百分比（%）
前进村	有效	0.00	100	100.0	100.0	100.0
吴塘村	有效	0.00	51	100.0	100.0	100.0
马鞍村	有效	0.00	41	100.0	100.0	100.0
庄桥村	有效	0.00	40	100.0	100.0	100.0
太湖村	有效	0.00	41	100.0	100.0	100.0
曹庄村	有效	0.00	65	98.5	98.5	98.5
		1.00	1	1.5	1.5	100.0
		总计	66	100.0	100.0	
刘巷村	有效	0.00	94	100.0	100.0	100.0
玉东村	有效	0.00	95	99.0	99.0	99.0
		1.00	1	1.0	1.0	100.0
		总计	96	100.0	100.0	
华三房村	有效	0.00	36	100.0	100.0	100.0
利农村	有效	0.00	55	100.0	100.0	100.0
溪南村	有效	0.00	19	100.0	100.0	100.0

在外人口的职业情况：小商贩						
调查村			频率	百分比（%）	有效百分比（%）	累计百分比（%）
前进村	有效	0.00	100	100.0	100.0	100.0

续表

在外人口的职业情况：小商贩						
调查村			频率	百分比（%）	有效百分比（%）	累计百分比（%）
吴塘村	有效	0.00	51	100.0	100.0	100.0
马鞍村	有效	0.00	41	100.0	100.0	100.0
庄桥村	有效	0.00	40	100.0	100.0	100.0
太湖村	有效	0.00	41	100.0	100.0	100.0
曹庄村	有效	0.00	66	100.0	100.0	100.0
刘巷村	有效	0.00	94	100.0	100.0	100.0
玉东村	有效	0.00	96	100.0	100.0	100.0
华三房村	有效	0.00	36	100.0	100.0	100.0
利农村	有效	0.00	55	100.0	100.0	100.0
溪南村	有效	0.00	17	89.5	89.5	89.5
		1.00	2	10.5	10.5	100.0
		总计	19	100.0	100.0	

在外人口的职业情况：工商业主						
调查村			频率	百分比（%）	有效百分比（%）	累计百分比（%）
前进村	有效	0.00	97	97.0	97.0	97.0
		1.00	1	1.0	1.0	98.0
		2.00	2	2.0	2.0	100.0
		总计	100	100.0	100.0	
吴塘村	有效	0.00	50	98.0	98.0	98.0
		1.00	1	2.0	2.0	100.0
		总计	51	100.0	100.0	
马鞍村	有效	0.00	41	100.0	100.0	100.0
庄桥村	有效	0.00	40	100.0	100.0	100.0
太湖村	有效	0.00	41	100.0	100.0	100.0
曹庄村	有效	0.00	65	98.5	98.5	98.5
		1.00	1	1.5	1.5	100.0
		总计	66	100.0	100.0	
刘巷村	有效	0.00	94	100.0	100.0	100.0
玉东村	有效	0.00	96	100.0	100.0	100.0
华三房村	有效	0.00	36	100.0	100.0	100.0
利农村	有效	0.00	54	98.2	98.2	98.2
		1.00	1	1.8	1.8	100.0
		总计	55	100.0	100.0	

续表

在外人口的职业情况：工商业主						
调查村			频率	百分比（%）	有效百分比（%）	累计百分比（%）
溪南村	有效	0.00	17	89.5	89.5	89.5
		2.00	2	10.5	10.5	100.0
		总计	19	100.0	100.0	

在外人口的职业情况：店员						
调查村			频率	百分比（%）	有效百分比（%）	累计百分比（%）
前进村	有效	0.00	93	93.0	93.0	93.0
		1.00	7	7.0	7.0	100.0
		总计	100	100.0	100.0	
吴塘村	有效	0.00	47	92.2	92.2	92.2
		1.00	4	7.8	7.8	100.0
		总计	51	100.0	100.0	
马鞍村	有效	0.00	40	97.6	97.6	97.6
		1.00	1	2.4	2.4	100.0
		总计	41	100.0	100.0	
庄桥村	有效	0.00	39	97.5	97.5	97.5
		1.00	1	2.5	2.5	100.0
		总计	40	100.0	100.0	
太湖村	有效	0.00	40	97.6	97.6	97.6
		1.00	1	2.4	2.4	100.0
		总计	41	100.0	100.0	
曹庄村	有效	0.00	65	98.5	98.5	98.5
		1.00	1	1.5	1.5	100.0
		总计	66	100.0	100.0	
刘巷村	有效	0.00	92	97.9	97.9	97.9
		1.00	2	2.1	2.1	100.0
		总计	94	100.0	100.0	
玉东村	有效	0.00	91	94.8	94.8	94.8
		1.00	4	4.2	4.2	99.0
		2.00	1	1.0	1.0	100.0
		总计	96	100.0	100.0	
华三房村	有效	0.00	35	97.2	97.2	97.2
		2.00	1	2.8	2.8	100.0
		总计	36	100.0	100.0	

续表

在外人口的职业情况：店员

调查村			频率	百分比（%）	有效百分比（%）	累计百分比（%）
利农村	有效	0.00	53	96.4	96.4	96.4
		1.00	2	3.6	3.6	100.0
		总计	55	100.0	100.0	
溪南村	有效	0.00	17	89.5	89.5	89.5
		1.00	2	10.5	10.5	100.0
		总计	19	100.0	100.0	

在外人口的职业情况：军政人员

调查村			频率	百分比（%）	有效百分比（%）	累计百分比（%）
前进村	有效	0.00	99	99.0	99.0	99.0
		1.00	1	1.0	1.0	100.0
		总计	100	100.0	100.0	
吴塘村	有效	0.00	50	98.0	98.0	98.0
		1.00	1	2.0	2.0	100.0
		总计	51	100.0	100.0	
马鞍村	有效	0.00	41	100.0	100.0	100.0
庄桥村	有效	0.00	40	100.0	100.0	100.0
太湖村	有效	0.00	41	100.0	100.0	100.0
曹庄村	有效	0.00	66	100.0	100.0	100.0
刘巷村	有效	0.00	94	100.0	100.0	100.0
玉东村	有效	0.00	96	100.0	100.0	100.0
华三房村	有效	0.00	36	100.0	100.0	100.0
利农村	有效	0.00	55	100.0	100.0	100.0
溪南村	有效	0.00	19	100.0	100.0	100.0

在外人口的职业情况：家务劳动者

调查村			频率	百分比（%）	有效百分比（%）	累计百分比（%）
前进村	有效	0.00	99	99.0	99.0	99.0
		1.00	1	1.0	1.0	100.0
		总计	100	100.0	100.0	
吴塘村	有效	0.00	51	100.0	100.0	100.0
马鞍村	有效	0.00	40	97.6	97.6	97.6
		1.00	1	2.4	2.4	100.0
		总计	41	100.0	100.0	
庄桥村	有效	0.00	40	100.0	100.0	100.0

续表

在外人口的职业情况：家务劳动者						
调查村			频率	百分比（%）	有效百分比（%）	累计百分比（%）
太湖村	有效	0.00	40	97.6	97.6	97.6
		1.00	1	2.4	2.4	100.0
		总计	41	100.0	100.0	
曹庄村	有效	0.00	64	97.0	97.0	97.0
		1.00	2	3.0	3.0	100.0
		总计	66	100.0	100.0	
刘巷村	有效	0.00	92	97.9	97.9	97.9
		1.00	1	1.1	1.1	98.9
		4.00	1	1.1	1.1	100.0
		总计	94	100.0	100.0	
玉东村	有效	0.00	94	97.9	97.9	97.9
		1.00	2	2.1	2.1	100.0
		总计	96	100.0	100.0	
华三房村	有效	0.00	35	97.2	97.2	97.2
		1.00	1	2.8	2.8	100.0
		总计	36	100.0	100.0	
利农村	有效	0.00	52	94.5	94.5	94.5
		1.00	3	5.5	5.5	100.0
		总计	55	100.0	100.0	
溪南村	有效	0.00	16	84.2	84.2	84.2
		1.00	3	15.8	15.8	100.0
		总计	19	100.0	100.0	

在外人口的职业情况：其他劳动者						
调查村			频率	百分比（%）	有效百分比（%）	累计百分比（%）
前进村	有效	0.00	85	85.0	85.0	85.0
		1.00	12	12.0	12.0	97.0
		2.00	1	1.0	1.0	98.0
		3.00	2	2.0	2.0	100.0
		总计	100	100.0	100.0	
吴塘村	有效	0.00	44	86.3	86.3	86.3
		1.00	7	13.7	13.7	100.0
		总计	51	100.0	100.0	

续表

在外人口的职业情况：其他劳动者						
调查村			频率	百分比（%）	有效百分比（%）	累计百分比（%）
马鞍村	有效	0.00	39	95.1	95.1	95.1
		1.00	2	4.9	4.9	100.0
		总计	41	100.0	100.0	
庄桥村	有效	0.00	34	85.0	85.0	85.0
		1.00	6	15.0	15.0	100.0
		总计	40	100.0	100.0	
太湖村	有效	0.00	38	92.7	92.7	92.7
		1.00	3	7.3	7.3	100.0
		总计	41	100.0	100.0	
曹庄村	有效	0.00	62	93.9	93.9	93.9
		1.00	4	6.1	6.1	100.0
		总计	66	100.0	100.0	
刘巷村	有效	0.00	86	91.5	91.5	91.5
		1.00	7	7.4	7.4	98.9
		21.00	1	1.1	1.1	100.0
		总计	94	100.0	100.0	
玉东村	有效	0.00	87	90.6	90.6	90.6
		1.00	9	9.4	9.4	100.0
		总计	96	100.0	100.0	
华三房村	有效	0.00	34	94.4	94.4	94.4
		1.00	1	2.8	2.8	97.2
		2.00	1	2.8	2.8	100.0
		总计	36	100.0	100.0	
利农村	有效	0.00	53	96.4	96.4	96.4
		1.00	2	3.6	3.6	100.0
		总计	55	100.0	100.0	
溪南村	有效	0.00	18	94.7	94.7	94.7
		1.00	1	5.3	5.3	100.0
		总计	19	100.0	100.0	

由表4-25可以看出1936年无锡11个村在外人口中：7~13岁的学龄儿童整体上差异不大，都比较少。

表 4-25　1936 年无锡 11 个村 7~13 岁在外学龄儿童情况

调查村			频率	百分比（%）	有效百分比（%）	累计百分比（%）
前进村	有效	0.00	99	99.0	99.0	99.0
		1.00	1	1.0	1.0	100.0
		总计	100	100.0	100.0	
吴塘村	有效	0.00	50	98.0	98.0	98.0
		1.00	1	2.0	2.0	100.0
		总计	51	100.0	100.0	
马鞍村	有效	0.00	39	95.1	95.1	95.1
		1.00	2	4.9	4.9	100.0
		总计	41	100.0	100.0	
庄桥村	有效	0.00	39	97.5	97.5	97.5
		1.00	1	2.5	2.5	100.0
		总计	40	100.0	100.0	
太湖村	有效	0.00	41	100.0	100.0	100.0
曹庄村	有效	0.00	65	98.5	98.5	98.5
		1.00	1	1.5	1.5	100.0
		总计	66	100.0	100.0	
刘巷村	有效	0.00	94	100.0	100.0	100.0
玉东村	有效	0.00	94	97.9	97.9	97.9
		1.00	1	1.0	1.0	99.0
		2.00	1	1.0	1.0	100.0
		总计	96	100.0	100.0	
华三房村	有效	0.00	35	97.2	97.2	97.2
		3.00	1	2.8	2.8	100.0
		总计	36	100.0	100.0	
利农村	有效	0.00	51	92.7	92.7	92.7
		1.00	4	7.3	7.3	100.0
		总计	55	100.0	100.0	
溪南村	有效	0.00	17	89.5	89.5	89.5
		1.00	1	5.3	5.3	94.7
		2.00	1	5.3	5.3	100.0
		总计	19	100.0	100.0	

由表 4-26 可以看出，1936 年无锡 11 个村在外人口中 7~13 岁的学龄儿童在学人数整体比较少。

表 4-26 1936 年无锡 11 个村 7~13 岁在外学龄儿童在学人数情况

调查村			频率	百分比（%）	有效百分比（%）	累计百分比（%）
前进村	有效	0.00	99	99.0	99.0	99.0
		1.00	1	1.0	1.0	100.0
		总计	100	100.0	100.0	
吴塘村	有效	0.00	50	98.0	98.0	98.0
		1.00	1	2.0	2.0	100.0
		总计	51	100.0	100.0	
马鞍村	有效	0.00	40	97.6	97.6	97.6
		1.00	1	2.4	2.4	100.0
		总计	41	100.0	100.0	
庄桥村	有效	0.00	40	100.0	100.0	100.0
太湖村	有效	0.00	41	100.0	100.0	100.0
曹庄村	有效	0.00	65	98.5	98.5	98.5
		1.00	1	1.5	1.5	100.0
		总计	66	100.0	100.0	
刘巷村	有效	0.00	94	100.0	100.0	100.0
玉东村	有效	0.00	94	97.9	97.9	97.9
		1.00	1	1.0	1.0	99.0
		2.00	1	1.0	1.0	100.0
		总计	96	100.0	100.0	
华三房村	有效	0.00	35	97.2	97.2	97.2
		3.00	1	2.8	2.8	100.0
		总计	36	100.0	100.0	
利农村	有效	0.00	53	96.4	96.4	96.4
		1.00	2	3.6	3.6	100.0
		总计	55	100.0	100.0	
溪南村	有效	0.00	18	94.7	94.7	94.7
		2.00	1	5.3	5.3	100.0
		总计	19	100.0	100.0	

由表 4-27 可以看出，1936 年无锡在外人口中：14 岁以上在外人口的人数存在着差异。①前进村在外 14 岁以上的人数，为 1 的有 22 户、为 2 的有 13 户、为 3 的有 1 户、为 4 的有 1 户、为 5 的有 1 户；②吴塘村为 1 的有 14 户、为 2 的有 5 户；③马鞍村为 1 的有 9 户、为 2 的有 1 户；④庄桥村为 1 的有 8 户、为 2 的有 1 户、为 3 的有 1 户；⑤太湖村为 1 的有 9 户、为 2 的有 5 户；⑥曹庄村为 1 的有 10 户、为 2 的有 4 户；⑦刘巷村为 1 的有 14 户、为 2 的有 3 户、为 3 的有 1 户；⑧玉东村为 1 的有 25 户、为 2 的有 5 户、为 3 的有 3 户；⑨华三房村为 1 的有 3 户、为 2 的有 2 户、为 3 的有 1 户；

⑩利农村为 1 的有 12 户、为 2 的有 7 户、为 3 的有 2 户；⑪溪南村为 1 的有 5 户、为 2 的有 2 户、为 3 的有 1 户、为 4 的有 1 户、为 5 的有 1 户。

表 4-27　1936 年无锡 11 个村 14 岁以上在外人口的人数情况

调查村			频率	百分比（%）	有效百分比（%）	累计百分比（%）
前进村	有效	0. 00	62	62. 0	62. 0	62. 0
		1. 00	22	22. 0	22. 0	84. 0
		2. 00	13	13. 0	13. 0	97. 0
		3. 00	1	1. 0	1. 0	98. 0
		4. 00	1	1. 0	1. 0	99. 0
		5. 00	1	1. 0	1. 0	100. 0
		总计	100	100. 0	100. 0	
吴塘村	有效	0. 00	32	62. 7	62. 7	62. 7
		1. 00	14	27. 5	27. 5	90. 2
		2. 00	5	9. 8	9. 8	100. 0
		总计	51	100. 0	100. 0	
马鞍村	有效	0. 00	31	75. 6	75. 6	75. 6
		1. 00	9	22. 0	22. 0	97. 6
		2. 00	1	2. 4	2. 4	100. 0
		总计	41	100. 0	100. 0	
庄桥村	有效	0. 00	30	75. 0	75. 0	75. 0
		1. 00	8	20. 0	20. 0	95. 0
		2. 00	1	2. 5	2. 5	97. 5
		3. 00	1	2. 5	2. 5	100. 0
		总计	40	100. 0	100. 0	
太湖村	有效	0. 00	27	65. 9	65. 9	65. 9
		1. 00	9	22. 0	22. 0	87. 8
		2. 00	5	12. 2	12. 2	100. 0
		总计	41	100. 0	100. 0	
曹庄村	有效	0. 00	52	78. 8	78. 8	78. 8
		1. 00	10	15. 2	15. 2	93. 9
		2. 00	4	6. 1	6. 1	100. 0
		总计	66	100. 0	100. 0	
刘巷村	有效	0. 00	76	80. 9	80. 9	80. 9
		1. 00	14	14. 9	14. 9	95. 7
		2. 00	3	3. 2	3. 2	98. 9
		3. 00	1	1. 1	1. 1	100. 0
		总计	94	100. 0	100. 0	

续表

调查村			频率	百分比（%）	有效百分比（%）	累计百分比（%）
玉东村	有效	0.00	63	65.6	65.6	65.6
		1.00	25	26.0	26.0	91.7
		2.00	5	5.2	5.2	96.9
		3.00	3	3.1	3.1	100.0
		总计	96	100.0	100.0	
华三房村	有效	0.00	30	83.3	83.3	83.3
		1.00	3	8.3	8.3	91.7
		2.00	2	5.6	5.6	97.2
		3.00	1	2.8	2.8	100.0
		总计	36	100.0	100.0	
利农村	有效	0.00	34	61.8	61.8	61.8
		1.00	12	21.8	21.8	83.6
		2.00	7	12.7	12.7	96.4
		3.00	2	3.6	3.6	100.0
		总计	55	100.0	100.0	
溪南村	有效	0.00	9	47.4	47.4	47.4
		1.00	5	26.3	26.3	73.7
		2.00	2	10.5	10.5	84.2
		3.00	1	5.3	5.3	89.5
		4.00	1	5.3	5.3	94.7
		5.00	1	5.3	5.3	100.0
		总计	19	100.0	100.0	

由表4-28可以看出，1936年无锡11个村14岁以上在外人口的文盲占比情况存在着差异。玉东村14岁以上在外人口有33户，文盲占比最高，为0.6212，溪南村14岁以上在外人口有10户，文盲占比最低，为0.0450。

表4-28　1936年无锡11个村14岁以上在外人口文盲占比情况

调查村		N	最小值	最大值	均值	标准偏差
前进村	14岁以上在外人口的文盲占比	38	0.00	1.00	0.4211	0.47258
	有效个案数	38				
吴塘村	14岁以上在外人口的文盲占比	19	0.00	1.00	0.1579	0.37463
	有效个案数	19				
马鞍村	14岁以上在外人口的文盲占比	10	0.00	1.00	0.2500	0.42492
	有效个案数	10				

续表

调查村		N	最小值	最大值	均值	标准偏差
庄桥村	14 岁以上在外人口的文盲占比	10	0.00	1.00	0.4667	0.50185
	有效个案数	10				
太湖村	14 岁以上在外人口的文盲占比	14	0.00	1.00	0.4286	0.47463
	有效个案数	14				
曹庄村	14 岁以上在外人口的文盲占比	14	0.00	1.00	0.1786	0.37247
	有效个案数	14				
刘巷村	14 岁以上在外人口的文盲占比	18	0.00	1.00	0.5926	0.46168
	有效个案数	18				
玉东村	14 岁以上在外人口的文盲占比	33	0.00	1.00	0.6212	0.46262
	有效个案数	33				
华三房村	14 岁以上在外人口的文盲占比	6	0.00	1.00	0.1667	0.40825
	有效个案数	6				
利农村	14 岁以上在外人口的文盲占比	21	0.00	1.00	0.5714	0.43002
	有效个案数	21				
溪南村	14 岁以上在外人口的文盲占比	10	0.00	0.25	0.0450	0.09560
	有效个案数	10				

由表 4-29 可以看出，1936 年无锡 11 个村 14 岁以上在外人口的初小占比情况存在着差异。华三房村 14 岁以上在外人口有 6 户，其中初小占比是几个村最高的，为 0.6667，玉东村 14 岁以上在外人口有 33 户，初小占比最低，为 0.1970。

表 4-29　1936 年无锡 11 个村 14 岁以上在外人口初小占比情况

调查村		N	最小值	最大值	均值	标准偏差
前进村	14 岁以上在外人口初小占比	38	0.00	1.00	0.4544	0.46379
	有效个案数	38				
吴塘村	14 岁以上在外人口初小占比	19	0.00	1.00	0.3158	0.47757
	有效个案数	19				
马鞍村	14 岁以上在外人口初小占比	10	0.00	1.00	0.4500	0.49721
	有效个案数	10				
庄桥村	14 岁以上在外人口初小占比	10	0.00	1.00	0.4333	0.49814
	有效个案数	10				
太湖村	14 岁以上在外人口初小占比	14	0.00	1.00	0.2500	0.37978
	有效个案数	14				
曹庄村	14 岁以上在外人口初小占比	14	0.00	1.00	0.4286	0.51355
	有效个案数	14				

续表

调查村		N	最小值	最大值	均值	标准偏差
刘巷村	14 岁以上在外人口初小占比	18	0.00	1.00	0.2407	0.38866
	有效个案数	18				
玉东村	14 岁以上在外人口初小占比	33	0.00	1.00	0.1970	0.36670
	有效个案数	33				
华三房村	14 岁以上在外人口初小占比	6	0.00	1.00	0.6667	0.51640
	有效个案数	6				
利农村	14 岁以上在外人口初小占比	21	0.00	1.00	0.2302	0.37072
	有效个案数	21				
溪南村	14 岁以上在外人口初小占比	10	0.00	1.00	0.3650	0.39303
	有效个案数	10				

由表 4-30 可以看出，1936 年无锡 11 个村 14 岁以上在外人口高小占比情况存在着差异。华三房村 14 岁以上在外人口高小占比最低，为 0.0833，吴塘村最高，为 0.3421。

表 4-30　1936 年无锡 11 个村 14 岁以上在外人口高小占比情况

调查村		N	最小值	最大值	均值	标准偏差
前进村	14 岁以上在外人口高小占比	38	0.00	1.00	0.0982	0.28017
	有效个案数	38				
吴塘村	14 岁以上在外人口高小占比	19	0.00	1.00	0.3421	0.47295
	有效个案数	19				
马鞍村	14 岁以上在外人口高小占比	10	0.00	1.00	0.1000	0.31623
	有效个案数	10				
庄桥村	14 岁以上在外人口高小占比	10	0.00	1.00	0.1000	0.31623
	有效个案数	10				
太湖村	14 岁以上在外人口高小占比	14	0.00	1.00	0.2500	0.42743
	有效个案数	14				
曹庄村	14 岁以上在外人口高小占比	14	0.00	1.00	0.1071	0.28947
	有效个案数	14				
刘巷村	14 岁以上在外人口高小占比	18	0.00	1.00	0.1111	0.32338
	有效个案数	18				
玉东村	14 岁以上在外人口高小占比	33	0.00	1.00	0.1818	0.39167
	有效个案数	33				
华三房村	14 岁以上在外人口高小占比	6	0.00	0.50	0.0833	0.20412
	有效个案数	6				

续表

调查村		N	最小值	最大值	均值	标准偏差
利农村	14 岁以上在外人口高小占比	21	0.00	1.00	0.1667	0.32914
	有效个案数	21				
溪南村	14 岁以上在外人口高小占比	10	0.00	1.00	0.2900	0.34464
	有效个案数	10				

由表 4-31 可以看出，1936 年无锡 11 个村 14 岁以上在外人口初中占比情况存在着差异。曹庄村 14 岁以上在外人口 14 户，初中占比是几个村最高的，为 0.2500，有四个村初中占比最低，为 0，分别是庄桥村、太湖村、玉东村、华三房村。

表 4-31　1936 年无锡 11 个村 14 岁以上在外人口初中占比情况

调查村		N	最小值	最大值	均值	标准偏差
前进村	14 岁以上在外人口初中占比	38	0.00	1.00	0.0263	0.16222
	有效个案数	38				
吴塘村	14 岁以上在外人口初中占比	19	0.00	0.50	0.0526	0.15765
	有效个案数	19				
马鞍村	14 岁以上在外人口初中占比	10	0.00	1.00	0.1000	0.31623
	有效个案数	10				
庄桥村	14 岁以上在外人口初中占比	10	0.00	0.00	0.0000	0.00000
	有效个案数	10				
太湖村	14 岁以上在外人口初中占比	14	0.00	0.00	0.0000	0.00000
	有效个案数	14				
曹庄村	14 岁以上在外人口初中占比	14	0.00	1.00	0.2500	0.42743
	有效个案数	14				
刘巷村	14 岁以上在外人口初中占比	18	0.00	1.00	0.0556	0.23570
	有效个案数	18				
玉东村	14 岁以上在外人口初中占比	33	0.00	0.00	0.0000	0.00000
	有效个案数	33				
华三房村	14 岁以上在外人口初中占比	6	0.00	0.00	0.0000	0.00000
	有效个案数	6				
利农村	14 岁以上在外人口初中占比	21	0.00	0.33	0.0317	0.10026
	有效个案数	21				
溪南村	14 岁以上在外人口初中占比	10	0.00	1.00	0.1333	0.32203
	有效个案数	10				

由表 4-32 可以看出，1936 年无锡 11 个村 14 岁以上在外人口高中占比有 7 个村为 0，其余几个村也存在着差异，溪南村是这几个村最高的，为 0.1667。

表 4-32　1936 年无锡 11 个村 14 岁以上在外人口高中占比情况

调查村		N	最小值	最大值	均值	标准偏差
前进村	14 岁以上在外人口高中占比	38	0.00	0.00	0.0000	0.00000
	有效个案数	38				
吴塘村	14 岁以上在外人口高中占比	19	0.00	1.00	0.1316	0.32669
	有效个案数	19				
马鞍村	14 岁以上在外人口高中占比	10	0.00	0.00	0.0000	0.00000
	有效个案数	10				
庄桥村	14 岁以上在外人口高中占比	10	0.00	0.00	0.0000	0.00000
	有效个案数	10				
太湖村	14 岁以上在外人口高中占比	14	0.00	0.50	0.0357	0.13363
	有效个案数	14				
曹庄村	14 岁以上在外人口高中占比	14	0.00	0.50	0.0357	0.13363
	有效个案数	14				
刘巷村	14 岁以上在外人口高中占比	18	0.00	0.00	0.0000	0.00000
	有效个案数	18				
玉东村	14 岁以上在外人口高中占比	33	0.00	0.00	0.0000	0.00000
	有效个案数	33				
华三房村	14 岁以上在外人口高中占比	6	0.00	0.00	0.0000	0.00000
	有效个案数	6				
利农村	14 岁以上在外人口高中占比	21	0.00	0.00	0.0000	0.00000
	有效个案数	21				
溪南村	14 岁以上在外人口高中占比	10	0.00	1.00	0.1667	0.36004
	有效个案数	10				

由表 4-33 可以看出，1936 年无锡 11 个村 14 岁以上在外人口大学占比情况除四个村以外，其余均为 0，其中庄桥村是最高的，为 0.2830。

表 4-33　1936 年无锡 11 个村 14 岁以上在外人口大学占比情况

调查村		N	最小值	最大值	均值	标准偏差
前进村	14 岁以上在外人口大学占比	38	0.00	0.00	0.0000	0.00000
	有效个案数	38				
吴塘村	14 岁以上在外人口大学占比	19	0.00	0.00	0.0000	0.00000
	有效个案数	19				
马鞍村	14 岁以上在外人口大学占比	10	0.00	1.00	0.1000	0.31623
	有效个案数	10				

续表

调查村		N	最小值	最大值	均值	标准偏差
庄桥村	14 岁以上在外人口大学占比	10	0.00	2.83	0.2830	0.89492
	有效个案数	10				
太湖村	14 岁以上在外人口大学占比	14	0.00	0.50	0.0357	0.13363
	有效个案数	14				
曹庄村	14 岁以上在外人口大学占比	14	0.00	0.00	0.0000	0.00000
	有效个案数	14				
刘巷村	14 岁以上在外人口大学占比	18	0.00	0.00	0.0000	0.00000
	有效个案数	18				
玉东村	14 岁以上在外人口大学占比	33	0.00	0.00	0.0000	0.00000
	有效个案数	33				
华三房村	14 岁以上在外人口大学占比	6	0.00	0.50	0.0833	0.20412
	有效个案数	6				
利农村	14 岁以上在外人口大学占比	21	0.00	0.00	0.0000	0.00000
	有效个案数	21				
溪南村	14 岁以上在外人口大学占比	10	0.00	0.00	0.0000	0.00000
	有效个案数	10				

第五节　1936 年无锡农民农业经营情况

由表 4-34 可以看出，1936 年无锡 11 个村占有土地情况存在着差异。华三房村占有土地最多，为 29.9836，且大部分为农业用地，庄桥村占有土地最少，为 2.6855。

表 4-34　1936 年无锡 11 个村占有土地情况

调查村		N	最小值	最大值	均值	标准偏差
前进村	占有土地合计（市亩）	98	0.00	26.64	3.6581	3.91145
	其中：农业用地（市亩）	98	0.00	25.95	3.2764	3.77812
	有效个案数	98				
吴塘村	占有土地合计（市亩）	51	0.15	33.90	7.4098	7.16746
	其中：农业用地（市亩）	51	0.00	23.40	4.3361	4.83118
	有效个案数	51				
马鞍村	占有土地合计（市亩）	40	0.00	60.10	11.1035	14.42720
	其中：农业用地（市亩）	40	0.00	59.60	9.8360	14.01361
	有效个案数	40				

续表

调查村		N	最小值	最大值	均值	标准偏差
庄桥村	占有土地合计（市亩）	40	0.15	10.14	2.6855	2.40990
	其中：农业用地（市亩）	40	0.00	8.83	1.9398	2.15964
	有效个案数	40				
太湖村	占有土地合计（市亩）	41	1.32	20.09	6.2883	4.51925
	其中：农业用地（市亩）	41	0.70	18.90	5.5907	4.24546
	有效个案数	41				
曹庄村	占有土地合计（市亩）	63	0.00	151.30	11.5533	20.26786
	其中：农业用地（市亩）	63	0.00	150.00	11.0256	20.10813
	有效个案数	63				
刘巷村	占有土地合计（市亩）	93	0.00	356.00	6.4535	37.93747
	其中：农业用地（市亩）	93	0.00	90.00	2.5061	9.69826
	有效个案数	93				
玉东村	占有土地合计（市亩）	95	0.00	63.18	4.3903	7.72157
	其中：农业用地（市亩）	95	0.00	63.00	3.9796	7.52376
	有效个案数	95				
华三房村	占有土地合计（市亩）	36	0.00	1004.00	29.9836	166.99882
	其中：农业用地（市亩）	36	0.00	998.00	29.1969	166.10082
	有效个案数	36				
利农村	占有土地合计（市亩）	54	0.00	50.20	4.1176	7.61486
	其中：农业用地（市亩）	54	0.00	50.00	3.7126	7.52795
	有效个案数	54				
溪南村	占有土地合计（市亩）	16	0.00	183.20	28.8331	44.62530
	其中：农业用地（市亩）	16	0.00	181.00	27.9906	44.14150
	有效个案数	16				

由表 4-35 可以看出，1936 年无锡 11 个村典入典出土地情况存在着差异。

表 4-35　1936 年无锡 11 个村典入典出土地情况

调查村		N	最小值	最大值	均值	标准偏差
前进村	典入土地合计（市亩）	98	0.00	0.60	0.0061	0.06061
	其中：农业用地（市亩）	98	0.00	0.60	0.0061	0.06061
	典出土地合计（市亩）	98	0.00	1.40	0.0214	0.15077
	其中：农业用地（市亩）	98	0.00	1.40	0.0214	0.15077
	有效个案数	98				

续表

调查村		N	最小值	最大值	均值	标准偏差
吴塘村	典入土地合计（市亩）	51	0.00	0.00	0.0000	0.00000
	其中：农业用地（市亩）	51	0.00	0.00	0.0000	0.00000
	典出土地合计（市亩）	51	0.00	3.30	0.1235	0.54976
	其中：农业用地（市亩）	51	0.00	3.30	0.1235	0.54976
	有效个案数	51				
马鞍村	典入土地合计（市亩）	40	0.00	0.00	0.0000	0.00000
	其中：农业用地（市亩）	40	0.00	0.00	0.0000	0.00000
	典出土地合计（市亩）	40	0.00	10.50	1.2595	2.35961
	其中：农业用地（市亩）	40	0.00	10.50	1.2427	2.35236
	有效个案数	40				
庄桥村	典入土地合计（市亩）	40	0.00	2.45	0.0613	0.38738
	其中：农业用地（市亩）	40	0.00	2.45	0.0613	0.38738
	典出土地合计（市亩）	40	0.00	3.69	0.5223	1.01322
	其中：农业用地（市亩）	40	0.00	3.69	0.5223	1.01322
	有效个案数	40				
太湖村	典入土地合计（市亩）	41	0.00	0.00	0.0000	0.00000
	其中：农业用地（市亩）	41	0.00	0.00	0.0000	0.00000
	典出土地合计（市亩）	41	0.00	6.00	1.2029	1.74667
	其中：农业用地（市亩）	41	0.00	6.00	1.2029	1.74667
	有效个案数	41				
曹庄村	典入土地合计（市亩）	63	0.00	21.00	0.7484	3.35318
	其中：农业用地（市亩）	63	0.00	21.00	0.7484	3.35318
	典出土地合计（市亩）	63	0.00	5.50	0.2357	0.89616
	其中：农业用地（市亩）	63	0.00	5.50	0.2357	0.89616
	有效个案数	63				
刘巷村	典入土地合计（市亩）	93	0.00	0.00	0.0000	0.00000
	其中：农业用地（市亩）	93	0.00	0.00	0.0000	0.00000
	典出土地合计（市亩）	93	0.00	2.50	0.0269	0.25924
	其中：农业用地（市亩）	93	0.00	3.50	0.0376	0.36293
	有效个案数	93				
玉东村	典入土地合计（市亩）	95	0.00	1.95	0.0235	0.20154
	其中：农业用地（市亩）	95	0.00	1.95	0.0226	0.20090
	典出土地合计（市亩）	95	0.00	3.80	0.1663	0.64443
	其中：农业用地（市亩）	95	0.00	3.80	0.1663	0.64443
	有效个案数	95				

续表

调查村		N	最小值	最大值	均值	标准偏差
华三房村	典入土地合计（市亩）	36	0.00	5.30	0.1472	0.88333
	其中：农业用地（市亩）	36	0.00	5.30	0.1472	0.88333
	典出土地合计（市亩）	36	0.00	1.00	0.0278	0.16667
	其中：农业用地（市亩）	36	0.00	1.00	0.0278	0.16667
	有效个案数	36				
利农村	典入土地合计（市亩）	54	0.00	0.00	0.0000	0.00000
	其中：农业用地（市亩）	54	0.00	0.00	0.0000	0.00000
	典出土地合计（市亩）	54	0.00	3.33	0.1469	0.58896
	其中：农业用地（市亩）	54	0.00	3.18	0.1441	0.57382
	有效个案数	54				
溪南村	典入土地合计（市亩）	16	0.00	120.00	10.2063	29.79562
	其中：农业用地（市亩）	16	0.00	120.00	10.2063	29.79562
	典出土地合计（市亩）	16	0.00	7.85	0.8844	2.07201
	其中：农业用地（市亩）	16	0.00	7.40	0.8563	1.97179
	有效个案数	16				

由表 4-36 可以看出，1936 年无锡 11 个村租入租出农业用地情况存在着差异。

表 4-36　1936 年无锡 11 个村租入租出农业用地情况

调查村		N	最小值	最大值	均值	标准偏差
前进村	租入农业用地：谷租：面积（市亩）	98	0.00	6.15	1.5622	1.58097
	租额：糙米（市斤）	98	0.00	959.00	254.4233	260.76507
	租额：小麦（市斤）	98	0.00	98.00	1.3367	10.41306
	钱租：面积（市亩）	98	0.00	3.38	0.0613	0.41595
	钱租：租额（元）	98	0.00	18.10	0.4061	2.51867
	租出农业用地：谷租：面积（市亩）	98	0.00	9.03	0.3080	1.32979
	谷租：租额：糙米（市斤）	98	0.00	1831.00	60.1837	276.23184
	谷租：租额：小麦（市斤）	98	0.00	0.00	0.0000	0.00000
	钱租：面积（市亩）	98	0.00	0.00	0.0000	0.00000
	钱租：租额（元）	98	0.00	0.00	0.0000	0.00000
	有效个案数	98				
吴塘村	租入农业用地：谷租：面积（市亩）	51	0.00	10.50	2.0618	2.35889
	谷租：租额：糙米（市斤）	51	0.00	1472.00	338.1451	365.21377
	谷租：租额：小麦（市斤）	51	0.00	0.00	0.0000	0.00000
	钱租：面积（市亩）	51	0.00	0.80	0.0255	0.13091
	钱租：租额（元）	51	0.00	4.00	0.1373	0.69339

续表

调查村		N	最小值	最大值	均值	标准偏差
吴塘村	租出农业用地：谷租：面积（市亩）	51	0.00	11.60	1.0608	2.31905
	谷租：租额：糙米（市斤）	51	0.00	1856.00	181.9569	401.43411
	谷租：租额：小麦（市斤）	51	0.00	0.00	0.0000	0.00000
	钱租：面积（市亩）	51	0.00	0.00	0.0000	0.00000
	钱租：租额（元）	51	0.00	0.00	0.0000	0.00000
	有效个案数	51				
马鞍村	租入农业用地：谷租：面积（市亩）	40	0.00	14.40	4.5867	4.20466
	谷租：租额：糙米（市斤）	40	0.00	1622.00	557.7250	502.43004
	谷租：租额：小麦（市斤）	40	0.00	449.00	126.4000	130.40839
	钱租：面积（市亩）	40	0.00	0.74	0.0185	0.11700
	钱租：租额（元）	40	0.00	4.00	0.1000	0.63246
	租入农业用地：谷租：面积（市亩）	40	0.00	34.50	2.7628	7.57846
	谷租：租额：糙米（市斤）	40	0.00	4640.00	323.8000	919.17157
	谷租：租额：小麦（市斤）	40	0.00	1076.00	60.3750	200.55828
	钱租：面积（市亩）	40	0.00	0.00	0.0000	0.00000
	钱租：租额（元）	40	0.00	0.00	0.0000	0.00000
	有效个案数	40				
庄桥村	租入农业用地：谷租：面积（市亩）	40	0.00	8.40	3.7005	2.04683
	谷租：租额：糙米（市斤）	40	0.00	1355.00	567.8500	311.90864
	谷租：租额：小麦（市斤）	40	0.00	0.00	0.0000	0.00000
	钱租：面积（市亩）	40	0.00	1.15	0.0463	0.21043
	钱租：租额（元）	40	0.00	10.58	0.4645	2.07121
	租入农业用地：谷租：面积（市亩）	40	0.00	2.00	0.0687	0.33487
	谷租：租额：糙米（市斤）	40	0.00	101.00	3.8000	17.70441
	谷租：租额：小麦（市斤）	40	0.00	0.00	0.0000	0.00000
	钱租：面积（市亩）	40	0.00	0.00	0.0000	0.00000
	钱租：租额（元）	40	0.00	0.00	0.0000	0.00000
	有效个案数	40				
太湖村	租入农业用地：谷租：面积（市亩）	41	0.00	6.00	1.3278	1.79738
	谷租：租额：糙米（市斤）	41	0.00	960.00	229.2195	310.28749
	谷租：租额：小麦（市斤）	41	0.00	0.00	0.0000	0.00000
	钱租：面积（市亩）	41	0.00	3.20	0.0780	0.49976
	钱租：租额（元）	41	0.00	14.00	0.3415	2.18643
	租入农业用地：谷租：面积（市亩）	41	0.00	11.30	0.6732	2.11247
	谷租：租额：糙米（市斤）	41	0.00	2215.00	126.9024	403.78855

续表

调查村		N	最小值	最大值	均值	标准偏差
太湖村	租出农业用地：谷租：租额：小麦（市斤）	41	0.00	0.00	0.0000	0.00000
	钱租：面积（市亩）	41	0.00	0.00	0.0000	0.00000
	钱租：租额（元）	41	0.00	0.00	0.0000	0.00000
	有效个案数	41				
曹庄村	租入农业用地：谷租：面积（市亩）	63	0.00	7.55	1.4600	1.90524
	谷租：租额：糙米（市斤）	63	0.00	947.00	156.2063	228.51139
	谷租：租额：小麦（市斤）	63	0.00	278.00	36.1270	63.03698
	钱租：面积（市亩）	63	0.00	3.00	0.1198	0.49835
	钱租：租额（元）	63	0.00	21.06	0.8183	3.40708
	租入农业用地：谷租：面积（市亩）	63	0.00	140.30	3.4389	17.97681
	谷租：租额：糙米（市斤）	63	0.00	13606.00	371.9365	1763.97261
	谷租：租额：小麦（市斤）	63	0.00	1824.00	60.0635	257.70306
	钱租：面积（市亩）	63	0.00	1.30	0.0206	0.16378
	钱租：租额（元）	63	0.00	9.80	0.1556	1.23468
	有效个案数	63				
刘巷村	租入农业用地：谷租：面积（市亩）	93	0.00	75.00	4.4598	7.85923
	谷租：租额：糙米（市斤）	93	0.00	1043.00	313.6022	237.00734
	谷租：租额：小麦（市斤）	93	0.00	0.00	0.0000	0.00000
	钱租：面积（市亩）	93	0.00	0.00	0.0000	0.00000
	钱租：租额（元）	93	0.00	0.00	0.0000	0.00000
	租入农业用地：谷租：面积（市亩）	93	0.00	78.00	1.0538	8.11884
	谷租：租额：糙米（市斤）	93	0.00	655.00	28.9462	116.38956
	谷租：租额：小麦（市斤）	93	0.00	0.00	0.0000	0.00000
	钱租：面积（市亩）	93	0.00	0.00	0.0000	0.00000
	钱租：租额（元）	93	0.00	0.00	0.0000	0.00000
	有效个案数	93				
玉东村	租入农业用地：谷租：面积（市亩）	95	0.00	12.50	2.5525	2.44743
	谷租：租额：糙米（市斤）	95	0.00	1945.00	307.6737	332.83992
	谷租：租额：小麦（市斤）	95	0.00	340.00	52.3895	65.80990
	钱租：面积（市亩）	95	0.00	1.50	0.0326	0.18875
	钱租：租额（元）	95	0.00	10.00	0.2484	1.46555
	租入农业用地：谷租：面积（市亩）	95	0.00	66.00	0.8433	6.83180
	谷租：租额：糙米（市斤）	95	0.00	8222.00	103.5474	850.21996
	谷租：租额：小麦（市斤）	95	0.00	1903.00	20.6842	195.24122
	钱租：面积（市亩）	95	0.00	0.00	0.0000	0.00000

续表

调查村		N	最小值	最大值	均值	标准偏差
玉东村	租出农业用地：钱租：租额（元）	95	0.00	0.00	0.0000	0.00000
	有效个案数	95				
华三房村	租入农业用地：谷租：面积（市亩）	36	0.00	22.25	6.2578	5.08697
	谷租：租额：糙米（市斤）	36	0.00	2670.00	784.2778	646.96569
	谷租：租额：小麦（市斤）	36	0.00	689.00	192.7222	155.72514
	钱租：面积（市亩）	36	0.00	8.00	0.2667	1.35225
	钱租：租额（元）	36	0.00	48.00	1.6444	8.16279
	租入农业用地：谷租：面积（市亩）	36	0.00	984.00	27.3333	164.00000
	谷租：租额：糙米（市斤）	36	0.00	137732.00	3825.8889	22955.33333
	谷租：租额：小麦（市斤）	36	0.00	29997.00	833.2500	4999.50000
	钱租：面积（市亩）	36	0.00	0.00	0.0000	0.00000
	钱租：租额（元）	36	0.00	0.00	0.0000	0.00000
	有效个案数	36				
利农村	租入农业用地：谷租：面积（市亩）	54	0.00	10.45	1.8906	1.94090
	谷租：租额：糙米（市斤）	54	0.00	2006.00	302.8333	342.87110
	谷租：租额：小麦（市斤）	54	0.00	0.00	0.0000	0.00000
	钱租：面积（市亩）	54	0.00	2.80	0.2981	0.65466
	钱租：租额（元）	54	0.00	20.00	2.3481	5.29837
	租入农业用地：谷租：面积（市亩）	54	0.00	50.00	1.3731	6.93671
	谷租：租额：糙米（市斤）	54	0.00	6480.00	188.3889	906.01438
	谷租：租额：小麦（市斤）	54	0.00	1560.00	28.8889	212.28911
	钱租：面积（市亩）	54	0.00	3.18	0.0589	0.43274
	钱租：租额（元）	54	0.00	34.34	0.6359	4.67308
	有效个案数	54				
溪南村	租入农业用地：谷租：面积（市亩）	16	0.00	10.15	1.5281	2.73410
	谷租：租额：糙米（市斤）	16	0.00	1583.00	222.7500	420.53323
	谷租：租额：小麦（市斤）	16	0.00	317.00	45.7500	86.17927
	钱租：面积（市亩）	16	0.00	0.00	0.0000	0.00000
	钱租：租额（元）	16	0.00	0.00	0.0000	0.00000
	租入农业用地：谷租：面积（市亩）	16	0.00	142.50	16.2562	36.18524
	谷租：租额：糙米（市斤）	16	0.00	17784.00	2090.3750	4538.38755
	谷租：租额：小麦（市斤）	16	0.00	4430.00	505.5625	1125.41714
	钱租：面积（市亩）	16	0.00	0.00	0.0000	0.00000
	钱租：租额（元）	16	0.00	0.00	0.0000	0.00000
	有效个案数	16				

由表 4-37 可以看出，1936 年无锡 11 个村使用农地面积情况存在着差异。马鞍村最高，为 11.7038，利农村最低，为 4.5398。

表 4-37 1936 年无锡 11 个村使用农地面积情况

调查村		N	最小值	最大值	均值	标准偏差
前进村	使用农地面积（市亩）	98	0.00	26.95	4.5890	3.92320
	有效个案数	98				
吴塘村	使用农地面积（市亩）	51	0.00	17.34	5.3588	4.03390
	有效个案数	51				
马鞍村	使用农地面积（市亩）	40	0.00	37.00	11.7038	8.05285
	有效个案数	40				
庄桥村	使用农地面积（市亩）	40	0.92	11.51	5.7780	2.36125
	有效个案数	40				
太湖村	使用农地面积（市亩）	41	0.50	17.47	6.3234	4.14419
	有效个案数	41				
曹庄村	使用农地面积（市亩）	63	1.00	30.50	9.1459	6.88011
	有效个案数	63				
刘巷村	使用农地面积（市亩）	93	0.00	26.00	5.2283	3.90160
	有效个案数	93				
玉东村	使用农地面积（市亩）	95	0.00	20.60	5.7762	4.46459
	有效个案数	95				
华三房村	使用农地面积（市亩）	36	0.00	24.30	8.3881	5.41280
	有效个案数	36				
利农村	使用农地面积（市亩）	54	0.00	12.29	4.5398	3.42133
	有效个案数	54				
溪南村	使用农地面积（市亩）	16	0.00	38.50	13.0469	12.56279
	有效个案数	16				

由表 4-38 可以看出，1936 年无锡 11 个村种植稻和小麦情况存在着差异。11 个村中溪南村播种稻和小麦最多，分别为 10.7300 市亩、8.9513 市亩，总产量也是最多的，分别为 3920.7500 市斤、1505.6250 市斤。

表 4-38 1936 年无锡 11 个村种植稻和小麦情况

调查村		N	最小值	最大值	均值	标准偏差
前进村	稻：播种面积（市亩）	98	0.00	23.95	3.8412	3.51269
	总产量（糙米）（市斤）	98	0.00	11856.00	1510.3469	1538.15612
	小麦：播种面积（市亩）	98	0.00	23.45	3.7051	3.41772

续表

调查村		N	最小值	最大值	均值	标准偏差
前进村	小麦：总产量（市斤）	98	0.00	2814.00	423.6531	417.22861
	有效个案数	98				
吴塘村	稻：播种面积（市亩）	51	0.00	10.55	3.9452	2.85737
	总产量（糙米）（市斤）	51	0.00	4220.00	1347.0200	1056.44045
	小麦：播种面积（市亩）	51	0.00	10.15	3.6756	2.66688
	总产量（市斤）	51	0.00	1280.00	405.2745	327.68661
	有效个案数	51				
马鞍村	稻：播种面积（市亩）	40	0.00	33.00	10.0440	7.29735
	总产量（糙米）（市斤）	40	0.00	12342.00	3717.3000	2865.99502
	小麦：播种面积（市亩）	40	0.00	20.00	5.8500	4.01631
	总产量（市斤）	40	0.00	1872.00	593.2500	483.65678
	有效个案数	40				
庄桥村	稻：播种面积（市亩）	40	0.00	10.34	4.4261	2.16565
	总产量（糙米）（市斤）	40	0.00	3224.00	1468.6750	771.15496
	小麦：播种面积（市亩）	40	0.00	10.04	4.1393	2.08026
	总产量（市斤）	40	0.00	775.00	327.1250	184.26182
	有效个案数	40				
太湖村	稻：播种面积（市亩）	41	0.00	13.60	5.1588	3.61596
	总产量（糙米）（市斤）	41	0.00	5440.00	1946.0976	1442.52085
	小麦：播种面积（市亩）	41	0.00	13.20	5.0280	3.51919
	总产量（市斤）	41	0.00	1320.00	448.6341	349.52852
	有效个案数	41				
曹庄村	稻：播种面积（市亩）	63	0.00	22.17	5.8951	5.70959
	总产量（糙米）（市斤）	63	0.00	9999.00	2441.7937	2461.14572
	小麦：播种面积（市亩）	63	0.00	18.50	4.9573	4.60827
	总产量（市斤）	63	0.00	2313.00	574.8413	548.31405
	有效个案数	63				
刘巷村	稻：播种面积（市亩）	93	0.00	24.00	4.8057	3.68604
	总产量（糙米）（市斤）	93	0.00	13104.00	1612.0645	1648.03530
	小麦：播种面积（市亩）	93	0.00	24.00	3.1733	3.10121
	总产量（市斤）	93	0.00	8160.00	569.8710	891.60650
	有效个案数	93				
玉东村	稻：播种面积（市亩）	95	0.00	13.50	4.3236	3.41225
	总产量（糙米）（市斤）	95	0.00	6600.00	1568.0947	1357.85769
	小麦：播种面积（市亩）	95	0.00	10.40	2.7226	2.33552

续表

调查村		N	最小值	最大值	均值	标准偏差
玉东村	小麦：总产量（市斤）	95	0.00	1700.00	328.0842	318.31500
	有效个案数	95				
华三房村	稻：播种面积（市亩）	36	0.00	20.80	7.1042	4.78559
	总产量（糙米）（市斤）	36	0.00	7488.00	2543.1111	1793.77308
	小麦：播种面积（市亩）	36	0.00	17.00	6.1908	4.19341
	总产量（市斤）	36	0.00	1360.00	422.5000	323.95727
	有效个案数	36				
利农村	稻：播种面积（市亩）	54	0.00	10.45	3.1522	2.64943
	总产量（糙米）（市斤）	54	0.00	4682.00	1173.0000	1102.15354
	小麦：播种面积（市亩）	54	0.00	10.20	2.9989	2.50678
	总产量（市斤）	54	0.00	1152.00	235.1111	244.72153
	有效个案数	54				
溪南村	稻：播种面积（市亩）	16	0.00	34.00	10.7300	10.64734
	总产量（糙米）（市斤）	16	0.00	13260.00	3920.7500	4265.53246
	小麦：播种面积（市亩）	16	0.00	30.00	8.9513	9.01874
	总产量（市斤）	16	0.00	7500.00	1505.6250	1924.50904
	有效个案数	16				

由表4-39可以看出，1936年无锡11个村种植经济作物情况存在着差异。曹庄村的桑现有面积2.9048市亩，为几个村最大且均可采桑，桑总产量2292.3333市斤。果园、大豆播种面积几个村均没有或比较小。

表4-39　1936年无锡11个村种植经济作物情况

调查村		N	最小值	最大值	均值	标准偏差
前进村	桑：现有面积（市亩）	98	0.00	3.18	0.7229	0.72423
	其中：可采桑面积（市亩）	98	0.00	3.18	0.7178	0.70964
	总产量（叶片）（市斤）	98	0.00	3600.00	527.7857	603.30990
	果园：面积（市亩）	98	0.00	0.00	0.0000	0.00000
	总产量（鲜果）（市斤）	98	0.00	0.00	0.0000	0.00000
	大豆：播种面积（市亩）	98	0.00	0.70	0.0082	0.07133
	总产量（市斤）	98	0.00	210.00	2.3163	21.26494
	有效个案数	98				
吴塘村	桑：现有面积（市亩）	51	0.00	4.50	1.1921	1.06239
	其中：可采桑面积（市亩）	51	0.00	4.50	1.1921	1.06218
	总产量（叶片）（市斤）	51	0.00	7200.00	1374.1137	1719.30094

续表

调查村		N	最小值	最大值	均值	标准偏差
吴塘村	果园：面积（市亩）	51	0.00	10.50	0.2216	1.47232
	总产量（鲜果）（市斤）	51	0.00	640.00	12.5490	89.61793
	大豆：播种面积（市亩）	51	0.00	0.00	0.0000	0.00000
	总产量（市斤）	51	0.00	64.00	1.5490	9.16365
	有效个案数	51				
马鞍村	桑：现有面积（市亩）	40	0.00	5.00	1.6180	1.22270
	其中：可采桑面积（市亩）	40	0.00	5.00	1.6155	1.22042
	总产量（叶片）（市斤）	40	0.00	2700.00	915.3500	790.00894
	果园：面积（市亩）	40	0.00	0.77	0.0193	0.12175
	总产量（鲜果）（市斤）	40	0.00	0.00	0.0000	0.00000
	大豆：播种面积（市亩）	40	0.00	0.00	0.0000	0.00000
	总产量（市斤）	40	0.00	0.00	0.0000	0.00000
	有效个案数	40				
庄桥村	桑：现有面积（市亩）	40	0.00	4.00	1.2045	0.79976
	其中：可采桑面积（市亩）	40	0.00	14.00	1.4753	2.18350
	总产量（叶片）（市斤）	40	0.00	3600.00	1047.0500	716.37896
	果园：面积（市亩）	40	0.00	0.00	0.0000	0.00000
	总产量（鲜果）（市斤）	40	0.00	0.00	0.0000	0.00000
	大豆：播种面积（市亩）	40	0.00	0.84	0.0285	0.13988
	总产量（市斤）	40	0.00	70.00	8.6000	18.24309
	有效个案数	40				
太湖村	桑：现有面积（市亩）	41	0.20	3.87	1.1559	0.75252
	其中：可采桑面积（市亩）	41	0.20	3.87	1.1654	0.76637
	总产量（叶片）（市斤）	41	200.00	2709.00	931.2195	595.17185
	果园：面积（市亩）	41	0.00	0.00	0.0000	0.00000
	总产量（鲜果）（市斤）	41	0.00	0.00	0.0000	0.00000
	大豆：播种面积（市亩）	41	0.00	0.00	0.0000	0.00000
	总产量（市斤）	41	0.00	0.00	0.0000	0.00000
	有效个案数	41				
曹庄村	桑：现有面积（市亩）	63	0.50	7.00	2.9048	1.64370
	其中：可采桑面积（市亩）	63	0.50	7.00	2.9048	1.64370
	总产量（叶片）（市斤）	63	350.00	6240.00	2292.3333	1447.49420
	果园：面积（市亩）	63	0.00	0.00	0.0000	0.00000
	总产量（鲜果）（市斤）	63	0.00	0.00	0.0000	0.00000

续表

调查村		N	最小值	最大值	均值	标准偏差
曹庄村	大豆：播种面积（市亩）	63	0.00	3.00	0.2825	0.73255
	总产量（市斤）	63	0.00	454.00	129.0159	119.69309
	有效个案数	63				
刘巷村	桑：现有面积（市亩）	93	0.00	2.00	0.3869	0.47328
	其中：可采桑面积（市亩）	93	0.00	2.00	0.3815	0.47195
	总产量（叶片）（市斤）	93	0.00	2400.00	277.5699	411.61795
	果园：面积（市亩）	93	0.00	0.00	0.0000	0.00000
	总产量（鲜果）（市斤）	93	0.00	0.00	0.0000	0.00000
	大豆：播种面积（市亩）	93	0.00	0.70	0.0075	0.07259
	总产量（市斤）	93	0.00	63.00	0.6774	6.53280
	有效个案数	93				
玉东村	桑：现有面积（市亩）	95	0.00	7.90	1.1785	1.14085
	其中：可采桑面积（市亩）	95	0.00	7.90	1.1778	1.14094
	总产量（叶片）（市斤）	95	0.00	7900.00	1146.7474	1169.95820
	果园：面积（市亩）	95	0.00	0.00	0.0000	0.00000
	总产量（鲜果）（市斤）	95	0.00	0.00	0.0000	0.00000
	大豆：播种面积（市亩）	95	0.00	0.40	0.0042	0.04104
	总产量（市斤）	95	0.00	70.00	0.7368	7.18185
	有效个案数	95				
华三房村	桑：现有面积（市亩）	36	0.00	6.00	1.2756	1.20341
	其中：可采桑面积（市亩）	36	0.00	6.00	1.2672	1.20995
	总产量（叶片）（市斤）	36	0.00	4800.00	715.8056	860.51678
	果园：面积（市亩）	36	0.00	0.00	0.0000	0.00000
	总产量（鲜果）（市斤）	36	0.00	200.00	5.5556	33.33333
	大豆：播种面积（市亩）	36	0.00	0.00	0.0000	0.00000
	总产量（市斤）	36	0.00	270.00	39.3056	54.35535
	有效个案数	36				
利农村	桑：现有面积（市亩）	54	0.00	4.69	1.3170	1.09873
	其中：可采桑面积（市亩）	54	0.00	4.69	1.2920	1.09710
	总产量（叶片）（市斤）	54	0.00	4686.00	964.1667	1071.73359
	果园：面积（市亩）	54	0.00	0.00	0.0000	0.00000
	总产量（鲜果）（市斤）	54	0.00	0.00	0.0000	0.00000
	大豆：播种面积（市亩）	54	0.00	2.00	0.0630	0.30548
	总产量（市斤）	54	0.00	405.00	13.5185	59.79233
	有效个案数	54				

续表

调查村		N	最小值	最大值	均值	标准偏差
溪南村	桑：现有面积（市亩）	16	0.00	10.00	2.1394	2.68604
	其中：可采桑面积（市亩）	16	0.00	10.00	2.1269	2.69215
	总产量（叶片）（市斤）	16	0.00	9000.00	1725.3750	2440.17668
	果园：面积（市亩）	16	0.00	0.00	0.0000	0.00000
	总产量（鲜果）（市斤）	16	0.00	0.00	0.0000	0.00000
	大豆：播种面积（市亩）	16	0.00	0.10	0.0062	0.02500
	总产量（市斤）	16	0.00	15.00	0.9375	3.75000
	有效个案数	16				

由表 4-40 可以看出，1936 年无锡 11 个村种植其他作物情况存在着差异，但均比较小。

表 4-40　1936 年无锡 11 个村种植其他作物情况

调查村		N	最小值	最大值	均值	标准偏差
前进村	面积（市亩）	98	0.00	1.62	0.5188	0.32918
	总产量（元）	98	0.00	36.50	10.3891	5.97702
	有效个案数	98				
吴塘村	面积（市亩）	51	0.00	0.00	0.0000	0.00000
	总产量（元）	51	0.00	26.63	9.7275	6.57845
	有效个案数	51				
马鞍村	面积（市亩）	40	0.00	7.73	2.5432	2.10426
	总产量（元）	40	0.00	41.47	17.7958	9.74064
	有效个案数	40				
庄桥村	面积（市亩）	40	0.00	2.00	0.0730	0.32491
	总产量（元）	40	0.00	25.00	12.0262	6.58440
	有效个案数	40				
太湖村	面积（市亩）	41	0.00	0.27	0.0090	0.04460
	总产量（元）	41	0.00	20.41	7.1463	4.50512
	有效个案数	41				
曹庄村	面积（市亩）	63	0.00	23.56	1.6668	3.36511
	总产量（元）	63	0.00	131.00	20.6644	19.33618
	有效个案数	63				
刘巷村	面积（市亩）	93	0.00	0.20	0.0067	0.03301
	总产量（元）	93	0.00	23.00	3.3890	3.10602
	有效个案数	93				

续表

调查村		N	最小值	最大值	均值	标准偏差
玉东村	面积（市亩）	95	0.00	1.11	0.2804	0.29098
	总产量（元）	95	0.00	130.00	33.7379	28.92071
	有效个案数	95				
华三房村	面积（市亩）	36	0.00	4.00	0.8944	0.83784
	总产量（元）	36	0.00	62.20	18.6608	11.34196
	有效个案数	36				
利农村	面积（市亩）	54	0.00	2.10	0.5074	0.47736
	总产量（元）	54	0.00	54.00	13.6022	11.43460
	有效个案数	54				
溪南村	面积（市亩）	16	0.00	5.90	2.3500	2.19575
	总产量（元）	16	0.00	52.75	17.5844	17.00227
	有效个案数	16				

由表 4-41 可以看出，1936 年无锡 11 个村农副业雇入雇出情况存在着差异。

表 4-41　1936 年无锡 11 个村农副业雇入雇出情况

调查村		N	最小值	最大值	均值	标准偏差
前进村	农副业雇入：长工：人数（人）	98	0.00	7.30	0.0745	0.73741
	长工：工资（元）	98	0.00	0.00	0.0000	0.00000
	短工：工数（工）	98	0.00	590.00	17.7959	64.12921
	短工：工资（元）	98	0.00	134.24	7.8555	19.10319
	农副业雇出：长工：人数（人）	98	0.00	0.00	0.0000	0.00000
	长工：工资（元）	98	0.00	0.00	0.0000	0.00000
	短工：工数（工）	98	0.00	260.00	17.3980	41.00081
	短工：工资（元）	98	0.00	600.00	16.0090	64.29270
	有效个案数	98				
吴塘村	农副业雇入：长工：人数（人）	51	0.00	4.00	0.1765	0.71291
	长工：工资（元）	51	0.00	600.00	23.2157	98.85835
	短工：工数（工）	51	0.00	112.00	11.9216	23.42635
	短工：工资（元）	51	0.00	56.00	6.0618	11.68009
	农副业雇出：长工：人数（人）	51	0.00	0.00	0.0000	0.00000
	长工：工资（元）	51	0.00	0.00	0.0000	0.00000
	短工：工数（工）	51	0.00	90.00	9.6275	19.95391
	短工：工资（元）	51	0.00	45.00	4.8137	9.97695
	有效个案数	51				

续表

调查村		N	最小值	最大值	均值	标准偏差
马鞍村	农副业雇入：长工：人数（人）	40	0.00	3.00	0.3250	0.69384
	长工：工资（元）	40	0.00	139.43	17.8483	37.27394
	短工：工数（工）	40	0.00	401.00	24.8500	69.31887
	短工：工资（元）	40	0.00	64.80	6.1300	12.36791
	农副业雇出：长工：人数（人）	40	0.00	1.00	0.0500	0.22072
	长工：工资（元）	40	0.00	45.38	2.2665	10.00531
	短工：工数（工）	40	0.00	120.00	17.5000	29.87667
	短工：工资（元）	40	0.00	48.00	7.3020	12.54873
	有效个案数	40				
庄桥村	农副业雇入：长工：人数（人）	40	0.00	0.00	0.0000	0.00000
	长工：工资（元）	40	0.00	0.00	0.0000	0.00000
	短工：工数（工）	40	0.00	270.00	22.3250	46.32349
	短工：工资（元）	40	0.00	142.50	11.3850	23.87594
	农副业雇出：长工：人数（人）	40	0.00	0.00	0.0000	0.00000
	长工：工资（元）	40	0.00	0.00	0.0000	0.00000
	短工：工数（工）	40	0.00	38.00	1.9750	7.07284
	短工：工资（元）	40	0.00	17.10	0.8962	3.19184
	有效个案数	40				
太湖村	农副业雇入：长工：人数（人）	41	0.00	0.00	0.0000	0.00000
	长工：工资（元）	41	0.00	0.00	0.0000	0.00000
	短工：工数（工）	41	0.00	200.00	13.2195	34.66231
	短工：工资（元）	41	0.00	78.60	5.6298	13.68889
	农副业雇出：长工：人数（人）	41	0.00	0.00	0.0000	0.00000
	长工：工资（元）	41	0.00	0.00	0.0000	0.00000
	短工：工数（工）	41	0.00	80.00	8.3780	21.72233
	短工：工资（元）	41	0.00	30.84	3.2183	8.23927
	有效个案数	41				
曹庄村	农副业雇入：长工：人数（人）	63	0.00	2.00	0.1905	0.44385
	长工：工资（元）	63	0.00	80.40	10.3810	22.44448
	短工：工数（工）	63	0.00	137.00	20.3968	30.84171
	短工：工资（元）	63	0.00	81.00	7.3183	13.74655
	农副业雇出：长工：人数（人）	63	0.00	1.00	0.0556	0.20302
	长工：工资（元）	63	0.00	71.55	3.6657	13.82808
	短工：工数（工）	63	0.00	80.00	11.4444	19.29297
	短工：工资（元）	63	0.00	28.30	3.8476	6.67241
	有效个案数	63				

续表

调查村		N	最小值	最大值	均值	标准偏差
刘巷村	农副业雇入：长工：人数（人）	93	0.00	4.00	0.1935	0.71106
	长工：工资（元）	93	0.00	480.00	19.9677	77.08895
	短工：工数（工）	93	0.00	160.00	9.8011	27.01662
	短工：工资（元）	93	0.00	76.00	5.1425	13.26554
	农副业雇出：长工：人数（人）	93	0.00	5.00	0.1398	0.60057
	长工：工资（元）	93	0.00	192.00	8.9989	31.50149
	短工：工数（工）	93	0.00	240.00	9.2258	31.79730
	短工：工资（元）	93	0.00	70.00	4.0538	12.09776
	有效个案数	93				
玉东村	农副业雇入：长工：人数（人）	95	0.00	1.00	0.0211	0.14432
	长工：工资（元）	95	0.00	108.00	1.9789	13.71905
	短工：工数（工）	95	0.00	225.00	7.7526	26.56214
	短工：工资（元）	95	0.00	103.73	4.5929	13.30482
	农副业雇出：长工：人数（人）	95	0.00	1.00	0.0211	0.14432
	长工：工资（元）	95	0.00	72.00	1.1947	8.48694
	短工：工数（工）	95	0.00	30.00	3.7579	8.45100
	短工：工资（元）	95	0.00	20.00	2.0482	4.64343
	有效个案数	95				
华三房村	农副业雇入：长工：人数（人）	36	0.00	2.00	0.0556	0.33333
	长工：工资（元）	36	0.00	102.60	2.8500	17.10000
	短工：工数（工）	36	0.00	400.00	41.2778	73.36002
	短工：工资（元）	36	0.00	160.00	19.8939	31.38438
	农副业雇出：长工：人数（人）	36	0.00	1.00	0.0278	0.16667
	长工：工资（元）	36	0.00	50.00	1.3889	8.33333
	短工：工数（工）	36	0.00	120.00	5.7500	21.81661
	短工：工资（元）	36	0.00	60.00	2.8750	10.90830
	有效个案数	36				
利农村	农副业雇入：长工：人数（人）	54	0.00	2.00	0.0370	0.27217
	长工：工资（元）	54	0.00	104.96	1.9437	14.28325
	短工：工数（工）	54	0.00	290.00	45.7593	75.16596
	短工：工资（元）	54	0.00	117.70	21.1274	30.39940
	农副业雇出：长工：人数（人）	54	0.00	0.00	0.0000	0.00000
	长工：工资（元）	54	0.00	0.00	0.0000	0.00000
	短工：工数（工）	54	0.00	190.00	26.4630	47.54887
	短工：工资（元）	54	0.00	110.20	12.1880	22.34881
	有效个案数	54				

续表

调查村		N	最小值	最大值	均值	标准偏差
溪南村	农副业雇入：长工：人数（人）	16	0.00	2.00	0.3750	0.61914
	长工：工资（元）	16	0.00	120.00	24.5463	40.36631
	短工：工数（工）	16	0.00	170.00	58.4375	64.07596
	短工：工资（元）	16	0.00	75.00	24.0438	29.12518
	农副业雇出：长工：人数（人）	16	0.00	0.00	0.0000	0.00000
	长工：工资（元）	16	0.00	0.00	0.0000	0.00000
	短工：工数（工）	16	0.00	110.00	9.3750	27.92102
	短工：工资（元）	16	0.00	54.10	4.8375	13.91517
	有效个案数	16				

由表 4-42 可以看出，1936 年无锡 11 个村房屋间数情况存在着差异。其中，华三房村最多，为 7 间多，刘巷村最少，不到 2 间。

表 4-42　1936 年无锡 11 个村房屋间数情况

调查村		N	最小值	最大值	均值	标准偏差
前进村	房屋间数（间）	98	0.00	8.00	2.2143	1.67301
	有效个案数	98				
吴塘村	房屋间数（间）	51	0.00	12.00	3.5490	2.22992
	有效个案数	51				
马鞍村	房屋间数（间）	40	0.00	10.00	4.2375	2.61158
	有效个案数	40				
庄桥村	房屋间数（间）	40	1.00	7.00	3.1500	1.21000
	有效个案数	40				
太湖村	房屋间数（间）	41	1.00	11.00	3.1341	1.95903
	有效个案数	41				
曹庄村	房屋间数（间）	63	0.00	17.00	4.3492	3.20614
	有效个案数	63				
刘巷村	房屋间数（间）	93	0.00	15.00	1.7473	1.89769
	有效个案数	93				
玉东村	房屋间数（间）	95	0.00	8.00	2.3719	1.73098
	有效个案数	95				
华三房村	房屋间数（间）	36	0.00	121.00	7.1667	19.84007
	有效个案数	36				
利农村	房屋间数（间）	54	0.00	7.00	1.8981	1.53690
	有效个案数	54				

续表

调查村		N	最小值	最大值	均值	标准偏差
溪南村	房屋间数（间）	16	0.00	23.00	5.2500	5.77927
	有效个案数	16				

由表4-43可以看出，1936年无锡11个村家畜情况存在着差异。整体上牛、马、骡头数都比较少，马鞍村最多，为0.4120，前进村、吴塘村、庄桥村、利农村均为0。猪的头数相对也不多，溪南村最多，为3.8750，刘巷村最少，为0.2688。羊的只数也比较少，吴塘村户均最多，为0.8627，前进村和刘巷村最少，均为0。兔的只数除了玉东村为0.0526外，其余均为0。

表4-43　1936年无锡11个村家畜情况

调查村		N	最小值	最大值	均值	标准偏差
前进村	牛马骡（头）	98	0.00	0.00	0.0000	0.00000
	猪（头）	98	0.00	4.00	0.4796	0.86429
	羊（只）	98	0.00	0.00	0.0000	0.00000
	兔（只）	98	0.00	0.00	0.0000	0.00000
	有效个案数	98				
吴塘村	牛马骡（头）	51	0.00	0.00	0.0000	0.00000
	猪（头）	51	0.00	10.00	1.5098	1.72479
	羊（只）	51	0.00	4.00	0.8627	1.21687
	兔（只）	51	0.00	0.00	0.0000	0.00000
	有效个案数	51				
马鞍村	牛马骡（头）	40	0.00	1.00	0.4120	0.42708
	猪（头）	40	0.00	5.00	1.2000	1.09075
	羊（只）	40	0.00	3.00	0.5750	0.93060
	兔（只）	40	0.00	0.00	0.0000	0.00000
	有效个案数	40				
庄桥村	牛马骡（头）	40	0.00	0.00	0.0000	0.00000
	猪（头）	40	0.00	2.00	0.7750	0.83166
	羊（只）	40	0.00	2.00	0.1500	0.53349
	兔（只）	40	0.00	0.00	0.0000	0.00000
	有效个案数	40				
太湖村	牛马骡（头）	41	0.00	1.00	0.1220	0.33129
	猪（头）	41	0.00	4.00	1.1463	1.08538
	羊（只）	41	0.00	5.00	0.6341	1.21976
	兔（只）	41	0.00	0.00	0.0000	0.00000
	有效个案数	41				

续表

调查村		N	最小值	最大值	均值	标准偏差
曹庄村	牛马骡（头）	63	0.00	1.00	0.1429	0.34112
	猪（头）	63	0.00	4.00	0.8413	0.91944
	羊（只）	63	0.00	5.00	0.7778	1.39636
	兔（只）	63	0.00	0.00	0.0000	0.00000
	有效个案数	63				
刘巷村	牛马骡（头）	93	0.00	2.00	0.0215	0.20739
	猪（头）	93	0.00	4.00	0.2688	0.66168
	羊（只）	93	0.00	0.00	0.0000	0.00000
	兔（只）	93	0.00	0.00	0.0000	0.00000
	有效个案数	93				
玉东村	牛马骡（头）	95	0.00	1.00	0.0245	0.14774
	猪（头）	95	0.00	5.00	0.6105	1.00313
	羊（只）	95	0.00	7.00	0.4316	1.15457
	兔（只）	95	0.00	5.00	0.0526	0.51299
	有效个案数	95				
华三房村	牛马骡（头）	36	0.00	0.50	0.0278	0.11616
	猪（头）	36	0.00	4.00	0.7500	0.96732
	羊（只）	36	0.00	3.00	0.5278	0.81015
	兔（只）	36	0.00	0.00	0.0000	0.00000
	有效个案数	36				
利农村	牛马骡（头）	54	0.00	0.00	0.0000	0.00000
	猪（头）	54	0.00	13.00	0.8889	1.93933
	羊（只）	54	0.00	5.00	0.5370	1.23949
	兔（只）	54	0.00	0.00	0.0000	0.00000
	有效个案数	54				
溪南村	牛马骡（头）	16	0.00	1.00	0.1250	0.34157
	猪（头）	16	0.00	44.00	3.8750	10.82513
	羊（只）	16	0.00	2.00	0.6250	0.88506
	兔（只）	16	0.00	0.00	0.0000	0.00000
	有效个案数	16				

由表 4-44 可以看出，1936 年无锡 11 个村生产工具情况存在着差异，但各村普遍生产工具中蚕匾比较多，其次为蚕台。11 个村中溪南村蚕匾最多户，均为 23.5000 只，蚕台也最多，为 2.2500 张。

表 4-44　1936 年无锡 11 个村生产工具情况

调查村		N	最小值	最大值	均值	标准偏差
前进村	抽水机（架）	98	0. 00	0. 00	0. 0000	0. 00000
	水车（架）	98	0. 00	1. 00	0. 1047	0. 21636
	旧式犁（张）	98	0. 00	0. 00	0. 0000	0. 00000
	打谷机（架）	98	0. 00	1. 00	0. 0394	0. 14734
	船（条）	98	0. 00	2. 00	0. 0408	0. 24530
	蚕匾（只）	98	0. 00	70. 00	12. 9184	13. 44149
	蚕台（张）	98	0. 00	7. 00	1. 2755	1. 18218
	耙（把）	98	0. 00	0. 00	0. 0000	0. 00000
	织布机（台）	98	0. 00	0. 00	0. 0000	0. 00000
	渔网（条）	98	0. 00	0. 00	0. 0000	0. 00000
	其他（件）	98	0. 00	0. 00	0. 0000	0. 00000
	有效个案数	98				
吴塘村	抽水机（架）	51	0. 00	0. 00	0. 0000	0. 00000
	水车（架）	51	0. 00	2. 00	0. 4555	0. 52646
	旧式犁（张）	51	0. 00	0. 00	0. 0000	0. 00000
	打谷机（架）	51	0. 00	1. 00	0. 0363	0. 14936
	船（条）	51	0. 00	1. 00	0. 1078	0. 30518
	蚕匾（只）	51	0. 00	80. 00	12. 2157	13. 35262
	蚕台（张）	51	0. 00	7. 00	1. 8431	1. 68965
	耙（把）	51	0. 00	0. 00	0. 0000	0. 00000
	织布机（台）	51	0. 00	0. 00	0. 0000	0. 00000
	渔网（条）	51	0. 00	0. 00	0. 0000	0. 00000
	其他（件）	51	0. 00	0. 00	0. 0000	0. 00000
	有效个案数	51				
马鞍村	抽水机（架）	40	0. 00	0. 00	0. 0000	0. 00000
	水车（架）	40	0. 00	2. 00	0. 5663	0. 47282
	旧式犁（张）	40	0. 00	2. 00	0. 6663	0. 63627
	打谷机（架）	40	0. 00	1. 00	0. 0582	0. 22493
	船（条）	40	0. 00	0. 00	0. 0000	0. 00000
	蚕匾（只）	40	0. 00	53. 00	17. 0000	13. 40494
	蚕台（张）	40	0. 00	5. 00	1. 7250	1. 26060
	耙（把）	40	0. 00	2. 00	0. 2373	0. 46202
	织布机（台）	40	0. 00	0. 00	0. 0000	0. 00000
	渔网（条）	40	0. 00	0. 00	0. 0000	0. 00000
	其他（件）	40	0. 00	0. 00	0. 0000	0. 00000
	有效个案数	40				

续表

调查村		N	最小值	最大值	均值	标准偏差
庄桥村	抽水机（架）	40	0.00	1.00	0.0318	0.16001
	水车（架）	40	0.00	1.00	0.0500	0.22072
	旧式犁（张）	40	0.00	0.00	0.0000	0.00000
	打谷机（架）	40	0.00	1.00	0.0250	0.15811
	船（条）	40	0.00	0.00	0.0000	0.00000
	蚕匾（只）	40	0.00	40.00	14.8500	9.04561
	蚕台（张）	40	0.00	4.00	1.4500	0.84580
	耙（把）	40	0.00	0.00	0.0000	0.00000
	织布机（台）	40	0.00	0.00	0.0000	0.00000
	渔网（条）	40	0.00	0.00	0.0000	0.00000
	其他（件）	40	0.00	0.00	0.0000	0.00000
	有效个案数	40				
太湖村	抽水机（架）	41	0.00	0.33	0.0080	0.05154
	水车（架）	41	0.00	1.00	0.0851	0.19719
	旧式犁（张）	41	0.00	2.00	0.2439	0.53761
	打谷机（架）	41	0.00	1.00	0.0641	0.18463
	船（条）	41	0.00	0.33	0.0080	0.05154
	蚕匾（只）	41	0.00	45.00	14.9268	12.01539
	蚕台（张）	41	0.00	5.00	1.6585	1.06324
	耙（把）	41	0.00	0.00	0.0000	0.00000
	织布机（台）	41	0.00	0.00	0.0000	0.00000
	渔网（条）	41	0.00	0.00	0.0000	0.00000
	其他（件）	41	0.00	22.20	0.6939	3.46288
	有效个案数	41				
曹庄村	抽水机（架）	63	0.00	0.00	0.0000	0.00000
	水车（架）	63	0.00	3.00	0.3994	0.73966
	旧式犁（张）	63	0.00	3.00	0.2751	0.69956
	打谷机（架）	63	0.00	1.00	0.0317	0.14544
	船（条）	63	0.00	1.00	0.0317	0.17673
	蚕匾（只）	63	0.00	50.00	16.9524	10.66866
	蚕台（张）	63	0.00	5.00	1.8571	1.09039
	耙（把）	63	0.00	0.00	0.0000	0.00000
	织布机（台）	63	0.00	0.00	0.0000	0.00000
	渔网（条）	63	0.00	1.00	0.0159	0.12599
	其他（件）	63	0.00	3.00	0.1508	0.56536
	有效个案数	63				

续表

调查村		N	最小值	最大值	均值	标准偏差
刘巷村	抽水机（架）	93	0.00	0.00	0.0000	0.00000
	水车（架）	93	0.00	2.00	0.2032	0.41610
	旧式犁（张）	93	0.00	1.00	0.0215	0.14585
	打谷机（架）	93	0.00	0.00	0.0000	0.00000
	船（条）	93	0.00	1.00	0.2161	0.40494
	蚕匾（只）	93	0.00	20.00	5.1505	5.36483
	蚕台（张）	93	0.00	3.00	0.6914	0.68867
	耙（把）	93	0.00	1.00	0.0108	0.10370
	织布机（台）	93	0.00	2.00	0.2151	0.46273
	渔网（条）	93	0.00	0.00	0.0000	0.00000
	其他（件）	93	0.00	1.00	0.0323	0.17764
	有效个案数	93				
玉东村	抽水机（架）	95	0.00	1.00	0.0105	0.10260
	水车（架）	95	0.00	1.00	0.1254	0.29490
	旧式犁（张）	95	0.00	1.00	0.0316	0.17580
	打谷机（架）	95	0.00	1.00	0.0238	0.12006
	船（条）	95	0.00	9.50	0.2456	1.13763
	蚕匾（只）	95	0.00	140.00	20.5263	19.93385
	蚕台（张）	95	0.00	14.00	2.0211	1.96771
	耙（把）	95	0.00	0.00	0.0000	0.00000
	织布机（台）	95	0.00	1.00	0.2684	0.44249
	渔网（条）	95	0.00	0.00	0.0000	0.00000
	其他（件）	95	0.00	1.00	0.0763	0.26315
	有效个案数	95				
华三房村	抽水机（架）	36	0.00	1.00	0.0278	0.16667
	水车（架）	36	0.00	1.00	0.0556	0.23231
	旧式犁（张）	36	0.00	1.00	0.0278	0.16667
	打谷机（架）	36	0.00	0.00	0.0000	0.00000
	船（条）	36	0.00	1.00	0.0278	0.16667
	蚕匾（只）	36	0.00	70.00	12.0556	13.45032
	蚕台（张）	36	0.00	6.00	1.4167	1.57435
	耙（把）	36	0.00	1.00	0.0278	0.16667
	织布机（台）	36	0.00	0.00	0.0000	0.00000
	渔网（条）	36	0.00	0.00	0.0000	0.00000
	其他（件）	36	0.00	0.00	0.0000	0.00000
	有效个案数	36				

续表

调查村		N	最小值	最大值	均值	标准偏差
利农村	抽水机（架）	54	0.00	1.00	0.0185	0.13608
	水车（架）	54	0.00	2.00	0.1019	0.38091
	旧式犁（张）	54	0.00	1.00	0.0185	0.13608
	打谷机（架）	54	0.00	1.00	0.0417	0.19273
	船（条）	54	0.00	6.00	0.5370	1.34182
	蚕匾（只）	54	0.00	70.00	16.1667	16.75771
	蚕台（张）	54	0.00	7.00	1.6667	1.62527
	耙（把）	54	0.00	0.00	0.0000	0.00000
	织布机（台）	54	0.00	0.00	0.0000	0.00000
	渔网（条）	54	0.00	0.00	0.0000	0.00000
	其他（件）	54	0.00	19.00	0.5000	2.62607
	有效个案数	54				
溪南村	抽水机（架）	16	0.00	0.00	0.0000	0.00000
	水车（架）	16	0.00	2.00	0.4375	0.65511
	旧式犁（张）	16	0.00	1.00	0.2500	0.44721
	打谷机（架）	16	0.00	1.00	0.2188	0.36372
	船（条）	16	0.00	1.00	0.0625	0.25000
	蚕匾（只）	16	0.00	100.00	23.5000	23.72341
	蚕台（张）	16	0.00	8.00	2.2500	1.91485
	耙（把）	16	0.00	0.00	0.0000	0.00000
	织布机（台）	16	0.00	0.00	0.0000	0.00000
	渔网（条）	16	0.00	0.00	0.0000	0.00000
	其他（件）	16	0.00	1.00	0.0625	0.25000
	有效个案数	16				

由表 4-45 可以看出，1936 年无锡 11 个村植物栽培收入情况存在着差异。其中，溪南村最高，为 341.5356，利农村最低，为 104.5381。

表 4-45　1936 年无锡 11 个村植物栽培收入情况

调查村		N	最小值	最大值	均值	标准偏差
前进村	植物栽培收入（元）	98	0.00	773.54	115.9840	103.45873
	有效个案数	98				
吴塘村	植物栽培收入（元）	51	0.00	428.48	125.7122	99.56787
	有效个案数	51				
马鞍村	植物栽培收入（元）	40	2.00	786.20	254.1432	183.02036
	有效个案数	40				

续表

调查村		N	最小值	最大值	均值	标准偏差
庄桥村	植物栽培收入（元）	40	0.00	240.65	125.3780	54.55423
	有效个案数	40				
太湖村	植物栽培收入（元）	41	7.95	403.66	145.5034	99.26944
	有效个案数	41				
曹庄村	植物栽培收入（元）	63	16.54	825.15	224.5814	181.41110
	有效个案数	63				
刘巷村	植物栽培收入（元）	93	0.00	1079.10	114.8352	126.01552
	有效个案数	93				
玉东村	植物栽培收入（元）	95	0.00	509.25	150.6262	120.15613
	有效个案数	95				
华三房村	植物栽培收入（元）	36	0.00	529.26	186.5867	122.36391
	有效个案数	36				
利农村	植物栽培收入（元）	54	0.00	316.65	104.5381	87.46856
	有效个案数	54				
溪南村	植物栽培收入（元）	16	0.00	1067.96	341.5356	340.04257
	有效个案数	16				

由表4-46可以看出，1936年无锡11个村蚕茧情况存在着差异。春蚕是溪南村户均最多，为2.53张，刘巷村最少，为0.51张。夏蚕是前进村最多，为0.1122张，吴塘村、马鞍村、太湖村、刘巷村、溪南村均为0。秋蚕是曹庄村最多，为1.6571张，刘巷村最少，为0.0780。

表4-46　1936年无锡11个村蚕茧情况

调查村		N	最小值	最大值	均值	标准偏差
前进村	春蚕：蚕种（张）	98	0	6	0.95	1.059
	产量（市斤）	98	0.00	240.00	35.7755	41.17940
	产值（元）	98	0.00	82.80	12.3714	14.20228
	夏蚕：蚕种（张）	98	0.00	2.50	0.1122	0.39344
	产量（市斤）	98	0.00	80.00	3.1327	11.19521
	产值（元）	98	0.00	27.60	1.0423	3.80493
	秋蚕：蚕种（张）	98	0.00	3.00	0.3424	0.60077
	产量（市斤）	98	0.00	80.00	9.9388	16.08215
	产值（元）	98	0.00	22.60	2.8991	4.57637
	有效个案数	98				

续表

调查村		N	最小值	最大值	均值	标准偏差
吴塘村	春蚕：蚕种（张）	51	0	7	1.76	1.546
	产量（市斤）	51	0.00	210.00	52.0196	46.95977
	产值（元）	51	0.00	72.45	17.9476	16.20125
	夏蚕：蚕种（张）	51	0.00	0.00	0.0000	0.00000
	产量（市斤）	51	0.00	0.00	0.0000	0.00000
	产值（元）	51	0.00	0.00	0.0000	0.00000
	秋蚕：蚕种（张）	51	0.00	6.00	0.8873	1.26917
	产量（市斤）	51	0.00	150.00	22.3824	31.14315
	产值（元）	51	0.00	42.45	6.3343	8.81351
	有效个案数	51				
马鞍村	春蚕：蚕种（张）	40	0	6	1.99	1.403
	产量（市斤）	40	0.00	200.00	59.6250	42.76452
	产值（元）	40	0.00	69.00	21.1493	14.37740
	夏蚕：蚕种（张）	40	0.00	0.00	0.0000	0.00000
	产量（市斤）	40	0.00	0.00	0.0000	0.00000
	产值（元）	40	0.00	0.00	0.0000	0.00000
	秋蚕：蚕种（张）	40	0.00	3.00	0.7875	0.90503
	产量（市斤）	40	0.00	100.00	22.4500	25.61845
	产值（元）	40	0.00	28.30	6.4022	7.29883
	有效个案数	40				
庄桥村	春蚕：蚕种（张）	40	0	4	1.45	1.024
	产量（市斤）	40	0.00	200.00	46.8500	37.53053
	产值（元）	40	0.00	69.00	15.5145	12.98219
	夏蚕：蚕种（张）	40	0.00	1.00	0.0625	0.23170
	产量（市斤）	40	0.00	30.00	1.8750	6.76411
	产值（元）	40	0.00	10.35	0.6220	2.25021
	秋蚕：蚕种（张）	40	0.00	2.00	0.7250	0.68827
	产量（市斤）	40	0.00	70.00	19.8250	19.44339
	产值（元）	40	0.00	621.00	21.1948	97.45146
	有效个案数	40				
太湖村	春蚕：蚕种（张）	41	0	5	1.20	1.049
	产量（市斤）	41	0.00	150.00	40.4146	34.98569
	产值（元）	41	0.00	51.75	13.8939	12.01857

续表

调查村		N	最小值	最大值	均值	标准偏差
前进村	夏蚕：蚕种（张）	41	0.00	0.00	0.0000	0.00000
	产量（市斤）	41	0.00	0.00	0.0000	0.00000
	产值（元）	41	0.00	0.00	0.0000	0.00000
	秋蚕：蚕种（张）	41	0.00	3.00	0.6768	0.68976
	产量（市斤）	41	0.00	80.00	19.9268	20.06538
	产值（元）	41	0.00	22.64	5.6398	5.67801
	有效个案数	41				
曹庄村	春蚕：蚕种（张）	63	0	6	2.52	1.695
	产量（市斤）	63	0.00	245.00	89.0794	60.11315
	产值（元）	63	0.00	84.53	30.7144	20.73035
	夏蚕：蚕种（张）	63	0.00	1.00	0.0190	0.12808
	产量（市斤）	63	0.00	30.00	0.6349	3.96477
	产值（元）	63	0.00	10.35	0.2360	1.41446
	秋蚕：蚕种（张）	63	0.00	5.00	1.6571	1.28436
	产量（市斤）	63	0.00	150.00	54.4524	40.49041
	产值（元）	63	0.00	42.45	15.6106	11.52273
	有效个案数	63				
刘巷村	春蚕：蚕种（张）	93	0	4	0.51	0.752
	产量（市斤）	93	0.00	130.00	19.7527	28.26492
	产值（元）	93	0.00	44.85	6.6658	9.65269
	夏蚕：蚕种（张）	93	0.00	0.00	0.0000	0.00000
	产量（市斤）	93	0.00	0.00	0.0000	0.00000
	产值（元）	93	0.00	0.00	0.0000	0.00000
	秋蚕：蚕种（张）	93	0.00	2.00	0.0780	0.26575
	产量（市斤）	93	0.00	30.00	2.1613	6.24376
	产值（元）	93	0.00	8.49	0.6114	1.76640
	有效个案数	93				
玉东村	春蚕：蚕种（张）	95	0	26	2.21	3.176
	产量（市斤）	95	0.00	1270.00	94.9684	146.31578
	产值（元）	95	0.00	438.15	32.9023	50.42661
	夏蚕：蚕种（张）	95	0.00	0.75	0.0132	0.09203
	产量（市斤）	95	0.00	50.00	0.6842	5.34006
	产值（元）	95	0.00	17.25	0.2361	1.84246

续表

调查村		N	最小值	最大值	均值	标准偏差
玉东村	秋蚕：蚕种（张）	95	0.00	13.00	0.7368	1.55800
	产量（市斤）	95	0.00	390.00	24.4947	48.08191
	产值（元）	95	0.00	110.37	7.4187	15.14565
	有效个案数	95				
华三房村	春蚕：蚕种（张）	36	0	5	1.00	1.123
	产量（市斤）	36	0.00	200.00	35.0833	41.04866
	产值（元）	36	0.00	69.00	12.0856	14.15007
	夏蚕：蚕种（张）	36	0.00	1.00	0.0556	0.19003
	产量（市斤）	36	0.00	25.00	1.5833	5.06176
	产值（元）	36	0.00	8.62	0.5239	1.69842
	秋蚕：蚕种（张）	36	0.00	2.00	0.3333	0.47809
	产量（市斤）	36	0.00	52.00	9.5556	12.45436
	产值（元）	36	0.00	14.72	2.7039	3.52467
	有效个案数	36				
利农村	春蚕：蚕种（张）	54	0	6	1.39	1.696
	产量（市斤）	54	0.00	250.00	47.5926	60.61587
	产值（元）	54	0.00	86.25	16.7713	21.31760
	夏蚕：蚕种（张）	54	0.00	1.25	0.0509	0.22455
	产量（市斤）	54	0.00	40.00	1.7593	7.47053
	产值（元）	54	0.00	13.80	0.5515	2.38911
	秋蚕：蚕种（张）	54	0.00	4.00	0.4639	0.83137
	产量（市斤）	54	0.00	140.00	15.1481	28.25785
	产值（元）	54	0.00	39.62	4.4507	8.16223
	有效个案数	54				
溪南村	春蚕：蚕种（张）	16	0	12	2.53	3.191
	产量（市斤）	16	0.00	500.00	84.3750	124.57762
	产值（元）	16	0.00	172.50	29.6938	42.89072
	夏蚕：蚕种（张）	16	0.00	0.00	0.0000	0.00000
	产量（市斤）	16	0.00	0.00	0.0000	0.00000
	产值（元）	16	0.00	0.00	0.0000	0.00000
	秋蚕：蚕种（张）	16	0.00	2.00	0.7188	0.96555
	产量（市斤）	16	0.00	60.00	16.8750	23.93568
	产值（元）	16	0.00	17.00	4.4781	6.63952
	有效个案数	16				

由表 4-47 可以看出，1936 年无锡 11 个村出售家畜收入情况存在着差异。出售猪收入溪南村户均最多，为 47.0625，刘巷村最少，为 4.6882。出售羊收入华三房村户均最多，为 3.5833，前进村和刘巷村最少，为 0。

表 4-47　1936 年无锡 11 个村出售家畜收入情况

调查村		N	最小值	最大值	均值	标准偏差
前进村	猪（元）	98	0.00	60.00	10.1899	17.45343
	羊（元）	98	0.00	0.00	0.0000	0.00000
	其他（元）	98	0.00	0.00	0.0000	0.00000
	有效个案数	98				
吴塘村	猪（元）	51	0.00	260.00	44.8990	53.99905
	羊（元）	51	0.00	16.00	3.0588	4.32856
	其他（元）	51	0.00	0.00	0.0000	0.00000
	有效个案数	51				
马鞍村	猪（元）	40	0.00	143.50	24.0020	31.79767
	羊（元）	40	0.00	6.60	0.8450	1.84946
	其他（元）	40	0.00	0.00	0.0000	0.00000
	有效个案数	40				
庄桥村	猪（元）	40	0.00	97.50	12.8925	18.14133
	羊（元）	40	0.00	2.00	0.0500	0.31623
	其他（元）	40	0.00	0.00	0.0000	0.00000
	有效个案数	40				
太湖村	猪（元）	41	0.00	96.00	23.6049	24.33765
	羊（元）	41	0.00	12.26	0.6720	2.08304
	其他（元）	41	0.00	0.00	0.0000	0.00000
	有效个案数	41				
曹庄村	猪（元）	63	0.00	82.00	18.2273	21.43173
	羊（元）	63	0.00	9.00	1.4302	2.48438
	其他（元）	63	0.00	0.00	0.0000	0.00000
	有效个案数	63				
刘巷村	猪（元）	93	0.00	120.00	4.6882	14.50860
	羊（元）	93	0.00	0.00	0.0000	0.00000
	其他（元）	93	0.00	0.00	0.0000	0.00000
	有效个案数	93				
玉东村	猪（元）	95	0.00	100.00	10.1857	20.67592
	羊（元）	95	0.00	18.00	1.4586	4.07181
	其他（元）	95	0.00	2.00	0.0211	0.20520
	有效个案数	95				

续表

调查村		N	最小值	最大值	均值	标准偏差
华三房村	猪（元）	36	0.00	80.00	12.0972	18.35444
	羊（元）	36	0.00	18.00	3.5833	5.80332
	其他（元）	36	0.00	0.00	0.0000	0.00000
	有效个案数	36				
利农村	猪（元）	54	0.00	115.20	19.8519	27.80908
	羊（元）	54	0.00	16.00	0.7889	2.50235
	其他（元）	54	0.00	0.00	0.0000	0.00000
	有效个案数	54				
溪南村	猪（元）	16	0.00	400.00	47.0625	98.78291
	羊（元）	16	0.00	20.00	2.5312	5.28983
	其他（元）	16	0.00	0.00	0.0000	0.00000
	有效个案数	16				

由表 4-48 可以看出，1936 年无锡 11 个村出雇收入情况存在着差异。刘巷村户均最多，为 13.0527，庄桥村户均最少，为 0.8962。

表 4-48　1936 年无锡 11 个村出雇收入情况

调查村		N	最小值	最大值	均值	标准偏差
前进村	出雇收入（元）	98	0.00	179.00	9.9478	24.11502
	有效个案数	98				
吴塘村	出雇收入（元）	51	0.00	45.00	4.8137	9.97695
	有效个案数	51				
马鞍村	出雇收入（元）	40	0.00	48.98	8.4285	15.04381
	有效个案数	40				
庄桥村	出雇收入（元）	40	0.00	17.10	0.8962	3.19184
	有效个案数	40				
太湖村	出雇收入（元）	41	0.00	30.84	3.2139	8.23915
	有效个案数	41				
曹庄村	出雇收入（元）	63	0.00	82.05	7.5197	15.42746
	有效个案数	63				
刘巷村	出雇收入（元）	93	0.00	192.00	13.0527	33.17463
	有效个案数	93				
玉东村	出雇收入（元）	95	0.00	72.00	3.1429	10.24875
	有效个案数	95				

续表

调查村		N	最小值	最大值	均值	标准偏差
华三房村	出雇收入（元）	36	0.00	60.00	4.2639	13.42465
	有效个案数	36				
利农村	出雇收入（元）	54	0.00	110.20	12.1880	22.34881
	有效个案数	54				
溪南村	出雇收入（元）	16	0.00	54.00	4.8313	13.89157
	有效个案数	16				

由表4-49可以看出，1936年无锡11个村其他副业收入情况存在着差异。商品性手工业收入利农村户均最多，为36.7407，马鞍村和华三房村最少，为0。独立工匠收入庄桥村户均最多，为36.1463，溪南村最少，为0。教书、行医收入吴塘村户均最多，为10.1961，前进村、马鞍村、庄桥村、华三房村户均最少均，为0。经商收入刘巷村户均最多，为69.4376，利农村和马鞍村最少，均为0。

表4-49　1936年无锡11个村其他副业收入情况

调查村		N	最小值	最大值	均值	标准偏差
前进村	商品性手工业（元）	98	0.00	659.00	18.9069	72.25267
	独立工匠（元）	98	0.00	83.85	3.5536	15.56716
	教书、行医（元）	98	0.00	0.00	0.0000	0.00000
	经商（元）	98	0.00	70.00	1.2755	8.03700
	运输（元）	98	0.00	480.00	7.8571	54.15232
	其他（元）	98	0.00	300.00	20.6439	54.52825
	有效个案数	98				
吴塘村	商品性手工业（元）	51	0.00	36.00	3.5098	8.61655
	独立工匠（元）	51	0.00	280.00	12.3725	48.80859
	教书、行医（元）	51	0.00	360.00	10.1961	54.75364
	经商（元）	51	0.00	300.00	5.8824	42.00840
	运输（元）	51	0.00	100.00	8.4314	24.60671
	其他（元）	51	0.00	80.00	6.0588	16.90256
	有效个案数	51				
马鞍村	商品性手工业（元）	40	0.00	0.00	0.0000	0.00000
	独立工匠（元）	40	0.00	50.00	2.8750	11.20254
	教书、行医（元）	40	0.00	0.00	0.0000	0.00000
	经商（元）	40	0.00	0.00	0.0000	0.00000
	运输（元）	40	0.00	0.00	0.0000	0.00000
	其他（元）	40	0.00	0.00	0.0000	0.00000
	有效个案数	40				

续表

调查村		N	最小值	最大值	均值	标准偏差
庄桥村	商品性手工业（元）	40	0.00	236.40	11.8145	40.44040
	独立工匠（元）	40	0.00	120.00	36.1463	35.21410
	教书、行医（元）	40	0.00	0.00	0.0000	0.00000
	经商（元）	40	0.00	43.20	1.0800	6.83052
	运输（元）	40	0.00	0.00	0.0000	0.00000
	其他（元）	40	0.00	240.00	8.4000	38.99822
	有效个案数	40				
太湖村	商品性手工业（元）	41	0.00	189.50	4.6220	29.59493
	独立工匠（元）	41	0.00	50.00	2.7805	9.03953
	教书、行医（元）	41	0.00	80.00	1.9512	12.49390
	经商（元）	41	0.00	75.00	1.8293	11.71303
	运输（元）	41	0.00	0.00	0.0000	0.00000
	其他（元）	41	0.00	96.30	3.5195	15.68903
	有效个案数	41				
曹庄村	商品性手工业（元）	63	0.00	182.50	14.5300	30.55320
	独立工匠（元）	63	0.00	40.00	0.9524	5.59789
	教书、行医（元）	63	0.00	192.00	3.0476	24.18973
	经商（元）	63	0.00	300.00	6.7619	39.71581
	运输（元）	63	0.00	0.00	0.0000	0.00000
	其他（元）	63	0.00	111.00	7.7838	23.86340
	有效个案数	63				
刘巷村	商品性手工业（元）	93	0.00	295.00	13.1527	43.79217
	独立工匠（元）	93	0.00	50.00	1.7634	7.33425
	教书、行医（元）	93	0.00	480.00	6.0215	50.37123
	经商（元）	93	0.00	1100.00	69.4376	190.55225
	运输（元）	93	0.00	240.00	12.4547	42.26808
	其他（元）	93	0.00	100.00	3.4731	15.19839
	有效个案数	93				
玉东村	商品性手工业（元）	95	0.00	146.00	3.1600	16.35494
	独立工匠（元）	95	0.00	120.00	5.2368	16.99230
	教书、行医（元）	95	0.00	130.00	1.3684	13.33772
	经商（元）	95	0.00	144.00	4.3895	17.98184
	运输（元）	95	0.00	120.00	1.3053	12.31421
	其他（元）	95	0.00	126.00	7.1559	24.17543
	有效个案数	95				

续表

调查村		N	最小值	最大值	均值	标准偏差
华三房村	商品性手工业（元）	36	0.00	0.00	0.0000	0.00000
	独立工匠（元）	36	0.00	200.00	23.3611	43.00043
	教书、行医（元）	36	0.00	0.00	0.0000	0.00000
	经商（元）	36	0.00	750.00	20.8333	125.00000
	运输（元）	36	0.00	0.00	0.0000	0.00000
	其他（元）	36	0.00	104.00	2.8889	17.33333
	有效个案数	36				
利农村	商品性手工业（元）	54	0.00	400.00	36.7407	85.02523
	独立工匠（元）	54	0.00	200.00	21.3741	49.19782
	教书、行医（元）	54	0.00	250.00	4.6296	34.02069
	经商（元）	54	0.00	0.00	0.0000	0.00000
	运输（元）	54	0.00	0.00	0.0000	0.00000
	其他（元）	54	0.00	210.00	20.7759	44.49580
	有效个案数	54				
溪南村	商品性手工业（元）	16	0.00	15.00	1.4625	4.17403
	独立工匠（元）	16	0.00	0.00	0.0000	0.00000
	教书、行医（元）	16	0.00	15.00	0.9375	3.75000
	经商（元）	16	0.00	80.00	5.0000	20.00000
	运输（元）	16	0.00	0.00	0.0000	0.00000
	其他（元）	16	0.00	0.00	0.0000	0.00000
	有效个案数	16				

由表 4-50 可以看出，1936 年无锡 11 个村在外人口寄回（元）情况存在着差异。前进村户均最多，为 49.0968，曹庄村户均最少，为 3.0952。

表 4-50　1936 年无锡 11 个村在外人口寄回情况

调查村		N	最小值	最大值	均值	标准偏差
前进村	在外人口寄回（元）	98	0.00	720.00	49.0968	121.81306
	有效个案数	98				
吴塘村	在外人口寄回（元）	51	0.00	360.00	23.6667	65.74973
	有效个案数	51				
马鞍村	在外人口寄回（元）	40	0.00	216.00	10.6500	41.33016
	有效个案数	40				
庄桥村	在外人口寄回（元）	40	0.00	250.00	8.0500	40.85368
	有效个案数	40				

续表

调查村		N	最小值	最大值	均值	标准偏差
太湖村	在外人口寄回（元）	41	0.00	120.00	11.2195	28.34035
	有效个案数	41				
曹庄村	在外人口寄回（元）	63	0.00	60.00	3.0952	11.64905
	有效个案数	63				
刘巷村	在外人口寄回（元）	93	0.00	300.00	7.3978	36.88588
	有效个案数	93				
玉东村	在外人口寄回（元）	95	0.00	300.00	13.9180	39.20687
	有效个案数	95				
华三房村	在外人口寄回（元）	36	0.00	800.00	37.7222	146.49985
	有效个案数	36				
利农村	在外人口寄回（元）	54	0.00	200.00	34.2407	57.69894
	有效个案数	54				
溪南村	在外人口寄回（元）	16	0.00	60.00	3.7500	15.00000
	有效个案数	16				

由表 4-51 可以看出，1936 年无锡 11 个村出售财产收入（元）情况存在着差异，除个别村外均为 0。吴塘村户均最多，为 33.2353，马鞍村、庄桥村、太湖村、曹庄村、刘巷村、华三房村、溪南村户均最少，均为 0。

表 4-51　1936 年无锡 11 个村出售财产收入情况

调查村		N	最小值	最大值	均值	标准偏差
前进村	出售财产收入（元）	98	0.00	50.00	0.9184	6.43552
	有效个案数	98				
吴塘村	出售财产收入（元）	51	0.00	1025.00	33.2353	164.87518
	有效个案数	51				
马鞍村	出售财产收入（元）	40	0.00	0.00	0.0000	0.00000
	有效个案数	40				
庄桥村	出售财产收入（元）	40	0.00	0.00	0.0000	0.00000
	有效个案数	40				
太湖村	出售财产收入（元）	41	0.00	0.00	0.0000	0.00000
	有效个案数	41				
曹庄村	出售财产收入（元）	63	0.00	0.00	0.0000	0.00000
	有效个案数	63				
刘巷村	出售财产收入（元）	93	0.00	0.00	0.0000	0.00000
	有效个案数	93				

续表

调查村		N	最小值	最大值	均值	标准偏差
玉东村	出售财产收入（元）	95	0.00	20.21	0.2127	2.07350
	有效个案数	95				
华三房村	出售财产收入（元）	36	0.00	0.00	0.0000	0.00000
	有效个案数	36				
利农村	出售财产收入（元）	54	0.00	600.00	16.0185	83.54967
	有效个案数	54				
溪南村	出售财产收入（元）	16	0.00	0.00	0.0000	0.00000
	有效个案数	16				

由表 4-52 可以看出，1936 年无锡 11 个村其他收入（元）情况存在着差异，其中剥削收入在其他收入中的占比较高。华三房村户均最高，为 273.8889 元，庄桥村户均最低，为 4.5308 元。

表 4-52　1936 年无锡 11 个村其他收入情况

调查村		N	最小值	最大值	均值	标准偏差
前进村	其他收入（元）	98	0.00	240.00	20.0974	44.78592
	其中：剥削收入（元）	98	0.00	226.00	6.4952	27.92838
	有效个案数	98				
吴塘村	其他收入（元）	51	0.00	325.76	25.4002	51.25626
	其中：剥削收入（元）	51	0.00	100.00	10.6492	23.56358
	有效个案数	51				
马鞍村	其他收入（元）	40	0.00	490.50	27.0887	87.01432
	其中：剥削收入（元）	40	0.00	490.50	27.0887	87.01432
	有效个案数	40				
庄桥村	其他收入（元）	40	0.00	63.66	4.5308	13.53070
	其中：剥削收入（元）	40	0.00	16.00	0.7780	3.43587
	有效个案数	40				
太湖村	其他收入（元）	41	0.00	104.11	12.1400	22.38298
	其中：剥削收入（元）	41	0.00	104.11	6.7327	21.81044
	有效个案数	41				
曹庄村	其他收入（元）	63	0.00	629.88	24.7646	85.10918
	其中：剥削收入（元）	63	0.00	629.88	28.1211	99.86402
	有效个案数	63				

续表

调查村		N	最小值	最大值	均值	标准偏差
刘巷村	其他收入（元）	93	0.00	341.64	6.1034	36.28065
	其中：剥削收入（元）	93	0.00	341.64	4.6596	35.62698
	有效个案数	93				
玉东村	其他收入（元）	95	0.00	560.00	18.1643	89.14636
	其中：剥削收入（元）	95	0.00	560.00	12.3005	73.83475
	有效个案数	95				
华三房村	其他收入（元）	36	0.00	9207.00	273.8889	1532.87986
	其中：剥削收入（元）	36	0.00	9207.00	257.0000	1534.29472
	有效个案数	36				
利农村	其他收入（元）	54	0.00	1028.70	76.8744	201.27139
	其中：剥削收入（元）	54	0.00	1566.00	78.0685	259.87627
	有效个案数	54				
溪南村	其他收入（元）	16	0.00	965.14	167.4988	270.82241
	其中：剥削收入（元）	16	0.00	965.14	167.4988	270.82241
	有效个案数	16				

由表4-53可以看出，1936年无锡11个村收入合计（元）情况存在着差异。其中，溪南村户均最多，为609.4437，庄桥村户均最少，为230.9247。

表4-53　1936年无锡11个村收入合计情况

调查村		N	最小值	最大值	均值	标准偏差
前进村	收入合计（元）	98	0.00	1064.58	275.0213	184.71580
	有效个案数	98				
吴塘村	收入合计（元）	51	2.50	1150.84	319.8729	258.55601
	有效个案数	51				
马鞍村	收入合计（元）	40	27.60	1105.11	351.3840	267.25412
	有效个案数	40				
庄桥村	收入合计（元）	40	34.75	447.86	230.9247	98.74043
	有效个案数	40				
太湖村	收入合计（元）	41	71.09	697.75	232.6417	146.65725
	有效个案数	41				
曹庄村	收入合计（元）	63	47.22	1323.81	359.4910	261.22752
	有效个案数	63				
刘巷村	收入合计（元）	93	0.00	1972.99	260.2647	299.58923
	有效个案数	93				

续表

调查村		N	最小值	最大值	均值	标准偏差
玉东村	收入合计（元）	95	20.21	1233.63	260.9026	221.27492
	有效个案数	95				
华三房村	收入合计（元）	36	32.47	9631.78	580.5583	1585.07051
	有效个案数	36				
利农村	收入合计（元）	54	0.00	2562.01	380.8917	405.87512
	有效个案数	54				
溪南村	收入合计（元）	16	0.00	2176.59	609.4437	602.19984
	有效个案数	16				

由表4-54可以看出，1936年无锡11个村粮食总产量情况存在着差异。溪南村糙米最多，为4249.8125市斤，利农村最少，为1173.0000市斤。溪南村小麦最多，为1505.6250市斤，利农村最少，为235.1111市斤。

表4-54　1936年无锡11个村粮食总产量情况

调查村		N	最小值	最大值	均值	标准偏差
前进村	糙米（市斤）	98	0.00	11856.00	1515.3673	1541.18717
	小麦（市斤）	98	0.00	2814.00	421.0000	417.99529
	有效个案数	98				
吴塘村	糙米（市斤）	51	0.00	4220.00	1347.0200	1056.44045
	小麦（市斤）	51	0.00	1280.00	405.2549	327.68168
	有效个案数	51				
马鞍村	糙米（市斤）	40	0.00	12342.00	3717.3500	2861.99114
	小麦（市斤）	40	0.00	1872.00	593.2500	483.65678
	有效个案数	40				
庄桥村	糙米（市斤）	40	0.00	3223.00	1517.1000	748.80283
	小麦（市斤）	40	0.00	775.00	327.1250	184.26182
	有效个案数	40				
太湖村	糙米（市斤）	41	0.00	5440.00	1946.0976	1442.52085
	小麦（市斤）	41	0.00	1320.00	448.6341	349.52852
	有效个案数	41				
曹庄村	糙米（市斤）	63	0.00	9999.00	2441.7937	2461.14572
	小麦（市斤）	63	0.00	2313.00	566.9048	549.98633
	有效个案数	63				

续表

调查村		N	最小值	最大值	均值	标准偏差
刘巷村	糙米（市斤）	93	0.00	13104.00	1592.1075	1641.37508
	小麦（市斤）	93	0.00	8160.00	643.4194	1179.25074
	有效个案数	93				
玉东村	糙米（市斤）	95	0.00	6600.00	1546.9369	1366.47626
	小麦（市斤）	95	0.00	1321.00	317.5579	287.50836
	有效个案数	95				
华三房村	糙米（市斤）	36	0.00	7488.00	2543.1111	1793.77308
	小麦（市斤）	36	0.00	1360.00	421.5833	324.66241
	有效个案数	36				
利农村	糙米（市斤）	54	0.00	4682.00	1173.0000	1102.15354
	小麦（市斤）	54	0.00	1152.00	235.1111	244.72153
	有效个案数	54				
溪南村	糙米（市斤）	16	0.00	13260.00	4249.8125	4193.51698
	小麦（市斤）	16	0.00	7500.00	1505.6250	1924.50904
	有效个案数	16				

由表 4-55 可以看出，1936 年无锡 11 个村收租量情况存在着差异。糙米（市斤）华三房村户均最多，为 3479.5000 市斤，庄桥村最少，为 3.8000 市斤。小麦（市斤）华三房村户均最多，为 776.7500 市斤，前进村、吴塘村、庄桥村、太湖村、刘巷村最少，均为 0。

表 4-55　1936 年无锡 11 个村收租量情况

调查村		N	最小值	最大值	均值	标准偏差
前进村	糙米（市斤）	98	0.00	1825.00	73.4592	282.32328
	小麦（市斤）	98	0.00	0.00	0.0000	0.00000
	有效个案数	98				
吴塘村	糙米（市斤）	51	0.00	1856.00	182.0549	401.00804
	小麦（市斤）	51	0.00	0.00	0.0000	0.00000
	有效个案数	51				
马鞍村	糙米（市斤）	40	0.00	4640.00	261.4549	850.03285
	小麦（市斤）	40	0.00	1076.00	60.3750	200.55828
	有效个案数	40				
庄桥村	糙米（市斤）	40	0.00	101.00	3.8000	17.70441
	小麦（市斤）	40	0.00	0.00	0.0000	0.00000
	有效个案数	40				

续表

调查村		N	最小值	最大值	均值	标准偏差
太湖村	糙米（市斤）	41	0.00	2215.00	126.9024	403.78855
	小麦（市斤）	41	0.00	0.00	0.0000	0.00000
	有效个案数	41				
曹庄村	糙米（市斤）	63	0.00	10612.00	312.4921	1390.87238
	小麦（市斤）	63	0.00	1824.00	61.6667	257.66964
	有效个案数	63				
刘巷村	糙米（市斤）	93	0.00	7300.00	153.8817	923.65414
	小麦（市斤）	93	0.00	0.00	0.0000	0.00000
	有效个案数	93				
玉东村	糙米（市斤）	95	0.00	3370.00	52.4737	364.11922
	小麦（市斤）	95	0.00	780.00	8.8632	80.11768
	有效个案数	95				
华三房村	糙米（市斤）	36	0.00	125262.00	3479.5000	20877.00000
	小麦（市斤）	36	0.00	27963.00	776.7500	4660.50000
	有效个案数	36				
利农村	糙米（市斤）	54	0.00	6480.00	186.0741	905.40434
	小麦（市斤）	54	0.00	1560.00	28.8889	212.28911
	有效个案数	54				
溪南村	糙米（市斤）	16	0.00	17784.00	2090.0000	4538.35205
	小麦（市斤）	16	0.00	4430.00	506.1875	1125.27337
	有效个案数	16				

由表4-56可以看出，1936年无锡11个村口粮购入量情况存在着差异。庄桥村糙米户均购入量最多，为640.2000市斤，刘巷村购入量最少，为7.8495市斤。前进村小麦户均购入量最多，为5.1020市斤，其次为华三房村，户均购入量为5.0000市斤，其余村均为0。

表4-56　1936年无锡11个村口粮购入量情况

调查村		N	最小值	最大值	均值	标准偏差
前进村	糙米（市斤）	98	0.00	2900.00	623.5816	678.38878
	小麦（市斤）	98	0.00	300.00	5.1020	36.24786
	有效个案数	98				
吴塘村	糙米（市斤）	51	0.00	2106.00	395.1843	504.09219
	小麦（市斤）	51	0.00	0.00	0.0000	0.00000
	有效个案数	51				

续表

调查村		N	最小值	最大值	均值	标准偏差
马鞍村	糙米（市斤）	40	0.00	505.00	12.6250	79.84751
	小麦（市斤）	40	0.00	0.00	0.0000	0.00000
	有效个案数	40				
庄桥村	糙米（市斤）	40	0.00	2387.00	640.2000	596.81523
	小麦（市斤）	40	0.00	0.00	0.0000	0.00000
	有效个案数	40				
太湖村	糙米（市斤）	41	0.00	1980.00	292.9268	489.75629
	小麦（市斤）	41	0.00	0.00	0.0000	0.00000
	有效个案数	41				
曹庄村	糙米（市斤）	63	0.00	1900.00	282.8571	447.07807
	小麦（市斤）	63	0.00	0.00	0.0000	0.00000
	有效个案数	63				
刘巷村	糙米（市斤）	93	0.00	730.00	7.8495	75.69747
	小麦（市斤）	93	0.00	0.00	0.0000	0.00000
	有效个案数	93				
玉东村	糙米（市斤）	95	0.00	2333.00	518.2000	534.98080
	小麦（市斤）	95	0.00	0.00	0.0000	0.00000
	有效个案数	95				
华三房村	糙米（市斤）	36	0.00	2800.00	340.9444	568.92992
	小麦（市斤）	36	0.00	180.00	5.0000	30.00000
	有效个案数	36				
利农村	糙米（市斤）	54	0.00	2215.00	524.7222	581.98202
	小麦（市斤）	54	0.00	0.00	0.0000	0.00000
	有效个案数	54				
溪南村	糙米（市斤）	16	0.00	1600.00	165.6250	430.00727
	小麦（市斤）	16	0.00	0.00	0.0000	0.00000
	有效个案数	16				

由表 4-57 可以看出，1936 年无锡 11 个村口粮出售量情况存在着差异。溪南村糙米户均最多，为 2699 市斤，刘巷村最少，为 0 市斤。溪南村小麦户均最多，为 1415 市斤，刘巷村最少，为 0 市斤。

表 4-57　1936 年无锡 11 个村口粮出售量情况

调查村		N	最小值	最大值	均值	标准偏差
前进村	糙米（市斤）	98	0.00	8500.00	280.5714	964.11441
	小麦（市斤）	98	0.00	2000.00	225.7449	336.95285
	有效个案数	98				

续表

调查村		N	最小值	最大值	均值	标准偏差
吴塘村	糙米（市斤）	51	0.00	3636.00	209.6541	601.85388
	小麦（市斤）	51	0.00	906.00	207.0471	239.18726
	有效个案数	51				
马鞍村	糙米（市斤）	40	0.00	7020.00	704.5000	1645.08030
	小麦（市斤）	40	0.00	2360.00	151.8750	435.70704
	有效个案数	40				
庄桥村	糙米（市斤）	40	0.00	1100.00	41.8500	194.10670
	小麦（市斤）	40	0.00	500.00	153.3500	158.15759
	有效个案数	40				
太湖村	糙米（市斤）	41	0.00	1500.00	287.1707	417.37057
	小麦（市斤）	41	0.00	800.00	215.4146	220.34303
	有效个案数	41				
曹庄村	糙米（市斤）	63	0.00	7000.00	1042.0952	1693.42502
	小麦（市斤）	63	0.00	3072.00	381.3016	521.61439
	有效个案数	63				
刘巷村	糙米（市斤）	93	0.00	0.00	0.0000	0.00000
	小麦（市斤）	93	0.00	0.00	0.0000	0.00000
	有效个案数	93				
玉东村	糙米（市斤）	95	0.00	1560.00	64.7263	259.46981
	小麦（市斤）	95	0.00	1000.00	155.1579	203.93706
	有效个案数	95				
华三房村	糙米（市斤）	36	0.00	2274.00	424.7222	589.26999
	小麦（市斤）	36	0.00	500.00	28.5556	86.84122
	有效个案数	36				
利农村	糙米（市斤）	54	0.00	1250.00	113.9815	272.01210
	小麦（市斤）	54	0.00	812.00	120.8889	192.17245
	有效个案数	54				
溪南村	糙米（市斤）	16	0.00	15000.00	2699.0000	3793.00816
	小麦（市斤）	16	0.00	6500.00	1415.0000	2120.72629
	有效个案数	16				

由表4-58可以看出，1936年无锡11个村缴税量情况存在着差异。糙米（市斤）缴税量最多的是玉东村，为17.3789市斤。小麦（市斤）缴税量均为0。

表 4-58 1936 年无锡 11 个村缴税量情况

调查村		N	最小值	最大值	均值	标准偏差
前进村	糙米（市斤）	98	0.00	0.00	0.0000	0.00000
	小麦（市斤）	98	0.00	0.00	0.0000	0.00000
	有效个案数	98				
吴塘村	糙米（市斤）	51	0.00	0.00	0.0000	0.00000
	小麦（市斤）	51	0.00	0.00	0.0000	0.00000
	有效个案数	51				
马鞍村	糙米（市斤）	40	0.00	0.00	0.0000	0.00000
	小麦（市斤）	40	0.00	0.00	0.0000	0.00000
	有效个案数	40				
庄桥村	糙米（市斤）	40	0.00	84.00	8.6750	20.51939
	小麦（市斤）	40	0.00	0.00	0.0000	0.00000
	有效个案数	40				
太湖村	糙米（市斤）	41	0.00	0.00	0.0000	0.00000
	小麦（市斤）	41	0.00	0.00	0.0000	0.00000
	有效个案数	41				
曹庄村	糙米（市斤）	63	0.00	82.00	1.3016	10.33103
	小麦（市斤）	63	0.00	0.00	0.0000	0.00000
	有效个案数	63				
刘巷村	糙米（市斤）	93	0.00	20.00	0.2151	2.07390
	小麦（市斤）	93	0.00	0.00	0.0000	0.00000
	有效个案数	93				
玉东村	糙米（市斤）	95	0.00	446.00	17.3789	65.80632
	小麦（市斤）	95	0.00	0.00	0.0000	0.00000
	有效个案数	95				
华三房村	糙米（市斤）	36	0.00	182.00	12.3056	37.82200
	小麦（市斤）	36	0.00	0.00	0.0000	0.00000
	有效个案数	36				
利农村	糙米（市斤）	54	0.00	0.00	0.0000	0.00000
	小麦（市斤）	54	0.00	0.00	0.0000	0.00000
	有效个案数	54				
溪南村	糙米（市斤）	16	0.00	0.00	0.0000	0.00000
	小麦（市斤）	16	0.00	0.00	0.0000	0.00000
	有效个案数	16				

由表 4-59 可以看出，1936 年无锡 11 个村缴租量情况存在着差异。糙米（市斤）

缴租量华三房村最多，为784.2778市斤，曹庄村最少为128.4921市斤。小麦（市斤）缴租量华三房村最多，为192.7222市斤，刘巷村、利农村、太湖村、庄桥村、吴塘村均为0市斤。

表4-59　1936年无锡11个村缴租量情况

调查村		N	最小值	最大值	均值	标准偏差
前进村	糙米（市斤）	98	0.00	959.00	253.0714	259.95409
	小麦（市斤）	98	0.00	33.00	0.3367	3.33350
	有效个案数	98				
吴塘村	糙米（市斤）	51	0.00	1472.00	338.1451	365.21377
	小麦（市斤）	51	0.00	0.00	0.0000	0.00000
	有效个案数	51				
马鞍村	糙米（市斤）	40	0.00	1622.00	557.7250	502.43004
	小麦（市斤）	40	0.00	449.00	126.4000	130.40839
	有效个案数	40				
庄桥村	糙米（市斤）	40	0.00	1170.00	498.6750	331.58496
	小麦（市斤）	40	0.00	0.00	0.0000	0.00000
	有效个案数	40				
太湖村	糙米（市斤）	41	0.00	960.00	227.1220	309.83796
	小麦（市斤）	41	0.00	0.00	0.0000	0.00000
	有效个案数	41				
曹庄村	糙米（市斤）	63	0.00	947.00	128.4921	204.27645
	小麦（市斤）	63	0.00	278.00	33.3492	59.33344
	有效个案数	63				
刘巷村	糙米（市斤）	93	0.00	1043.00	282.2258	237.19214
	小麦（市斤）	93	0.00	0.00	0.0000	0.00000
	有效个案数	93				
玉东村	糙米（市斤）	95	0.00	1945.00	307.6737	332.83992
	小麦（市斤）	95	0.00	340.00	52.3895	65.80990
	有效个案数	95				
华三房村	糙米（市斤）	36	0.00	2670.00	784.2778	646.96569
	小麦（市斤）	36	0.00	689.00	192.7222	155.72514
	有效个案数	36				
利农村	糙米（市斤）	54	0.00	2006.00	296.3519	342.05082
	小麦（市斤）	54	0.00	0.00	0.0000	0.00000
	有效个案数	54				

续表

调查村		N	最小值	最大值	均值	标准偏差
溪南村	糙米（市斤）	16	0.00	1583.00	277.3750	445.68223
	小麦（市斤）	16	0.00	317.00	59.5625	95.16160
	有效个案数	16				

由表 4-60 可以看出，1936 年无锡 11 个村口粮消费情况存在着差异。糙米（市斤）口粮消费玉东村最多，为 1709.2526 市斤，溪南村最少，为 324 市斤。小麦（市斤）口粮消费庄桥村最多，为 119.3750 市斤，溪南村最少，为 31.2500 市斤。

表 4-60　1936 年无锡 11 个村口粮消费情况

调查村		N	最小值	最大值	均值	标准偏差
前进村	糙米（市斤）	98	0.00	4400.00	1569.5306	804.17268
	小麦（市斤）	98	0.00	350.00	66.9796	76.57581
	有效个案数	98				
吴塘村	糙米（市斤）	51	0.00	3959.00	1369.5055	738.67856
	小麦（市斤）	51	0.00	483.00	98.1686	120.68892
	有效个案数	51				
马鞍村	糙米（市斤）	40	0.00	4760.00	1366.7500	863.04689
	小麦（市斤）	40	0.00	400.00	88.6500	103.13460
	有效个案数	40				
庄桥村	糙米（市斤）	40	353.00	2716.00	1560.3500	598.31167
	小麦（市斤）	40	0.00	400.00	119.3750	102.61196
	有效个案数	40				
太湖村	糙米（市斤）	41	175.00	3360.00	1522.3659	762.88491
	小麦（市斤）	41	0.00	500.00	113.0732	94.35687
	有效个案数	41				
曹庄村	糙米（市斤）	63	342.00	4250.00	1573.4762	847.35436
	小麦（市斤）	63	0.00	330.00	113.3968	72.95415
	有效个案数	63				
刘巷村	糙米（市斤）	93	0.00	3995.00	1436.1720	1002.62403
	小麦（市斤）	93	0.00	625.00	72.7742	140.62563
	有效个案数	93				
玉东村	糙米（市斤）	95	0.00	3986.00	1709.2526	946.30727
	小麦（市斤）	95	0.00	499.00	68.6105	101.60356
	有效个案数	95				

续表

调查村		N	最小值	最大值	均值	标准偏差
华三房村	糙米（市斤）	36	0.00	5900.00	1331.8889	1117.02098
	小麦（市斤）	36	0.00	500.00	108.5278	134.66010
	有效个案数	36				
利农村	糙米（市斤）	54	0.00	3240.00	1224.5185	787.21567
	小麦（市斤）	54	0.00	480.00	60.2222	91.00750
	有效个案数	54				
溪南村	糙米（市斤）	16	0.00	3524.00	324.0000	915.00674
	小麦（市斤）	16	0.00	300.00	31.2500	87.32125
	有效个案数	16				

由表4-61可以看出，1936年无锡11个村年末贷款情况存在着差异。年末贷款累计数合计（元）溪南村最多，为99.5625元，刘巷村最少，为1.5699元。可以发现，大部分村年末贷款并非全部或多数用于存款，只有前进村虽然年末贷款累计数为14.8469元，不是特别多，但却全部用于存款。

表4-61　1936年无锡11个村年末贷款情况

调查村		N	最小值	最大值	均值	标准偏差
前进村	年末贷款累计数：合计（元）	98	0.00	400.00	14.8469	66.97843
	其中：存款（元）	98	0.00	400.00	14.8469	66.97843
	有效个案数	98				
吴塘村	年末贷款累计数：合计（元）	51	0.00	500.00	12.5490	71.12927
	其中：存款（元）	51	0.00	0.00	0.0000	0.00000
	有效个案数	51				
马鞍村	年末贷款累计数：合计（元）	40	0.00	736.00	28.4000	120.81280
	其中：存款（元）	40	0.00	736.00	18.4000	116.37182
	有效个案数	40				
庄桥村	年末贷款累计数：合计（元）	40	0.00	105.00	6.5150	23.44801
	其中：存款（元）	40	0.00	80.00	2.0000	12.64911
	有效个案数	40				
太湖村	年末贷款累计数：合计（元）	41	0.00	400.00	13.4146	64.24989
	其中：存款（元）	41	0.00	0.00	0.0000	0.00000
	有效个案数	41				
曹庄村	年末贷款累计数：合计（元）	63	0.00	350.00	25.0635	70.83531
	其中：存款（元）	63	0.00	0.00	0.0000	0.00000
	有效个案数	63				

续表

调查村		N	最小值	最大值	均值	标准偏差
刘巷村	年末贷款累计数：合计（元）	93	0.00	146.00	1.5699	15.13949
	其中：存款（元）	93	0.00	0.00	0.0000	0.00000
	有效个案数	93				
玉东村	年末贷款累计数：合计（元）	95	0.00	200.00	4.5579	24.03354
	其中：存款（元）	95	0.00	60.00	0.6316	6.15587
	有效个案数	95				
华三房村	年末贷款累计数：合计（元）	36	0.00	1500.00	48.7389	250.31933
	其中：存款（元）	36	0.00	40.00	1.1111	6.66667
	有效个案数	36				
利农村	年末贷款累计数：合计（元）	54	0.00	3500.00	98.7037	488.86486
	其中：存款（元）	54	0.00	300.00	11.6667	50.49752
	有效个案数	54				
溪南村	年末贷款累计数：合计（元）	16	0.00	800.00	99.5625	219.62786
	其中：存款（元）	16	0.00	300.00	18.7500	75.00000
	有效个案数	16				

由表 4-62 可以看出，1936 年无锡 11 个村全年应收债款利息（元）情况存在着差异。全年应收债款利息溪南村最多，为 20.6875 元，刘巷村最少，为 0.3140 元。

表 4-62　1936 年无锡 11 个村全年应收债款利息情况

调查村		N	最小值	最大值	均值	标准偏差
前进村	全年应收债款利息（元）	98	0.00	250.00	3.1939	25.70597
	有效个案数	98				
吴塘村	全年应收债款利息（元）	51	0.00	100.00	2.4706	14.23004
	有效个案数	51				
马鞍村	全年应收债款利息（元）	40	0.00	368.00	11.2350	58.46905
	有效个案数	40				
庄桥村	全年应收债款利息（元）	40	0.00	16.00	0.7800	3.44445
	有效个案数	40				
太湖村	全年应收债款利息（元）	41	0.00	80.00	2.8049	13.04074
	有效个案数	41				
曹庄村	全年应收债款利息（元）	63	0.00	70.00	4.3587	13.85016
	有效个案数	63				
刘巷村	全年应收债款利息（元）	93	0.00	29.20	0.3140	3.02790
	有效个案数	93				

续表

调查村		N	最小值	最大值	均值	标准偏差
玉东村	全年应收债款利息（元）	95	0.00	18.00	0.3474	2.39133
	有效个案数	95				
华三房村	全年应收债款利息（元）	36	0.00	300.00	9.5833	50.06246
	有效个案数	36				
利农村	全年应收债款利息（元）	54	0.00	525.00	14.3519	74.49963
	有效个案数	54				
溪南村	全年应收债款利息（元）	16	0.00	160.00	20.6875	47.36661
	有效个案数	16				

由表 4-63 可以看出，1936 年无锡 11 个村年末负债情况存在着差异。

表 4-63　1936 年无锡 11 个村年末负债情况

调查村		N	最小值	最大值	均值	标准偏差
前进村	年末负债累计数：合计（元）	98	0.00	500.00	33.6020	93.54515
	其中：货币（元）	98	0.00	500.00	31.0510	90.95602
	有效个案数	98				
吴塘村	年末负债累计数：合计（元）	51	0.00	780.00	60.9216	149.15399
	其中：货币（元）	51	0.00	780.00	60.9216	149.15399
	有效个案数	51				
马鞍村	年末负债累计数：合计（元）	40	0.00	590.00	101.6500	139.13129
	其中：货币（元）	40	0.00	590.00	86.3500	138.33952
	有效个案数	40				
庄桥村	年末负债累计数：合计（元）	40	0.00	160.00	37.8750	54.09971
	其中：货币（元）	40	0.00	160.00	37.8750	54.09971
	有效个案数	40				
太湖村	年末负债累计数：合计（元）	41	0.00	1230.00	60.0000	209.10524
	其中：货币（元）	41	0.00	1230.00	60.0000	209.10524
	有效个案数	41				
曹庄村	年末负债累计数：合计（元）	63	0.00	600.00	27.6319	81.08195
	其中：货币（元）	63	0.00	600.00	27.4952	81.12177
	有效个案数	63				
刘巷村	年末负债累计数：合计（元）	93	0.00	1200.00	24.8516	130.27458
	其中：货币（元）	93	0.00	1200.00	23.9699	130.19109
	有效个案数	93				

续表

调查村		N	最小值	最大值	均值	标准偏差
玉东村	年末负债累计数：合计（元）	95	0.00	500.00	37.2105	79.54015
	其中：货币（元）	95	0.00	500.00	36.0526	79.67105
	有效个案数	95				
华三房村	年末负债累计数：合计（元）	36	0.00	750.00	42.4861	131.36283
	其中：货币（元）	36	0.00	750.00	35.5417	130.08521
	有效个案数	36				
利农村	年末负债累计数：合计（元）	52	0.00	1200.00	88.2692	214.28107
	其中：货币（元）	52	0.00	1200.00	88.2692	230.87910
	有效个案数	52				
溪南村	年末负债累计数：合计（元）	16	0.00	990.00	74.3750	249.21126
	其中：货币（元）	16	0.00	990.00	74.3750	249.21126
	有效个案数	16				

由表4-64可以看出，1936年无锡11个村年末负债借款来源情况存在着差异。①前进村借款来源最多的是其他，为20.2551元，合会是6.0204元，工商业者是5.6122元，地富是1.4592元，典当是0.2551元。②吴塘村借款来源最多的是其他，为23.4510元，地富是19.3922元，合会是12.6863元，工商业者是4.8039元，典当是0.5882元，银行是0.1176元。③马鞍村借款来源地富是49.3000元，其他是47.7500元，典当是2.3500元，合会是2.2500元。④庄桥村借款来源其他是27.8750元，地富是3.7500元，合会是3.2500元，工商业者是3.0000元。⑤太湖村借款来源地富是17.8049元，合会是17.0732元，工商业者是13.1707元，其他是11.9512元。⑥曹庄村借款来源地富是16.9841元，其他是5.8224元，合会是4.7619元，典当是0.0635元。⑦刘巷村借款来源地富是14.1935元，其他是6.3441元，工商业者是3.2688元，合会是1.0452元。⑧玉东村借款来源其他是19.2105元，地富是15.1579元，合会是2.0000元，工商业者是0.7368元，典当是0.1053元。⑨华三房村借款来源地富是34.4306元，其他是7.9722元。⑩利农村借款来源其他是25.7115元，地富是29.0962元，工商业者是25.7692元，合会是7.6923元。⑪溪南村借款来源地富是61.8750元，合会是12.5000元。

表4-64　1936年无锡11个村年末负债借款来源情况

调查村		N	最小值	最大值	均值	标准偏差
前进村	地富（元）	98	0.00	80.00	1.4592	10.23454
	银行（元）	98	0.00	0.00	0.0000	0.00000
	典当（元）	98	0.00	15.00	0.2551	1.81239
	钱庄（元）	98	0.00	0.00	0.0000	0.00000
	工商业者（元）	98	0.00	200.00	5.6122	32.01373

续表

调查村		N	最小值	最大值	均值	标准偏差
前进村	合会（元）	98	0.00	300.00	6.0204	36.74206
	其他（元）	98	0.00	500.00	20.2551	77.65697
	有效个案数	98				
吴塘村	地富（元）	51	0.00	389.00	19.3922	63.89713
	银行（元）	51	0.00	6.00	0.1176	0.84017
	典当（元）	51	0.00	30.00	0.5882	4.20084
	钱庄（元）	51	0.00	0.00	0.0000	0.00000
	工商业者（元）	51	0.00	200.00	4.8039	28.58253
	合会（元）	51	0.00	250.00	12.6863	41.18276
	其他（元）	51	0.00	500.00	23.4510	84.68396
	有效个案数	51				
马鞍村	地富（元）	40	0.00	350.00	49.3000	82.61812
	银行（元）	40	0.00	0.00	0.0000	0.00000
	典当（元）	40	0.00	42.00	2.3500	7.92125
	钱庄（元）	40	0.00	0.00	0.0000	0.00000
	工商业者（元）	40	0.00	0.00	0.0000	0.00000
	合会（元）	40	0.00	50.00	2.2500	9.99679
	其他（元）	40	0.00	590.00	47.7500	128.83079
	有效个案数	40				
庄桥村	地富（元）	40	0.00	100.00	3.7500	17.49542
	银行（元）	40	0.00	0.00	0.0000	0.00000
	典当（元）	40	0.00	0.00	0.0000	0.00000
	钱庄（元）	40	0.00	0.00	0.0000	0.00000
	工商业者（元）	40	0.00	120.00	3.0000	18.97367
	合会（元）	40	0.00	100.00	3.2500	16.39066
	其他（元）	40	0.00	160.00	27.8750	48.73907
	有效个案数	40				
太湖村	地富（元）	41	0.00	580.00	17.8049	90.98110
	银行（元）	41	0.00	0.00	0.0000	0.00000
	典当（元）	41	0.00	0.00	0.0000	0.00000
	钱庄（元）	41	0.00	0.00	0.0000	0.00000
	工商业者（元）	41	0.00	300.00	13.1707	59.26378
	合会（元）	41	0.00	400.00	17.0732	70.36490
	其他（元）	41	0.00	150.00	11.9512	37.49797
	有效个案数	41				

续表

调查村		N	最小值	最大值	均值	标准偏差
曹庄村	地富（元）	63	0.00	600.00	16.9841	78.23940
	银行（元）	63	0.00	0.00	0.0000	0.00000
	典当（元）	63	0.00	4.00	0.0635	0.50395
	钱庄（元）	63	0.00	0.00	0.0000	0.00000
	工商业者（元）	63	0.00	0.00	0.0000	0.00000
	合会（元）	63	0.00	70.00	4.7619	14.46432
	其他（元）	63	0.00	105.00	5.8224	20.73476
	有效个案数	63				
刘巷村	地富（元）	93	0.00	1200.00	14.1935	124.74603
	银行（元）	93	0.00	0.00	0.0000	0.00000
	典当（元）	93	0.00	0.00	0.0000	0.00000
	钱庄（元）	93	0.00	0.00	0.0000	0.00000
	工商业者（元）	93	0.00	200.00	3.2688	21.97189
	合会（元）	93	0.00	87.20	1.0452	9.09028
	其他（元）	93	0.00	300.00	6.3441	34.82206
	有效个案数	93				
玉东村	地富（元）	95	0.00	500.00	15.1579	62.83824
	银行（元）	95	0.00	0.00	0.0000	0.00000
	典当（元）	95	0.00	10.00	0.1053	1.02598
	钱庄（元）	95	0.00	0.00	0.0000	0.00000
	工商业者（元）	95	0.00	40.00	0.7368	5.10363
	合会（元）	95	0.00	70.00	2.0000	10.37591
	其他（元）	95	0.00	300.00	19.2105	54.17503
	有效个案数	95				
华三房村	地富（元）	36	0.00	750.00	34.4306	128.40500
	银行（元）	36	0.00	0.00	0.0000	0.00000
	典当（元）	36	0.00	0.00	0.0000	0.00000
	钱庄（元）	36	0.00	0.00	0.0000	0.00000
	工商业者（元）	36	0.00	0.00	0.0000	0.00000
	合会（元）	36	0.00	0.00	0.0000	0.00000
	其他（元）	36	0.00	170.00	7.9722	30.19034
	有效个案数	36				
利农村	地富（元）	52	0.00	500.00	29.0962	86.08943
	银行（元）	52	0.00	0.00	0.0000	0.00000
	典当（元）	52	0.00	0.00	0.0000	0.00000

续表

调查村		N	最小值	最大值	均值	标准偏差
利农村	钱庄（元）	52	0.00	0.00	0.0000	0.00000
	工商业者（元）	52	0.00	1200.00	25.7692	163.73192
	合会（元）	52	0.00	400.00	7.6923	54.43311
	其他（元）	52	0.00	567.00	25.7115	116.12669
	有效个案数	52				
溪南村	地富（元）	16	0.00	990.00	61.8750	247.50000
	银行（元）	16	0.00	0.00	0.0000	0.00000
	典当（元）	16	0.00	0.00	0.0000	0.00000
	钱庄（元）	16	0.00	0.00	0.0000	0.00000
	工商业者（元）	16	0.00	0.00	0.0000	0.00000
	合会（元）	16	0.00	200.00	12.5000	50.00000
	其他（元）	16	0.00	0.00	0.0000	0.00000
	有效个案数	16				

由表4-65可以看出，1936年无锡11个村全年应付债款利息情况存在着差异。从标准偏差这列可以看出，同一村不同户之间的差异很大，特别是前进村标准偏差为128.31725，标准偏差最低的庄桥村也为11.14534之多。同样，从表中最小值和最大值这两列也可以看出，同一村不同户间的差异较大，不同村之间也存在着差异。从均值这列可以看出，不同村之间存在着差异，马鞍村最多，为20.0829元，刘巷村最少，为4.5926元。

表4-65　1936年无锡11个村全年应付债款利息情况

调查村		N	最小值	最大值	均值	标准偏差
前进村	全年应付债款利息（元）	100	0.00	1280.00	16.5650	128.31725
	有效个案数	100				
吴塘村	全年应付债款利息（元）	51	0.00	100.00	9.9392	23.78538
	有效个案数	51				
马鞍村	全年应付债款利息（元）	41	0.00	96.00	20.0829	26.12550
	有效个案数	41				
庄桥村	全年应付债款利息（元）	40	0.00	50.00	5.7305	11.14534
	有效个案数	40				
太湖村	全年应付债款利息（元）	41	0.00	246.00	12.4878	42.98844
	有效个案数	41				
曹庄村	全年应付债款利息（元）	66	0.00	200.00	8.5094	29.15057
	有效个案数	66				

续表

调查村		N	最小值	最大值	均值	标准偏差
刘巷村	全年应付债款利息（元）	94	0.00	200.00	4.5926	22.24767
	有效个案数	94				
玉东村	全年应付债款利息（元）	96	0.00	100.00	5.9271	15.39935
	有效个案数	96				
华三房村	全年应付债款利息（元）	36	0.00	150.00	8.1556	26.12962
	有效个案数	36				
利农村	全年应付债款利息（元）	55	0.00	108.00	11.2073	26.33446
	有效个案数	55				
溪南村	全年应付债款利息（元）	19	0.00	198.00	11.4737	45.40114
	有效个案数	19				

第五章　1948 年无锡同一地不同村农民的经济行为差异

第一节　人口状况分析

本章我们研究 1948 年无锡调查村的相关情况，首先分析各调查村的成分情况，具体如表 5-1 所示。

表 5-1　1948 年无锡 11 个村农户阶级成分概况

调查村			频率	百分比（%）	有效百分比（%）	累计百分比（%）
前进村	有效	地主	2	1.9	1.9	1.9
		富农	1	1.0	1.0	2.9
		中农	29	27.6	27.6	30.5
		下中农	1	1.0	1.0	31.4
		贫农	31	29.5	29.5	61.0
		雇农	1	1.0	1.0	61.9
		工商业主	3	2.9	2.9	64.8
		工人	19	18.1	18.1	82.9
		其他	18	17.1	17.1	100.0
		总计	105	100.0	100.0	
吴塘村	有效	地主	1	1.9	1.9	1.9
		富农	1	1.9	1.9	3.8
		中农	13	24.5	24.5	28.3
		贫农	33	62.3	62.3	90.6
		工商业主	1	1.9	1.9	92.5
		其他	4	7.5	7.5	100.0
		总计	53	100.0	100.0	

续表

调查村			频率	百分比（%）	有效百分比（%）	累计百分比（%）
马鞍村	有效	地主	15	12.9	12.9	13.8
		富农	8	6.9	6.9	20.7
		中农	29	25.0	25.0	45.7
		贫农	58	50.0	50.0	95.7
		雇农	2	1.7	1.7	97.4
		工人	1	0.9	0.9	98.3
		其他	2	1.7	1.7	100.0
		总计	116	100.0	100.0	
庄桥村	有效	中农	16	28.6	28.6	28.6
		贫农	35	62.5	62.5	91.1
		工人	2	3.6	3.6	94.6
		其他	3	5.4	5.4	100.0
		总计	56	100.0	100.0	
太湖村	有效	地主	1	2.2	2.2	2.2
		富农	3	6.5	6.5	8.7
		中农	14	30.4	30.4	39.1
		贫农	27	58.7	58.7	97.8
		其他	1	2.2	2.2	100.0
		总计	46	100.0	100.0	
曹庄村	有效	地主	3	4.5	4.5	4.5
		富农	7	10.6	10.6	15.2
		上中农	1	1.5	1.5	16.7
		中农	16	24.2	24.2	40.9
		贫农	36	54.5	54.5	95.5
		工人	1	1.5	1.5	97.0
		其他	2	3.0	3.0	100.0
		总计	66	100.0	100.0	
刘巷村	有效	富农	3	3.1	3.1	3.1
		中农	13	13.5	13.5	16.7
		贫农	56	58.3	58.3	75.0
		雇农	1	1.0	1.0	76.0
		工商业主	1	1.0	1.0	77.1
		工人	8	8.3	8.3	85.4
		其他	14	14.6	14.6	100.0
		总计	96	100.0	100.0	

续表

调查村			频率	百分比（%）	有效百分比（%）	累计百分比（%）
玉东村	有效	地主	2	2.1	2.1	2.1
		富农	2	2.1	2.1	4.3
		中农	23	24.5	24.5	28.7
		贫农	58	61.7	61.7	90.4
		雇农	1	1.1	1.1	91.5
		工商业主	1	1.1	1.1	92.6
		工人	7	7.4	7.4	100.0
		总计	94	100.0	100.0	
华三房村	有效	地主	2	4.3	4.3	4.3
		中农	18	39.1	39.1	43.5
		贫农	21	45.7	45.7	89.1
		工商业主	1	2.2	2.2	91.3
		其他	4	8.7	8.7	100.0
		总计	46	100.0	100.0	
利农村	有效	地主	1	2.0	2.0	2.0
		中农	10	20.4	20.4	22.4
		贫农	15	30.6	30.6	53.1
		工商业主	5	10.2	10.2	63.3
		工人	12	24.5	24.5	87.8
		其他	6	12.2	12.2	100.0
		总计	49	100.0	100.0	
溪南村	有效	地主	12	52.2	52.2	52.2
		富农	1	4.3	4.3	56.5
		中农	1	4.3	4.3	60.9
		贫农	5	21.7	21.7	82.6
		工商业主	2	8.7	8.7	91.3
		资本家	1	4.3	4.3	95.7
		其他	1	4.3	4.3	100.0
		总计	23	100.0	100.0	

由表 5-1 可以看出，1948 年无锡 11 个村农户阶级成分存在着差异。①前进村阶级成分贫农占比最高，为 29.5，其次中农占比为 27.6，工人占比是 18.1，其他占比是 17.1，工商业主占比是 2.9，地主占比是 1.9，富农、下中农、雇农占比均为 1.0。②吴塘村阶级成分贫农占比最高，为 62.3，中农占比为 24.5，其他占比为 7.5，地主、富农、工商业主均为 1.9。③马鞍村阶级成分贫农占比为 50.0，中农占比为 25.0，地

主占比为 12.9，富农占比为 6.9，雇农和其他占比为 1.7，工人占比为 0.9。④庄桥村阶级成分中贫农占比为 62.5，中农占比为 28.6，其他占比为 5.4，工人占比为 3.6。⑤太湖村阶级成分贫农占比为 58.7，中农为 30.4，富农为 6.5，地主和其他均为 2.2。⑥曹庄村阶级成分占比贫农最高，为 54.5，中农为 24.2，富农为 10.6，地主为 4.5，其他为 3.0，上中农、工人均为 1.5。⑦刘巷村阶级成分贫农占比为 58.3，其他为 14.6，中农为 13.5，工人为 8.3，富农为 3.1，雇农、工商业主均为 1.0。⑧玉东村阶级成分贫农占比为 61.7，中农占比为 24.5，工人占比为 7.4，地主和富农占比均为 2.1，雇农和工商业主均为 1.1。⑨华三房村阶级成分贫农占比为 45.7，中农占比为 39.1，其他占比为 8.7，地主占比为 4.3，工商业主占比为 2.2。⑩利农村阶级成分贫农占比为 30.6，工人占比为 24.5，中农占比为 20.4，其他占比为 12.2，工商业主占比为 10.2，地主占比为 2.0。⑪溪南村阶级成分地主占比为 52.2，贫农占比为 21.7，工商业主占比为 8.7，富农、中农、资本家、其他占比均为 4.3。

由表 5-2 可以看出，1948 年无锡 11 个村常住男性人口存在着差异。从标准偏差这列可以看出，同一村不同户之间存在着差异。从最小值和最大值这两列也可以看出，同一村不同户间差异较大，不同村之间也存在着差异。从均值这列可以看出，庄桥村最高，为 2.2321，吴塘村最低，为 1.3208。

表 5-2　1948 年无锡 11 个村常住男性人口概况

调查村		N	最小值	最大值	均值	标准偏差
前进村	常住男性人口	105	0.00	5.00	1.8000	1.17178
	有效个案数	105				
吴塘村	常住男性人口	53	0.00	3.00	1.3208	0.82680
	有效个案数	53				
马鞍村	常住男性人口	116	0.00	5.00	2.0948	1.14951
	有效个案数	116				
庄桥村	常住男性人口	56	0.00	5.00	2.2321	1.14401
	有效个案数	56				
太湖村	常住男性人口	46	0.00	4.00	1.8913	1.07968
	有效个案数	46				
曹庄村	常住男性人口	66	0.00	6.00	2.1818	1.31159
	有效个案数	66				
刘巷村	常住男性人口	96	0.00	7.00	2.1042	1.41778
	有效个案数	96				
玉东村	常住男性人口	94	0.00	6.00	2.1170	1.37455
	有效个案数	94				
华三房村	常住男性人口	46	0.00	5.00	1.9348	1.40479
	有效个案数	46				

续表

调查村		N	最小值	最大值	均值	标准偏差
利农村	常住男性人口	49	0.00	5.00	1.8367	1.31255
	有效个案数	49				
溪南村	常住男性人口	23	0.00	4.00	1.8261	1.46636
	有效个案数	23				

由表 5-3 可以看出，1948 年无锡 11 个村常住女性人口存在着差异。从标准偏差这列可以看出，同一村不同户之间常住女性人口存在着差异。从最大值和最小值这两列也可以看出，同一村不同户之间存在着差异。从均值这列可以看出，11 个村存在着差异，但差异不大，曹庄村最高，为 2.3788，玉东村最低，为 1.9574。

表 5-3　1948 年无锡 11 个村常住女性人口概况

调查村		N	最小值	最大值	均值	标准偏差
前进村	常住女性人口	105	0.00	5.00	1.9905	1.32647
	有效个案数	105				
吴塘村	常住女性人口	53	0.00	6.00	2.2264	1.33937
	有效个案数	53				
马鞍村	常住女性人口	116	0.00	7.00	2.3017	1.49910
	有效个案数	116				
庄桥村	常住女性人口	56	0.00	6.00	2.0714	1.29133
	有效个案数	56				
太湖村	常住女性人口	46	0.00	5.00	2.1087	1.15909
	有效个案数	46				
曹庄村	常住女性人口	66	0.00	7.00	2.3788	1.38969
	有效个案数	66				
刘巷村	常住女性人口	96	0.00	6.00	2.2396	1.49909
	有效个案数	96				
玉东村	常住女性人口	94	0.00	5.00	1.9574	1.11601
	有效个案数	94				
华三房村	常住女性人口	46	0.00	5.00	2.1087	1.07968
	有效个案数	46				
利农村	常住女性人口	49	0.00	5.00	2.0816	1.23890
	有效个案数	49				
溪南村	常住女性人口	23	0.00	6.00	2.2174	1.67757
	有效个案数	23				

由表 5-4 可以看出，1948 年无锡 11 个村常住人口情况存在着差异。从标准偏差这列和最小值、最大值这两列可以看出，同一村不同户之间的差异较大。从均值这列可以看出，不同村之间存在着差异，但差异不是特别大，吴塘村最少，为 3. 5472，曹庄村最多，为 4. 5606。

表 5-4　1948 年无锡 11 个村常住人口情况

调查村		N	最小值	最大值	均值	标准偏差
前进村	常住人口	105	0. 00	8. 00	3. 7905	1. 90997
	有效个案数	105				
吴塘村	常住人口	53	1. 00	8. 00	3. 5472	1. 78203
	有效个案数	53				
马鞍村	常住人口	116	0. 00	10. 00	4. 3966	2. 13411
	有效个案数	116				
庄桥村	常住人口	56	1. 00	9. 00	4. 3036	1. 86762
	有效个案数	56				
太湖村	常住人口	46	1. 00	7. 00	4. 0000	1. 59164
	有效个案数	46				
曹庄村	常住人口	66	1. 00	10. 00	4. 5606	2. 14927
	有效个案数	66				
刘巷村	常住人口	96	0. 00	12. 00	4. 3438	2. 46589
	有效个案数	96				
玉东村	常住人口	94	1. 00	9. 00	4. 0745	2. 08032
	有效个案数	94				
华三房村	常住人口	46	1. 00	9. 00	4. 0435	2. 08653
	有效个案数	46				
利农村	常住人口	49	0. 00	8. 00	3. 9184	2. 08003
	有效个案数	49				
溪南村	常住人口	23	0. 00	9. 00	4. 0435	2. 58454
	有效个案数	23				

第二节　1948 年无锡男、女性劳动力情况

除以上关于家庭规模及性别研究外，我们还很关心农户家庭中男性劳动力和女性劳动力及其在家庭规模中占比的情况，结合调查数据，分析如下。需要说明的是，我们清洗了常住人口为 0 的 9 个样本数据，以下均以常住人口作为家庭规模。

由表 5-5 可以看出，1948 年无锡 11 个村男性劳动力情况存在着差异。从标准偏差这列可以看出，同一村不同户之间存在着差异，但整体差异不大。从最小值和最大值这两列可以看出，同一村不同户间存在着差异，有些户间差异较大，不同村之间也存在着差异。从均值列可以看出，马鞍村最高，为 1.2696，吴塘村最低，为 0.6604。

表 5-5　1948 年无锡 11 个村男性劳动力情况

调查村		N	最小值	最大值	均值	标准偏差
前进村	男性劳动力	103	0.00	3.00	0.8252	0.70610
	有效个案数	103				
吴塘村	男性劳动力	53	0.00	3.00	0.6604	0.67776
	有效个案数	53				
马鞍村	男性劳动力	115	0.00	4.00	1.2696	0.70489
	有效个案数	115				
庄桥村	男性劳动力	56	0.00	3.00	1.0536	0.58526
	有效个案数	56				
太湖村	男性劳动力	46	0.00	3.00	1.0000	0.73030
	有效个案数	46				
曹庄村	男性劳动力	66	0.00	3.00	1.1515	0.78920
	有效个案数	66				
刘巷村	男性劳动力	95	0.00	4.00	1.2316	0.86851
	有效个案数	95				
玉东村	男性劳动力	94	0.00	3.00	1.1915	0.88326
	有效个案数	94				
华三房村	男性劳动力	46	0.00	4.00	1.1304	0.93354
	有效个案数	46				
利农村	男性劳动力	47	0.00	2.00	0.7872	0.62332
	有效个案数	47				
溪南村	男性劳动力	20	0.00	2.00	0.8500	0.58714
	有效个案数	20				

由表 5-6 可以看出，1948 年无锡 11 个村男性劳动力占家庭规模比重概况存在着差异。从最小值和最大值这两列可以看出，同一村不同户间男性劳动力占家庭规模比重存在着差异，有些户没有男性劳动力而有些户全部为男性劳动力。从标准偏差这列可以看出，同一村不同户之间存在着差异。从均值这列可以看出，马鞍村男性劳动力占

家庭规模比重最高，为0.3434，溪南村最低，为0.2008。

表5-6 1948年无锡11个村男性劳动力占家庭规模比重概况

调查村		N	最小值	最大值	均值	标准偏差
前进村	男性劳动力占家庭规模比重	103	0.00	1.00	0.2513	0.26140
	有效个案数	103				
吴塘村	男性劳动力占家庭规模比重	53	0.00	1.00	0.2235	0.28259
	有效个案数	53				
马鞍村	男性劳动力占家庭规模比重	115	0.00	1.00	0.3434	0.24028
	有效个案数	115				
庄桥村	男性劳动力占家庭规模比重	56	0.00	1.00	0.2799	0.20624
	有效个案数	56				
太湖村	男性劳动力占家庭规模比重	46	0.00	1.00	0.2792	0.24423
	有效个案数	46				
曹庄村	男性劳动力占家庭规模比重	66	0.00	1.00	0.2705	0.21616
	有效个案数	66				
刘巷村	男性劳动力占家庭规模比重	95	0.00	1.00	0.3200	0.25762
	有效个案数	95				
玉东村	男性劳动力占家庭规模比重	94	0.00	1.00	0.3005	0.24492
	有效个案数	94				
华三房村	男性劳动力占家庭规模比重	46	0.00	1.00	0.2828	0.23242
	有效个案数	46				
利农村	男性劳动力占家庭规模比重	47	0.00	1.00	0.2186	0.22284
	有效个案数	47				
溪南村	男性劳动力占家庭规模比重	20	0.00	0.67	0.2008	0.17522
	有效个案数	20				

由表5-7可以看出，1948年无锡11个村女性劳动力情况存在着差异。从标准偏差这列可以看出，同一村不同户间女性劳动力存在着差异。从最小值和最大值这两列可以看出，同一村某些户间存在着较大差异，有些户可能一个女性劳动力都没有，有些户可能有几个女性劳动力，可见户间差异较大。从均值这列可以看出，溪南村户均最多，为1.8500人，前进村最少，为1.1165人。

表 5-7　1948 年无锡 11 个村女性劳动力情况

调查村		N	最小值	最大值	均值	标准偏差
前进村	女性劳动力	103	0. 00	4. 00	1. 1165	0. 75798
	有效个案数	103				
吴塘村	女性劳动力	53	0. 00	3. 00	1. 3774	0. 73971
	有效个案数	53				
马鞍村	女性劳动力	115	0. 00	5. 00	1. 3304	0. 87581
	有效个案数	115				
庄桥村	女性劳动力	56	0. 00	4. 00	1. 3214	0. 81144
	有效个案数	56				
太湖村	女性劳动力	46	0. 00	3. 00	1. 3043	0. 62786
	有效个案数	46				
曹庄村	女性劳动力	66	0. 00	4. 00	1. 3788	0. 81835
	有效个案数	66				
刘巷村	女性劳动力	95	0. 00	3. 00	1. 2842	0. 80772
	有效个案数	95				
玉东村	女性劳动力	94	0. 00	3. 00	1. 2447	0. 71371
	有效个案数	94				
华三房村	女性劳动力	46	0. 00	3. 00	1. 3478	0. 70608
	有效个案数	46				
利农村	女性劳动力	47	0. 00	3. 00	1. 3404	0. 66844
	有效个案数	47				
溪南村	女性劳动力	20	1. 00	5. 00	1. 8500	1. 03999
	有效个案数	20				

由表 5-8 可以看出，1948 年无锡 11 个村女性劳动力占家庭规模比重概况存在着差异。从标准偏差这列可以看出，同一村不同户间女性劳动力占家庭规模比重存在着差异。从最小值和最大值这两列可以看出，同一村有些户间存在着较大差异，一些户可能整户全是女性劳动力，一些户可能没有女性劳动力。从均值列可以看出，溪南村女性劳动力占家庭规模比重最高，为 0. 4412，马鞍村最低，为 0. 3008。

表 5-8　1948 年无锡 11 个村女性劳动力占家庭规模比重概况

调查村		N	最小值	最大值	均值	标准偏差
前进村	女性劳动力占家庭规模比重	103	0. 00	1. 00	0. 3089	0. 22181
	有效个案数	103				
吴塘村	女性劳动力占家庭规模比重	53	0. 00	1. 00	0. 4097	0. 23339
	有效个案数	53				

续表

调查村		N	最小值	最大值	均值	标准偏差
马鞍村	女性劳动力占家庭规模比重	115	0.00	1.00	0.3008	0.17185
	有效个案数	115				
庄桥村	女性劳动力占家庭规模比重	56	0.00	1.00	0.3193	0.20556
	有效个案数	56				
太湖村	女性劳动力占家庭规模比重	46	0.00	1.00	0.3624	0.22061
	有效个案数	46				
曹庄村	女性劳动力占家庭规模比重	66	0.00	1.00	0.3203	0.19532
	有效个案数	66				
刘巷村	女性劳动力占家庭规模比重	95	0.00	1.00	0.3174	0.22634
	有效个案数	95				
玉东村	女性劳动力占家庭规模比重	94	0.00	1.00	0.3362	0.22772
	有效个案数	94				
华三房村	女性劳动力占家庭规模比重	46	0.00	1.00	0.3647	0.23552
	有效个案数	46				
利农村	女性劳动力占家庭规模比重	47	0.00	1.00	0.3853	0.23861
	有效个案数	47				
溪南村	女性劳动力占家庭规模比重	20	0.20	1.00	0.4412	0.23195
	有效个案数	20				

由表 5-9 可以看出，1948 年无锡 11 个村劳动力占家庭规模比重概况存在着差异。从最小值和最大值这两列可以看出，同一村有些户间劳动力占家庭规模比重存在较大差异，有些户可能全家都是劳动力，有些户可能也没一个劳动力。从标准偏差列可以看出，同一村不同户间差异较大。从均值列可以看出，11 个村劳动力占家庭规模比重存在着差异且均较高，华三房村最高，为 0.6476，前进村最低，为 0.5602。

表 5-9 1948 年无锡 11 个村劳动力占家庭规模比重概况

调查村		N	最小值	最大值	均值	标准偏差
前进村	劳动力占家庭规模比重	103	0.00	1.00	0.5602	0.27197
	有效个案数	103				
吴塘村	劳动力占家庭规模比重	53	0.25	1.00	0.6332	0.24859
	有效个案数	53				
马鞍村	劳动力占家庭规模比重	115	0.00	1.00	0.6441	0.23939
	有效个案数	115				
庄桥村	劳动力占家庭规模比重	56	0.29	1.00	0.5993	0.21524
	有效个案数	56				

续表

调查村		N	最小值	最大值	均值	标准偏差
太湖村	劳动力占家庭规模比重	46	0.20	1.00	0.6417	0.25357
	有效个案数	46				
曹庄村	劳动力占家庭规模比重	66	0.00	1.00	0.5908	0.24021
	有效个案数	66				
刘巷村	劳动力占家庭规模比重	95	0.00	1.00	0.6374	0.26620
	有效个案数	95				
玉东村	劳动力占家庭规模比重	94	0.00	1.00	0.6367	0.27782
	有效个案数	94				
华三房村	劳动力占家庭规模比重	46	0.00	1.00	0.6476	0.25017
	有效个案数	46				
利农村	劳动力占家庭规模比重	47	0.14	1.00	0.6039	0.27533
	有效个案数	47				
溪南村	劳动力占家庭规模比重	20	0.25	1.00	0.6420	0.23415
	有效个案数	20				

第三节　1948 年无锡农民教育投入情况

以下我们计算 7~13 岁人口占家庭规模比重，考虑 7~13 岁人口可能外出求学，所以我们在计算家庭规模时，不仅考虑常住男性和常住女性人口，而且还要考虑在外人口。我们进行了数据清洗，删除了 7~13 岁人口数加上 14 岁以上人口数大于常住男性人口加上女性人口及加上在外人口数的样本。

由表 5-10 可以看出，1948 年无锡 11 个村 7~13 岁学龄儿童（人）存在着差异。从最小值和最大值这两列可以看出，同一村有些户间存在着较大差异，有些户没有 7~13 岁学龄儿童，有些户最多为 4 人。不同村之间最大值 3 人居多。从标准差这列可以看出，同一村不同户间存在着差异。从均值列可以看出，不同村之间存在着差异，但差异不大，曹庄村最多，为 0.8923，吴塘村最少，为 0.5660。

表 5-10　1948 年无锡 11 个村 7~13 岁学龄儿童情况

调查村		N	最小值	最大值	均值	标准偏差
前进村	7~13 岁学龄儿童（人）	102	0.00	3.00	0.7255	0.85778
	有效个案数	102				

续表

调查村		N	最小值	最大值	均值	标准偏差
吴塘村	7~13 岁学龄儿童（人）	53	0.00	2.00	0.5660	0.69364
	有效个案数	53				
马鞍村	7~13 岁学龄儿童（人）	115	0.00	4.00	0.6522	0.82763
	有效个案数	115				
庄桥村	7~13 岁学龄儿童（人）	56	0.00	3.00	0.7679	0.80884
	有效个案数	56				
太湖村	7~13 岁学龄儿童（人）	46	0.00	3.00	0.7174	0.83435
	有效个案数	46				
曹庄村	7~13 岁学龄儿童（人）	65	0.00	3.00	0.8923	0.88606
	有效个案数	65				
刘巷村	7~13 岁学龄儿童（人）	95	0.00	3.00	0.7579	0.80841
	有效个案数	95				
玉东村	7~13 岁学龄儿童（人）	94	0.00	3.00	0.7128	0.86288
	有效个案数	94				
华三房村	7~13 岁学龄儿童（人）	46	0.00	3.00	0.6739	0.79034
	有效个案数	46				
利农村	7~13 岁学龄儿童（人）	46	0.00	3.00	0.8261	0.87697
	有效个案数	46				
溪南村	7~13 岁学龄儿童（人）	20	0.00	2.00	0.7500	0.85070
	有效个案数	20				

由表 5-11 可以看出，1948 年无锡 11 个村 7~13 岁学龄儿童占家庭规模比重存在着差异。从最小值和最大值这两列可以看出，同一村有些户间存在着差异，一些户为 0，一些户却高达 0.67；不同村间也存在着差异。从标准差列可以看出，同一村不同户间 7~13 岁学龄儿童占家庭规模比重存在着差异。从均值列可以看出，曹庄村最高，为 0.1681，吴塘村最低，为 0.1132。

表 5-11　1948 年无锡 11 个村 7~13 岁学龄儿童占家庭规模比重概况

调查村		N	最小值	最大值	均值	标准偏差
前进村	7~13 岁学龄儿童占家庭规模比重	102	0.00	0.50	0.1232	0.14362
	有效个案数	102				
吴塘村	7~13 岁学龄儿童占家庭规模比重	53	0.00	0.50	0.1132	0.14593
	有效个案数	53				
马鞍村	7~13 岁学龄儿童占家庭规模比重	115	0.00	0.67	0.1199	0.15224
	有效个案数	115				

续表

调查村		N	最小值	最大值	均值	标准偏差
庄桥村	7~13 岁学龄儿童占家庭规模比重	56	0.00	0.60	0.1445	0.14827
	有效个案数	56				
太湖村	7~13 岁学龄儿童占家庭规模比重	46	0.00	0.50	0.1431	0.16680
	有效个案数	46				
曹庄村	7~13 岁学龄儿童占家庭规模比重	65	0.00	0.67	0.1681	0.16856
	有效个案数	65				
刘巷村	7~13 岁学龄儿童占家庭规模比重	95	0.00	0.50	0.1424	0.15282
	有效个案数	95				
玉东村	7~13 岁学龄儿童占家庭规模比重	94	0.00	0.75	0.1344	0.17509
	有效个案数	94				
华三房村	7~13 岁学龄儿童占家庭规模比重	46	0.00	0.50	0.1368	0.16181
	有效个案数	46				
利农村	7~13 岁学龄儿童占家庭规模比重	46	0.00	0.50	0.1409	0.14643
	有效个案数	46				
溪南村	7~13 岁学龄儿童占家庭规模比重	20	0.00	0.40	0.1273	0.14458
	有效个案数	20				

由表 5-12 可以看出，1948 年无锡 11 个村 7~13 岁学龄儿童在学占比存在着差异。从最小值和最大值这两列可以看出，同一村有些户间差异很大，有些户学龄儿童都没有上学，而有些户学龄儿童均上学。从标准差列也可以看出，同一村不同户间差异很大。从均值列可以看出，马鞍村高达 0.8302，刘巷村为 0.5288。

表 5-12　1948 年无锡 11 个村 7~13 岁学龄儿童在学占比

调查村		N	最小值	最大值	均值	标准偏差
前进村	7~13 岁学龄儿童在学占比	51	0.00	1.00	0.7092	0.39699
	有效个案数	51				
吴塘村	7~13 岁学龄儿童在学占比	24	0.00	1.00	0.7917	0.41485
	有效个案数	24				
马鞍村	7~13 岁学龄儿童在学占比	54	0.00	1.00	0.8302	0.34794
	有效个案数	54				
庄桥村	7~13 岁学龄儿童在学占比	31	0.00	1.00	0.6398	0.62395
	有效个案数	31				
太湖村	7~13 岁学龄儿童在学占比	23	0.00	1.00	0.6957	0.41939
	有效个案数	23				

续表

调查村		N	最小值	最大值	均值	标准偏差
曹庄村	7～13 岁学龄儿童在学占比	39	0.00	1.00	0.6709	0.46278
	有效个案数	39				
刘巷村	7～13 岁学龄儿童在学占比	52	0.00	1.00	0.5288	0.45937
	有效个案数	52				
玉东村	7～13 岁学龄儿童在学占比	44	0.00	1.00	0.6023	0.44054
	有效个案数	44				
华三房村	7～13 岁学龄儿童在学占比	23	0.00	1.00	0.6449	0.46684
	有效个案数	23				
利农村	7～13 岁学龄儿童在学占比	26	0.00	1.00	0.6795	0.42143
	有效个案数	26				
溪南村	7～13 岁学龄儿童在学占比	10	0.00	1.00	0.6000	0.45947
	有效个案数	10				

由表 5-13 可以看出，1948 年无锡 11 个村 14 岁以上人口在家庭规模中的占比情况存在着差异。从最小值和最大值这两列可以看出，同一村有些户间差异较大。从标准偏差列可以看出，同一村不同户间有较大差异。从均值列可以看出，马鞍村最高，为 0.6507，利农村最低，为 0.5137。

表 5-13　1948 年无锡 11 个村 14 岁以上人口占家庭规模比重情况

调查村		N	最小值	最大值	均值	标准偏差
前进村	14 岁以上人口占家庭规模比重	102	0.00	1.00	0.5233	0.24637
	有效个案数	102				
吴塘村	14 岁以上人口占家庭规模比重	53	0.17	1.00	0.5758	0.25532
	有效个案数	53				
马鞍村	14 岁以上人口占家庭规模比重	115	0.25	1.00	0.6507	0.22618
	有效个案数	115				
庄桥村	14 岁以上人口占家庭规模比重	56	0.17	1.00	0.5828	0.21763
	有效个案数	56				
太湖村	14 岁以上人口占家庭规模比重	46	0.17	1.00	0.6385	0.22707
	有效个案数	46				
曹庄村	14 岁以上人口占家庭规模比重	65	0.11	1.00	0.6267	0.24462
	有效个案数	65				
刘巷村	14 岁以上人口占家庭规模比重	95	0.00	1.00	0.6281	0.24353
	有效个案数	95				

续表

调查村		N	最小值	最大值	均值	标准偏差
玉东村	14 岁以上人口占家庭规模比重	94	0.00	1.00	0.6243	0.24380
	有效个案数	94				
华三房村	14 岁以上人口占家庭规模比重	46	0.00	1.00	0.6276	0.27193
	有效个案数	46				
利农村	14 岁以上人口占家庭规模比重	46	0.13	1.00	0.5137	0.23732
	有效个案数	46				
溪南村	14 岁以上人口占家庭规模比重	20	0.20	1.00	0.6077	0.26003
	有效个案数	20				

由表 5-14 可以看出，1948 年无锡 11 个村 14 岁以上人口文盲占比情况存在着差异。从最小值和最大值这两列可以看出，同一村有些户之间存在着大的差异，有些户没有文盲，有些户全为文盲。从标准偏差列可以看出，同一村不同户之间存在着较大差异。从均值列可以看出，不同村之间存在着差异，刘巷村高达 0.8228，溪南村最低为 0.5233。

表 5-14　1948 年无锡 11 个村 14 岁以上人口文盲占比情况

调查村		N	最小值	最大值	均值	标准偏差
前进村	14 岁以上人口文盲占比	101	0.00	1.00	0.6444	0.32554
	有效个案数	101				
吴塘村	14 岁以上人口文盲占比	53	0.00	1.00	0.7223	0.32319
	有效个案数	53				
马鞍村	14 岁以上人口文盲占比	115	0.00	1.00	0.6006	0.32579
	有效个案数	115				
庄桥村	14 岁以上人口文盲占比	56	0.00	1.00	0.6967	0.31948
	有效个案数	56				
太湖村	14 岁以上人口文盲占比	46	0.00	1.00	0.6043	0.31152
	有效个案数	46				
曹庄村	14 岁以上人口文盲占比	65	0.00	1.00	0.5790	0.30232
	有效个案数	65				
刘巷村	14 岁以上人口文盲占比	93	0.00	1.00	0.8228	0.23582
	有效个案数	93				
玉东村	14 岁以上人口文盲占比	93	0.00	1.00	0.6848	0.29825
	有效个案数	93				
华三房村	14 岁以上人口文盲占比	45	0.00	1.00	0.7904	0.26233
	有效个案数	45				

续表

调查村		N	最小值	最大值	均值	标准偏差
利农村	14 岁以上人口文盲占比	46	0.00	1.00	0.6764	0.28373
	有效个案数	46				
溪南村	14 岁以上人口文盲占比	20	0.00	1.00	0.5233	0.29076
	有效个案数	20				

由表 5-15 可以看出，1948 年无锡 11 个村 14 岁以上人口初小占比情况存在着差异。从最小值和最大值这两列可以看出，初小程度占比存在着差异，有些户没有上过初小的，有些户全家都为初小程度。从标准差列可以看出，同一村不同户间差异较大。从均值列可以看出，太湖村最高，为 0.2699，刘巷村最低，为 0.1101。

表 5-15　1948 年无锡 11 个村 14 岁以上人口初小占比情况

调查村		N	最小值	最大值	均值	标准偏差
前进村	14 岁以上人口初小占比	101	0.00	1.00	0.2553	0.31675
	有效个案数	101				
吴塘村	14 岁以上人口初小占比	53	0.00	1.00	0.1767	0.29944
	有效个案数	53				
马鞍村	14 岁以上人口初小占比	115	0.00	1.00	0.1804	0.24909
	有效个案数	115				
庄桥村	14 岁以上人口初小占比	56	0.00	2.00	0.2610	0.36573
	有效个案数	56				
太湖村	14 岁以上人口初小占比	46	0.00	1.00	0.2699	0.32498
	有效个案数	46				
曹庄村	14 岁以上人口初小占比	65	0.00	1.00	0.2179	0.25898
	有效个案数	65				
刘巷村	14 岁以上人口初小占比	93	0.00	0.67	0.1101	0.18215
	有效个案数	93				
玉东村	14 岁以上人口初小占比	93	0.00	1.00	0.1860	0.25824
	有效个案数	93				
华三房村	14 岁以上人口初小占比	45	0.00	0.75	0.1311	0.21102
	有效个案数	45				
利农村	14 岁以上人口初小占比	46	0.00	0.67	0.2370	0.24252
	有效个案数	46				
溪南村	14 岁以上人口初小占比	20	0.00	0.60	0.1467	0.19858
	有效个案数	20				

由表 5-16 可以看出，1948 年无锡 11 个村 14 岁以上人口高小占比情况存在着差异。从最小值和最大值这两列可以看出，同一村有些户间存在较大的差异。从标准偏差列可以看出，同一村不同户间存在着差异。从均值列可以看出，不同村之间存在着差异，溪南村最高，为 0.2200，华三房村最低，为 0.0296。

表 5-16　1948 年无锡 11 个村 14 岁以上人口高小占比情况

调查村		N	最小值	最大值	均值	标准偏差
前进村	14 岁以上人口高小占比	101	0.00	1.00	0.0929	0.18930
	有效个案数	101				
吴塘村	14 岁以上人口高小占比	53	0.00	0.67	0.1009	0.19918
	有效个案数	53				
马鞍村	14 岁以上人口高小占比	115	0.00	1.00	0.1447	0.22289
	有效个案数	115				
庄桥村	14 岁以上人口高小占比	56	0.00	0.67	0.0601	0.13698
	有效个案数	56				
太湖村	14 岁以上人口高小占比	46	0.00	1.00	0.1293	0.25457
	有效个案数	46				
曹庄村	14 岁以上人口高小占比	65	0.00	0.67	0.1515	0.19965
	有效个案数	65				
刘巷村	14 岁以上人口高小占比	93	0.00	1.00	0.0575	0.17847
	有效个案数	93				
玉东村	14 岁以上人口高小占比	93	0.00	1.00	0.1100	0.21587
	有效个案数	93				
华三房村	14 岁以上人口高小占比	45	0.00	0.50	0.0296	0.09427
	有效个案数	45				
利农村	14 岁以上人口高小占比	46	0.00	1.00	0.0779	0.19830
	有效个案数	46				
溪南村	14 岁以上人口高小占比	20	0.00	0.67	0.2200	0.23851
	有效个案数	20				

由表 5-17 可以看出，1948 年无锡 11 个村 14 岁以上人口初中占比情况存在着差异。从最小值和最大值这两列可以看出，同一村有些户间存在着较大的差异，不同村间也存在着差异。从标准偏差列可以看出，除吴塘村、庄桥村外，同一村不同户间存在着差异。从均值列可以看出，取值均比较小，不同村间存在着差异，溪南村最高，为 0.0767，吴塘村、庄桥村最低，为 0。

表 5-17 1948 年无锡 11 个村 14 岁以上人口初中占比情况

调查村		N	最小值	最大值	均值	标准偏差
前进村	14 岁以上人口初中占比	101	0.00	0.50	0.0157	0.07237
	有效个案数	101				
吴塘村	14 岁以上人口初中占比	53	0.00	0.00	0.0000	0.00000
	有效个案数	53				
马鞍村	14 岁以上人口初中占比	115	0.00	0.50	0.0612	0.14143
	有效个案数	115				
庄桥村	14 岁以上人口初中占比	56	0.00	0.00	0.0000	0.00000
	有效个案数	56				
太湖村	14 岁以上人口初中占比	46	0.00	0.50	0.0217	0.10309
	有效个案数	46				
曹庄村	14 岁以上人口初中占比	65	0.00	0.50	0.0515	0.13069
	有效个案数	65				
刘巷村	14 岁以上人口初中占比	93	0.00	0.50	0.0123	0.07419
	有效个案数	93				
玉东村	14 岁以上人口初中占比	93	0.00	0.50	0.0138	0.06962
	有效个案数	93				
华三房村	14 岁以上人口初中占比	45	0.00	0.50	0.0378	0.12843
	有效个案数	45				
利农村	14 岁以上人口初中占比	46	0.00	0.40	0.0087	0.05898
	有效个案数	46				
溪南村	14 岁以上人口初中占比	20	0.00	0.33	0.0767	0.12512
	有效个案数	20				

由表 5-18 可以看出，1948 年无锡 11 个村 14 岁以上人口高中占比均比较低，有几个村为 0。从最大值列可以看出，华三房村、溪南村高达 0.50，马鞍村、太湖村有些户高达 0.33。从标准偏差列可以看出，华三房村、溪南村、马鞍村、太湖村户间存在着差异。从均值列可以看出，11 个村大部分为 0，不为 0 的四个村中溪南村户均最高，为 0.0333，华三房村为 0.0111，马鞍村、太湖村均为 0.0072。

表 5-18 1948 年无锡 11 个村 14 岁以上人口高中占比情况

调查村		N	最小值	最大值	均值	标准偏差
前进村	14 岁以上人口高中占比	101	0.00	0.00	0.0000	0.00000
	有效个案数	101				
吴塘村	14 岁以上人口高中占比	53	0.00	0.00	0.0000	0.00000
	有效个案数	53				

续表

调查村		N	最小值	最大值	均值	标准偏差
马鞍村	14 岁以上人口高中占比	115	0.00	0.33	0.0072	0.04626
	有效个案数	115				
庄桥村	14 岁以上人口高中占比	56	0.00	0.00	0.0000	0.00000
	有效个案数	56				
太湖村	14 岁以上人口高中占比	46	0.00	0.33	0.0072	0.04915
	有效个案数	46				
曹庄村	14 岁以上人口高中占比	65	0.00	0.00	0.0000	0.00000
	有效个案数	65				
刘巷村	14 岁以上人口高中占比	93	0.00	0.00	0.0000	0.00000
	有效个案数	93				
玉东村	14 岁以上人口高中占比	93	0.00	0.00	0.0000	0.00000
	有效个案数	93				
华三房村	14 岁以上人口高中占比	45	0.00	0.50	0.0111	0.07454
	有效个案数	45				
利农村	14 岁以上人口高中占比	46	0.00	0.00	0.0000	0.00000
	有效个案数	46				
溪南村	14 岁以上人口高中占比	20	0.00	0.50	0.0333	0.11598
	有效个案数	20				

由表 5-19 可以看出，1948 年无锡 11 个村 14 岁以上人口大学占比均为 0。

表 5-19　1948 年无锡 11 个村 14 岁以上人口大学占比情况

调查村		N	最小值	最大值	均值	标准偏差
前进村	14 岁以上人口大学占比	101	0.00	0.00	0.0000	0.00000
	有效个案数	101				
吴塘村	14 岁以上人口大学占比	53	0.00	0.00	0.0000	0.00000
	有效个案数	53				
马鞍村	14 岁以上人口大学占比	115	0.00	0.00	0.0000	0.00000
	有效个案数	115				
庄桥村	14 岁以上人口大学占比	56	0.00	0.00	0.0000	0.00000
	有效个案数	56				
太湖村	14 岁以上人口大学占比	46	0.00	0.00	0.0000	0.00000
	有效个案数	46				
曹庄村	14 岁以上人口大学占比	65	0.00	0.00	0.0000	0.00000
	有效个案数	65				

续表

调查村		N	最小值	最大值	均值	标准偏差
刘巷村	14 岁以上人口大学占比	93	0.00	0.00	0.0000	0.00000
	有效个案数	93				
玉东村	14 岁以上人口大学占比	93	0.00	0.00	0.0000	0.00000
	有效个案数	93				
华三房村	14 岁以上人口大学占比	45	0.00	0.00	0.0000	0.00000
	有效个案数	45				
利农村	14 岁以上人口大学占比	46	0.00	0.00	0.0000	0.00000
	有效个案数	46				
溪南村	14 岁以上人口大学占比	20	0.00	0.00	0.0000	0.00000
	有效个案数	20				

第四节　1948 年无锡农民年内年末在外人口情况

第三节我们对 1948 年无锡农民的教育投入情况进行了研究，本节研究 1948 年无锡农民在外人口情况，这里家庭规模是常住人口加上在外人口。

由表 5-20 可以看出，1948 年无锡 11 个村在外男性人口占家庭规模比重存在着差异。从最大值列可以看出，不同村间存在着差异，同一村的某些户存在着较大差异。从标准偏差列也可以看出，同一村不同户间存在着差异。从均值列可以看出，利农村最高，为 0.1781，曹庄村最低，为 0.0392。

表 5-20　1948 年无锡 11 个村在外男性人口占家庭规模比重概况

调查村		N	最小值	最大值	均值	标准偏差
前进村	在外男性人口占家庭规模比重	102	0.00	0.50	0.1426	0.16600
	有效个案数	102				
吴塘村	在外男性人口占家庭规模比重	53	0.00	0.50	0.1725	0.14312
	有效个案数	53				
马鞍村	在外男性人口占家庭规模比重	115	0.00	0.50	0.0585	0.12242
	有效个案数	115				
庄桥村	在外男性人口占家庭规模比重	56	0.00	0.50	0.0761	0.12156
	有效个案数	56				
太湖村	在外男性人口占家庭规模比重	46	0.00	0.50	0.0867	0.14341
	有效个案数	46				

续表

调查村		N	最小值	最大值	均值	标准偏差
曹庄村	在外男性人口占家庭规模比重	65	0.00	0.56	0.0392	0.10033
	有效个案数	65				
刘巷村	在外男性人口占家庭规模比重	95	0.00	0.50	0.0630	0.12072
	有效个案数	95				
玉东村	在外男性人口占家庭规模比重	94	0.00	0.67	0.1074	0.16209
	有效个案数	94				
华三房村	在外男性人口占家庭规模比重	46	0.00	0.50	0.0682	0.13316
	有效个案数	46				
利农村	在外男性人口占家庭规模比重	46	0.00	0.64	0.1781	0.18369
	有效个案数	46				
溪南村	在外男性人口占家庭规模比重	20	0.00	0.63	0.1311	0.18850
	有效个案数	20				

由表 5-21 可以看出，1948 年无锡 11 个村在外女性人口占家庭规模比重存在着差异。从最小值和最大值这两列可以看出，同一村有些不同户间存在着较大差异，不同村间存在着差异。从标准偏差这列可以看出，同一村不同户间存在着差异。从均值这列可以看出，不同村间存在着差异，整体比较低，前进村最高，为 0.0510，太湖村最低，为 0.0036。

表 5-21　1948 年无锡 11 个村在外女性人口占家庭规模比重概况

调查村		N	最小值	最大值	均值	标准偏差
前进村	在外女性人口占家庭规模比重	102	0.00	0.43	0.0510	0.09917
	有效个案数	102				
吴塘村	在外女性人口占家庭规模比重	53	0.00	0.33	0.0236	0.07396
	有效个案数	53				
马鞍村	在外女性人口占家庭规模比重	115	0.00	0.20	0.0094	0.03792
	有效个案数	115				
庄桥村	在外女性人口占家庭规模比重	56	0.00	0.43	0.0466	0.10935
	有效个案数	56				
太湖村	在外女性人口占家庭规模比重	46	0.00	0.17	0.0036	0.02457
	有效个案数	46				
曹庄村	在外女性人口占家庭规模比重	65	0.00	0.33	0.0214	0.06259
	有效个案数	65				
刘巷村	在外女性人口占家庭规模比重	95	0.00	0.67	0.0256	0.09815
	有效个案数	95				

续表

调查村		N	最小值	最大值	均值	标准偏差
玉东村	在外女性人口占家庭规模比重	94	0.00	0.50	0.0318	0.08767
	有效个案数	94				
华三房村	在外女性人口占家庭规模比重	46	0.00	0.57	0.0124	0.08425
	有效个案数	46				
利农村	在外女性人口占家庭规模比重	46	0.00	0.50	0.0496	0.12079
	有效个案数	46				
溪南村	在外女性人口占家庭规模比重	20	0.00	0.22	0.0111	0.04969
	有效个案数	20				

由表5-22可以看出，1948年无锡11个村在外男性劳动力占家庭规模比重存在着差异。从最小值和最大值这两列可以看出，同一村一些户间存在很大差异。从标准偏差列可以看出，同一村不同户间存在着较大差异。从均值列可以看出，前进村最高，为0.1458，曹庄村最低，为0.0413。

表5-22　1948年无锡11个村在外男性劳动力占家庭规模比重概况

调查村		N	最小值	最大值	均值	标准偏差
前进村	在外男性劳动力占家庭规模比重	102	0.00	0.50	0.1458	0.16644
	有效个案数	102				
吴塘村	在外男性劳动力占家庭规模比重	53	0.00	0.50	0.1389	0.13529
	有效个案数	53				
马鞍村	在外男性劳动力占家庭规模比重	115	0.00	0.50	0.0457	0.09971
	有效个案数	115				
庄桥村	在外男性劳动力占家庭规模比重	56	0.00	0.50	0.0732	0.12134
	有效个案数	56				
太湖村	在外男性劳动力占家庭规模比重	46	0.00	0.50	0.0867	0.14341
	有效个案数	46				
曹庄村	在外男性劳动力占家庭规模比重	65	0.00	0.50	0.0413	0.10529
	有效个案数	65				
刘巷村	在外男性劳动力占家庭规模比重	95	0.00	0.50	0.0571	0.11248
	有效个案数	95				
玉东村	在外男性劳动力占家庭规模比重	94	0.00	0.67	0.1029	0.15827
	有效个案数	94				
华三房村	在外男性劳动力占家庭规模比重	46	0.00	0.50	0.0584	0.12223
	有效个案数	46				

续表

调查村		N	最小值	最大值	均值	标准偏差
利农村	在外男性劳动力占家庭规模比重	46	0.00	0.57	0.1450	0.16315
	有效个案数	46				
溪南村	在外男性劳动力占家庭规模比重	20	0.00	0.60	0.1248	0.17267
	有效个案数	20				

由表5-23可以看出，1948年无锡11个村在外女性劳动力占家庭规模比重存在着差异。从最小值和最大值这两列可以看出，同一村有些户间差异很大，不同村间存在着差异。从标准偏差列可以看出，同一村不同户间存在着差异，但差异不大。

表5-23　1948年无锡11个村在外女性劳动力占家庭规模比重概况

调查村		N	最小值	最大值	均值	标准偏差
前进村	在外女性劳动力占家庭规模比重	102	0.00	0.33	0.0482	0.09435
	有效个案数	102				
吴塘村	在外女性劳动力占家庭规模比重	53	0.00	0.33	0.0173	0.05996
	有效个案数	53				
马鞍村	在外女性劳动力占家庭规模比重	115	0.00	0.20	0.0094	0.03792
	有效个案数	115				
庄桥村	在外女性劳动力占家庭规模比重	56	0.00	0.43	0.0395	0.09836
	有效个案数	56				
太湖村	在外女性劳动力占家庭规模比重	46	0.00	0.17	0.0036	0.02457
	有效个案数	46				
曹庄村	在外女性劳动力占家庭规模比重	65	0.00	0.33	0.0214	0.06259
	有效个案数	65				
刘巷村	在外女性劳动力占家庭规模比重	95	0.00	0.50	0.0247	0.08245
	有效个案数	95				
玉东村	在外女性劳动力占家庭规模比重	94	0.00	0.50	0.0264	0.08158
	有效个案数	94				
华三房村	在外女性劳动力占家庭规模比重	46	0.00	0.57	0.0124	0.08425
	有效个案数	46				
利农村	在外女性劳动力占家庭规模比重	46	0.00	0.25	0.0276	0.06017
	有效个案数	46				
溪南村	在外女性劳动力占家庭规模比重	20	0.00	0.11	0.0056	0.02485
	有效个案数	20				

由表5-24可以看出，1948年无锡11个村在外职业概况存在着差异。在外职业为

农民的人少，前进村、马鞍村各有1户有1人。

（1）在外职业为手工业者的各村之间存在着差异，一些村为0，非0的村中前进村为1的5户，占总户数的4.9%。吴塘村为1的1户，占比1.9%。马鞍村为1的2户，占比1.7%。庄桥村为1的5户，占比8.9%。太湖村为1的3户，占比6.5%。玉东村为1的10户，占比10.6%。华三房村为1的2户，占比4.3%。利农村为1的7户，占比15.2%。溪南村为1的2户，占比10%。

（2）在外职业为产业工人的各村之间存在着差异，除为0的村外，前进村为1的29户，占比28.4%；为2的12户，占比11.8%；为3的1户，占比1%。吴塘村为1的16户，占比30.2%；为2的1户，占比1.9%。马鞍村为1的10户，占比8.7%。庄桥村为1的10户，占比17.9%；为3的1户，占比1.8%。太湖村为1的8户，占比17.4%；为2的2户，占比4.3%。曹庄村为1的3户，占比4.6%。刘巷村为1的13户，占比13.7%；为2的1户，占比1.1%。玉东村为1的9户，占比9.6%；为2的7户，占比7.4%；为3的2户，占比2.1%。华三房村为1的2户，占比4.3%。利农村为1的15户，占比32.6%；为2的4户，占比8.7%；为3的1户，占比2.2%。溪南村为1的1户，占比5%。

（3）在外职业为教师的相对比较少，有5个村为0，不为0的6个村，前进村为1的2户，占比2%。吴塘村为1的3户，占比5.7%。马鞍村为1的5户，占比4.3%。太湖村为1的1户，占比2.2%。曹庄村为1的3户，占比4.6%。溪南村为1的3户，占比15%。

（4）在外职业为医生的比较少，大部分村为0，不为0的村吴塘村为1的1户，占比1.9%。太湖村为1的1户，占比2.2%。曹庄村为2的1户，占比1.5%。华三房村为1的1户，占比2.2%。

（5）在外职业为其他自由职业者的各村均没有。

（6）在外职业为小商贩的各村也比较少，前进村为1的1户，占比1%。吴塘村为1的1户，占比1.9%。刘巷村为1的1户，占比1.1%。玉东村为1的1户，占比1.1%。华三房村为1的1户，占比2.2%。利农村为2的1户，占比2.2%。

（7）在外职业为工商业主的各村不多，前进村为1的4户，占比3.9%。吴塘村为1的1户，占比1.9%。庄桥村为1的1户，占比1.8%。太湖村为2的1户，占比2.2%。刘巷村为1的1户，占比1.1%；为2的1户，占比1.1%。玉东村为1的1户，占比1.1%。利农村为1的2户，占比4.3%。溪南村为1的2户，占比10%；为3的1户，占比5%。

（8）在外职业为店员的各村几乎都有，但占比不算高，前进村为1的7户，占比6.9%；为2的1户，占比1%。吴塘村为1的7户，占比13.2%。马鞍村为1的3户，占比2.6%。庄桥村为1的5户，占比8.9%。曹庄村为1的2户，占比3.1%；为2的2户，占比3.1%。刘巷村为1的6户，占比6.3%。玉东村为1的3户，占比3.2%；为2的2户，占比2.1%。华三房村为1的3户，占比6.5%。利农村为1的2户，占比4.3%。

（9）在外职业为军政人员的，吴塘村为1的1户，占比1.9%。刘巷村为1的1户，占比1.1%。溪南村为1的1户，占比5%。

（10）在外职业为家务劳动者的，前进村为1的2户，占比2%。吴塘村为1的3户，占比5.7%。马鞍村为1的2户，占比1.7%。庄桥村为1的1户，占比1.8%。太湖村为1的1户，占比2.2%。曹庄村为1的2户，占比3.1%；为3的1户，占比1.5%。玉东村为1的2户，占比2.1%；为2的1户，占比1.1%。华三房村为1的1户，占比2.2%。利农村为1的5户，占比10.9%。溪南村为1的1户，占比5%。

（11）在外职业为其他劳动者的，前进村为1的14户，占比13.7%。吴塘村为1的3户，占比5.7%。马鞍村为1的1户，占比0.9%；为2的1户，占比0.9%。庄桥村为1的5户，占比8.9%；为2的1户，占比1.8%。曹庄村为1的3户，占比4.6%。刘巷村为1的5户，占比5.3%；为2的2户，占比2.1%。玉东村为1的5户，占比5.3%；为2的1户，占比1.1%。华三房村为1的1户，占比2.2%。

表5-24　1948年无锡11个村在外职业概况

在外人口的职业情况：农民						
调查村			频率	百分比（%）	有效百分比（%）	累计百分比（%）
前进村	有效	0.00	101	99.0	99.0	99.0
		1.00	1	1.0	1.0	100.0
		总计	102	100.0	100.0	
吴塘村	有效	0.00	53	100.0	100.0	100.0
马鞍村	有效	0.00	114	99.1	99.1	99.1
		1.00	1	0.9	0.9	100.0
		总计	115	100.0	100.0	
庄桥村	有效	0.00	56	100.0	100.0	100.0
太湖村	有效	0.00	46	100.0	100.0	100.0
曹庄村	有效	0.00	65	100.0	100.0	100.0
刘巷村	有效	0.00	95	100.0	100.0	100.0
玉东村	有效	0.00	94	100.0	100.0	100.0
华三房村	有效	0.00	46	100.0	100.0	100.0
利农村	有效	0.00	46	100.0	100.0	100.0
溪南村	有效	0.00	20	100.0	100.0	100.0
在外人口的职业情况：手工业者						
调查村			频率	百分比（%）	有效百分比（%）	累计百分比（%）
前进村	有效	0.00	97	95.1	95.1	95.1
		1.00	5	4.9	4.9	100.0
		总计	102	100.0	100.0	
吴塘村	有效	0.00	52	98.1	98.1	98.1
		1.00	1	1.9	1.9	100.0
		总计	53	100.0	100.0	

续表

在外人口的职业情况：手工业者						
调查村			频率	百分比（%）	有效百分比（%）	累计百分比（%）
马鞍村	有效	0.00	113	98.3	98.3	98.3
		1.00	2	1.7	1.7	100.0
		总计	115	100.0	100.0	
庄桥村	有效	0.00	51	91.1	91.1	91.1
		1.00	5	8.9	8.9	100.0
		总计	56	100.0	100.0	
太湖村	有效	0.00	43	93.5	93.5	93.5
		1.00	3	6.5	6.5	100.0
		总计	46	100.0	100.0	
曹庄村	有效	0.00	65	100.0	100.0	100.0
刘巷村	有效	0.00	95	100.0	100.0	100.0
玉东村	有效	0.00	84	89.4	89.4	89.4
		1.00	10	10.6	10.6	100.0
		总计	94	100.0	100.0	
华三房村	有效	0.00	44	95.7	95.7	95.7
		1.00	2	4.3	4.3	100.0
		总计	46	100.0	100.0	
利农村	有效	0.00	39	84.8	84.8	84.8
		1.00	7	15.2	15.2	100.0
		总计	46	100.0	100.0	
溪南村	有效	0.00	18	90.0	90.0	90.0
		1.00	2	10.0	10.0	100.0
		总计	20	100.0	100.0	
在外人口的职业情况：产业工人						
调查村			频率	百分比（%）	有效百分比（%）	累计百分比（%）
前进村	有效	0.00	60	58.8	58.8	58.8
		1.00	29	28.4	28.4	87.3
		2.00	12	11.8	11.8	99.0
		3.00	1	1.0	1.0	100.0
		总计	102	100.0	100.0	
吴塘村	有效	0.00	36	67.9	67.9	67.9
		1.00	16	30.2	30.2	98.1
		2.00	1	1.9	1.9	100.0
		总计	53	100.0	100.0	

续表

在外人口的职业情况：产业工人						
调查村			频率	百分比（%）	有效百分比（%）	累计百分比（%）
马鞍村	有效	0.00	105	91.3	91.3	91.3
		1.00	10	8.7	8.7	100.0
		总计	115	100.0	100.0	
庄桥村	有效	0.00	45	80.4	80.4	80.4
		1.00	10	17.9	17.9	98.2
		3.00	1	1.8	1.8	100.0
		总计	56	100.0	100.0	
太湖村	有效	0.00	36	78.3	78.3	78.3
		1.00	8	17.4	17.4	95.7
		2.00	2	4.3	4.3	100.0
		总计	46	100.0	100.0	
曹庄村	有效	0.00	62	95.4	95.4	95.4
		1.00	3	4.6	4.6	100.0
		总计	65	100.0	100.0	
刘巷村	有效	0.00	81	85.3	85.3	85.3
		1.00	13	13.7	13.7	98.9
		2.00	1	1.1	1.1	100.0
		总计	95	100.0	100.0	
玉东村	有效	0.00	76	80.9	80.9	80.9
		1.00	9	9.6	9.6	90.4
		2.00	7	7.4	7.4	97.9
		3.00	2	2.1	2.1	100.0
		总计	94	100.0	100.0	
华三房村	有效	0.00	44	95.7	95.7	95.7
		1.00	2	4.3	4.3	100.0
		总计	46	100.0	100.0	
利农村	有效	0.00	26	56.5	56.5	56.5
		1.00	15	32.6	32.6	89.1
		2.00	4	8.7	8.7	97.8
		3.00	1	2.2	2.2	100.0
		总计	46	100.0	100.0	
溪南村	有效	0.00	19	95.0	95.0	95.0
		1.00	1	5.0	5.0	100.0
		总计	20	100.0	100.0	

续表

在外人口的职业情况：教师						
调查村			频率	百分比（%）	有效百分比（%）	累计百分比（%）
前进村	有效	0.00	100	98.0	98.0	98.0
		1.00	2	2.0	2.0	100.0
		总计	102	100.0	100.0	
吴塘村	有效	0.00	50	94.3	94.3	94.3
		1.00	3	5.7	5.7	100.0
		总计	53	100.0	100.0	
马鞍村	有效	0.00	110	95.7	95.7	95.7
		1.00	5	4.3	4.3	100.0
		总计	115	100.0	100.0	
庄桥村	有效	0.00	56	100.0	100.0	100.0
太湖村	有效	0.00	45	97.8	97.8	97.8
		1.00	1	2.2	2.2	100.0
		总计	46	100.0	100.0	
曹庄村	有效	0.00	62	95.4	95.4	95.4
		1.00	3	4.6	4.6	100.0
		总计	65	100.0	100.0	
刘巷村	有效	0.00	95	100.0	100.0	100.0
玉东村	有效	0.00	94	100.0	100.0	100.0
华三房村	有效	0.00	46	100.0	100.0	100.0
利农村	有效	0.00	46	100.0	100.0	100.0
溪南村	有效	0.00	17	85.0	85.0	85.0
		1.00	3	15.0	15.0	100.0
		总计	20	100.0	100.0	

在外人口的职业情况：医生						
调查村			频率	百分比（%）	有效百分比（%）	累计百分比（%）
前进村	有效	0.00	102	100.0	100.0	100.0
吴塘村	有效	0.00	52	98.1	98.1	98.1
		1.00	1	1.9	1.9	100.0
		总计	53	100.0	100.0	
马鞍村	有效	0.00	115	100.0	100.0	100.0
庄桥村	有效	0.00	56	100.0	100.0	100.0
太湖村	有效	0.00	45	97.8	97.8	97.8
		1.00	1	2.2	2.2	100.0
		总计	46	100.0	100.0	

续表

在外人口的职业情况：医生						
调查村			频率	百分比（%）	有效百分比（%）	累计百分比（%）
曹庄村	有效	0.00	64	98.5	98.5	98.5
		2.00	1	1.5	1.5	100.0
		总计	65	100.0	100.0	
刘巷村	有效	0.00	95	100.0	100.0	100.0
玉东村	有效	0.00	94	100.0	100.0	100.0
华三房村	有效	0.00	45	97.8	97.8	97.8
		1.00	1	2.2	2.2	100.0
		总计	46	100.0	100.0	
利农村	有效	0.00	46	100.0	100.0	100.0
溪南村	有效	0.00	20	100.0	100.0	100.0
在外人口的职业情况：其他自由职业者						
调查村			频率	百分比（%）	有效百分比（%）	累计百分比（%）
前进村	有效	0.00	102	100.0	100.0	100.0
吴塘村	有效	0.00	53	100.0	100.0	100.0
马鞍村	有效	0.00	115	100.0	100.0	100.0
庄桥村	有效	0.00	56	100.0	100.0	100.0
太湖村	有效	0.00	46	100.0	100.0	100.0
曹庄村	有效	0.00	65	100.0	100.0	100.0
刘巷村	有效	0.00	95	100.0	100.0	100.0
玉东村	有效	0.00	94	100.0	100.0	100.0
华三房村	有效	0.00	46	100.0	100.0	100.0
利农村	有效	0.00	46	100.0	100.0	100.0
溪南村	有效	0.00	20	100.0	100.0	100.0
在外人口的职业情况：小商贩						
调查村			频率	百分比（%）	有效百分比（%）	累计百分比（%）
前进村	有效	0.00	101	99.0	99.0	99.0
		1.00	1	1.0	1.0	100.0
		总计	102	100.0	100.0	
吴塘村	有效	0.00	52	98.1	98.1	98.1
		1.00	1	1.9	1.9	100.0
		总计	53	100.0	100.0	
马鞍村	有效	0.00	115	100.0	100.0	100.0
庄桥村	有效	0.00	56	100.0	100.0	100.0
太湖村	有效	0.00	46	100.0	100.0	100.0

续表

在外人口的职业情况：小商贩						
调查村			频率	百分比（%）	有效百分比（%）	累计百分比（%）
曹庄村	有效	0.00	65	100.0	100.0	100.0
刘巷村	有效	0.00	94	98.9	98.9	98.9
		1.00	1	1.1	1.1	100.0
		总计	95	100.0	100.0	
玉东村	有效	0.00	93	98.9	98.9	98.9
		1.00	1	1.1	1.1	100.0
		总计	94	100.0	100.0	
华三房村	有效	0.00	45	97.8	97.8	97.8
		1.00	1	2.2	2.2	100.0
		总计	46	100.0	100.0	
利农村	有效	0.00	45	97.8	97.8	97.8
		2.00	1	2.2	2.2	100.0
		总计	46	100.0	100.0	
溪南村	有效	0.00	20	100.0	100.0	100.0
在外人口的职业情况：工商业主						
调查村			频率	百分比（%）	有效百分比（%）	累计百分比（%）
前进村	有效	0.00	98	96.1	96.1	96.1
		1.00	4	3.9	3.9	100.0
		总计	102	100.0	100.0	
吴塘村	有效	0.00	52	98.1	98.1	98.1
		1.00	1	1.9	1.9	100.0
		总计	53	100.0	100.0	
马鞍村	有效	0.00	115	100.0	100.0	100.0
庄桥村	有效	0.00	55	98.2	98.2	98.2
		1.00	1	1.8	1.8	100.0
		总计	56	100.0	100.0	
太湖村	有效	0.00	45	97.8	97.8	97.8
		2.00	1	2.2	2.2	100.0
		总计	46	100.0	100.0	
曹庄村	有效	0.00	65	100.0	100.0	100.0
刘巷村	有效	0.00	93	97.9	97.9	97.9
		1.00	1	1.1	1.1	98.9
		2.00	1	1.1	1.1	100.0
		总计	95	100.0	100.0	

续表

在外人口的职业情况：工商业主						
调查村			频率	百分比（%）	有效百分比（%）	累计百分比（%）
玉东村	有效	0. 00	93	98. 9	98. 9	98. 9
		1. 00	1	1. 1	1. 1	100. 0
		总计	94	100. 0	100. 0	
华三房村	有效	0. 00	46	100. 0	100. 0	100. 0
利农村	有效	0. 00	44	95. 7	95. 7	95. 7
		1. 00	2	4. 3	4. 3	100. 0
		总计	46	100. 0	100. 0	
溪南村	有效	0. 00	17	85. 0	85. 0	85. 0
		1. 00	2	10. 0	10. 0	95. 0
		3. 00	1	5. 0	5. 0	100. 0
		总计	20	100. 0	100. 0	

在外人口的职业情况：店员						
调查村			频率	百分比（%）	有效百分比（%）	累计百分比（%）
前进村	有效	0. 00	94	92. 2	92. 2	92. 2
		1. 00	7	6. 9	6. 9	99. 0
		2. 00	1	1. 0	1. 0	100. 0
		总计	102	100. 0	100. 0	
吴塘村	有效	0. 00	46	86. 8	86. 8	86. 8
		1. 00	7	13. 2	13. 2	100. 0
		总计	53	100. 0	100. 0	
马鞍村	有效	0. 00	112	97. 4	97. 4	97. 4
		1. 00	3	2. 6	2. 6	100. 0
		总计	115	100. 0	100. 0	
庄桥村	有效	0. 00	51	91. 1	91. 1	91. 1
		1. 00	5	8. 9	8. 9	100. 0
		总计	56	100. 0	100. 0	
太湖村	有效	0. 00	46	100. 0	100. 0	100. 0
曹庄村	有效	0. 00	61	93. 8	93. 8	93. 8
		1. 00	2	3. 1	3. 1	96. 9
		2. 00	2	3. 1	3. 1	100. 0
		总计	65	100. 0	100. 0	
刘巷村	有效	0. 00	89	93. 7	93. 7	93. 7
		1. 00	6	6. 3	6. 3	100. 0
		总计	95	100. 0	100. 0	

续表

在外人口的职业情况：店员						
调查村			频率	百分比（%）	有效百分比（%）	累计百分比（%）
玉东村	有效	0.00	89	94.7	94.7	94.7
		1.00	3	3.2	3.2	97.9
		2.00	2	2.1	2.1	100.0
		总计	94	100.0	100.0	
华三房村	有效	0.00	43	93.5	93.5	93.5
		1.00	3	6.5	6.5	100.0
		总计	46	100.0	100.0	
利农村	有效	0.00	44	95.7	95.7	95.7
		1.00	2	4.3	4.3	100.0
		总计	46	100.0	100.0	
溪南村	有效	0.00	20	100.0	100.0	100.0

在外人口的职业情况：军政人员						
调查村			频率	百分比（%）	有效百分比（%）	累计百分比（%）
前进村	有效	0.00	102	100.0	100.0	100.0
吴塘村	有效	0.00	52	98.1	98.1	98.1
		1.00	1	1.9	1.9	100.0
		总计	53	100.0	100.0	
马鞍村	有效	0.00	115	100.0	100.0	100.0
庄桥村	有效	0.00	56	100.0	100.0	100.0
太湖村	有效	0.00	46	100.0	100.0	100.0
曹庄村	有效	0.00	65	100.0	100.0	100.0
刘巷村	有效	0.00	94	98.9	98.9	98.9
		1.00	1	1.1	1.1	100.0
		总计	95	100.0	100.0	
玉东村	有效	0.00	94	100.0	100.0	100.0
华三房村	有效	0.00	46	100.0	100.0	100.0
利农村	有效	0.00	46	100.0	100.0	100.0
溪南村	有效	0.00	19	95.0	95.0	95.0
		1.00	1	5.0	5.0	100.0
		总计	20	100.0	100.0	

在外人口的职业情况：家务劳动者						
调查村			频率	百分比（%）	有效百分比（%）	累计百分比（%）
前进村	有效	0.00	100	98.0	98.0	98.0
		1.00	2	2.0	2.0	100.0

续表

在外人口的职业情况：家务劳动者						
调查村			频率	百分比（%）	有效百分比（%）	累计百分比（%）
前进村	有效	总计	102	100.0	100.0	
前进村	有效	1.00	2	2.0	2.0	100.0
		总计	102	100.0	100.0	
吴塘村	有效	0.00	50	94.3	94.3	94.3
		1.00	3	5.7	5.7	100.0
		总计	53	100.0	100.0	
马鞍村	有效	0.00	113	98.3	98.3	98.3
		1.00	2	1.7	1.7	100.0
		总计	115	100.0	100.0	
庄桥村	有效	0.00	55	98.2	98.2	98.2
		1.00	1	1.8	1.8	100.0
		总计	56	100.0	100.0	
太湖村	有效	0.00	45	97.8	97.8	97.8
		1.00	1	2.2	2.2	100.0
		总计	46	100.0	100.0	
曹庄村	有效	0.00	62	95.4	95.4	95.4
		1.00	2	3.1	3.1	98.5
		3.00	1	1.5	1.5	100.0
		总计	65	100.0	100.0	
刘巷村	有效	0.00	95	100.0	100.0	100.0
玉东村	有效	0.00	91	96.8	96.8	96.8
		1.00	2	2.1	2.1	98.9
		2.00	1	1.1	1.1	100.0
		总计	94	100.0	100.0	
华三房村	有效	0.00	45	97.8	97.8	97.8
		1.00	1	2.2	2.2	100.0
		总计	46	100.0	100.0	
利农村	有效	0.00	41	89.1	89.1	89.1
		1.00	5	10.9	10.9	100.0
		总计	46	100.0	100.0	
溪南村	有效	0.00	19	95.0	95.0	95.0
		1.00	1	5.0	5.0	100.0
		总计	20	100.0	100.0	

续表

在外人口的职业情况：其他劳动者						
调查村			频率	百分比（%）	有效百分比（%）	累计百分比（%）
前进村	有效	0.00	88	86.3	86.3	86.3
		1.00	14	13.7	13.7	100.0
		总计	102	100.0	100.0	
吴塘村	有效	0.00	50	94.3	94.3	94.3
		1.00	3	5.7	5.7	100.0
		总计	53	100.0	100.0	
马鞍村	有效	0.00	113	98.3	98.3	98.3
		1.00	1	0.9	0.9	99.1
		2.00	1	0.9	0.9	100.0
		总计	115	100.0	100.0	
庄桥村	有效	0.00	50	89.3	89.3	89.3
		1.00	5	8.9	8.9	98.2
		2.00	1	1.8	1.8	100.0
		总计	56	100.0	100.0	
太湖村	有效	0.00	46	100.0	100.0	100.0
曹庄村	有效	0.00	62	95.4	95.4	95.4
		1.00	3	4.6	4.6	100.0
		总计	65	100.0	100.0	
刘巷村	有效	0.00	88	92.6	92.6	92.6
		1.00	5	5.3	5.3	97.9
		2.00	2	2.1	2.1	100.0
		总计	95	100.0	100.0	
玉东村	有效	0.00	88	93.6	93.6	93.6
		1.00	5	5.3	5.3	98.9
		2.00	1	1.1	1.1	100.0
		总计	94	100.0	100.0	
华三房村	有效	0.00	45	97.8	97.8	97.8
		1.00	1	2.2	2.2	100.0
		总计	46	100.0	100.0	
利农村	有效	0.00	46	100.0	100.0	100.0
溪南村	有效	0.00	20	100.0	100.0	100.0

由表 5-25 可以看出，1948 年无锡 11 个村 7~13 岁在外学龄儿童均比较少。前进村为 1 的 3 户，占比 2.9%。吴塘村为 1 的 1 户，占比 1.9%。马鞍村为 1 的 3 户，占比

2.6%。庄桥村为1的2户，占比3.6%。曹庄村为1的1户，占比1.5%。刘巷村为1的1户，占比1.1%。玉东村为1的1户，占比1.1%。利农村为1的2户，占比4.3%；为2的2户，占比4.3%；为3的1户，占比2.2%。溪南村为1的1户，占比5.0%。

表5-25 1948年无锡11个村7~13岁在外学龄儿童情况

调查村			频率	百分比（%）	有效百分比（%）	累计百分比（%）
前进村	有效	0.00	99	97.1	97.1	97.1
		1.00	3	2.9	2.9	100.0
		总计	102	100.0	100.0	
吴塘村	有效	0.00	52	98.1	98.1	98.1
		1.00	1	1.9	1.9	100.0
		总计	53	100.0	100.0	
马鞍村	有效	0.00	112	97.4	97.4	97.4
		1.00	3	2.6	2.6	100.0
		总计	115	100.0	100.0	
庄桥村	有效	0.00	54	96.4	96.4	96.4
		1.00	2	3.6	3.6	100.0
		总计	56	100.0	100.0	
太湖村	有效	0.00	46	100.0	100.0	100.0
曹庄村	有效	0.00	64	98.5	98.5	98.5
		1.00	1	1.5	1.5	100.0
		总计	65	100.0	100.0	
刘巷村	有效	0.00	94	98.9	98.9	98.9
		1.00	1	1.1	1.1	100.0
		总计	95	100.0	100.0	
玉东村	有效	0.00	93	98.9	98.9	98.9
		1.00	1	1.1	1.1	100.0
		总计	94	100.0	100.0	
华三房村	有效	0.00	46	100.0	100.0	100.0
利农村	有效	0.00	41	89.1	89.1	89.1
		1.00	2	4.3	4.3	93.5
		2.00	2	4.3	4.3	97.8
		3.00	1	2.2	2.2	100.0
		总计	46	100.0	100.0	
溪南村	有效	0.00	19	95.0	95.0	95.0
		1.00	1	5.0	5.0	100.0
		总计	20	100.0	100.0	

由表5-26可以看出，1948年无锡11个村7~13岁在外学龄儿童在学人数存在着差异。因为由表5-25可以看出各村7~13岁的学龄儿童本身就不多，相对来说有些村在学人数还是很高的。溪南村本身就1户有1人为学龄儿童且为在学人数。利农村学龄儿童为1的2户，全部在学；为2的2户有1户人家学龄儿童全部在学；学龄儿童为3的1户人家全部在学。吴塘村、刘巷村、曹庄村学龄儿童只有为1的1户且在学。前进村、马鞍村学龄儿童为1的3户，只有1户在学。

表5-26 1948年无锡11个村7~13岁在外学龄儿童在学人数情况

调查村			频率	百分比（%）	有效百分比（%）	累计百分比（%）
前进村	有效	0.00	101	99.0	99.0	99.0
		1.00	1	1.0	1.0	100.0
		总计	102	100.0	100.0	
吴塘村	有效	0.00	52	98.1	98.1	98.1
		1.00	1	1.9	1.9	100.0
		总计	53	100.0	100.0	
马鞍村	有效	0.00	114	99.1	99.1	99.1
		1.00	1	0.9	0.9	100.0
		总计	115	100.0	100.0	
庄桥村	有效	0.00	56	100.0	100.0	100.0
太湖村	有效	0.00	46	100.0	100.0	100.0
曹庄村	有效	0.00	64	98.5	98.5	98.5
		1.00	1	1.5	1.5	100.0
		总计	65	100.0	100.0	
刘巷村	有效	0.00	94	98.9	98.9	98.9
		1.00	1	1.1	1.1	100.0
		总计	95	100.0	100.0	
玉东村	有效	0.00	94	100.0	100.0	100.0
华三房村	有效	0.00	46	100.0	100.0	100.0
利农村	有效	0.00	42	91.3	91.3	91.3
		1.00	2	4.3	4.3	95.7
		2.00	1	2.2	2.2	97.8
		3.00	1	2.2	2.2	100.0
		总计	46	100.0	100.0	
溪南村	有效	0.00	19	95.0	95.0	95.0
		1.00	1	5.0	5.0	100.0
		总计	20	100.0	100.0	

由表 5-27 可以看出，1948 年无锡 11 个村 14 岁以上在外人口的人数存在着差异。

（1）前进村在外人口共 102 户，有 41 户无 14 岁以上在外人口，在外人口中 14 岁以上为 1 人的 40 户，占比 39.2%；为 2 人的 14 户，占比 13.7%；为 3 人的 4 户，占比 3.9%；为 4 人的 3 户，占比 2.9%。

（2）吴塘村在外人口共 53 户，有 17 户无 14 岁以上在外人口，在外人口中 14 岁以上为 1 人的 26 户，占比 49.1%；为 2 人的 7 户，占比 13.2%；为 3 人的 1 户，占比 1.9%；为 4 人的 2 户，占比 3.8%。

（3）马鞍村在外人口共 115 户，有 92 户无 14 岁以上在外人口，在外人口中 14 岁以上为 1 人的 14 户，占比 12.2%；为 2 人的 7 户，占比 6.1%；为 3 人的 2 户，占比 1.7%。

（4）庄桥村在外人口共 56 户，有 32 户无 14 岁以上在外人口，在外人口中 14 岁以上为 1 人的 16 户，占比 28.6%；为 2 人的 6 户，占比 10.7%；为 3 人的 1 户，占比 1.8%；为 4 人的 1 户，占比 1.8%。

（5）太湖村在外人口共 46 户，有 31 户无 14 岁以上在外人口，在外人口中 14 岁以上为 1 人的 12 户，占比 26.1%；为 2 人的 1 户，占比 2.2%；为 3 人的 1 户，占比 2.2%；为 4 人的 1 户，占比 2.2%。

（6）曹庄村在外人口共 65 户，有 51 户无 14 岁以上在外人口，在外人口中 14 岁以上为 1 人的 9 户，占比 13.8%；为 2 人的 3 户，占比 4.6%；为 3 人的 1 户，占比 1.5%；为 7 人的 1 户，占比 1.5%。

（7）刘巷村在外人口共 95 户，有 67 户无 14 岁以上在外人口，在外人口中 14 岁以上为 1 人的 19 户，占比 20.0%；为 2 人的 8 户，占比 8.4%；为 3 人的 1 户，占比 1.1%。

（8）玉东村在外人口共 94 户，有 57 户无 14 岁以上在外人口，在外人口中 14 岁以上为 1 人的 19 户，占比 20.2%；为 2 人的 13 户，占比 13.8%；为 3 人的 2 户，占比 2.1%；为 4 人的 3 户，占比 3.2%。

（9）华三房村在外人口共 46 户，有 36 户无 14 岁以上在外人口，在外人口中 14 岁以上为 1 人的 8 户，占比 17.4%；为 2 人的 1 户，占比 2.2%；为 5 人的 1 户，占比 2.2%。

（10）利农村在外人口共 46 户，有 18 户无 14 岁以上在外人口，在外人口中 14 岁以上为 1 人的 17 户，占比 37.0%；为 2 人的 6 户，占比 13.0%；为 3 人的 4 户，占比 8.7%；为 4 人的 1 户，占比 2.2%。

（11）溪南村在外人口共 20 户，有 10 户无 14 岁以上在外人口，在外人口中 14 岁以上为 1 人的 7 户，占比 35.0%；为 2 人的 1 户，占比 5.0%；为 3 人的 1 户，占比 5.0%；为 4 人的 1 户，占比 5.0%。

表 5-27　1948 年无锡 11 个村 14 岁以上在外人口的人数情况

调查村			频率	百分比（%）	有效百分比（%）	累计百分比（%）
前进村	有效	0.00	41	40.2	40.2	40.2
		1.00	40	39.2	39.2	79.4

续表

调查村			频率	百分比（%）	有效百分比（%）	累计百分比（%）
前进村	有效	2.00	14	13.7	13.7	93.1
		3.00	4	3.9	3.9	97.1
		4.00	3	2.9	2.9	100.0
		总计	102	100.0	100.0	
吴塘村	有效	0.00	17	32.1	32.1	32.1
		1.00	26	49.1	49.1	81.1
		2.00	7	13.2	13.2	94.3
		3.00	1	1.9	1.9	96.2
		4.00	2	3.8	3.8	100.0
		总计	53	100.0	100.0	
马鞍村	有效	0.00	92	80.0	80.0	80.0
		1.00	14	12.2	12.2	92.2
		2.00	7	6.1	6.1	98.3
		3.00	2	1.7	1.7	100.0
		总计	115	100.0	100.0	
庄桥村	有效	0.00	32	57.1	57.1	57.1
		1.00	16	28.6	28.6	85.7
		2.00	6	10.7	10.7	96.4
		3.00	1	1.8	1.8	98.2
		4.00	1	1.8	1.8	100.0
		总计	56	100.0	100.0	
太湖村	有效	0.00	31	67.4	67.4	67.4
		1.00	12	26.1	26.1	93.5
		2.00	1	2.2	2.2	95.7
		3.00	1	2.2	2.2	97.8
		4.00	1	2.2	2.2	100.0
		总计	46	100.0	100.0	
曹庄村	有效	0.00	51	78.5	78.5	78.5
		1.00	9	13.8	13.8	92.3
		2.00	3	4.6	4.6	96.9
		3.00	1	1.5	1.5	98.5
		7.00	1	1.5	1.5	100.0
		总计	65	100.0	100.0	
刘巷村	有效	0.00	67	70.5	70.5	70.5
		1.00	19	20.0	20.0	90.5

续表

调查村			频率	百分比（%）	有效百分比（%）	累计百分比（%）
刘巷村	有效	2.00	8	8.4	8.4	98.9
		3.00	1	1.1	1.1	100.0
		总计	95	100.0	100.0	
玉东村	有效	0.00	57	60.6	60.6	60.6
		1.00	19	20.2	20.2	80.9
		2.00	13	13.8	13.8	94.7
		3.00	2	2.1	2.1	96.8
		4.00	3	3.2	3.2	100.0
		总计	94	100.0	100.0	
华三房村	有效	0.00	36	78.3	78.3	78.3
		1.00	8	17.4	17.4	95.7
		2.00	1	2.2	2.2	97.8
		5.00	1	2.2	2.2	100.0
		总计	46	100.0	100.0	
利农村	有效	0.00	18	39.1	39.1	39.1
		1.00	17	37.0	37.0	76.1
		2.00	6	13.0	13.0	89.1
		3.00	4	8.7	8.7	97.8
		4.00	1	2.2	2.2	100.0
		总计	46	100.0	100.0	
溪南村	有效	0.00	10	50.0	50.0	50.0
		1.00	7	35.0	35.0	85.0
		2.00	1	5.0	5.0	90.0
		3.00	1	5.0	5.0	95.0
		4.00	1	5.0	5.0	100.0
		总计	20	100.0	100.0	

由表5-28可以看出，1948年无锡11个村14岁以上在外人口文盲占比情况存在着差异。从均值这列可以看出，庄桥村文盲占比最高，为0.5417，其他由高到低依次为刘巷村0.4643、玉东村0.3108、华三房村0.25、前进村0.2117、马鞍村0.1884、利农村0.1845、吴塘村0.1319、太湖村0.0389、曹庄村0.0102、溪南村0。

表5-28　1948年无锡11个村14岁以上在外人口文盲占比情况

调查村		N	最小值	最大值	均值	标准偏差
前进村	14岁以上在外人口文盲占比	61	0.00	1.00	0.2117	0.37748
	有效个案数	61				

续表

调查村		N	最小值	最大值	均值	标准偏差
吴塘村	14 岁以上在外人口文盲占比	36	0.00	1.00	0.1319	0.30170
	有效个案数	36				
马鞍村	14 岁以上在外人口文盲占比	23	0.00	1.00	0.1884	0.35641
	有效个案数	23				
庄桥村	14 岁以上在外人口文盲占比	24	0.00	1.00	0.5417	0.46431
	有效个案数	24				
太湖村	14 岁以上在外人口文盲占比	15	0.00	0.33	0.0389	0.10383
	有效个案数	15				
曹庄村	14 岁以上在外人口文盲占比	14	0.00	0.14	0.0102	0.03818
	有效个案数	14				
刘巷村	14 岁以上在外人口文盲占比	28	0.00	1.00	0.4643	0.47000
	有效个案数	28				
玉东村	14 岁以上在外人口文盲占比	37	0.00	1.00	0.3108	0.39462
	有效个案数	37				
华三房村	14 岁以上在外人口文盲占比	10	0.00	1.00	0.2500	0.42492
	有效个案数	10				
利农村	14 岁以上在外人口文盲占比	28	0.00	1.00	0.1845	0.33438
	有效个案数	28				
溪南村	14 岁以上在外人口文盲占比	10	0.00	0.00	0.0000	0.00000
	有效个案数	10				

由表 5-29 可以看出，1948 年无锡 11 个村 14 岁以上在外人口初小占比情况存在着差异。由高到低依次为太湖村 0.5944、前进村 0.4836、玉东村 0.4257、利农村 0.3929、华三房村 0.3500、曹庄村 0.2857、刘巷村 0.2381、庄桥村 0.2118、吴塘村 0.2083、马鞍村 0.1087、溪南村 0。

表 5-29　1948 年无锡 11 个村 14 岁以上在外人口初小占比情况

调查村		N	最小值	最大值	均值	标准偏差
前进村	14 岁以上在外人口初小占比	61	0.00	1.00	0.4836	0.46394
	有效个案数	61				
吴塘村	14 岁以上在外人口初小占比	36	0.00	1.00	0.2083	0.38499
	有效个案数	36				
马鞍村	14 岁以上在外人口初小占比	23	0.00	1.00	0.1087	0.29987
	有效个案数	23				

续表

调查村		N	最小值	最大值	均值	标准偏差
庄桥村	14岁以上在外人口初小占比	24	0.00	1.00	0.2118	0.38147
	有效个案数	24				
太湖村	14岁以上在外人口初小占比	15	0.00	1.00	0.5944	0.47858
	有效个案数	15				
曹庄村	14岁以上在外人口初小占比	14	0.00	1.00	0.2857	0.46881
	有效个案数	14				
刘巷村	14岁以上在外人口初小占比	28	0.00	1.00	0.2381	0.40172
	有效个案数	28				
玉东村	14岁以上在外人口初小占比	37	0.00	1.00	0.4257	0.41378
	有效个案数	37				
华三房村	14岁以上在外人口初小占比	10	0.00	1.00	0.3500	0.47434
	有效个案数	10				
利农村	14岁以上在外人口初小占比	28	0.00	1.00	0.3929	0.44029
	有效个案数	28				
溪南村	14岁以上在外人口初小占比	10	0.00	0.00	0.0000	0.00000
	有效个案数	10				

在进行分析前首先需要核查数据，把比例按照从大到小排序，发现一条数据高小程度和初中程度比例大于1，清洗掉。由表5-30可以看出，1948年无锡11个村14岁以上在外人口高小占比情况存在着差异。从高到低依次为溪南村0.4583、吴塘村0.4028、刘巷村0.1790、曹庄村0.3214、前进村0.2842、利农村0.2798、华三房村0.2200、玉东村0.2027、庄桥村0.1944、太湖村0.1500、马鞍村0.0652。

表5-30 1948年无锡11个村14岁以上在外人口高小占比情况

调查村		N	最小值	最大值	均值	标准偏差
前进村	14岁以上在外人口高小占比	61	0.00	1.00	0.2842	0.41954
	有效个案数	61				
吴塘村	14岁以上在外人口高小占比	36	0.00	1.00	0.4028	0.47539
	有效个案数	36				
马鞍村	14岁以上在外人口高小占比	23	0.00	1.00	0.0652	0.22885
	有效个案数	23				
庄桥村	14岁以上在外人口高小占比	24	0.00	1.00	0.1944	0.36338
	有效个案数	24				
太湖村	14岁以上在外人口高小占比	15	0.00	1.00	0.1500	0.35102
	有效个案数	15				

续表

调查村		N	最小值	最大值	均值	标准偏差
曹庄村	14 岁以上在外人口高小占比	14	0.00	1.00	0.3214	0.46439
	有效个案数	14				
刘巷村	14 岁以上在外人口高小占比	28	0.00	1.00	0.1790	0.91837
	有效个案数	28				
玉东村	14 岁以上在外人口高小占比	37	0.00	1.00	0.2027	0.36247
	有效个案数	37				
华三房村	14 岁以上在外人口高小占比	10	0.00	1.00	0.2200	0.41580
	有效个案数	10				
利农村	14 岁以上在外人口高小占比	28	0.00	1.00	0.2798	0.41834
	有效个案数	28				
溪南村	14 岁以上在外人口高小占比	10	0.00	1.00	0.4583	0.45005
	有效个案数	10				

由表 5-31 可以看出，1948 年无锡 11 个村 14 岁以上在外人口初中占比情况存在着差异，但整体不高。由高到低依次为马鞍村 0.2971、曹庄村 0.2874、吴塘村 0.1875、利农村 0.1339、溪南村 0.1333、华三房村 0.1000、刘巷村 0.0926、太湖村 0.0833、庄桥村 0.0521、玉东村 0.0338、前进村 0.0123。

表 5-31　1948 年无锡 11 个村 14 岁以上在外人口初中占比情况

调查村		N	最小值	最大值	均值	标准偏差
前进村	14 岁以上在外人口初中占比	61	0.00	0.50	0.0123	0.07110
	有效个案数	61				
吴塘村	14 岁以上在外人口初中占比	36	0.00	1.00	0.1875	0.37973
	有效个案数	36				
马鞍村	14 岁以上在外人口初中占比	23	0.00	1.00	0.2971	0.41729
	有效个案数	23				
庄桥村	14 岁以上在外人口初中占比	24	0.00	1.00	0.0521	0.20824
	有效个案数	24				
太湖村	14 岁以上在外人口初中占比	15	0.00	1.00	0.0833	0.26163
	有效个案数	15				
曹庄村	14 岁以上在外人口初中占比	14	0.00	1.00	0.2874	0.41811
	有效个案数	14				
刘巷村	14 岁以上在外人口初中占比	28	0.00	1.00	0.0926	0.86603
	有效个案数	28				

续表

调查村		N	最小值	最大值	均值	标准偏差
玉东村	14 岁以上在外人口初中占比	37	0.00	1.00	0.0338	0.16835
	有效个案数	37				
华三房村	14 岁以上在外人口初中占比	10	0.00	1.00	0.1000	0.31623
	有效个案数	10				
利农村	14 岁以上在外人口初中占比	28	0.00	1.00	0.1339	0.29601
	有效个案数	28				
溪南村	14 岁以上在外人口初中占比	10	0.00	1.00	0.1333	0.32203
	有效个案数	10				

由表 5-32 可以看出，1948 年无锡 11 个村 14 岁以上在外人口高中占比情况存在着差异。溪南村最高，为 0.4083，其他依次为马鞍村 0.2391、曹庄村 0.0952、太湖村 0.0667、吴塘村 0.0625、华三房村 0.0400、玉东村 0.0270，庄桥村、刘巷村、利农村、前进村均为 0。

表 5-32　1948 年无锡 11 个村 14 岁以上在外人口高中占比情况

调查村		N	最小值	最大值	均值	标准偏差
前进村	14 岁以上在外人口高中占比	61	0.00	0.00	0.0000	0.00000
	有效个案数	61				
吴塘村	14 岁以上在外人口高中占比	36	0.00	1.00	0.0625	0.23433
	有效个案数	36				
马鞍村	14 岁以上在外人口高中占比	23	0.00	1.00	0.2391	0.39831
	有效个案数	23				
庄桥村	14 岁以上在外人口高中占比	24	0.00	0.00	0.0000	0.00000
	有效个案数	24				
太湖村	14 岁以上在外人口高中占比	15	0.00	1.00	0.0667	0.25820
	有效个案数	15				
曹庄村	14 岁以上在外人口高中占比	14	0.00	1.00	0.0952	0.27514
	有效个案数	14				
刘巷村	14 岁以上在外人口高中占比	28	0.00	0.00	0.0000	0.00000
	有效个案数	28				
玉东村	14 岁以上在外人口高中占比	37	0.00	1.00	0.0270	0.16440
	有效个案数	37				
华三房村	14 岁以上在外人口高中占比	10	0.00	0.40	0.0400	0.12649
	有效个案数	10				

续表

调查村		N	最小值	最大值	均值	标准偏差
利农村	14 岁以上在外人口高中占比	28	0.00	0.00	0.0000	0.00000
	有效个案数	28				
溪南村	14 岁以上在外人口高中占比	10	0.00	1.00	0.4083	0.44175
	有效个案数	10				

由表 5-33 可以看出，1948 年无锡 11 个村 14 岁以上在外人口大学占比情况存在着差异。从高到低依次为太湖村 0.0667、华三房村 0.0400、马鞍村 0.0145、利农村 0.0089、吴塘村 0.0069，庄桥村、曹庄村、刘巷村、玉东村、溪南村、前进村均为 0。

表 5-33　1948 年无锡 11 个村 14 岁以上在外人口大学占比情况

调查村		N	最小值	最大值	均值	标准偏差
前进村	14 岁以上在外人口大学占比	61	0.00	0.00	0.0000	0.00000
	有效个案数	61				
吴塘村	14 岁以上在外人口大学占比	36	0.00	0.25	0.0069	0.04167
	有效个案数	36				
马鞍村	14 岁以上在外人口大学占比	23	0.00	0.33	0.0145	0.06950
	有效个案数	23				
庄桥村	14 岁以上在外人口大学占比	24	0.00	0.00	0.0000	0.00000
	有效个案数	24				
太湖村	14 岁以上在外人口大学占比	15	0.00	1.00	0.0667	0.25820
	有效个案数	15				
曹庄村	14 岁以上在外人口大学占比	14	0.00	0.00	0.0000	0.00000
	有效个案数	14				
刘巷村	14 岁以上在外人口大学占比	28	0.00	0.00	0.0000	0.00000
	有效个案数	28				
玉东村	14 岁以上在外人口大学占比	37	0.00	0.00	0.0000	0.00000
	有效个案数	37				
华三房村	14 岁以上在外人口大学占比	10	0.00	0.40	0.0400	0.12649
	有效个案数	10				
利农村	14 岁以上在外人口大学占比	28	0.00	0.25	0.0089	0.04725
	有效个案数	28				
溪南村	14 岁以上在外人口大学占比	10	0.00	0.00	0.0000	0.00000
	有效个案数	10				

第五节　1948年无锡农民农业经营情况

由表5-34可以看出，1948年无锡11个村占有土地情况存在着差异。占有土地情况（市亩）从高到低依次为华三房村23.7059、溪南村20.3745、曹庄村11.5788、马鞍村11.4370、吴塘村7.0879、太湖村6.5441、玉东村4.5714、利农村3.9547、前进村3.6456、庄桥村3.0971、刘巷村1.7155。

各村农业用地占总土地的比例，从高到低依次为华三房村0.9754、溪南村0.9743、玉东村0.9532、曹庄村0.9518、刘巷村0.9396、太湖村0.9088、前进村0.8991、利农村0.8887、马鞍村0.8658、庄桥村0.8418、吴塘村0.5852。

表5-34　1948年无锡11个村占有土地情况

调查村		N	最小值	最大值	均值	标准偏差
前进村	占有土地合计（市亩）	102	0.00	14.40	3.6456	2.83479
	其中：农业用地（市亩）	102	0.00	13.54	3.2776	2.73179
	有效个案数	102				
吴塘村	占有土地合计（市亩）	53	0.00	35.80	7.0879	6.89487
	其中：农业用地（市亩）	53	0.00	25.30	4.1475	4.93125
	有效个案数	53				
马鞍村	占有土地合计（市亩）	115	0.00	72.00	11.4370	13.85597
	其中：农业用地（市亩）	115	0.00	59.60	9.9020	12.89242
	有效个案数	115				
庄桥村	占有土地合计（市亩）	56	0.17	8.90	3.0971	2.19054
	其中：农业用地（市亩）	56	0.00	8.38	2.6071	1.98399
	有效个案数	56				
太湖村	占有土地合计（市亩）	46	1.33	16.64	6.5441	4.04696
	其中：农业用地（市亩）	46	1.17	15.35	5.9476	3.71609
	有效个案数	46				
曹庄村	占有土地合计（市亩）	65	0.00	151.30	11.5788	20.17447
	其中：农业用地（市亩）	65	0.00	150.00	11.0212	19.99228
	有效个案数	65				
刘巷村	占有土地合计（市亩）	95	0.00	16.89	1.7155	2.83850
	其中：农业用地（市亩）	95	0.00	16.80	1.6118	2.81332
	有效个案数	95				

续表

调查村		N	最小值	最大值	均值	标准偏差
玉东村	占有土地合计（市亩）	94	0.00	59.18	4.5714	7.33759
	其中：农业用地（市亩）	94	0.00	59.00	4.3573	7.30065
	有效个案数	94				
华三房村	占有土地合计（市亩）	46	0.00	1004.00	23.7059	147.76843
	其中：农业用地（市亩）	46	0.00	998.00	23.1224	146.94808
	有效个案数	46				
利农村	占有土地合计（市亩）	46	0.15	21.37	3.9547	3.99287
	其中：农业用地（市亩）	46	0.00	20.67	3.5146	3.82368
	有效个案数	46				
溪南村	占有土地合计（市亩）	20	0.00	68.50	20.3745	18.07985
	其中：农业用地（市亩）	20	0.00	67.63	19.8505	17.81239
	有效个案数	20				

由表 5-35 可以看出，1948 年无锡 11 个村典入典出土地情况存在着差异，但整体典入典出土地不高，主要是农业用地。

表 5-35　1948 年无锡 11 个村典入典出土地情况

调查村		N	最小值	最大值	均值	标准偏差
前进村	典入土地合计（市亩）	102	0.00	2.50	0.0422	0.27056
	其中：农业用地（市亩）	102	0.00	2.50	0.0422	0.27056
	典出土地合计（市亩）	102	0.00	1.40	0.0137	0.13862
	其中：农业用地（市亩）	102	0.00	1.40	0.0137	0.13862
	有效个案数	102				
吴塘村	典入土地合计（市亩）	53	0.00	0.00	0.0000	0.00000
	其中：农业用地（市亩）	53	0.00	0.00	0.0000	0.00000
	典出土地合计（市亩）	53	0.00	0.00	0.0000	0.00000
	其中：农业用地（市亩）	53	0.00	0.00	0.0000	0.00000
	有效个案数	53				
马鞍村	典入土地合计（市亩）	115	0.00	1.50	0.0265	0.17451
	其中：农业用地（市亩）	115	0.00	1.50	0.0265	0.17451
	典出土地合计（市亩）	115	0.00	6.20	0.2452	0.97560
	其中：农业用地（市亩）	115	0.00	6.20	0.2452	0.97560
	有效个案数	115				

续表

调查村		N	最小值	最大值	均值	标准偏差
庄桥村	典入土地合计（市亩）	56	0.00	1.50	0.0675	0.25323
	其中：农业用地（市亩）	56	0.00	1.50	0.0636	0.25252
	典出土地合计（市亩）	56	0.00	2.50	0.1580	0.55110
	其中：农业用地（市亩）	56	0.00	2.50	0.1580	0.55110
	有效个案数	56				
太湖村	典入土地合计（市亩）	46	0.00	0.00	0.0000	0.00000
	其中：农业用地（市亩）	46	0.00	0.00	0.0000	0.00000
	典出土地合计（市亩）	46	0.00	1.30	0.0283	0.19167
	其中：农业用地（市亩）	46	0.00	1.30	0.0283	0.19167
	有效个案数	46				
曹庄村	典入土地合计（市亩）	65	0.00	21.00	0.6077	3.01647
	其中：农业用地（市亩）	65	0.00	21.00	0.6077	3.01647
	典出土地合计（市亩）	65	0.00	3.00	0.1031	0.46367
	其中：农业用地（市亩）	65	0.00	3.00	0.1031	0.46367
	有效个案数	65				
刘巷村	典入土地合计（市亩）	95	0.00	0.00	0.0000	0.00000
	其中：农业用地（市亩）	95	0.00	0.00	0.0000	0.00000
	典出土地合计（市亩）	95	0.00	0.00	0.0000	0.00000
	其中：农业用地（市亩）	95	0.00	0.00	0.0000	0.00000
	有效个案数	95				
玉东村	典入土地合计（市亩）	94	0.00	1.95	0.0570	0.31406
	其中：农业用地（市亩）	94	0.00	1.95	0.0564	0.31412
	典出土地合计（市亩）	94	0.00	0.90	0.0293	0.14745
	其中：农业用地（市亩）	94	0.00	0.90	0.0293	0.14745
	有效个案数	94				
华三房村	典入土地合计（市亩）	46	0.00	1.00	0.0783	0.25812
	其中：农业用地（市亩）	46	0.00	1.00	0.0783	0.25812
	典出土地合计（市亩）	46	0.00	1.00	0.0217	0.14744
	其中：农业用地（市亩）	46	0.00	1.00	0.0217	0.14744
	有效个案数	46				
利农村	典入土地合计（市亩）	46	0.00	0.00	0.0000	0.00000
	其中：农业用地（市亩）	46	0.00	0.00	0.0000	0.00000
	典出土地合计（市亩）	46	0.00	0.00	0.0000	0.00000
	其中：农业用地（市亩）	46	0.00	0.00	0.0000	0.00000
	有效个案数	46				

续表

调查村		N	最小值	最大值	均值	标准偏差
溪南村	典入土地合计（市亩）	20	0.00	37.30	2.2150	8.34192
	其中：农业用地（市亩）	20	0.00	37.30	2.2150	8.34192
	典出土地合计（市亩）	20	0.00	3.93	0.6470	1.37123
	其中：农业用地（市亩）	20	0.00	3.70	0.6125	1.29349
	有效个案数	20				

由表 5-36 可以看出，1948 年无锡 11 个村租入租出农业用地情况存在着差异，但租出农业用地钱租除曹庄村外均为 0，曹庄村租出农业用地钱租面积为 0.0277 市亩，租额为 1.6154 元。

表 5-36 1948 年无锡 11 个村租入租出农业用地情况

调查村		N	最小值	最大值	均值	标准偏差
前进村	谷租：面积（市亩）	102	0.00	4.92	1.1980	1.28852
	谷租：租额：糙米（市斤）	102	0.00	874.00	150.1086	173.12534
	谷租：租额：小麦（市斤）	102	0.00	98.00	0.9608	9.70345
	钱租：面积（市亩）	102	0.00	3.27	0.0632	0.39848
	钱租：租额（元）	102	0.00	374.00	5.2353	40.13348
	谷租：面积（市亩）	102	0.00	5.01	0.2825	0.93590
	谷租：租额：糙米（市斤）	102	0.00	1014.00	49.6176	182.41694
	谷租：租额：小麦（市斤）	102	0.00	0.00	0.0000	0.00000
	钱租：面积（市亩）	102	0.00	0.00	0.0000	0.00000
	钱租：租额（元）	102	0.00	0.00	0.0000	0.00000
	有效个案数	102				
吴塘村	谷租：面积（市亩）	53	0.00	7.00	1.6400	1.79010
	谷租：租额：糙米（市斤）	53	0.00	1280.00	274.8981	300.14274
	谷租：租额：小麦（市斤）	53	0.00	0.00	0.0000	0.00000
	钱租：面积（市亩）	53	0.00	0.80	0.0151	0.10989
	钱租：租额（元）	53	0.00	93.00	1.7547	12.77453
	谷租：面积（市亩）	53	0.00	19.00	0.9497	2.89102
	谷租：租额：糙米（市斤）	53	0.00	3040.00	155.7132	467.16320
	谷租：租额：小麦（市斤）	53	0.00	0.00	0.0000	0.00000
	钱租：面积（市亩）	53	0.00	0.00	0.0000	0.00000
	钱租：租额（元）	53	0.00	0.00	0.0000	0.00000
	有效个案数	53				

续表

调查村		N	最小值	最大值	均值	标准偏差
马鞍村	谷租：面积（市亩）	115	0.00	16.00	2.6629	3.04411
	谷租：租额：糙米（市斤）	115	0.00	2496.00	324.1217	410.20554
	谷租：租额：小麦（市斤）	115	0.00	340.00	49.7478	76.87719
	钱租：面积（市亩）	115	0.00	0.00	0.0000	0.00000
	钱租：租额（元）	115	0.00	0.00	0.0000	0.00000
	谷租：面积（市亩）	115	0.00	34.50	2.4667	6.37596
	谷租：租额：糙米（市斤）	115	0.00	4640.00	297.4261	791.36748
	谷租：租额：小麦（市斤）	115	0.00	1076.00	45.0783	141.49076
	钱租：面积（市亩）	115	0.00	0.00	0.0000	0.00000
	钱租：租额（元）	115	0.00	0.00	0.0000	0.00000
	有效个案数	115				
庄桥村	谷租：面积（市亩）	56	0.00	9.43	2.6580	1.84329
	谷租：租额：糙米（市斤）	56	0.00	1529.00	354.1429	288.93657
	谷租：租额：小麦（市斤）	56	0.00	64.00	1.6429	9.27250
	钱租：面积（市亩）	56	0.00	1.15	0.0295	0.16645
	钱租：租额（元）	56	0.00	179.00	4.4464	25.52498
	谷租：面积（市亩）	56	0.00	2.00	0.0357	0.26726
	谷租：租额：糙米（市斤）	56	0.00	101.00	1.8036	13.49669
	谷租：租额：小麦（市斤）	56	0.00	0.00	0.0000	0.00000
	钱租：面积（市亩）	56	0.00	0.00	0.0000	0.00000
	钱租：租额（元）	56	0.00	0.00	0.0000	0.00000
	有效个案数	56				
太湖村	谷租：面积（市亩）	46	0.00	4.00	0.4298	0.97650
	谷租：租额：糙米（市斤）	46	0.00	896.00	84.9130	197.21165
	谷租：租额：小麦（市斤）	46	0.00	0.00	0.0000	0.00000
	钱租：面积（市亩）	46	0.00	0.20	0.0043	0.02949
	钱租：租额（元）	46	0.00	32.00	0.6957	4.71814
	谷租：面积（市亩）	46	0.00	7.60	0.3559	1.22330
	谷租：租额：糙米（市斤）	46	0.00	1216.00	59.2609	199.59397
	谷租：租额：小麦（市斤）	46	0.00	0.00	0.0000	0.00000
	钱租：面积（市亩）	46	0.00	0.00	0.0000	0.00000
	钱租：租额（元）	46	0.00	0.00	0.0000	0.00000
	有效个案数	46				

续表

调查村		N	最小值	最大值	均值	标准偏差
曹庄村	谷租：面积（市亩）	65	0.00	10.00	1.6751	2.27067
	谷租：租额：糙米（市斤）	65	0.00	2050.00	232.3385	409.44300
	谷租：租额：小麦（市斤）	65	0.00	600.00	36.4615	83.30330
	钱租：面积（市亩）	65	0.00	3.00	0.1115	0.48013
	钱租：租额（元）	65	0.00	234.00	5.5538	30.49592
	谷租：面积（市亩）	65	0.00	140.30	3.9811	17.85179
	谷租：租额：糙米（市斤）	65	0.00	13373.00	485.8154	1798.62918
	谷租：租额：小麦（市斤）	65	0.00	1140.00	63.6923	206.39699
	钱租：面积（市亩）	65	0.00	1.80	0.0277	0.22326
	钱租：租额（元）	65	0.00	105.00	1.6154	13.02365
	有效个案数	65				
刘巷村	谷租：面积（市亩）	95	0.00	10.00	3.4155	2.55605
	谷租：租额：糙米（市斤）	95	0.00	2491.00	292.0421	312.99758
	谷租：租额：小麦（市斤）	95	0.00	0.00	0.0000	0.00000
	钱租：面积（市亩）	95	0.00	0.00	0.0000	0.00000
	钱租：租额（元）	95	0.00	0.00	0.0000	0.00000
	谷租：面积（市亩）	95	0.00	7.00	0.4111	1.30731
	谷租：租额：糙米（市斤）	95	0.00	683.00	42.3158	141.77404
	谷租：租额：小麦（市斤）	95	0.00	400.00	4.2105	41.03913
	钱租：面积（市亩）	95	0.00	0.00	0.0000	0.00000
	钱租：租额（元）	95	0.00	0.00	0.0000	0.00000
	有效个案数	95				
玉东村	谷租：面积（市亩）	94	0.00	13.10	2.3872	2.46544
	谷租：租额：糙米（市斤）	94	0.00	2232.00	277.3511	332.02907
	谷租：租额：小麦（市斤）	94	0.00	250.00	41.5532	56.43830
	钱租：面积（市亩）	94	0.00	0.35	0.0059	0.04138
	钱租：租额（元）	94	0.00	37.00	0.5745	4.18263
	谷租：面积（市亩）	94	0.00	58.00	0.8266	6.09156
	谷租：租额：糙米（市斤）	94	0.00	7817.00	108.0213	818.42956
	谷租：租额：小麦（市斤）	94	0.00	1810.00	19.2553	186.68725
	钱租：面积（市亩）	94	0.00	0.00	0.0000	0.00000
	钱租：租额（元）	94	0.00	0.00	0.0000	0.00000
	有效个案数	94				

续表

调查村		N	最小值	最大值	均值	标准偏差
华三房村	谷租：面积（市亩）	46	0.00	15.50	4.7335	3.71191
	谷租：租额：糙米（市斤）	46	0.00	1271.00	389.5435	303.38415
	谷租：租额：小麦（市斤）	46	0.00	0.00	0.0000	0.00000
	钱租：面积（市亩）	46	0.00	8.00	0.1739	1.17954
	钱租：租额（元）	46	0.00	800.00	17.3913	117.95356
	谷租：面积（市亩）	46	0.00	992.00	21.5652	146.26242
	谷租：租额：糙米（市斤）	46	0.00	79499.00	1728.2391	11721.48807
	谷租：租额：小麦（市斤）	46	0.00	20320.00	441.7391	2996.02055
	钱租：面积（市亩）	46	0.00	0.00	0.0000	0.00000
	钱租：租额（元）	46	0.00	0.00	0.0000	0.00000
	有效个案数	46				
利农村	谷租：面积（市亩）	46	0.00	9.40	1.5043	1.88577
	谷租：租额：糙米（市斤）	46	0.00	1719.00	241.2609	332.58038
	谷租：租额：小麦（市斤）	46	0.00	0.00	0.0000	0.00000
	钱租：面积（市亩）	46	0.00	2.50	0.2717	0.60292
	钱租：租额（元）	46	0.00	400.00	40.2957	92.55938
	谷租：面积（市亩）	46	0.00	10.60	0.4141	1.68241
	谷租：租额：糙米（市斤）	46	0.00	1568.00	62.9783	251.20691
	谷租：租额：小麦（市斤）	46	0.00	0.00	0.0000	0.00000
	钱租：面积（市亩）	46	0.00	0.00	0.0000	0.00000
	钱租：租额（元）	46	0.00	0.00	0.0000	0.00000
	有效个案数	46				
溪南村	谷租：面积（市亩）	20	0.00	6.23	1.3425	2.14774
	谷租：租额：糙米（市斤）	20	0.00	971.00	203.2500	330.54196
	谷租：租额：小麦（市斤）	20	0.00	194.00	42.5000	66.89623
	钱租：面积（市亩）	20	0.00	0.00	0.0000	0.00000
	钱租：租额（元）	20	0.00	0.00	0.0000	0.00000
	谷租：面积（市亩）	20	0.00	49.88	8.2400	13.60885
	谷租：租额：糙米（市斤）	20	0.00	6224.00	917.6500	1574.22583
	谷租：租额：小麦（市斤）	20	0.00	1556.00	193.8000	373.57964
	钱租：面积（市亩）	20	0.00	0.00	0.0000	0.00000
	钱租：租额（元）	20	0.00	0.00	0.0000	0.00000
	有效个案数	20				

由表 5-37 可以看出，1948 年无锡 11 个村使用土地面积情况存在着差异。从标准差这列可以看出，同一村不同户间存在着差异。从最小值和最大值这两列可以看出，同一村某些户及不同村某些户间存在较大的差异。从均值列可以看出，使用农地面积（市亩）从高到低依次为溪南村 13. 1215、马鞍村 10. 0655、曹庄村 8. 7992、华三房村 6. 4646、太湖村 6. 0259、玉东村 5. 9238、庄桥村 5. 3305、利农村 4. 8765、吴塘村 4. 8529、刘巷村 4. 6857、前进村 4. 2686。

表 5-37　1948 年无锡 11 个村使用土地面积情况

调查村		N	最小值	最大值	均值	标准偏差
前进村	使用农地面积（市亩）	102	0. 00	13. 37	4. 2686	2. 91429
	有效个案数	102				
吴塘村	使用农地面积（市亩）	53	0. 00	19. 85	4. 8529	3. 41949
	有效个案数	53				
马鞍村	使用农地面积（市亩）	115	0. 00	41. 00	10. 0655	8. 09427
	有效个案数	115				
庄桥村	使用农地面积（市亩）	56	0. 32	11. 78	5. 3305	2. 57880
	有效个案数	56				
太湖村	使用农地面积（市亩）	46	0. 00	15. 35	6. 0259	3. 83549
	有效个案数	46				
曹庄村	使用农地面积（市亩）	65	0. 80	42. 00	8. 7992	7. 07126
	有效个案数	65				
刘巷村	使用农地面积（市亩）	95	0. 00	15. 95	4. 6857	3. 56536
	有效个案数	95				
玉东村	使用农地面积（市亩）	94	0. 00	20. 88	5. 9238	4. 62252
	有效个案数	94				
华三房村	使用农地面积（市亩）	46	0. 00	20. 00	6. 4646	3. 95837
	有效个案数	46				
利农村	使用农地面积（市亩）	46	0. 80	12. 29	4. 8765	3. 14731
	有效个案数	46				
溪南村	使用农地面积（市亩）	20	0. 00	32. 50	13. 1215	8. 77525
	有效个案数	20				

由表 5-38 可以看出，1948 年无锡 11 个村种植稻和小麦情况存在着差异。各村户均播种水稻面积（市亩）从高到低依次为溪南村 11. 9270、马鞍村 8. 4759、曹庄村 5. 7343、华三房村 5. 5796、太湖村 5. 0633、玉东村 4. 4678、刘巷村 4. 3605、庄桥村 4. 1637、吴塘村 3. 7452、前进村 3. 6358、利农村 3. 4129。

各村播种水稻亩产量从高到低依次为溪南村 424. 1846231、曹庄村 404. 6634288、前进村 394. 1307003、太湖村 385. 2016076、利农村 358. 3271704、玉东村 353. 7535252、华三房

村 347.3640046、马鞍村 337.4344789、庄桥村 327.6489901、刘巷村 315.6205022、吴塘村 313.4211524。

各村户均播种小麦面积（市亩）从高到低依次为溪南村 9.7355、太湖村 4.9291、华三房村 4.8483、曹庄村 4.8462、马鞍村 4.4191、庄桥村 3.9455、前进村 3.5196、吴塘村 3.4365、利农村 3.2561、玉东村 3.2071、刘巷村 2.9628。

各村播种小麦亩产量从高到低依次为溪南村 188.0951158、刘巷村 158.9783651、前进村 135.4348506、玉东村 119.0112251、曹庄村 118.3417317、庄桥村 101.2545938、吴塘村 98.87309763、太湖村 94.00251567、马鞍村 93.90264986、利农村 83.20837812、华三房村 63.7829961。

表 5-38　1948 年无锡 11 个村种植稻和小麦情况

调查村		N	最小值	最大值	均值	标准偏差
前进村	稻：播种面积（市亩）	102	0.00	12.37	3.6358	2.65564
	总产量（糙米）（市斤）	102	0.00	4738.00	1432.9804	1064.12807
	小麦：播种面积（市亩）	102	0.00	12.00	3.5196	2.56790
	总产量（市斤）	102	0.00	1800.00	476.6765	400.84006
	有效个案数	102				
吴塘村	稻：播种面积（市亩）	53	0.00	15.55	3.7452	2.70676
	总产量（糙米）（市斤）	53	0.00	5474.00	1173.8249	959.95660
	小麦：播种面积（市亩）	53	0.00	15.15	3.4365	2.60930
	总产量（市斤）	53	0.00	1418.00	339.7774	292.91344
	有效个案数	53				
马鞍村	稻：播种面积（市亩）	115	0.00	31.00	8.4759	6.89011
	总产量（糙米）（市斤）	115	0.00	11203.00	2860.0609	2485.38877
	小麦：播种面积（市亩）	115	0.00	18.00	4.4191	3.41927
	总产量（市斤）	115	0.00	2475.00	414.9652	443.36455
	有效个案数	115				
庄桥村	稻：播种面积（市亩）	56	0.00	9.90	4.1637	2.26897
	总产量（糙米）（市斤）	56	0.00	3552.00	1364.2321	782.58969
	小麦：播种面积（市亩）	56	0.00	9.50	3.9455	2.11682
	总产量（市斤）	56	0.00	1235.00	399.5000	273.08700
	有效个案数	56				
太湖村	稻：播种面积（市亩）	46	0.00	13.25	5.0633	3.34244
	总产量（糙米）（市斤）	46	0.00	5465.00	1950.3913	1387.57000
	小麦：播种面积（市亩）	46	0.00	13.07	4.9291	3.25879
	总产量（市斤）	46	0.00	1595.00	463.3478	362.52640
	有效个案数	46				

续表

调查村		N	最小值	最大值	均值	标准偏差
曹庄村	稻：播种面积（市亩）	65	0.00	32.00	5.7343	6.08616
	总产量（糙米）（市斤）	65	0.00	14432.00	2320.4615	2588.26392
	小麦：播种面积（市亩）	65	0.00	27.00	4.8462	5.09305
	总产量（市斤）	65	0.00	3510.00	573.5077	638.61804
	有效个案数	65				
刘巷村	稻：播种面积（市亩）	95	0.00	15.25	4.3605	3.43191
	总产量（糙米）（市斤）	95	0.00	7371.00	1376.2632	1322.78830
	小麦：播种面积（市亩）	95	0.00	11.70	2.9628	2.42966
	总产量（市斤）	95	0.00	3159.00	471.0211	472.27305
	有效个案数	95				
玉东村	稻：播种面积（市亩）	94	0.00	16.27	4.4678	3.39898
	总产量（糙米）（市斤）	94	0.00	6600.00	1580.5000	1321.82064
	小麦：播种面积（市亩）	94	0.00	10.40	3.2071	2.46959
	总产量（市斤）	94	0.00	1615.00	381.6809	318.88324
	有效个案数	94				
华三房村	稻：播种面积（市亩）	46	0.00	18.00	5.5796	3.57958
	总产量（糙米）（市斤）	46	0.00	7200.00	1938.1522	1344.32347
	小麦：播种面积（市亩）	46	0.00	17.00	4.8483	3.24045
	总产量（市斤）	46	0.00	1275.00	309.2391	240.17708
	有效个案数	46				
利农村	稻：播种面积（市亩）	46	0.00	9.60	3.4129	2.52415
	总产量（糙米）（市斤）	46	0.00	4042.00	1222.9348	1029.61061
	小麦：播种面积（市亩）	46	0.00	9.00	3.2561	2.40217
	总产量（市斤）	46	0.00	1080.00	270.9348	247.10631
	有效个案数	46				
溪南村	稻：播种面积（市亩）	20	0.00	30.00	11.9270	7.98147
	总产量（糙米）（市斤）	20	0.00	14760.00	5059.2500	3841.83015
	小麦：播种面积（市亩）	20	0.00	27.00	9.7355	6.99819
	总产量（市斤）	20	0.00	7100.00	1831.2000	1790.55859
	有效个案数	20				

由表 5-39 可以看出，1948 年无锡 11 个村种植经济作物情况存在着差异。几个村主要都以采桑为主。

表 5-39　1948 年无锡 11 个村种植经济作物情况

调查村		N	最小值	最大值	均值	标准偏差
前进村	桑：现有面积（市亩）	102	0.00	2.53	0.5881	0.56819
	其中：可采桑面积（市亩）	102	0.00	2.53	0.5881	0.56819
	总产量（叶片）（市斤）	102	0.00	2020.00	395.3529	416.50525
	果园：面积（市亩）	102	0.00	0.00	0.0000	0.00000
	总产量（鲜果）（市斤）	102	0.00	0.00	0.0000	0.00000
	大豆：播种面积（市亩）	102	0.00	0.70	0.0147	0.08577
	总产量（市斤）	102	0.00	224.00	3.3725	23.49760
	有效个案数	102				
吴塘村	桑：现有面积（市亩）	53	0.00	4.30	1.0993	0.91614
	其中：可采桑面积（市亩）	53	0.00	4.30	1.0993	0.91614
	总产量（叶片）（市斤）	53	0.00	6020.00	963.5151	1148.20831
	果园：面积（市亩）	53	0.00	0.80	0.0151	0.10989
	总产量（鲜果）（市斤）	53	0.00	640.00	12.0755	87.91076
	大豆：播种面积（市亩）	53	0.00	0.00	0.0000	0.00000
	总产量（市斤）	53	0.00	64.00	4.0000	13.35895
	有效个案数	53				
马鞍村	桑：现有面积（市亩）	115	0.00	10.10	0.5762	1.12607
	其中：可采桑面积（市亩）	115	0.00	10.10	0.5699	1.12661
	总产量（叶片）（市斤）	115	0.00	1250.00	197.4261	289.45800
	果园：面积（市亩）	115	0.00	4.00	0.4130	0.67597
	总产量（鲜果）（市斤）	115	0.00	2700.00	98.0870	385.96631
	大豆：播种面积（市亩）	115	0.00	4.00	0.0417	0.37621
	总产量（市斤）	115	0.00	7200.00	63.6087	671.36564
	有效个案数	115				
庄桥村	桑：现有面积（市亩）	56	0.00	4.00	1.0316	0.78820
	其中：可采桑面积（市亩）	56	0.00	4.00	1.0002	0.78492
	总产量（叶片）（市斤）	56	0.00	4800.00	899.7500	841.61093
	果园：面积（市亩）	56	0.00	0.00	0.0000	0.00000
	总产量（鲜果）（市斤）	56	0.00	0.00	0.0000	0.00000
	大豆：播种面积（市亩）	56	0.00	0.84	0.0284	0.13300
	总产量（市斤）	56	0.00	80.00	8.0893	18.85184
	有效个案数	56				

续表

调查村		N	最小值	最大值	均值	标准偏差
太湖村	桑：现有面积（市亩）	46	0.00	3.87	0.9463	0.69577
	其中：可采桑面积（市亩）	46	0.00	3.87	0.9363	0.70615
	总产量（叶片）（市斤）	46	0.00	3483.00	735.8913	608.23275
	果园：面积（市亩）	46	0.00	0.00	0.0000	0.00000
	总产量（鲜果）（市斤）	46	0.00	0.00	0.0000	0.00000
	大豆：播种面积（市亩）	46	0.00	0.00	0.0000	0.00000
	总产量（市斤）	46	0.00	0.00	0.0000	0.00000
	有效个案数	46				
曹庄村	桑：现有面积（市亩）	65	0.00	7.00	2.5383	1.61800
	其中：可采桑面积（市亩）	65	0.00	7.00	2.5383	1.61800
	总产量（叶片）（市斤）	65	0.00	5376.00	1411.8000	1046.11911
	果园：面积（市亩）	65	0.00	0.00	0.0000	0.00000
	总产量（鲜果）（市斤）	65	0.00	0.00	0.0000	0.00000
	大豆：播种面积（市亩）	65	0.00	3.00	0.4789	0.80052
	总产量（市斤）	65	0.00	840.00	208.9846	158.68960
	有效个案数	65				
刘巷村	桑：现有面积（市亩）	95	0.00	2.00	0.2563	0.39311
	其中：可采桑面积（市亩）	95	0.00	2.00	0.2563	0.39311
	总产量（叶片）（市斤）	95	0.00	3000.00	162.1789	372.36661
	果园：面积（市亩）	95	0.00	0.00	0.0000	0.00000
	总产量（鲜果）（市斤）	95	0.00	0.00	0.0000	0.00000
	大豆：播种面积（市亩）	95	0.00	1.00	0.0316	0.14983
	总产量（市斤）	95	0.00	113.00	3.2316	15.47369
	有效个案数	95				
玉东村	桑：现有面积（市亩）	94	0.00	7.90	1.0829	1.22696
	其中：可采桑面积（市亩）	94	0.00	7.90	1.0768	1.23035
	总产量（叶片）（市斤）	94	0.00	7960.00	1017.2340	1183.89456
	果园：面积（市亩）	94	0.00	0.25	0.0027	0.02579
	总产量（鲜果）（市斤）	94	0.00	0.00	0.0000	0.00000
	大豆：播种面积（市亩）	94	0.00	63.00	0.6968	6.49689
	总产量（市斤）	94	0.00	150.00	4.3191	21.88003
	有效个案数	94				

续表

调查村		N	最小值	最大值	均值	标准偏差
华三房村	桑：现有面积（市亩）	46	0.00	3.00	0.8824	0.77300
	其中：可采桑面积（市亩）	46	0.00	3.00	0.8759	0.77755
	总产量（叶片）（市斤）	46	0.00	1200.00	369.5652	346.59677
	果园：面积（市亩）	46	0.00	0.00	0.0000	0.00000
	总产量（鲜果）（市斤）	46	0.00	200.00	4.3478	29.48839
	大豆：播种面积（市亩）	46	0.00	1.90	0.1870	0.40255
	总产量（市斤）	46	0.00	400.00	82.2826	93.31373
	有效个案数	46				
利农村	桑：现有面积（市亩）	46	0.00	4.69	1.4201	0.98309
	其中：可采桑面积（市亩）	46	0.00	4.69	1.4201	0.98309
	总产量（叶片）（市斤）	46	0.00	3748.00	960.0652	792.54334
	果园：面积（市亩）	46	0.00	0.00	0.0000	0.00000
	总产量（鲜果）（市斤）	46	0.00	0.00	0.0000	0.00000
	大豆：播种面积（市亩）	46	0.00	1.00	0.0652	0.24964
	总产量（市斤）	46	0.00	176.00	7.3043	32.76914
	有效个案数	46				
溪南村	桑：现有面积（市亩）	20	0.00	3.00	1.0625	1.05141
	其中：可采桑面积（市亩）	20	0.00	3.00	1.0155	1.04846
	总产量（叶片）（市斤）	20	0.00	2500.00	778.6000	891.75648
	果园：面积（市亩）	20	0.00	0.00	0.0000	0.00000
	总产量（鲜果）（市斤）	20	0.00	0.00	0.0000	0.00000
	大豆：播种面积（市亩）	20	0.00	0.10	0.0050	0.02236
	总产量（市斤）	20	0.00	15.00	0.7500	3.35410
	有效个案数	20				

由表 5-40 可以看出，1948 年无锡 11 个村种植其他作物情况存在着差异，但整体不高。溪南村面积最高，为 2.4870 市亩，吴塘村最低，为 0。总产量玉东村最高，为 609.5213 元，刘巷村最低，为 67.3789 元。

表 5-40　1948 年无锡 11 个村种植其他作物情况

调查村		N	最小值	最大值	均值	标准偏差
前进村	面积（市亩）	102	0.00	1.80	0.5625	0.36342
	总产量（元）	102	0.00	1440.00	246.2054	184.06602
	有效个案数	102				

续表

调查村		N	最小值	最大值	均值	标准偏差
吴塘村	面积（市亩）	53	0.00	0.00	0.0000	0.00000
	总产量（元）	53	0.00	485.92	187.5287	111.19339
	有效个案数	53				
马鞍村	面积（市亩）	115	0.00	12.00	2.3346	2.37742
	总产量（元）	115	0.00	6067.00	532.1423	673.95375
	有效个案数	115				
庄桥村	面积（市亩）	56	0.00	2.00	0.0864	0.30952
	总产量（元）	56	0.00	520.00	211.1786	113.97226
	有效个案数	56				
太湖村	面积（市亩）	46	0.00	1.20	0.0363	0.18088
	总产量（元）	46	31.00	568.00	157.3261	102.98027
	有效个案数	46				
曹庄村	面积（市亩）	65	0.00	11.00	1.3235	1.64760
	总产量（元）	65	0.00	2094.00	437.3231	292.53003
	有效个案数	65				
刘巷村	面积（市亩）	95	0.00	0.40	0.0086	0.04808
	总产量（元）	95	0.00	450.00	67.3789	72.03873
	有效个案数	95				
玉东村	面积（市亩）	94	0.00	2.05	0.3793	0.48149
	总产量（元）	94	0.00	3081.00	609.5213	595.29730
	有效个案数	94				
华三房村	面积（市亩）	46	0.00	2.00	0.6998	0.50396
	总产量（元）	46	0.00	652.00	333.7826	138.89835
	有效个案数	46				
利农村	面积（市亩）	46	0.00	2.50	0.5435	0.42981
	总产量（元）	46	0.00	1440.00	300.9130	234.15520
	有效个案数	46				
溪南村	面积（市亩）	20	0.00	5.30	2.4870	1.46446
	总产量（元）	20	0.00	582.00	307.4500	151.87026
	有效个案数	20				

由表 5-41 可以看出，1948 年无锡 11 个村农副业雇入雇出情况存在着差异。

表 5-41 1948 年无锡 11 个村农副业雇入雇出情况

调查村		N	最小值	最大值	均值	标准偏差
前进村	农副业雇入：长工：人数（人）	102	0.00	0.00	0.0000	0.00000
	长工：工资（元）	102	0.00	0.00	0.0000	0.00000
	短工：工数（工）	102	0.00	720.00	18.1765	74.04781
	短工：工资（元）	102	0.00	1640.00	125.9314	272.64438
	农副业雇出：长工：人数（人）	102	0.00	0.00	0.0000	0.00000
	长工：工资（元）	102	0.00	0.00	0.0000	0.00000
	短工：工数（工）	102	0.00	190.00	14.1961	34.61587
	短工：工资（元）	102	0.00	1077.00	120.3725	248.29246
	有效个案数	102				
吴塘村	农副业雇入：长工：人数（人）	53	0.00	0.00	0.0000	0.00000
	长工：工资（元）	53	0.00	0.00	0.0000	0.00000
	短工：工数（工）	53	0.00	120.00	13.4340	21.27793
	短工：工资（元）	53	0.00	1080.00	120.9057	191.50138
	农副业雇出：长工：人数（人）	53	0.00	0.00	0.0000	0.00000
	长工：工资（元）	53	0.00	0.00	0.0000	0.00000
	短工：工数（工）	53	0.00	90.00	12.8302	23.06574
	短工：工资（元）	53	0.00	810.00	115.4717	207.59165
	有效个案数	53				
马鞍村	农副业雇入：长工：人数（人）	115	0.00	3.00	0.2609	0.60823
	长工：工资（元）	115	0.00	5273.00	311.4957	827.09342
	短工：工数（工）	115	0.00	182.00	8.5826	26.78799
	短工：工资（元）	115	0.00	1125.00	59.0348	166.78566
	农副业雇出：长工：人数（人）	115	0.00	1.00	0.0522	0.22335
	长工：工资（元）	115	0.00	2256.00	67.6261	328.77298
	短工：工数（工）	115	0.00	120.00	15.0783	32.41701
	短工：工资（元）	115	0.00	750.00	91.7652	194.18107
	有效个案数	115				
庄桥村	农副业雇入：长工：人数（人）	56	0.00	0.00	0.0000	0.00000
	长工：工资（元）	56	0.00	0.00	0.0000	0.00000
	短工：工数（工）	56	0.00	108.00	10.4464	18.02415
	短工：工资（元）	56	0.00	1213.00	121.1607	201.22514
	农副业雇出：长工：人数（人）	56	0.00	0.00	0.0000	0.00000
	长工：工资（元）	56	0.00	0.00	0.0000	0.00000
	短工：工数（工）	56	0.00	120.00	3.5179	16.40731
	短工：工资（元）	56	0.00	1414.00	39.9554	192.15473
	有效个案数	56				

续表

调查村		N	最小值	最大值	均值	标准偏差
太湖村	农副业雇入：长工：人数（人）	46	0.00	0.00	0.0000	0.00000
	长工：工资（元）	46	0.00	0.00	0.0000	0.00000
	短工：工数（工）	46	0.00	190.00	12.0217	31.35778
	短工：工资（元）	46	0.00	1470.00	103.1957	251.28201
	农副业雇出：长工：人数（人）	46	0.00	0.00	0.0000	0.00000
	长工：工资（元）	46	0.00	0.00	0.0000	0.00000
	短工：工数（工）	46	0.00	100.00	12.0652	25.33281
	短工：工资（元）	46	0.00	775.00	94.7391	192.61377
	有效个案数	46				
曹庄村	农副业雇入：长工：人数（人）	65	0.00	2.00	0.1385	0.38788
	长工：工资（元）	65	0.00	2115.00	165.8923	442.80541
	短工：工数（工）	65	0.00	179.00	17.0246	30.93171
	短工：工资（元）	65	0.00	1253.00	112.1385	213.90790
	农副业雇出：长工：人数（人）	65	0.00	1.00	0.0192	0.12738
	长工：工资（元）	65	0.00	1450.00	27.9846	184.88835
	短工：工数（工）	65	0.00	100.00	14.2462	24.07153
	短工：工资（元）	65	0.00	700.00	98.2923	163.96300
	有效个案数	65				
刘巷村	农副业雇入：长工：人数（人）	95	0.00	2.00	0.0421	0.24907
	长工：工资（元）	95	0.00	3600.00	55.8947	400.82960
	短工：工数（工）	95	0.00	140.00	9.0000	26.81338
	短工：工资（元）	95	0.00	1540.00	86.5263	270.90266
	农副业雇出：长工：人数（人）	95	0.00	1.00	0.0526	0.22448
	长工：工资（元）	95	0.00	1560.00	61.2421	270.65880
	短工：工数（工）	95	0.00	250.00	12.9684	36.88177
	短工：工资（元）	95	0.00	1580.00	108.6526	279.17621
	有效个案数	95				
玉东村	农副业雇入：长工：人数（人）	94	0.00	1.00	0.0213	0.14508
	长工：工资（元）	94	0.00	1500.00	25.0426	177.20548
	短工：工数（工）	94	0.00	110.00	5.7553	14.37941
	短工：工资（元）	94	0.00	1092.00	74.8830	165.22079
	农副业雇出：长工：人数（人）	94	0.00	1.00	0.0106	0.10314
	长工：工资（元）	94	0.00	854.00	9.0851	88.08337
	短工：工数（工）	94	0.00	70.00	4.5851	11.16871
	短工：工资（元）	94	0.00	816.00	51.5426	124.88151
	有效个案数	94				

续表

调查村		N	最小值	最大值	均值	标准偏差
华三房村	农副业雇入：长工：人数（人）	46	0.00	0.00	0.0000	0.00000
	长工：工资（元）	46	0.00	0.00	0.0000	0.00000
	短工：工数（工）	46	0.00	200.00	25.8478	37.25287
	短工：工资（元）	46	0.00	2000.00	275.0000	393.44936
	农副业雇出：长工：人数（人）	46	0.00	0.00	0.0000	0.00000
	长工：工资（元）	46	0.00	0.00	0.0000	0.00000
	短工：工数（工）	46	0.00	50.00	6.0000	13.38656
	短工：工资（元）	46	0.00	600.00	64.5435	145.49406
	有效个案数	46				
利农村	农副业雇入：长工：人数（人）	46	0.00	0.00	0.0000	0.00000
	长工：工资（元）	46	0.00	0.00	0.0000	0.00000
	短工：工数（工）	46	0.00	300.00	53.9565	92.68224
	短工：工资（元）	46	0.00	2715.00	554.7826	879.99952
	农副业雇出：长工：人数（人）	46	0.00	0.00	0.0000	0.00000
	长工：工资（元）	46	0.00	0.00	0.0000	0.00000
	短工：工数（工）	46	0.00	180.00	24.7174	49.40205
	短工：工资（元）	46	0.00	1810.00	216.3478	435.20765
	有效个案数	46				
溪南村	农副业雇入：长工：人数（人）	20	0.00	2.00	0.5000	0.66886
	长工：工资（元）	20	0.00	3500.00	861.5000	1202.00909
	短工：工数（工）	20	0.00	260.00	60.6500	79.25660
	短工：工资（元）	20	0.00	2316.00	570.0500	687.26625
	农副业雇出：长工：人数（人）	20	0.00	0.00	0.0000	0.00000
	长工：工资（元）	20	0.00	0.00	0.0000	0.00000
	短工：工数（工）	20	0.00	180.00	18.0000	44.55629
	短工：工资（元）	20	0.00	1365.00	176.3000	399.90408
	有效个案数	20				

由表 5-42 可以看出，1948 年无锡 11 个村房屋间数情况存在着差异。这里看到一个现象，不同户房屋间数差距很大。华三房村户均房屋间数最多，为 5.7174 间，刘巷村最少，为 1.5947 间。

表 5-42　1948 年无锡 11 个村房屋间数情况

调查村		N	最小值	最大值	均值	标准偏差
前进村	房屋间数（间）	102	0.00	11.00	2.2304	1.87436
	有效个案数	102				

续表

调查村		N	最小值	最大值	均值	标准偏差
吴塘村	房屋间数（间）	53	0.00	10.00	3.6509	2.00620
	有效个案数	53				
马鞍村	房屋间数（间）	115	0.00	18.00	3.9413	3.08458
	有效个案数	115				
庄桥村	房屋间数（间）	56	0.00	4.00	2.1964	0.91790
	有效个案数	56				
太湖村	房屋间数（间）	46	1.00	11.00	2.6848	1.67782
	有效个案数	46				
曹庄村	房屋间数（间）	65	0.00	17.00	4.4346	3.19432
	有效个案数	65				
刘巷村	房屋间数（间）	95	0.00	7.00	1.5947	1.18343
	有效个案数	95				
玉东村	房屋间数（间）	94	0.00	8.00	2.1277	1.63453
	有效个案数	94				
华三房村	房屋间数（间）	46	0.00	121.00	5.7174	17.56058
	有效个案数	46				
利农村	房屋间数（间）	46	0.00	6.00	2.1196	1.35476
	有效个案数	46				
溪南村	房屋间数（间）	20	0.00	15.00	4.2000	3.65052
	有效个案数	20				

由表 5-43 可以看出，1948 年无锡 11 个村家畜情况存在着差异。进一步进行频数统计可以发现，前进村、吴塘村、利农村、庄桥村牛马骡均为 0 头，马鞍村有 0 头牛马骡的有 63 户，有 0.16 头牛马骡的有 1 户，有 0.17 头牛马骡的有 1 户，有 0.25 头牛马骡的有 5 户，有 0.33 头牛马骡的有 13 户，有 0.5 头牛马骡的有 11 户，有 1 头牛马骡的有 20 户，有 4 头牛马骡的有 1 户。太湖村有 1 头牛马骡的有 2 户。曹庄村有 0.5 头牛马骡的有 4 户，有 1 头牛马骡的有 9 户。刘巷村有 1 头牛马骡的有 1 户。玉东村有 0.17 头牛马骡的有 2 户。华三房村有 1 头牛马骡的有 2 户。溪南村有 0.5 头牛马骡的有 4 户，有 1 头牛马骡的有 1 户。

表 5-43　1948 年无锡 11 个村家畜情况

调查村		N	最小值	最大值	均值	标准偏差
前进村	牛马骡（头）	102	0.00	0.00	0.0000	0.00000
	猪（头）	102	0.00	4.00	0.4412	0.79071
	羊（只）	102	0.00	3.00	0.0588	0.41800
	兔（只）	102	0.00	0.00	0.0000	0.00000
	有效个案数	102				

续表

调查村		N	最小值	最大值	均值	标准偏差
吴塘村	牛马骡（头）	53	0.00	0.00	0.0000	0.00000
	猪（头）	53	0.00	4.00	1.2642	1.04054
	羊（只）	53	0.00	3.00	0.6226	0.96529
	兔（只）	53	0.00	0.00	0.0000	0.00000
	有效个案数	53				
马鞍村	牛马骡（头）	115	0.00	4.00	0.3075	0.51003
	猪（头）	115	0.00	7.00	1.3304	1.06558
	羊（只）	115	0.00	3.00	0.6696	0.92454
	兔（只）	115	0.00	40.00	0.3913	3.75499
	有效个案数	115				
庄桥村	牛马骡（头）	56	0.00	0.00	0.0000	0.00000
	猪（头）	56	0.00	3.00	0.8750	0.85413
	羊（只）	56	0.00	3.00	0.0893	0.47775
	兔（只）	56	0.00	0.00	0.0000	0.00000
	有效个案数	56				
太湖村	牛马骡（头）	46	0.00	1.00	0.0435	0.20618
	猪（头）	46	0.00	14.00	1.6087	2.13415
	羊（只）	46	0.00	3.00	0.5870	0.88383
	兔（只）	46	0.00	0.00	0.0000	0.00000
	有效个案数	46				
曹庄村	牛马骡（头）	65	0.00	1.00	0.1692	0.35660
	猪（头）	65	0.00	3.00	0.8000	0.77460
	羊（只）	65	0.00	3.00	0.7077	1.02657
	兔（只）	65	0.00	0.00	0.0000	0.00000
	有效个案数	65				
刘巷村	牛马骡（头）	95	0.00	1.00	0.0105	0.10260
	猪（头）	95	0.00	6.00	0.4316	0.85866
	羊（只）	95	0.00	0.00	0.0000	0.00000
	兔（只）	95	0.00	0.00	0.0000	0.00000
	有效个案数	95				
玉东村	牛马骡（头）	94	0.00	0.17	0.0036	0.02466
	猪（头）	94	0.00	5.00	0.5319	0.98048
	羊（只）	94	0.00	5.00	0.5851	1.02033
	兔（只）	94	0.00	4.00	0.0426	0.41257
	有效个案数	94				

续表

调查村		N	最小值	最大值	均值	标准偏差
华三房村	牛马骡（头）	46	0.00	1.00	0.0435	0.20618
	猪（头）	46	0.00	4.00	0.6522	0.87477
	羊（只）	46	0.00	2.00	0.5870	0.68560
	兔（只）	46	0.00	0.00	0.0000	0.00000
	有效个案数	46				
利农村	牛马骡（头）	46	0.00	0.00	0.0000	0.00000
	猪（头）	46	0.00	4.00	0.8913	0.94817
	羊（只）	46	0.00	6.00	0.5000	1.26051
	兔（只）	46	0.00	2.00	0.0435	0.29488
	有效个案数	46				
溪南村	牛马骡（头）	20	0.00	1.00	0.1500	0.28562
	猪（头）	20	0.00	15.00	3.1500	4.61148
	羊（只）	20	0.00	5.00	0.7000	1.30182
	兔（只）	20	0.00	0.00	0.0000	0.00000
	有效个案数	20				

由表 5-44 可以看出，1948 年无锡 11 个村生产工具情况存在着差异。各村主要生产工具是蚕匾（只），溪南村蚕匾最多，为 15.3000 只，刘巷村蚕匾最少，为 3.7053 只。

表 5-44　1948 年无锡 11 个村生产工具情况

调查村		N	最小值	最大值	均值	标准偏差
前进村	抽水机（架）	102	0.00	0.00	0.0000	0.00000
	水车（架）	102	0.00	1.00	0.0739	0.17804
	旧式犁（张）	102	0.00	0.00	0.0000	0.00000
	打谷机（架）	102	0.00	1.00	0.0487	0.15208
	船（条）	102	0.00	3.00	0.0800	0.35620
	蚕匾（只）	102	0.00	30.00	6.6373	6.65529
	蚕台（张）	102	0.00	3.00	0.7941	0.76220
	耙（把）	102	0.00	0.00	0.0000	0.00000
	织布机（台）	102	0.00	0.00	0.0000	0.00000
	渔网（条）	102	0.00	0.00	0.0000	0.00000
	其他（件）	102	0.00	0.00	0.0000	0.00000
	有效个案数	102				

续表

调查村		N	最小值	最大值	均值	标准偏差
吴塘村	抽水机（架）	53	0.00	0.00	0.0000	0.00000
	水车（架）	53	0.00	2.00	0.3111	0.48923
	旧式犁（张）	53	0.00	0.00	0.0000	0.00000
	打谷机（架）	53	0.00	1.00	0.0674	0.20836
	船（条）	53	0.00	1.00	0.0189	0.13736
	蚕匾（只）	53	0.00	44.00	11.1887	8.48088
	蚕台（张）	53	0.00	7.00	1.7925	1.48529
	耙（把）	53	0.00	0.00	0.0000	0.00000
	织布机（台）	53	0.00	0.00	0.0000	0.00000
	渔网（条）	53	0.00	0.00	0.0000	0.00000
	其他（件）	53	0.00	0.00	0.0000	0.00000
	有效个案数	53				
马鞍村	抽水机（架）	115	0.00	0.00	0.0000	0.00000
	水车（架）	115	0.00	3.00	0.3997	0.53478
	旧式犁（张）	115	0.00	2.00	0.5069	0.60916
	打谷机（架）	115	0.00	1.00	0.1443	0.25047
	船（条）	115	0.00	0.00	0.0000	0.00000
	蚕匾（只）	115	0.00	53.00	9.7391	10.66153
	蚕台（张）	115	0.00	5.00	0.9563	0.99650
	耙（把）	115	0.00	2.00	0.1150	0.35286
	织布机（台）	115	0.00	0.00	0.0000	0.00000
	渔网（条）	115	0.00	1270.00	11.0435	118.42811
	其他（件）	115	0.00	0.00	0.0000	0.00000
	有效个案数	115				
庄桥村	抽水机（架）	56	0.00	0.40	0.0102	0.05770
	水车（架）	56	0.00	0.00	0.0000	0.00000
	旧式犁（张）	56	0.00	0.00	0.0000	0.00000
	打谷机（架）	56	0.00	1.00	0.0357	0.18726
	船（条）	56	0.00	0.00	0.0000	0.00000
	蚕匾（只）	56	0.00	30.00	7.1429	6.63716
	蚕台（张）	56	0.00	3.00	0.8393	0.70134
	耙（把）	56	0.00	0.00	0.0000	0.00000
	织布机（台）	56	0.00	0.00	0.0000	0.00000
	渔网（条）	56	0.00	0.00	0.0000	0.00000
	其他（件）	56	0.00	0.17	0.0030	0.02272
	有效个案数	56				

续表

调查村		N	最小值	最大值	均值	标准偏差
太湖村	抽水机（架）	46	0. 00	0. 00	0. 0000	0. 00000
	水车（架）	46	0. 00	1. 00	0. 0355	0. 15511
	旧式犁（张）	46	0. 00	2. 00	0. 1739	0. 48554
	打谷机（架）	46	0. 00	1. 00	0. 1024	0. 22901
	船（条）	46	0. 00	0. 00	0. 0000	0. 00000
	蚕匾（只）	46	0. 00	45. 00	10. 5978	8. 67795
	蚕台（张）	46	0. 00	5. 00	1. 4130	0. 88383
	耙（把）	46	0. 00	0. 00	0. 0000	0. 00000
	织布机（台）	46	0. 00	0. 00	0. 0000	0. 00000
	渔网（条）	46	0. 00	0. 00	0. 0000	0. 00000
	其他（件）	46	0. 00	32. 00	3. 3696	7. 59929
	有效个案数	46				
曹庄村	抽水机（架）	65	0. 00	0. 00	0. 0000	0. 00000
	水车（架）	65	0. 00	2. 50	0. 3871	0. 70963
	旧式犁（张）	65	0. 00	3. 00	0. 3385	0. 75575
	打谷机（架）	65	0. 00	1. 00	0. 0755	0. 19900
	船（条）	65	0. 00	1. 00	0. 0538	0. 21872
	蚕匾（只）	65	0. 00	40. 00	14. 2308	8. 78345
	蚕台（张）	65	0. 00	5. 00	1. 6000	0. 94868
	耙（把）	65	0. 00	0. 00	0. 0000	0. 00000
	织布机（台）	65	0. 00	0. 00	0. 0000	0. 00000
	渔网（条）	65	0. 00	1. 00	0. 0154	0. 12403
	其他（件）	65	0. 00	4. 00	0. 2231	0. 76050
	有效个案数	65				
刘巷村	抽水机（架）	95	0. 00	0. 00	0. 0000	0. 00000
	水车（架）	95	0. 00	1. 00	0. 1474	0. 32936
	旧式犁（张）	95	0. 00	1. 00	0. 0211	0. 14432
	打谷机（架）	95	0. 00	1. 00	0. 0105	0. 10260
	船（条）	95	0. 00	1. 00	0. 2137	0. 38249
	蚕匾（只）	95	0. 00	20. 00	3. 7053	4. 86165
	蚕台（张）	95	0. 00	3. 00	0. 5084	0. 64851
	耙（把）	95	0. 00	1. 00	0. 0105	0. 10260
	织布机（台）	95	0. 00	1. 00	0. 0105	0. 10260
	渔网（条）	95	0. 00	0. 00	0. 0000	0. 00000
	其他（件）	95	0. 00	1. 00	0. 0105	0. 10260
	有效个案数	95				

续表

调查村		N	最小值	最大值	均值	标准偏差
玉东村	抽水机（架）	94	0.00	1.00	0.0106	0.10314
	水车（架）	94	0.00	1.00	0.0640	0.21607
	旧式犁（张）	94	0.00	1.00	0.0212	0.11753
	打谷机（架）	94	0.00	1.00	0.0360	0.13242
	船（条）	94	0.00	5.00	0.1480	0.61294
	蚕匾（只）	94	0.00	140.00	11.4468	16.06948
	蚕台（张）	94	0.00	14.00	1.1915	1.66738
	耙（把）	94	0.00	0.00	0.0000	0.00000
	织布机（台）	94	0.00	1.00	0.0479	0.20828
	渔网（条）	94	0.00	0.00	0.0000	0.00000
	其他（件）	94	0.00	1.00	0.0620	0.22919
	有效个案数	94				
华三房村	抽水机（架）	46	0.00	0.00	0.0000	0.00000
	水车（架）	46	0.00	1.00	0.0217	0.14744
	旧式犁（张）	46	0.00	1.00	0.0217	0.14744
	打谷机（架）	46	0.00	1.00	0.0217	0.14744
	船（条）	46	0.00	0.00	0.0000	0.00000
	蚕匾（只）	46	0.00	70.00	9.8913	12.39396
	蚕台（张）	46	0.00	6.00	1.2174	1.39703
	耙（把）	46	0.00	0.00	0.0000	0.00000
	织布机（台）	46	0.00	0.00	0.0000	0.00000
	渔网（条）	46	0.00	0.00	0.0000	0.00000
	其他（件）	46	0.00	0.00	0.0000	0.00000
	有效个案数	46				
利农村	抽水机（架）	46	0.00	0.00	0.0000	0.00000
	水车（架）	46	0.00	1.00	0.0217	0.14744
	旧式犁（张）	46	0.00	1.00	0.0217	0.14744
	打谷机（架）	46	0.00	1.00	0.1196	0.31508
	船（条）	46	0.00	3.00	0.2174	0.66376
	蚕匾（只）	46	0.00	60.00	14.6087	12.22107
	蚕台（张）	46	0.00	6.00	1.6413	1.15789
	耙（把）	46	0.00	0.00	0.0000	0.00000
	织布机（台）	46	0.00	0.00	0.0000	0.00000
	渔网（条）	46	0.00	0.00	0.0000	0.00000
	其他（件）	46	0.00	17.00	0.4130	2.50844
	有效个案数	46				

续表

调查村		N	最小值	最大值	均值	标准偏差
溪南村	抽水机（架）	20	0.00	0.00	0.0000	0.00000
	水车（架）	20	0.00	2.00	0.6000	0.77119
	旧式犁（张）	20	0.00	1.00	0.3000	0.44129
	打谷机（架）	20	0.00	1.00	0.2790	0.37096
	船（条）	20	0.00	0.50	0.0500	0.15390
	蚕匾（只）	20	0.00	33.00	15.3000	12.13997
	蚕台（张）	20	0.00	4.00	1.6000	1.23117
	耙（把）	20	0.00	1.00	0.1000	0.26157
	织布机（台）	20	0.00	0.00	0.0000	0.00000
	渔网（条）	20	0.00	0.00	0.0000	0.00000
	其他（件）	20	0.00	1.00	0.1500	0.28562
	有效个案数	20				

由表5-45可以看出，1948年无锡11个村植物栽培收入情况存在着差异。溪南村最高，为7655.4215元，刘巷村最低，为2145.6526元。

表5-45　1948年无锡11个村植物栽培收入情况

调查村		N	最小值	最大值	均值	标准偏差
前进村	植物栽培收入（元）	102	0.00	7574.00	2365.6759	1652.41413
	有效个案数	102				
吴塘村	植物栽培收入（元）	53	0.00	9934.38	2181.7977	1743.83473
	有效个案数	53				
马鞍村	植物栽培收入（元）	115	0.00	21211.00	4577.7304	3945.45670
	有效个案数	115				
庄桥村	植物栽培收入（元）	56	0.00	6337.00	2480.3929	1360.45568
	有效个案数	56				
太湖村	植物栽培收入（元）	46	100.00	8756.00	3051.2826	2121.35079
	有效个案数	46				
曹庄村	植物栽培收入（元）	65	139.00	23641.00	4195.3846	3862.12743
	有效个案数	65				
刘巷村	植物栽培收入（元）	95	0.00	11858.00	2145.6526	1974.27551
	有效个案数	95				
玉东村	植物栽培收入（元）	94	0.00	11528.00	3077.9681	2504.68328
	有效个案数	94				

续表

调查村		N	最小值	最大值	均值	标准偏差
华三房村	植物栽培收入（元）	46	0.00	9757.00	3052.1522	1914.17831
	有效个案数	46				
利农村	植物栽培收入（元）	46	169.00	6419.00	2245.0870	1620.71937
	有效个案数	46				
溪南村	植物栽培收入（元）	20	0.00	25460.00	7655.4215	6612.05015
	有效个案数	20				

由表5-46可以看出，1948年无锡11个村蚕茧情况存在着差异。

表5-46　1948年无锡11个村蚕茧情况

调查村		N	最小值	最大值	均值	标准偏差
前进村	春蚕：蚕种（张）	102	0.00	4.00	0.5745	0.72875
	产量（市斤）	102	0.00	160.00	20.7402	25.70749
	产值（元）	102	0.00	1014.00	126.7020	158.84578
	夏蚕：蚕种（张）	102	0.00	0.00	0.0000	0.00000
	产量（市斤）	102	0.00	0.00	0.0000	0.00000
	产值（元）	102	0.00	0.00	0.0000	0.00000
	秋蚕：蚕种（张）	102	0.00	2.50	0.2451	0.40727
	产量（市斤）	102	0.00	60.00	8.4657	13.69907
	产值（元）	102	0.00	284.00	38.8235	61.17940
	有效个案数	102				
吴塘村	春蚕：蚕种（张）	53	0.00	6.00	1.3585	1.25911
	产量（市斤）	53	0.00	183.00	42.1887	39.33097
	产值（元）	53	0.00	1160.22	267.4887	249.37873
	夏蚕：蚕种（张）	53	0.00	0.00	0.0000	0.00000
	产量（市斤）	53	0.00	0.00	0.0000	0.00000
	产值（元）	53	0.00	0.00	0.0000	0.00000
	秋蚕：蚕种（张）	53	0.00	6.00	0.7547	1.04754
	产量（市斤）	53	0.00	168.00	19.7925	27.82179
	产值（元）	53	0.00	796.32	94.1642	131.98066
	有效个案数	53				

续表

调查村		N	最小值	最大值	均值	标准偏差
马鞍村	春蚕：蚕种（张）	115	0.00	4.00	0.4159	0.70999
	产量（市斤）	115	0.00	140.00	12.6000	21.74566
	产值（元）	115	0.00	888.00	79.1304	136.84320
	夏蚕：蚕种（张）	115	0.00	0.25	0.0022	0.02331
	产量（市斤）	115	0.00	9.00	0.0783	0.83925
	产值（元）	115	0.00	57.00	0.4957	5.31528
	秋蚕：蚕种（张）	115	0.00	2.00	0.1522	0.38997
	产量（市斤）	115	0.00	60.00	4.2000	10.50163
	产值（元）	115	0.00	284.00	19.7739	50.44157
	有效个案数	115				
庄桥村	春蚕：蚕种（张）	56	0.00	4.00	1.0089	0.85542
	产量（市斤）	56	0.00	200.00	37.3393	35.79349
	产值（元）	56	0.00	1268.00	236.6250	226.94281
	夏蚕：蚕种（张）	56	0.00	0.00	0.0000	0.00000
	产量（市斤）	56	0.00	0.00	0.0000	0.00000
	产值（元）	56	0.00	0.00	0.0000	0.00000
	秋蚕：蚕种（张）	56	0.00	3.00	0.6897	0.69495
	产量（市斤）	56	0.00	90.00	20.5179	21.97519
	产值（元）	56	0.00	426.00	97.4643	103.95943
	有效个案数	56				
太湖村	春蚕：蚕种（张）	46	0.00	5.00	0.9511	0.92439
	产量（市斤）	46	0.00	130.00	32.1522	29.17150
	产值（元）	46	0.00	824.00	203.8696	184.93706
	夏蚕：蚕种（张）	46	0.00	0.00	0.0000	0.00000
	产量（市斤）	46	0.00	0.00	0.0000	0.00000
	产值（元）	46	0.00	0.00	0.0000	0.00000
	秋蚕：蚕种（张）	46	0.00	3.00	0.5380	0.62576
	产量（市斤）	46	0.00	115.00	18.1957	23.24519
	产值（元）	46	0.00	403.00	75.9130	85.74739
	有效个案数	46				
曹庄村	春蚕：蚕种（张）	65	0.00	5.00	1.2477	1.08197
	产量（市斤）	65	0.00	200.00	49.9846	45.59314
	产值（元）	65	0.00	1268.00	316.2923	292.25400
	夏蚕：蚕种（张）	65	0.00	0.00	0.0000	0.00000
	产量（市斤）	65	0.00	0.00	0.0000	0.00000

续表

调查村		N	最小值	最大值	均值	标准偏差
曹庄村	产值（元）	65	0.00	0.00	0.0000	0.00000
	秋蚕：蚕种（张）	65	0.00	5.00	0.8354	0.95024
	产量（市斤）	65	0.00	175.00	32.0462	38.20685
	产值（元）	65	0.00	975.00	154.8000	192.55317
	有效个案数	65				
刘巷村	春蚕：蚕种（张）	95	0.00	2.00	0.2474	0.44287
	产量（市斤）	95	0.00	60.00	8.3579	14.70990
	产值（元）	95	0.00	380.00	53.0000	93.27858
	夏蚕：蚕种（张）	95	0.00	0.00	0.0000	0.00000
	产量（市斤）	95	0.00	0.00	0.0000	0.00000
	产值（元）	95	0.00	0.00	0.0000	0.00000
	秋蚕：蚕种（张）	95	0.00	0.50	0.0263	0.11224
	产量（市斤）	95	0.00	20.00	0.8421	3.69392
	产值（元）	95	0.00	95.00	3.9895	17.51261
	有效个案数	95				
玉东村	春蚕：蚕种（张）	94	0.00	8.00	1.3718	1.42739
	产量（市斤）	94	0.00	360.00	60.8191	60.94347
	产值（元）	94	0.00	2282.00	388.0426	385.65955
	夏蚕：蚕种（张）	94	0.00	0.75	0.0106	0.08128
	产量（市斤）	94	0.00	50.00	0.6596	5.29059
	产值（元）	94	0.00	317.00	4.1809	33.54053
	秋蚕：蚕种（张）	94	0.00	4.00	0.5027	0.74098
	产量（市斤）	94	0.00	160.00	18.0638	26.25795
	产值（元）	94	0.00	758.00	85.6064	124.43370
	有效个案数	94				
华三房村	春蚕：蚕种（张）	46	0.00	3.50	0.6141	0.79356
	产量（市斤）	46	0.00	154.00	22.0217	29.52851
	产值（元）	46	0.00	976.00	139.4130	187.05419
	夏蚕：蚕种（张）	46	0.00	0.00	0.0000	0.00000
	产量（市斤）	46	0.00	0.00	0.0000	0.00000
	产值（元）	46	0.00	0.50	0.0109	0.07372
	秋蚕：蚕种（张）	46	0.00	18.00	0.6793	2.63505
	产量（市斤）	46	0.00	85.00	10.4348	15.08738
	产值（元）	46	0.00	230.00	46.4565	55.80629
	有效个案数	46				

续表

调查村		N	最小值	最大值	均值	标准偏差
利农村	春蚕：蚕种（张）	46	0.00	6.00	1.5098	1.27822
	产量（市斤）	46	0.00	224.00	58.3043	51.50571
	产值（元）	46	0.00	1420.00	362.6957	325.89111
	夏蚕：蚕种（张）	46	0.00	0.00	0.0000	0.00000
	产量（市斤）	46	0.00	0.00	0.0000	0.00000
	产值（元）	46	0.00	0.00	0.0000	0.00000
	秋蚕：蚕种（张）	46	0.00	3.00	0.7337	0.70443
	产量（市斤）	46	0.00	100.00	25.6957	24.83176
	产值（元）	46	0.00	474.00	122.4565	118.04231
	有效个案数	46				
溪南村	春蚕：蚕种（张）	20	0.00	4.00	1.1250	1.28631
	产量（市斤）	20	0.00	180.00	39.1000	48.19904
	产值（元）	20	0.00	1141.00	247.9500	305.59596
	夏蚕：蚕种（张）	20	0.00	0.00	0.0000	0.00000
	产量（市斤）	20	0.00	0.00	0.0000	0.00000
	产值（元）	20	0.00	0.00	0.0000	0.00000
	秋蚕：蚕种（张）	20	0.00	2.00	0.3000	0.59383
	产量（市斤）	20	0.00	30.00	6.4000	11.70875
	产值（元）	20	0.00	142.00	30.3000	55.43142
	有效个案数	20				

由表 5-47 可以看出，1948 年无锡 11 个村出售家畜收入情况存在着差异。

表 5-47　1948 年无锡 11 个村出售家畜收入情况

调查村		N	最小值	最大值	均值	标准偏差
前进村	猪（元）	102	0.00	1870.00	170.7647	331.91685
	羊（元）	102	0.00	168.00	1.6471	16.63448
	其他（元）	102	0.00	0.00	0.0000	0.00000
	有效个案数	102				
吴塘村	猪（元）	53	0.00	2016.00	613.7128	538.90645
	羊（元）	53	0.00	144.00	28.6038	45.04414
	其他（元）	53	0.00	0.00	0.0000	0.00000
	有效个案数	53				

续表

调查村		N	最小值	最大值	均值	标准偏差
马鞍村	猪（元）	115	0.00	3284.00	512.0957	538.18715
	羊（元）	115	0.00	187.00	9.9739	29.39879
	其他（元）	115	0.00	0.00	0.0000	0.00000
	有效个案数	115				
庄桥村	猪（元）	56	0.00	1314.00	235.1964	281.44132
	羊（元）	56	0.00	45.00	0.8036	6.01338
	其他（元）	56	0.00	0.00	0.0000	0.00000
	有效个案数	56				
太湖村	猪（元）	46	0.00	2760.00	772.0000	684.63181
	羊（元）	46	0.00	129.00	14.2174	29.33327
	其他（元）	46	0.00	0.00	0.0000	0.00000
	有效个案数	46				
曹庄村	猪（元）	65	0.00	2340.00	518.6923	619.35995
	羊（元）	65	0.00	131.00	27.6462	41.28386
	其他（元）	65	0.00	1189.00	18.2923	147.47730
	有效个案数	65				
刘巷村	猪（元）	95	0.00	1800.00	105.2632	241.23941
	羊（元）	95	0.00	0.00	0.0000	0.00000
	其他（元）	95	0.00	0.00	0.0000	0.00000
	有效个案数	95				
玉东村	猪（元）	94	0.00	936.00	104.5851	203.03665
	羊（元）	94	0.00	337.00	37.3404	78.94323
	其他（元）	94	0.00	30.00	0.3191	3.09426
	有效个案数	94				
华三房村	猪（元）	46	0.00	1200.00	149.6087	229.57192
	羊（元）	46	0.00	150.00	26.9565	47.22850
	其他（元）	46	0.00	0.00	0.0000	0.00000
	有效个案数	46				
利农村	猪（元）	46	0.00	2496.00	590.8261	691.35391
	羊（元）	46	0.00	180.00	15.0000	37.81534
	其他（元）	46	0.00	0.00	0.0000	0.00000
	有效个案数	46				
溪南村	猪（元）	20	0.00	9360.00	1276.2500	2220.55581
	羊（元）	20	0.00	223.30	29.6150	58.52347
	其他（元）	20	0.00	0.00	0.0000	0.00000
	有效个案数	20				

由表 5-48 可以看出，1948 年无锡 11 个村出雇收入情况存在着差异。

表 5-48 1948 年无锡 11 个村出雇收入情况

调查村		N	最小值	最大值	均值	标准偏差
前进村	出雇收入（元）	102	0.00	1077.00	120.3725	248.29246
	有效个案数	102				
吴塘村	出雇收入（元）	53	0.00	810.00	115.4717	207.59165
	有效个案数	53				
马鞍村	出雇收入（元）	115	0.00	2256.00	159.3913	369.14162
	有效个案数	115				
庄桥村	出雇收入（元）	56	0.00	1414.00	39.9464	192.15528
	有效个案数	56				
太湖村	出雇收入（元）	46	0.00	775.00	94.7391	192.61377
	有效个案数	46				
曹庄村	出雇收入（元）	65	0.00	1450.00	126.2769	242.29943
	有效个案数	65				
刘巷村	出雇收入（元）	95	0.00	2042.00	170.7368	404.97881
	有效个案数	95				
玉东村	出雇收入（元）	94	0.00	854.00	57.9681	148.50665
	有效个案数	94				
华三房村	出雇收入（元）	46	0.00	600.00	64.5435	145.49406
	有效个案数	46				
利农村	出雇收入（元）	46	0.00	1810.00	216.3478	435.20765
	有效个案数	46				
溪南村	出雇收入（元）	20	0.00	1365.00	176.3000	399.90408
	有效个案数	20				

由表 5-49 可以看出，1948 年无锡 11 个村其他副业收入情况存在着差异。

表 5-49 1948 年无锡 11 个村其他副业收入情况

调查村		N	最小值	最大值	均值	标准偏差
前进村	商品性手工业（元）	102	0.00	51315.00	1746.3725	6144.68502
	独立工匠（元）	102	0.00	2246.00	37.3137	269.50817
	教书、行医（元）	102	0.00	0.00	0.0000	0.00000
	经商（元）	102	0.00	1872.00	18.3529	185.35562
	运输（元）	102	0.00	3558.00	57.8235	376.13902
	其他（元）	102	0.00	4680.00	182.9510	635.59912
	有效个案数	102				

续表

调查村		N	最小值	最大值	均值	标准偏差
吴塘村	商品性手工业（元）	53	0.00	480.00	34.3396	102.34913
	独立工匠（元）	53	0.00	1170.00	40.1887	205.91718
	教书、行医（元）	53	0.00	0.00	0.0000	0.00000
	经商（元）	53	0.00	1600.00	30.1887	219.77690
	运输（元）	53	0.00	0.00	0.0000	0.00000
	其他（元）	53	0.00	500.00	47.9057	128.50535
	有效个案数	53				
马鞍村	商品性手工业（元）	115	0.00	1560.00	16.2783	148.10117
	独立工匠（元）	115	0.00	2916.00	40.5652	285.13315
	教书、行医（元）	115	0.00	0.00	0.0000	0.00000
	经商（元）	115	0.00	0.00	0.0000	0.00000
	运输（元）	115	0.00	170.00	1.4783	15.85258
	其他（元）	115	0.00	630.00	7.9304	64.15383
	有效个案数	115				
庄桥村	商品性手工业（元）	56	0.00	3100.00	143.3036	506.11802
	独立工匠（元）	56	0.00	3368.00	569.1607	773.38314
	教书、行医（元）	56	0.00	0.00	0.0000	0.00000
	经商（元）	56	0.00	1347.00	57.0893	236.43883
	运输（元）	56	0.00	0.00	0.0000	0.00000
	其他（元）	56	0.00	1179.00	32.9107	167.87238
	有效个案数	56				
太湖村	商品性手工业（元）	46	0.00	7840.00	890.4348	2025.92890
	独立工匠（元）	46	0.00	744.00	42.0435	145.10716
	教书、行医（元）	46	0.00	0.00	0.0000	0.00000
	经商（元）	46	0.00	368.00	8.0000	54.25864
	运输（元）	46	0.00	0.00	0.0000	0.00000
	其他（元）	46	0.00	160.00	7.8261	30.83382
	有效个案数	46				
曹庄村	商品性手工业（元）	65	0.00	30.00	0.9231	5.22107
	独立工匠（元）	65	0.00	544.00	17.7231	89.62971
	教书、行医（元）	65	0.00	624.00	9.6000	77.39767
	经商（元）	65	0.00	1000.00	36.8615	168.39165
	运输（元）	65	0.00	0.00	0.0000	0.00000
	其他（元）	65	0.00	1872.00	92.0462	325.19083
	有效个案数	65				

续表

调查村		N	最小值	最大值	均值	标准偏差
刘巷村	商品性手工业（元）	95	0.00	3276.00	63.9579	439.82066
	独立工匠（元）	95	0.00	1248.00	47.4947	208.48572
	教书、行医（元）	95	0.00	1042.00	10.9684	106.90694
	经商（元）	95	0.00	15600.00	661.9579	1807.84513
	运输（元）	95	0.00	3120.00	190.3368	633.90446
	其他（元）	95	0.00	2340.00	50.9684	293.89561
	有效个案数	95				
玉东村	商品性手工业（元）	94	0.00	1463.00	18.7340	152.61979
	独立工匠（元）	94	0.00	700.00	36.5213	136.53970
	教书、行医（元）	94	0.00	1684.00	17.9149	173.69134
	经商（元）	94	0.00	3033.00	87.5426	399.28909
	运输（元）	94	0.00	1500.00	17.7447	155.49525
	其他（元）	94	0.00	2628.00	72.3085	329.60070
	有效个案数	94				
华三房村	商品性手工业（元）	46	0.00	935.00	20.3261	137.85823
	独立工匠（元）	46	0.00	9500.00	602.6739	1783.36994
	教书、行医（元）	46	0.00	0.00	0.0000	0.00000
	经商（元）	46	0.00	6855.00	149.0217	1010.71461
	运输（元）	46	0.00	0.00	0.0000	0.00000
	其他（元）	46	0.00	1200.00	77.1739	254.01367
	有效个案数	46				
利农村	商品性手工业（元）	46	0.00	6287.00	520.5870	1517.49555
	独立工匠（元）	46	0.00	4680.00	385.0000	1065.04783
	教书、行医（元）	46	0.00	312.00	6.7826	46.00189
	经商（元）	46	0.00	1730.00	37.6087	255.07458
	运输（元）	46	0.00	0.00	0.0000	0.00000
	其他（元）	46	0.00	1498.00	112.1957	286.10523
	有效个案数	46				
溪南村	商品性手工业（元）	20	0.00	2136.00	269.5000	647.62071
	独立工匠（元）	20	0.00	0.00	0.0000	0.00000
	教书、行医（元）	20	0.00	0.00	0.0000	0.00000
	经商（元）	20	0.00	936.00	93.6000	288.09472
	运输（元）	20	0.00	0.00	0.0000	0.00000
	其他（元）	20	0.00	0.00	0.0000	0.00000
	有效个案数	20				

由表 5-50 可以看出，1948 年无锡 11 个村在外人口寄回情况存在着差异。

表 5-50　1948 年无锡 11 个村在外人口寄回情况

调查村		N	最小值	最大值	均值	标准偏差
前进村	在外人口寄回（元）	102	0.00	6065.00	1005.1471	1403.15057
	有效个案数	102				
吴塘村	在外人口寄回（元）	53	0.00	9600.00	860.0740	1610.34891
	有效个案数	53				
马鞍村	在外人口寄回（元）	115	0.00	3120.00	76.0087	394.48315
	有效个案数	115				
庄桥村	在外人口寄回（元）	56	0.00	2808.00	364.6250	704.91855
	有效个案数	56				
太湖村	在外人口寄回（元）	46	0.00	2880.00	296.0870	732.11559
	有效个案数	46				
曹庄村	在外人口寄回（元）	65	0.00	3400.00	225.8769	693.60434
	有效个案数	65				
刘巷村	在外人口寄回（元）	95	0.00	2340.00	237.8947	563.95921
	有效个案数	95				
玉东村	在外人口寄回（元）	94	0.00	5500.00	320.8085	822.67063
	有效个案数	94				
华三房村	在外人口寄回（元）	46	0.00	2321.00	230.6739	552.00363
	有效个案数	46				
利农村	在外人口寄回（元）	46	0.00	14970.00	1268.4783	2618.99578
	有效个案数	46				
溪南村	在外人口寄回（元）	20	0.00	4044.00	588.1500	1303.70065
	有效个案数	20				

由表 5-51 可以看出，1948 年无锡 11 个村出售财产收入情况存在着差异。

表 5-51　1948 年无锡 11 个村出售财产收入情况

调查村		N	最小值	最大值	均值	标准偏差
前进村	出售财产收入（元）	102	0.00	5040.00	132.5686	670.81805
	有效个案数	102				
吴塘村	出售财产收入（元）	53	0.00	4042.00	131.7253	586.05181
	有效个案数	53				
马鞍村	出售财产收入（元）	115	0.00	0.00	0.0000	0.00000
	有效个案数	115				

续表

调查村		N	最小值	最大值	均值	标准偏差
庄桥村	出售财产收入（元）	56	0.00	0.00	0.0000	0.00000
	有效个案数	56				
太湖村	出售财产收入（元）	46	0.00	4800.00	114.7826	709.68456
	有效个案数	46				
曹庄村	出售财产收入（元）	65	0.00	2624.00	40.3692	325.46714
	有效个案数	65				
刘巷村	出售财产收入（元）	95	0.00	0.00	0.0000	0.00000
	有效个案数	95				
玉东村	出售财产收入（元）	94	0.00	3033.00	37.0532	315.76044
	有效个案数	94				
华三房村	出售财产收入（元）	46	0.00	0.00	0.0000	0.00000
	有效个案数	46				
利农村	出售财产收入（元）	46	0.00	312.00	9.1739	48.43612
	有效个案数	46				
溪南村	出售财产收入（元）	20	0.00	515.00	25.7500	115.15750
	有效个案数	20				

由表 5-52 可以看出，1948 年无锡 11 个村其他收入情况存在着差异。

表 5-52　1948 年无锡 11 个村其他收入情况

调查村		N	最小值	最大值	均值	标准偏差
前进村	其他收入（元）	102	0.00	4000.00	329.3169	747.91447
	其中：剥削收入（元）	102	0.00	1898.00	85.8561	325.45364
	有效个案数	102				
吴塘村	其他收入（元）	53	0.00	3916.50	465.7311	708.54096
	其中：剥削收入（元）	53	0.00	5005.60	300.6000	888.96473
	有效个案数	53				
马鞍村	其他收入（元）	115	0.00	14859.00	515.5391	1674.71032
	其中：剥削收入（元）	115	0.00	14859.00	509.7217	1675.45007
	有效个案数	115				
庄桥村	其他收入（元）	56	0.00	4570.00	213.7500	703.28148
	其中：剥削收入（元）	56	0.00	1950.00	61.0536	283.44500
	有效个案数	56				

续表

调查村		N	最小值	最大值	均值	标准偏差
太湖村	其他收入（元）	46	0.00	6480.00	622.4348	1277.84812
	其中：剥削收入（元）	46	0.00	6400.00	582.4783	1280.12994
	有效个案数	46				
曹庄村	其他收入（元）	65	0.00	12462.00	603.3846	1827.95984
	其中：剥削收入（元）	65	0.00	12462.00	573.4154	1834.48068
	有效个案数	65				
刘巷村	其他收入（元）	95	0.00	2028.00	77.3579	262.06816
	其中：剥削收入（元）	95	0.00	2028.00	62.1053	254.83509
	有效个案数	95				
玉东村	其他收入（元）	94	0.00	9265.00	186.7021	995.30275
	其中：剥削收入（元）	94	0.00	9265.00	160.4149	992.22267
	有效个案数	94				
华三房村	其他收入（元）	46	0.00	99387.00	2254.2391	14643.03086
	其中：剥削收入（元）	46	0.00	99387.00	2188.5000	14650.20678
	有效个案数	46				
利农村	其他收入（元）	46	0.00	5148.00	434.2174	1078.52609
	其中：剥削收入（元）	46	0.00	5148.00	396.8913	1080.62563
	有效个案数	46				
溪南村	其他收入（元）	20	0.00	13101.00	1862.7500	3409.76372
	其中：剥削收入（元）	20	0.00	13101.00	1862.7500	3409.76372
	有效个案数	20				

由表 5-53 可以看出，1948 年无锡 11 个村收入合计（元）情况存在着差异。

表 5-53　1948 年无锡 11 个村收入合计情况

调查村		N	最小值	最大值	均值	标准偏差
前进村	收入合计（元）	102	0.00	64289.00	6521.1751	7527.18014
	有效个案数	102				
吴塘村	收入合计（元）	53	360.00	16057.89	5127.6902	3683.93398
	有效个案数	53				
马鞍村	收入合计（元）	115	0.00	29478.00	5877.8000	4969.74147
	有效个案数	115				
庄桥村	收入合计（元）	56	0.00	11381.00	4470.7411	2292.07007
	有效个案数	56				

续表

调查村		N	最小值	最大值	均值	标准偏差
太湖村	收入合计（元）	46	575.00	25584.00	6193.6304	5741.40237
	有效个案数	46				
曹庄村	收入合计（元）	65	546.00	29835.00	6392.7538	4880.93259
	有效个案数	65				
刘巷村	收入合计（元）	95	406.00	28204.00	3816.3158	3522.22995
	有效个案数	95				
玉东村	收入合计（元）	94	0.00	15600.00	4592.4043	3157.16868
	有效个案数	94				
华三房村	收入合计（元）	46	500.00	102670.00	6814.9783	14748.73373
	有效个案数	46				
利农村	收入合计（元）	46	662.00	19292.00	6326.4783	4308.34648
	有效个案数	46				
溪南村	收入合计（元）	20	209.28	31491.00	11865.2790	9527.97557
	有效个案数	20				

由表 5-54 可以看出，1948 年无锡 11 个村粮食总产量情况存在着差异。

表 5-54　1948 年无锡 11 个村粮食总产量情况

调查村		N	最小值	最大值	均值	标准偏差
前进村	糙米（市斤）	102	0.00	4738.00	1407.4902	1060.62511
	小麦（市斤）	102	0.00	1800.00	476.6765	400.84006
	有效个案数	102				
吴塘村	糙米（市斤）	53	0.00	5474.00	1173.8253	959.95645
	小麦（市斤）	53	0.00	1418.00	339.7774	292.91344
	有效个案数	53				
马鞍村	糙米（市斤）	115	0.00	11203.00	2838.9130	2421.57868
	小麦（市斤）	115	0.00	2475.00	412.4435	433.60050
	有效个案数	115				
庄桥村	糙米（市斤）	56	0.00	3552.00	1364.3036	782.55665
	小麦（市斤）	56	0.00	1235.00	399.6071	273.08065
	有效个案数	56				
太湖村	糙米（市斤）	46	0.00	5465.00	1950.3913	1387.57000
	小麦（市斤）	46	0.00	1595.00	463.3478	362.52640
	有效个案数	46				

续表

调查村		N	最小值	最大值	均值	标准偏差
曹庄村	糙米（市斤）	65	0.00	14432.00	2320.4615	2588.26392
	小麦（市斤）	65	0.00	3510.00	568.8923	640.67874
	有效个案数	65				
刘巷村	糙米（市斤）	95	0.00	7371.00	1381.1158	1319.40971
	小麦（市斤）	95	0.00	4551.00	525.8526	631.50725
	有效个案数	95				
玉东村	糙米（市斤）	94	0.00	6600.00	1532.9574	1295.43388
	小麦（市斤）	94	0.00	27285.00	658.4681	2792.58985
	有效个案数	94				
华三房村	糙米（市斤）	46	0.00	7200.00	1938.1522	1344.32347
	小麦（市斤）	46	0.00	1275.00	309.2826	240.14298
	有效个案数	46				
利农村	糙米（市斤）	46	0.00	4042.00	1222.9348	1029.61061
	小麦（市斤）	46	0.00	1080.00	271.3696	246.93511
	有效个案数	46				
溪南村	糙米（市斤）	20	0.00	14760.00	5059.2500	3841.83015
	小麦（市斤）	20	0.00	7100.00	1781.2000	1811.19764
	有效个案数	20				

由表5-55可以看出，1948年无锡11个村粮食收租量情况存在着差异。

表5-55 1948年无锡11个村粮食收租量情况

调查村		N	最小值	最大值	均值	标准偏差
前进村	糙米（市斤）	102	0.00	1014.00	49.6176	182.41694
	小麦（市斤）	102	0.00	0.00	0.0000	0.00000
	有效个案数	102				
吴塘村	糙米（市斤）	53	0.00	3040.00	158.3358	466.66212
	小麦（市斤）	53	0.00	0.00	0.0000	0.00000
	有效个案数	53				
马鞍村	糙米（市斤）	115	0.00	4640.00	297.4174	791.35245
	小麦（市斤）	115	0.00	1076.00	45.0783	141.49076
	有效个案数	115				
庄桥村	糙米（市斤）	56	0.00	101.00	1.8036	13.49669
	小麦（市斤）	56	0.00	0.00	0.0000	0.00000
	有效个案数	56				

续表

调查村		N	最小值	最大值	均值	标准偏差
太湖村	糙米（市斤）	46	0.00	1216.00	59.2609	199.59397
	小麦（市斤）	46	0.00	0.00	0.0000	0.00000
	有效个案数	46				
曹庄村	糙米（市斤）	65	0.00	10379.00	425.5385	1459.86712
	小麦（市斤）	65	0.00	1140.00	64.9692	206.41599
	有效个案数	65				
刘巷村	糙米（市斤）	95	0.00	682.00	33.5053	126.74643
	小麦（市斤）	95	0.00	400.00	4.2105	41.03913
	有效个案数	95				
玉东村	糙米（市斤）	94	0.00	4539.00	117.9574	650.23418
	小麦（市斤）	94	0.00	1264.00	21.7447	152.45835
	有效个案数	94				
华三房村	糙米（市斤）	46	0.00	69130.00	1502.8261	10192.66243
	小麦（市斤）	46	0.00	17670.00	384.1304	2605.29937
	有效个案数	46				
利农村	糙米（市斤）	46	0.00	1568.00	53.1304	248.06402
	小麦（市斤）	46	0.00	0.00	0.0000	0.00000
	有效个案数	46				
溪南村	糙米（市斤）	20	0.00	6224.00	879.2000	1522.57312
	小麦（市斤）	20	0.00	1556.00	190.8500	372.59252
	有效个案数	20				

由表 5-56 可以看出，1936 年无锡 11 个村粮食购入量情况存在着差异。

表 5-56　1936 年无锡 11 个村粮食购入量情况

调查村		N	最小值	最大值	均值	标准偏差
前进村	糙米（市斤）	102	0.00	2000.00	507.3529	568.43214
	小麦（市斤）	102	0.00	250.00	4.4118	28.23429
	有效个案数	102				
吴塘村	糙米（市斤）	53	0.00	1540.00	363.6377	397.83090
	小麦（市斤）	53	0.00	0.00	0.0000	0.00000
	有效个案数	53				
马鞍村	糙米（市斤）	115	0.00	858.00	40.2174	136.94113
	小麦（市斤）	115	0.00	400.00	3.4783	37.30019
	有效个案数	115				

续表

调查村		N	最小值	最大值	均值	标准偏差
庄桥村	糙米（市斤）	56	0.00	2247.00	522.8929	531.83896
	小麦（市斤）	56	0.00	0.00	0.0000	0.00000
	有效个案数	56				
太湖村	糙米（市斤）	46	0.00	1050.00	224.1304	334.34730
	小麦（市斤）	46	0.00	0.00	0.0000	0.00000
	有效个案数	46				
曹庄村	糙米（市斤）	65	0.00	1800.00	299.4769	440.31981
	小麦（市斤）	65	0.00	0.00	0.0000	0.00000
	有效个案数	65				
刘巷村	糙米（市斤）	95	0.00	510.00	5.3684	52.32490
	小麦（市斤）	95	0.00	0.00	0.0000	0.00000
	有效个案数	95				
玉东村	糙米（市斤）	94	0.00	2592.00	460.0000	509.29758
	小麦（市斤）	94	0.00	0.00	0.0000	0.00000
	有效个案数	94				
华三房村	糙米（市斤）	46	0.00	1300.00	320.4348	375.51125
	小麦（市斤）	46	0.00	160.00	4.5652	24.55891
	有效个案数	46				
利农村	糙米（市斤）	46	0.00	2028.00	554.2826	519.94674
	小麦（市斤）	46	0.00	0.00	0.0000	0.00000
	有效个案数	46				
溪南村	糙米（市斤）	20	0.00	1700.00	162.5000	396.98701
	小麦（市斤）	20	0.00	100.00	5.0000	22.36068
	有效个案数	20				

由表 5-57 可以看出，1948 年无锡 11 个村粮食出售量情况存在着差异。

表 5-57　1948 年无锡 11 个村粮食出售量情况

调查村		N	最小值	最大值	均值	标准偏差
前进村	糙米（市斤）	102	0.00	1650.00	161.6373	375.13171
	小麦（市斤）	102	0.00	1656.00	281.5588	337.28498
	有效个案数	102				
吴塘村	糙米（市斤）	53	0.00	2400.00	141.8302	412.23358
	小麦（市斤）	53	0.00	1000.00	179.7755	243.21065
	有效个案数	53				

续表

调查村		N	最小值	最大值	均值	标准偏差
马鞍村	糙米（市斤）	115	0.00	5600.00	185.4783	764.63077
	小麦（市斤）	115	0.00	2028.00	56.6087	235.27709
	有效个案数	115				
庄桥村	糙米（市斤）	56	0.00	2021.00	120.9821	402.80812
	小麦（市斤）	56	0.00	1092.00	233.1607	245.05723
	有效个案数	56				
太湖村	糙米（市斤）	46	0.00	1800.00	165.2174	367.92958
	小麦（市斤）	46	0.00	500.00	164.0000	159.59282
	有效个案数	46				
曹庄村	糙米（市斤）	65	0.00	11500.00	814.6154	1716.10667
	小麦（市斤）	65	0.00	2700.00	383.6308	471.22512
	有效个案数	65				
刘巷村	糙米（市斤）	95	0.00	0.00	0.0000	0.00000
	小麦（市斤）	95	0.00	300.00	6.3158	43.29642
	有效个案数	95				
玉东村	糙米（市斤）	94	0.00	1480.00	67.5745	234.03738
	小麦（市斤）	94	0.00	1560.00	192.8404	264.50328
	有效个案数	94				
华三房村	糙米（市斤）	46	0.00	2450.00	321.1522	507.38116
	小麦（市斤）	46	0.00	700.00	43.9130	131.51220
	有效个案数	46				
利农村	糙米（市斤）	46	0.00	1600.00	81.1739	281.59564
	小麦（市斤）	46	0.00	700.00	133.6739	193.21089
	有效个案数	46				
溪南村	糙米（市斤）	20	0.00	7000.00	1463.5500	2142.16557
	小麦（市斤）	20	0.00	6000.00	1188.9000	1762.03262
	有效个案数	20				

由表 5-58 可以看出，1948 年无锡 11 个村粮食缴税量情况存在着差异。

表 5-58　1948 年无锡 11 个村粮食缴税量情况

调查村		N	最小值	最大值	均值	标准偏差
前进村	糙米（市斤）	102	0.00	500.00	74.9804	99.97267
	小麦（市斤）	102	0.00	0.00	0.0000	0.00000
	有效个案数	102				

续表

调查村		N	最小值	最大值	均值	标准偏差
吴塘村	糙米（市斤）	53	0. 00	0. 00	0. 0000	0. 00000
	小麦（市斤）	53	0. 00	0. 00	0. 0000	0. 00000
	有效个案数	53				
马鞍村	糙米（市斤）	115	0. 00	2160. 00	267. 1652	379. 27229
	小麦（市斤）	115	0. 00	510. 00	17. 0522	59. 88495
	有效个案数	115				
庄桥村	糙米（市斤）	56	0. 00	180. 00	19. 3036	41. 70237
	小麦（市斤）	56	0. 00	0. 00	0. 0000	0. 00000
	有效个案数	56				
太湖村	糙米（市斤）	46	0. 00	307. 00	91. 6087	80. 51956
	小麦（市斤）	46	0. 00	0. 00	0. 0000	0. 00000
	有效个案数	46				
曹庄村	糙米（市斤）	65	0. 00	700. 00	22. 4308	94. 20970
	小麦（市斤）	65	0. 00	0. 00	0. 0000	0. 00000
	有效个案数	65				
刘巷村	糙米（市斤）	95	0. 00	146. 00	11. 2316	30. 91528
	小麦（市斤）	95	0. 00	0. 00	0. 0000	0. 00000
	有效个案数	95				
玉东村	糙米（市斤）	94	0. 00	1040. 00	100. 5106	153. 55317
	小麦（市斤）	94	0. 00	0. 00	0. 0000	0. 00000
	有效个案数	94				
华三房村	糙米（市斤）	46	0. 00	171. 00	22. 3261	46. 59139
	小麦（市斤）	46	0. 00	0. 00	0. 0000	0. 00000
	有效个案数	46				
利农村	糙米（市斤）	46	0. 00	513. 00	69. 7174	95. 27426
	小麦（市斤）	46	0. 00	0. 00	0. 0000	0. 00000
	有效个案数	46				
溪南村	糙米（市斤）	20	0. 00	3250. 00	713. 7000	779. 51173
	小麦（市斤）	20	0. 00	0. 00	0. 0000	0. 00000
	有效个案数	20				

由表 5-59 可以看出，1948 年无锡 11 个村粮食缴租量情况存在着差异。

表 5-59　1948 年无锡 11 个村粮食缴租量情况

调查村		N	最小值	最大值	均值	标准偏差
前进村	糙米（市斤）	102	0.00	554.00	103.7892	128.61346
	小麦（市斤）	102	0.00	0.00	0.0000	0.00000
	有效个案数	102				
吴塘村	糙米（市斤）	53	0.00	1280.00	276.6528	302.76931
	小麦（市斤）	53	0.00	0.00	0.0000	0.00000
	有效个案数	53				
马鞍村	糙米（市斤）	115	0.00	3000.00	347.5478	480.12703
	小麦（市斤）	115	0.00	340.00	49.7478	76.87719
	有效个案数	115				
庄桥村	糙米（市斤）	56	0.00	885.00	206.6250	209.28489
	小麦（市斤）	56	0.00	64.00	2.4821	11.07329
	有效个案数	56				
太湖村	糙米（市斤）	46	0.00	896.00	78.1304	194.57562
	小麦（市斤）	46	0.00	0.00	0.0000	0.00000
	有效个案数	46				
曹庄村	糙米（市斤）	65	0.00	2050.00	208.5538	395.62723
	小麦（市斤）	65	0.00	600.00	34.6154	82.49161
	有效个案数	65				
刘巷村	糙米（市斤）	95	0.00	806.00	175.1895	174.10716
	小麦（市斤）	95	0.00	0.00	0.0000	0.00000
	有效个案数	95				
玉东村	糙米（市斤）	94	0.00	2232.00	272.6489	333.86642
	小麦（市斤）	94	0.00	250.00	40.6170	56.38560
	有效个案数	94				
华三房村	糙米（市斤）	46	0.00	1271.00	389.5435	303.38415
	小麦（市斤）	46	0.00	0.00	0.0000	0.00000
	有效个案数	46				
利农村	糙米（市斤）	46	0.00	1719.00	218.1304	335.68521
	小麦（市斤）	46	0.00	0.00	0.0000	0.00000
	有效个案数	46				
溪南村	糙米（市斤）	20	0.00	5023.00	428.8500	1128.53185
	小麦（市斤）	20	0.00	194.00	42.5000	66.89623
	有效个案数	20				

由表 5-60 可以看出，1948 年无锡 11 个村口粮消费情况存在着差异。

表 5-60 1948 年无锡 11 个村口粮消费情况

调查村		N	最小值	最大值	均值	标准偏差
前进村	糙米（市斤）	102	0.00	3285.00	1537.7255	789.01522
	小麦（市斤）	102	0.00	585.00	78.6667	104.17648
	有效个案数	102				
吴塘村	糙米（市斤）	53	297.00	3480.00	1151.0404	623.95768
	小麦（市斤）	53	0.00	417.00	89.3434	103.63786
	有效个案数	53				
马鞍村	糙米（市斤）	115	0.00	4368.00	1362.5913	753.47424
	小麦（市斤）	115	0.00	400.00	60.9043	87.46137
	有效个案数	115				
庄桥村	糙米（市斤）	56	0.00	2966.00	1503.6071	654.24390
	小麦（市斤）	56	0.00	750.00	101.5714	114.91528
	有效个案数	56				
太湖村	糙米（市斤）	46	350.00	3000.00	1497.4565	650.50755
	小麦（市斤）	46	0.00	650.00	139.0652	122.85518
	有效个案数	46				
曹庄村	糙米（市斤）	65	400.00	4090.00	1666.8000	853.47902
	小麦（市斤）	65	0.00	540.00	122.0154	95.59771
	有效个案数	65				
刘巷村	糙米（市斤）	95	0.00	4535.00	1503.1158	1054.50367
	小麦（市斤）	95	0.00	650.00	75.5895	146.14387
	有效个案数	95				
玉东村	糙米（市斤）	94	0.00	3900.00	1613.9574	886.16380
	小麦（市斤）	94	0.00	403.00	70.7234	93.58596
	有效个案数	94				
华三房村	糙米（市斤）	46	0.00	2520.00	1182.2826	638.28725
	小麦（市斤）	46	0.00	500.00	125.0435	106.02116
	有效个案数	46				
利农村	糙米（市斤）	46	300.00	2570.00	1344.6522	606.07107
	小麦（市斤）	46	0.00	500.00	75.3478	112.90649
	有效个案数	46				
溪南村	糙米（市斤）	20	0.00	2834.00	708.6500	933.16097
	小麦（市斤）	20	0.00	300.00	71.0000	102.23296
	有效个案数	20				

由表 5-61 可以看出，1948 年无锡 11 个村年末贷款情况存在着差异。

表 5-61　1948 年无锡 11 个村年末贷款情况

调查村		N	最小值	最大值	均值	标准偏差
前进村	年末贷款累计数合计（元）	102	0.00	6240.00	108.1765	665.09196
	其中：存款（元）	102	0.00	6240.00	71.7745	626.00968
	有效个案数	102				
吴塘村	年末贷款累计数合计（元）	53	0.00	14400.00	400.8226	2107.94057
	其中：存款（元）	53	0.00	5631.60	128.5208	776.28799
	有效个案数	53				
马鞍村	年末贷款累计数合计（元）	115	0.00	23400.00	457.5217	2407.88295
	其中：存款（元）	115	0.00	23400.00	275.6609	2214.48916
	有效个案数	115				
庄桥村	年末贷款累计数合计（元）	56	0.00	3900.00	165.6786	593.81032
	其中：存款（元）	56	0.00	0.00	0.0000	0.00000
	有效个案数	56				
太湖村	年末贷款累计数合计（元）	46	0.00	16000.00	1763.3043	3584.05420
	其中：存款（元）	46	0.00	0.00	0.0000	0.00000
	有效个案数	46				
曹庄村	年末贷款累计数合计（元）	65	0.00	2337.00	85.7077	401.14600
	其中：存款（元）	65	0.00	2250.00	34.6154	279.07815
	有效个案数	65				
刘巷村	年末贷款累计数合计（元）	95	0.00	9360.00	131.3684	1009.02587
	其中：存款（元）	95	0.00	0.00	0.0000	0.00000
	有效个案数	95				
玉东村	年末贷款累计数合计（元）	94	0.00	5054.00	123.8085	608.06841
	其中：存款（元）	94	0.00	0.00	0.0000	0.00000
	有效个案数	94				
华三房村	年末贷款累计数合计（元）	46	0.00	7500.00	357.5000	1306.75967
	其中：存款（元）	46	0.00	0.00	0.0000	0.00000
	有效个案数	46				
利农村	年末贷款累计数合计（元）	46	0.00	514.00	21.3478	101.35268
	其中：存款（元）	46	0.00	514.00	21.3478	101.35268
	有效个案数	46				
溪南村	年末贷款累计数合计（元）	20	0.00	50544.00	5199.2500	12602.84051
	其中：存款（元）	20	0.00	12480.00	1872.1000	4082.71959
	有效个案数	20				

由表 5-62 可以看出，1948 年无锡 11 个村全年应收债款利息情况存在着差异。

表 5-62　1948 年无锡 11 个村全年应收债款利息情况

调查村		N	最小值	最大值	均值	标准偏差
前进村	全年应收债款利息（元）	102	0.00	399.00	5.5588	42.71401
	有效个案数	102				
吴塘村	全年应收债款利息（元）	53	0.00	2888.00	60.6792	396.68297
	有效个案数	53				
马鞍村	全年应收债款利息（元）	115	0.00	11700.00	177.0183	1156.08337
	有效个案数	115				
庄桥村	全年应收债款利息（元）	56	0.00	1950.00	70.0893	285.41582
	有效个案数	56				
太湖村	全年应收债款利息（元）	46	0.00	6400.00	705.3261	1433.61988
	有效个案数	46				
曹庄村	全年应收债款利息（元）	65	0.00	7498.00	127.8308	930.56739
	有效个案数	65				
刘巷村	全年应收债款利息（元）	95	0.00	1872.00	26.2737	201.80517
	有效个案数	95				
玉东村	全年应收债款利息（元）	94	0.00	1890.00	20.1064	194.93862
	有效个案数	94				
华三房村	全年应收债款利息（元）	46	0.00	3000.00	93.1304	457.74533
	有效个案数	46				
利农村	全年应收债款利息（元）	46	0.00	77.00	3.0652	14.60046
	有效个案数	46				
溪南村	全年应收债款利息（元）	20	0.00	5678.00	427.2000	1282.64618
	有效个案数	20				

由表 5-63 可以看出，1948 年无锡 11 个村年末负债累计数（元）情况存在着差异。

表 5-63　1948 年无锡 11 个村年末负债累计数情况

调查村		N	最小值	最大值	均值	标准偏差
前进村	年末负债累计数合计（元）	102	0.00	9360.00	332.6667	1251.68490
	其中：货币（元）	102	0.00	9360.00	255.2157	1053.67693
	有效个案数	102				
吴塘村	年末负债累计数合计（元）	53	0.00	3900.00	291.0943	788.97934
	其中：货币（元）	53	0.00	300.00	5.6604	41.20817
	有效个案数	53				

续表

调查村		N	最小值	最大值	均值	标准偏差
马鞍村	年末负债累计数合计（元）	115	0.00	18720.00	532.9304	1890.88766
	其中：货币（元）	115	0.00	18720.00	261.2174	1769.35119
	有效个案数	115				
庄桥村	年末负债累计数合计（元）	56	0.00	4290.00	474.3571	785.20937
	其中：货币（元）	56	0.00	1415.00	44.7679	236.73752
	有效个案数	56				
太湖村	年末负债累计数合计（元）	46	0.00	4800.00	321.2609	1029.17886
	其中：货币（元）	46	0.00	3520.00	110.8261	542.86099
	有效个案数	46				
曹庄村	年末负债累计数合计（元）	65	0.00	11000.00	353.5077	1471.09334
	其中：货币（元）	65	0.00	6840.00	202.7385	957.85363
	有效个案数	65				
刘巷村	年末负债累计数合计（元）	95	0.00	5772.00	194.1158	698.96339
	其中：货币（元）	95	0.00	300.00	3.7789	31.30569
	有效个案数	95				
玉东村	年末负债累计数合计（元）	94	0.00	9360.00	446.3298	1273.46672
	其中：货币（元）	94	0.00	4680.00	192.0957	603.52420
	有效个案数	94				
华三房村	年末负债累计数合计（元）	46	0.00	2380.00	436.8696	707.10268
	其中：货币（元）	46	0.00	1845.00	47.4348	275.44273
	有效个案数	46				
利农村	年末负债累计数合计（元）	46	0.00	2000.00	150.7174	431.86267
	其中：货币（元）	46	0.00	2000.00	150.7174	431.86267
	有效个案数	46				
溪南村	年末负债累计数合计（元）	20	0.00	1560.00	254.8500	453.06526
	其中：货币（元）	20	0.00	842.00	134.7500	298.53588
	有效个案数	20				

由表5-64可以看出，1948年无锡11个村年末负债借款来源情况存在着差异。

表5-64 1948年无锡11个村年末负债借款来源情况

调查村		N	最小值	最大值	均值	标准偏差
前进村	地富（元）	102	0.00	300.00	4.5882	33.90095
	银行（元）	102	0.00	0.00	0.0000	0.00000

续表

调查村		N	最小值	最大值	均值	标准偏差
前进村	典当（元）	102	0.00	312.00	3.0588	30.89260
	钱庄（元）	102	0.00	0.00	0.0000	0.00000
	工商业者（元）	102	0.00	9360.00	107.9412	939.47356
	合会（元）	102	0.00	1872.00	23.3039	191.50306
	其他（元）	102	0.00	7076.00	193.7745	804.40564
	有效个案数	102				
吴塘村	地富（元）	53	0.00	80.00	1.5094	10.98885
	银行（元）	53	0.00	0.00	0.0000	0.00000
	典当（元）	53	0.00	0.00	0.0000	0.00000
	钱庄（元）	53	0.00	0.00	0.0000	0.00000
	工商业者（元）	53	0.00	1000.00	34.5660	176.98865
	合会（元）	53	0.00	1000.00	32.7547	161.83763
	其他（元）	53	0.00	3900.00	222.2642	737.59130
	有效个案数	53				
马鞍村	地富（元）	115	0.00	9360.00	313.9478	1034.01577
	银行（元）	115	0.00	0.00	0.0000	0.00000
	典当（元）	115	0.00	0.00	0.0000	0.00000
	钱庄（元）	115	0.00	0.00	0.0000	0.00000
	工商业者（元）	115	0.00	1560.00	32.4000	208.86732
	合会（元）	115	0.00	780.00	6.7826	72.73538
	其他（元）	115	0.00	9360.00	177.0870	913.75204
	有效个案数	115				
庄桥村	地富（元）	56	0.00	468.00	8.3571	62.53913
	银行（元）	56	0.00	0.00	0.0000	0.00000
	典当（元）	56	0.00	0.00	0.0000	0.00000
	钱庄（元）	56	0.00	0.00	0.0000	0.00000
	工商业者（元）	56	0.00	640.00	17.2321	90.03716
	合会（元）	56	0.00	1060.00	36.2143	166.19711
	其他（元）	56	0.00	4290.00	412.5536	761.29101
	有效个案数	56				
太湖村	地富（元）	46	0.00	4488.00	132.3478	697.55781
	银行（元）	46	0.00	0.00	0.0000	0.00000
	典当（元）	46	0.00	0.00	0.0000	0.00000
	钱庄（元）	46	0.00	0.00	0.0000	0.00000
	工商业者（元）	46	0.00	1120.00	38.2609	179.07546
	合会（元）	46	0.00	0.00	0.0000	0.00000
	其他（元）	46	0.00	3840.00	150.6522	604.04062
	有效个案数	46				

续表

调查村		N	最小值	最大值	均值	标准偏差
曹庄村	地富（元）	65	0.00	11000.00	255.7231	1430.62202
	银行（元）	65	0.00	0.00	0.0000	0.00000
	典当（元）	65	0.00	0.00	0.0000	0.00000
	钱庄（元）	65	0.00	0.00	0.0000	0.00000
	工商业者（元）	65	0.00	600.00	16.1538	92.32572
	合会（元）	65	0.00	1200.00	20.7692	149.71126
	其他（元）	65	0.00	1920.00	68.6769	263.80871
	有效个案数	65				
刘巷村	地富（元）	95	0.00	156.00	2.6947	18.91924
	银行（元）	95	0.00	0.00	0.0000	0.00000
	典当（元）	95	0.00	0.00	0.0000	0.00000
	钱庄（元）	95	0.00	0.00	0.0000	0.00000
	工商业者（元）	95	0.00	0.00	0.0000	0.00000
	合会（元）	95	0.00	780.00	15.4000	102.03915
	其他（元）	95	0.00	5148.00	176.0211	638.80077
	有效个案数	95				
玉东村	地富（元）	94	0.00	1560.00	19.4468	162.96564
	银行（元）	94	0.00	0.00	0.0000	0.00000
	典当（元）	94	0.00	0.00	0.0000	0.00000
	钱庄（元）	94	0.00	0.00	0.0000	0.00000
	工商业者（元）	94	0.00	3120.00	44.2021	330.70165
	合会（元）	94	0.00	1000.00	10.6383	103.14212
	其他（元）	94	0.00	9360.00	372.0426	1200.66395
	有效个案数	94				
华三房村	地富（元）	46	0.00	1845.00	169.3261	419.99260
	银行（元）	46	0.00	0.00	0.0000	0.00000
	典当（元）	46	0.00	0.00	0.0000	0.00000
	钱庄（元）	46	0.00	0.00	0.0000	0.00000
	工商业者（元）	46	0.00	1600.00	46.9565	248.20126
	合会（元）	46	0.00	380.00	16.4565	78.04150
	其他（元）	46	0.00	2000.00	188.9130	458.22958
	有效个案数	46				

续表

调查村		N	最小值	最大值	均值	标准偏差
利农村	地富（元）	46	0.00	0.00	0.0000	0.00000
	银行（元）	46	0.00	0.00	0.0000	0.00000
	典当（元）	46	0.00	0.00	0.0000	0.00000
	钱庄（元）	46	0.00	0.00	0.0000	0.00000
	工商业者（元）	46	0.00	1000.00	21.7391	147.44196
	合会（元）	46	0.00	0.00	0.0000	0.00000
	其他（元）	46	0.00	2000.00	128.9783	412.91476
	有效个案数	46				
溪南村	地富（元）	20	0.00	1560.00	107.5000	353.92930
	银行（元）	20	0.00	0.00	0.0000	0.00000
	典当（元）	20	0.00	0.00	0.0000	0.00000
	钱庄（元）	20	0.00	0.00	0.0000	0.00000
	工商业者（元）	20	0.00	0.00	0.0000	0.00000
	合会（元）	20	0.00	842.00	126.3000	308.46464
	其他（元）	20	0.00	421.00	21.0500	94.13846
	有效个案数	20				

由表 5-65 可以看出，1948 年无锡 11 个村全年应付债款利息情况存在着差异。

表 5-65　1948 年无锡 11 个村全年应付债款利息情况

调查村		N	最小值	最大值	均值	标准偏差
前进村	全年应付债款利息（元）	102	0.00	655.00	15.6275	75.67569
	有效个案数	102				
吴塘村	全年应付债款利息（元）	53	0.00	320.00	14.0000	53.72007
	有效个案数	53				
马鞍村	全年应付债款利息（元）	115	0.00	1800.00	148.7391	310.57833
	有效个案数	115				
庄桥村	全年应付债款利息（元）	56	0.00	2145.00	141.0357	359.89215
	有效个案数	56				
太湖村	全年应付债款利息（元）	46	0.00	1920.00	94.2391	351.35504
	有效个案数	46				
曹庄村	全年应付债款利息（元）	65	0.00	5500.00	182.5692	770.80717
	有效个案数	65				

续表

调查村		N	最小值	最大值	均值	标准偏差
刘巷村	全年应付债款利息（元）	95	0.00	936.00	31.3895	135.55130
	有效个案数	95				
玉东村	全年应付债款利息（元）	94	0.00	624.00	31.0319	107.88120
	有效个案数	94				
华三房村	全年应付债款利息（元）	46	0.00	1120.00	117.5000	250.79985
	有效个案数	56				
利农村	全年应付债款利息（元）	46	0.00	374.00	16.5435	67.04152
	有效个案数	46				
溪南村	全年应付债款利息（元）	20	0.00	84.00	16.0000	31.08562
	有效个案数	20				

参考文献

[1]（俄）恰亚诺夫．农民经济组织［M］．北京：中央编译出版社，1996.

[2]（法）H. 孟德拉斯．农民的终结［M］．北京：中国社会科学出版社，1991.

[3]（法）费尔南·布罗代尔．新世纪学术译丛　资本主义论丛［M］．北京：中央编译出版社，1997.

[4]（美）埃弗里特·M. 罗吉斯，拉伯尔·J. 伯德格．乡村社会变迁［M］．杭州：浙江人民出版社，1988.

[5]（美）黄宗智．华北的小农经济与社会变迁［M］．北京：中华书局，2000.

[6]（美）黄宗智．长江三角洲小农家庭与乡村发展［M］．中华书局，2000.

[7]（美）李丹．理解农民中国：社会科学哲学的案例研究［M］．南京：江苏人民出版社，2008.

[8]（美）马若孟．中国农民经济：河北和山东的农业发展，1890-1949［M］．南京：江苏人民出版社，1999.

[9]（美）托马斯·伯恩斯坦．中国知青运动——一个美国人眼中的上山下乡［M］．北京：警官教育出版社，1996.

[10]（美）托马斯·罗斯基．战前中国经济的增长［M］．杭州：浙江大学出版社，2009.

[11]（美）西奥多·W. 舒尔茨．改造传统农业［M］．北京：商务印书馆，2003.

[12]（美）徐中约．中国近代史，1600-200：中国的奋斗［M］．北京：世界图书北京出版公司，2013.

[13]（美）詹姆斯·C. 斯科特．农民的道义经济学：东南亚的反叛与生存［M］．南京：凤凰出版传媒集团，译林出版社，2003.

[14]（日）顾琳．中国的经济革命：二十世纪的乡村工业［M］．南京：江苏人民出版社，2009.

[15]（日）加藤繁．清代村镇的定期市［M］//载于陶希圣主编．食货（半月刊）（第六卷）（第一期）．上海：新生命书局，1937.

[16]（日）加藤繁．中国经济史考证［M］．北京：中华书局，2012.

[17]《当代中国的河北》编辑委员会编．当代中国的河北［M］．北京：当代中国出版社，2009.

[18]《当代中国的乡镇企业》编辑委员会编．当代中国的乡镇企业［M］．北京：

当代中国出版社，2009.

［19］关于农村基层干部和农业社命令主义作风情况的报告［Z］. 河北省档案馆855—3—969，1956-11-10.

［20］《河北经济手册》编写组. 河北经济手册［M］. 石家庄：河北人民出版社，1986.

［21］华东军政委员会土地改革委员会编. 苏州市郊区土地关系的特点［Z］. 山东省华东各大中城市郊区农村调查，1952 年内部发行.

［22］华东军政委员会土地改革委员会编. 无锡市郊区农村概况［Z］. 山东省华东各大中城市郊区农村调查，1952 年内部发行.

［23］《中国劳动年鉴》编辑部. 中国劳动年鉴 1990-1991［M］. 北京：中国劳动出版社，1993.

［24］Buck，J. L. Chinese Farm Economy［M］. Chicago：University of Chicago Press，1930.

［25］Fogel. Liberals and Collaborators：The Research Department of the South Manchurian Railway Company［M］. Association for Asian Studies，1987.

［26］James Kai-sing Kung，Daniel Yiu-Fai Lee，Bai Nansheng. Chinese Farmer Rationality and the Agrarian Economy of Lower Yangzi in the 1930s［M］// in Ramon Myers and Billy So（eds），China's Productive Market Economy and Liturgical State：Institutional Change and Continuity，1842-1937. Berkeley：University of California Press.

［27］James Kai-sing Kung，Nansheng Bai，Yiu-Fai Lee. Human Capital，Migration，and "Vent" for Surplus Rural Labor in 1930s' China：The Case of the Lower Yangzi［J］. Economic History Review，2011，64（1）：117-141.

［28］James Kai-sing Kung. The Political Economy of Land Reform in China's Newly Liberated Areas：New Evidence from Wuxi County［J］. The China Quarterly，2008（195）：675-690.

［29］Joseph W. Esherick. Number Games：A Note on Land Distribution in Prerevolutionary China［J］. Modern China，1981：387-411.

［30］Popkin，Samuel. The Rational Peasant：The Political Economy of Rural Society in Vietnam［M］. University of California Press，1997.

［31］Rawski，Thomas G. Economic Growth in Prewar China［M］. Berkeley：University of California Press，1989.

［32］Skinner G. William. Sichuan's Population in the Nineteenth Century［J］. Late Imperial China，1987，7：2：1-79.

［33］保定市北市区志编纂委员会编. 保定市北市区志［M］. 北京：新华出版社，1991.

［34］本书编辑组. 河南史志资料丛编　河南土特产资料选编［M］. 郑州：河南人民出版社，1986.

［35］卜凯. 中国农家经济［M］. 北京：商务印书馆，1936.

[36] 卜凯．中国土地利用［M］. 成城出版社，1941.

[37] 曹树基．清代江苏城市人口研究［J］．杭州师范学院学报，2002（4）．

[38] 曹幸穗．旧中国苏南农家经济研究［M］. 北京：中央编译出版社，1996.

[39] 陈东平，浦志军．经济发达地区农民分化现象考察与思考——以无锡市华庄镇的调查为例［J］. 南京农业大学学报（社会科学版），2001（4）．

[40] 陈翰笙，薛暮桥，冯和法．解放前的中国农村（第三辑）［M］. 北京：中国展望出版社，1989.

[41] 陈翰笙，薛暮桥，秦柳方．解放前后无锡、保定农村经济：1929 年至 1957 年［M］. 1958 年（未正式出版）．

[42] 陈翰笙．关于保定农村调查的一些认识［M］//陈翰笙，薛暮桥，冯和法合编．解放前的中国农村（第 3 辑）．北京：中国展望出版社，1989.

[43] 陈翰笙．广东的农村生产关系与生产力［M］//汪熙，杨小佛．陈翰笙文集．上海：复旦大学出版社，1985.

[44] 陈翰笙．四个时代的我：陈翰笙回忆录［M］. 北京：中国文史出版社，2012.

[45] 陈吉元，韩俊．中国农村工业化道路［M］. 北京：中国社会科学出版社，1993.

[46] 陈志武．财富的逻辑 1　为什么中国人勤劳而不富有［M］. 西安：西北大学出版社，2015.

[47] 陈志武．财富的逻辑 2　所有的泡沫终将破灭［M］. 西安：西北大学出版社，2015.

[48] 陈志武，龙登高，马德斌主编．量化历史研究（第一辑）［M］. 杭州：浙江大学出版社，2014.

[49] 陈志武．金融的逻辑 1　金融何以富民强国［M］. 西安：西北大学出版社，2014.

[50] 陈志武．金融的逻辑 2　通往自由之路［M］. 北京：生活·读书·新知三联书店，2018.

[51] 陈廷煊．无锡近代桑蚕业的兴衰——对无锡曹庄等 11 村的调查［M］//高燮初主编．吴文化资源研究与开发．苏州：苏州大学出版社，1995.

[52] 陈卫卫．论水运与清代保定商品经济的发展［J］. 安徽文学，2010（12）．

[53] 陈锡文，赵阳，陈剑波，罗丹．中国农村制度变迁 60 年［M］. 北京：人民出版社，2009.

[54] 池子华，李红英，刘玉梅．近代河北灾荒研究［M］. 合肥：合肥工业大学出版社，2011.

[55] 丛翰香．近代冀鲁豫乡村［M］. 北京：中国社会科学出版社，1995.

[56] 崔晓黎．变迁中的传统农业与社区市场——无锡县和清苑县近代农村社会经济变迁的比较研究［J］. 农村经济与社会，1990（4）．

[57] 崔晓黎．家庭·市场·社区——无锡清苑农村社会经济变迁的比较研究

(1929-1949)［J］. 中国经济史研究，1990（1）.

［58］邓银章编著. 解决三农问题的根本途径研究［M］. 北京：中国农业出版社，2012.

［59］董辅礽. 中华人民共和国经济史（下卷）［M］. 北京：经济科学出版社，1999.

［60］发展研究所（1987）14 号课题　村概况系列 09“无锡市南站乡前进村概况（草稿）”，1987 年 9 月（未出版）。

［61］发展研究所（1987）14 号课题　村概况系列 10“无锡市大浮乡吴塘村概况（草稿）”，1987 年 9 月（未公开出版）。

［62］发展研究所（1987）14 号课题　村概况系列 11“无锡县华庄镇太湖村概况（草稿）”，1987 年 9 月（未公开出版）。

［63］发展研究所（1987）14 号课题　村概况系列“保定市颉庄乡薛刘营村概况（草稿）”，1987 年 9 月（未出版）。

［64］发展研究所（1987）14 号课题　村概况系列 02“无锡县鸿声乡华三房村概况（草稿）”，1987 年 9 月（未出版）。

［65］发展研究所（1987）14 号课题　村概况系列 04“无锡县堰桥乡刘巷村概况（草稿）”，1987 年 9 月（未出版）。

［66］发展研究所（1987）14 号课题　村概况系列 21“清苑县郝庄乡李罗侯村概况（草稿）”，1987 年 9 月（未出版）。

［67］发展研究所（1987）14 号课题　村概况系列 23“清苑县王盘镇蔡家营村概况（草稿）”，1987 年 9 月（未出版）。

［68］发展研究所（1987）14 号课题　村概况系列 24“清苑县张登镇谢庄村概况（草稿）”，1987 年 9 月（未出版）。

［69］发展研究所（1987）14 号课题　村概况系列 25“清苑县大庄镇东孟庄村概况（草稿）”，1987 年 9 月（未公开出版）。

［70］发展研究所（1987）14 号课题　村概况系列 28“清苑县藏村镇固上村概况”，1987 年 9 月（未出版）。

［71］发展研究所（1987）14 号课题　村概况系列 30“保定市富昌乡大祝泽村概况”（未公开出版）。

［72］发展研究所（1987）14 号课题　村概况系列 31“东顾庄经济史实录（1930-1986）”，1987 年 6 月（未公开出版）。

［73］樊自萍. 河北肥乡农村概况［N］. 天津益世报，1937-04-01.

［74］方显廷，毕相辉. 由宝坻手织工业观察工业制度之演变［Z］.《政治经济学报》南开大学经济研究所，1936，4（2）.

［75］费孝通. 费孝通全集（第十一卷）（1985）［M］. 呼和浩特：内蒙古人民出版社，2009.

［76］费孝通. 江村经济——中国农民的生活［M］. 北京：商务印书馆，2002.

［77］冯治. 中国农民富裕化道路　锡山市农村现代化研究［M］. 北京：人民出版

社，1999.

[78] 付筑夫等. 河北经济史（第3卷）[M]. 北京：人民出版社，1984.

[79] 复旦大学历史地理研究中心主编. 港口-腹地和中国现代化进程 [M]. 济南：齐鲁书社，2005.

[80] 高景嶽，严学熙编. 近代无锡蚕丝业资料选辑 [M]. 南京：江苏人民出版社，江苏古籍出版社，1987.

[81] 顾松年，钟永一，薛欲达，杨孝楚. 开放型区域经济中心　无锡 [M]. 上海：上海社会科学院出版社，1988.

[82] 顾廷龙，戴逸. 李鸿章全集 12 奏议十二 [M]. 合肥：安徽教育出版社，安徽出版集团，2008.

[83] 顾振中. 无锡农村经济衰落之现状 [J]. 农行月刊，1935，2（4）.

[84] 行政院农村复兴委员会. 河南省农村调查 [M]. 北京：商务印书馆，1934.

[85] 行政院农村复兴委员会. 江苏省农村调查 [M]. 北京：商务印书馆，1935.

[86] 何洪涛. 论英国农业革命对工业革命的孕育和贡献 [J]. 四川大学学报（哲学社会科学版），2006（3）.

[87] 何廉. 我国今日之经济地位 [J]. 纺织周刊，1935，5（4）.

[88] 河北省保定市地方志编纂委员会编. 保定市志（第二册）[M]. 北京：方志出版社，1999.

[89] 河北省保定市地方志编纂委员会编. 保定市志（第三册）[M]. 北京：方志出版社，1999.

[90] 河北省保定市地方志编纂委员会编. 保定市志（第一册）[M]. 北京：方志出版社，1999.

[91] 河北省地方志编纂委员会编. 河北省志（第50卷物价志）[M]. 石家庄：河北人民出版社，1994.

[92] 河北省高阳县地方志编纂委员会编. 高阳县志 [M]. 北京：方志出版社，1999.

[93] 河北省临城县地名办公室. 河北省临城县地名资料汇编 [Z].

[94] 河北省人民政府编. 河北经济年鉴 2013 [M]. 北京：中国统计出版社，2013.

[95] 河北省统计局. 保定农村经济调查概况资料（5村）[Z]. 1958-07（内部资料）.

[96] 河北省统计局. 保定农村经济调查概况资料（6村）[Z]. 1958-07（内部资料）.

[97] 河北省统计局. 保定农村经济调查专题分析报告（三）：廿八年来副业及动物饲养变化情况 [Z]. 1958-08月（未出版）.

[98] 侯建新. 20世纪三四十年代冀中人口流动与雇工 [J]. 东北师大学报（哲学社会科学版），2002（3）.

[99] 侯建新. 20世纪上半叶冀中农村市场评析 [J]. 中国社会经济史研究，2001

(2).

［100］侯建新．二十世纪二三十年代中国农村经济调查与研究评述［J］．史学月刊，2000（4）．

［101］侯建新．近代冀中土地经营及地权转移趋势——兼与前工业英国地权转移趋势比较［J］．中国经济史研究，2001（4）．

［102］侯建新．民国年间冀中农户劳动生产率研究［J］．中国农史，2001（1）．

［103］侯建新．民国年间冀中农民生活及消费水平研究［J］．天津师范大学学报（社会科学版），2000（3）．

［104］侯建新．民国年间冀中农业成本、农户负担与剩余——来自11村的一项计量分析［J］．理论与现代化，2001（5）．

［105］侯建新．农民、市场与社会变迁——冀中11村透视并与英国乡村比较［M］．北京：社会科学文献出版社，2002.

［106］胡埭乡志办公室．胡埭乡志［M］．南京：江苏科学技术出版社，1990.

［107］华振范主编，东亭镇志编纂委员会编．东亭镇志　江苏省地方志［M］．南京：江苏人民出版社，2003.

［108］黄慧芳．无锡蚕桑发展简史（二）［Z］//中国人民政治协商会议江苏省无锡市委员会文史资料研究委员会，无锡县文史资料第7辑．

［109］黄宗智．中国的隐性农业革命［M］．北京：法律出版社，2010.

［110］黄宗智．中国经济史中的悖论现象与当前的规范认识危机［J］．史学理论研究，1993（1）．

［111］霍塞．出卖的上海滩［M］．北京：商务印书馆，1952.

［112］贾俊民，董金秋．从传统农庄到现代城市社区转型的曲折历程——“无保调查”中保定市薛刘营村城市化进程考察［J］．当代中国史研究，2012（1）．

［113］江苏省地方志编纂委员会编．江苏名村志［M］．南京：江苏古籍出版社，1993.

［114］江苏省统计局，国家统计局江苏调查总队编．数据见证辉煌　江苏60年［M］．北京：中国统计出版社，2009.

［115］江苏省长公署第四科．江苏省实业视察报告书［R］．1919.

［116］解学诗．满铁与华北经济1935－1945［M］．北京：社会科学文献出版社，2007.

［117］李鸿章．光绪畿辅通志［M］．石家庄：河北人民出版社，1985.

［118］李金铮，邹晓昇．二十年来中国近代乡村经济史的新探索［J］．历史研究，2003（4）．

［119］李金铮．中国近代乡村经济史研究的十大论争［J］．历史研究，2012（1）．

［120］李景汉编著．定县社会概况调查［M］．上海：上海人民出版社，2005.

［121］李庆泽主编．河北省经济地理［M］．北京：新华出版社，1988.

［122］李文海等．中国近代十大灾荒［M］．上海：上海人民出版社，1994.

[123] 利玛窦．利玛窦中国札记 [M]．南宁：广西师范大学出版社，2001.

[124] 林毅夫，姚洋．东亚奇迹中的中国农村工业化 [M] //约瑟夫·E. 斯蒂格利茨．东亚奇迹的反思．王玉清，朱文晖等译．北京：中国人民大学出版社，2003.

[125] 林毅夫．李约瑟之谜：工业革命为什么没有发源于中国 [J]．价格与市场，1995 (4)．

[126] 刘怀浦．无锡、保定农村经济调查情况介绍 [J]．统计研究，1958 (7)．

[127] 陆和健．区域文化视域下的近现代苏商 [M]．北京：社会科学文献出版社，2013.

[128] 马俊亚．区域社会经济与社会生态 [M]．北京：生活·读书·新知三联书店，2013.

[129] 茅家琦，李祖法．无锡近代经济发展史论 [M]．北京：企业管理出版社，1988.

[130] 民国政府实业部国际贸易局．中国实业志（江苏省）[Z]．

[131] 南满铁道株式会社调查部．江苏省无锡县农村实态调查报告书 [R]．上海，1941.

[132] 彭干梓，吴金明．中华人民共和国农业发展史（附农业大事记）[M]．长沙：湖南人民出版社，1998.

[133] 彭泽益．近代中国工业资本主义经济中的工场手工业 [J]．近代史研究，1984 (1)．

[134] 彭泽益．中国科学院经济研究所　中国近代经济史参考资料丛刊　第四种　中国近代手工业史资料　第四卷（1940-1949）[M]．上海：生活·读书·新知三联书店，1957.

[135] 彭泽益．中国近代手工业史资料（第 3 卷）[M]．上海：三联书店，1961.

[136] 钱钟汉．无锡五个主要产业资本系统的形成与发展 [Z]．文史资料选辑第 24 辑．

[137] 秦柳方．回忆黄巷民众教育实验区 [M] //中国人民政治协商会议全国委员会文史和学习委员会编．文史资料选辑合订本第四十五卷总第 131-133 辑．北京：中国文史出版社，2011.

[138] 秦柳方．回忆一九二九年无锡农村调查 [Z] //中共无锡市，县委党史办公室，无锡市档案局编．无锡革命史料选辑第十辑．

[139] 清苑县地方志编纂委员会编．中华人民共和国地方志丛书清苑县志 [M]．北京：新华出版社，1991.

[140] 全慰天．中国民族资本主义的发展 [M]．郑州：河南人民出版社，1982.

[141] 任放．近三十年中国近代史研究视角的转换——以乡村史研究为中心 [J]．史学月刊，2011 (4)．

[142] 山东省邹平县地方史志编纂委员会编．邹平县志 [M]．北京：中华书局，1992.

[143] 上海社会科学院经济研究所经济史组．荣家企业史料（上册）[M]．上海：

上海人民出版社，1962.

［144］沈明高．试析农村经济流程中的农户行为——无锡县调查［Z］．1988 年 7 月（未公开出版）．

［145］史志宏．20 世纪 30、40 年代华北平原农村土地以外主要生产资料的占有状况——以河北省清苑县 4 村为例［J］．中国经济史研究，2005（3）．

［146］史志宏．20 世纪三四十年代华北平原农村的土地分配及其变化——以河北省清苑县 4 村为例［J］．中国经济史研究，2002（3）．

［147］史志宏．20 世纪三四十年代华北平原农村的租佃关系和雇佣关系——以河北省清苑县 4 村为例［J］．中国经济史研究，2003（1）．

［148］史志宏．无锡、保定农村调查的历史及现存无、保资料概况［J］．中国经济史研究，2007（3）．

［149］隋福民，韩锋．20 世纪 30—40 年代保定（清苑）11 个村地权分配的再探讨［J］．中国经济史研究，2014（4）．

［150］隋福民，韩锋．保定 11 个村人均纯收入水平与结构的历史变化（1930－1998）：基于“无锡、保定农村调查”数据的分析［J］．中国经济史研究，2012（4）．

［151］隋福民．市场发育、非农就业和农户的选择：20 世纪 30—40 年代保定农村的证据［J］．经济研究，2018（7）．

［152］谈汗人．无锡县志［M］．上海：上海社会科学院出版社，1994.

［153］谭慧编．张培刚经济论文选集（上卷）［M］．长沙：湖南出版社，1992.

［154］汤可可，郑焱．抗战前的无锡农村副业［M］//茅家琦、李祖法主编．无锡近代经济发展史论．北京：企业管理出版社，1988.

［155］汪海波．新中国工业经济史［M］．北京：经济管理出版社，2007.

［156］汪效驷．转型中的近代江南农家经济结构——以江苏省无锡县为中心［J］．安徽师范大学学报（人文社会科学版），2010（1）．

［157］汪疑今．中国近代人口移动之经济的研究——江苏人口移动之一例［J］．中国经济，1936，4（5）．

［158］王赓唐，冯炬．无锡史话［M］．南京：江苏古籍出版社，1988.

［159］王翔．中国近代手工业史稿［M］．上海：上海人民出版社，2012.

［160］王亚南．中国半封建半殖民地经济形态研究［M］．北京：人民出版社，1957.

［161］王益．无锡都市地理之研究［J］．地理周报，1935（3）．

［162］王寅生．王寅生文选［M］．北京：中国财政经济出版社，1999.

［163］无锡地方志编纂委员会办公室，无锡县志编纂委员会办公室编．无锡地方资料汇编第一辑［Z］．1984.

［164］无锡市地方志办公室．无锡近百年经济概览［Z］．铅印本，未署年月．

［165］无锡市地方志编纂委员会办公室编．无锡近百年经济概览［Z］．无锡市地方志编纂委员会办公室，1986.

［166］无锡县委调研科．关于负担政策的调查［Z］．锡山档案馆馆藏档案，档

号 00B10010006104.

［167］无锡县玉祁镇人民政府．玉祁史鉴［M］．上海：上海人民出版社，1990.

［168］吴柏均．中国经济发展的区域研究［M］．上海：上海远东出版社，1995.

［169］吴承明．市场·近代化·经济史论［M］．昆明：云南大学出版社，1996.

［170］吴承明．经济史：历史观与方法论［M］．北京：商务印书馆，2014.

［171］吴知．乡村织布工业的一个研究——河北高阳、蠡县、清苑、安新、任邱的调查［M］．北京：商务印书馆，1936.

［172］武力．20 世纪 30-40 年代保定农村土地分散趋势及其原因［J］．古今农业，2004（3）．

［173］夏明方．近代华北农村市场发育性质新探——与江南的比较［M］//中国乡村研究（第 3 辑）．北京：社会科学文献出版社，2005.

［174］徐建青．一个村庄 50 年的城市化变迁——保定市颉庄乡薛刘营村调查［J］．中国经济史研究，1998（3）．

［175］徐卫国．70 年代无锡华三房村的生产、收入和分配［J］．中国经济史研究，1999（3）．

［176］徐勇．农民理性的扩张："中国奇迹"的创造主体分析——对既有理论的挑战及新的分析进路的提出［J］．中国社会科学，2010（1）．

［177］许道夫．中国近代农业生产及贸易统计资料［M］．上海：上海人民出版社，1983.

［178］薛暮桥．薛暮桥文集（第十五卷）［M］．北京：中国金融出版社，2011.

［179］姚洋．小农与效率——评曹幸穗《旧中国苏南农家经济研究》［J］．中国经济史研究，1998（4）．

［180］游欢孙．民国吴江县市镇的工商业结构——兼论"专业市镇"与"非专业市镇"的差别［J］．中国农史，2005（3）．

［181］于秋华．中国乡村工业化的历史变迁［M］．大连：东北财经大学出版社，2012.

［182］苑书义，任恒俊，董丛林．艰难的转轨历程——近代华北经济与社会发展研究［M］．北京：人民出版社，1997.

［183］张东刚等．世界经济体制下的民国时期经济［M］．北京：中国财政经济出版社，2005.

［184］张会芳．1929-1948 年无锡县农村土地占有的变化趋势——以对第二次无锡农村经济调查报告的重新释读为中心［C］．中国社会科学院近代史研究所青年学术论坛 2009 年卷，2011.

［185］张丽．"非平衡化与不平衡"——中国近代农村经济［J］．南开经济研究，2006（6）．

［186］张丽．非平衡化与不平衡：从无锡近代农村经济发展看中国近代农村经济的转型（1840-1949）［M］．北京：中华书局，2010.

［187］张丽．中共土地革命理论的学理论证和调研［J］．中国社会科学报，2014

（585）.

［188］张培刚．农业与工业化［M］．武汉：华中科技大学出版社，2002.

［189］张培刚．清苑的农家经济（下）［J］．社会科学杂志，1937：8（1）.

［190］张培刚．清苑的农家经济（中）［J］．社会科学杂志，1937：7（2）.

［191］张思等．侯家营　一个华北村庄的现代历程［M］．天津：天津古籍出版社，2010.

［192］张锡昌．河南农村经济调查［J］．中国农村，1934，1（2）.

［193］张毅，张颂颂．中国乡镇企业简史［M］．北京：中国农业出版社，2001.

［194］张永初等．无锡地方史讲堂［M］．北京：中国对外翻译出版公司，2009.

［195］章有义．中国近代农业史资料（第2辑）［M］．上海：生活·读书·新知三联书店，1957.

［196］赵学军．华北农户借贷渠道变迁之管窥——基于“无锡保定农村调查”系列资料（1930-2010）的分析［J］．中国经济史研究，2013（4）.

［197］赵学军．农户借债用途的结构与变迁：一个长期视角［J］．贵州财经学院学报，2012（6）.

［198］赵永良．抗战前后到解放前后无锡社会经济状况述评［M］//赵永良，张经济．江南开发论文集（续编）．海口：南海出版公司，2001.

［199］赵泽生．河北平乡的民变及其社会背景［J］．东方杂志，1934：32（10）.

［200］赵志龙．高阳纺织业的变迁轨迹［J］．中国经济史研究，2006（2）.

［201］郑起东．“整体史观”与近代中国乡村史研究［J］．天津社会科学，2012（3）.

［202］政协清苑县文史资料研究委员会．清苑文史资料（第三辑）［Z］．政协清苑县文史资料研究委员会，1994：11.

［203］中共保定市委党史研究室，保定市工商行政管理局．改革开放中的保定集贸市场［M］．保定：河北大学出版社，1996.

［204］中共中央文献研究室．建国以来重要文献选编（第三册）［M］．北京：中央文献出版社，1992.

［205］中共中央文献研究室．建国以来重要文献选编（第四册）［M］．北京：中央文献出版社，2011.

［206］中国人民政治协商会议河北省保定市委员会文史资料研究委员会．保定文史资料选辑第14辑［Z］．1996.

［207］中国人民政治协商会议河北省保定市委员会文史资料研究委员会．保定文史资料选辑（第10-11辑）［Z］．1993.

［208］中国人民政治协商会议河北省保定市委员会文史资料研究委员会．保定文史资料选辑（第2辑）［Z］．1985.

［209］中国人民政治协商会议河北省保定市委员会文史资料研究委员会．保定文史资料选辑（第3辑）［Z］．1986.

［210］中国人民政治协商会议河北省保定市委员会文史资料研究委员会．保定文

史资料选辑（第 4 辑）[Z]．1987.

[211] 中国人民政治协商会议河北省委员会文史资料研究委员会．河北文史资料（第 19 辑）高阳织布业简史 [Z]．1987.

[212] 中国人民政治协商会议全国委员会文史资料委员会．文史资料选辑（第 133 辑）[M]．北京：中国文史出版社，1999.

[213] 中国人民政治协商会议全国委员会文史资料研究委员会．文史资料选辑（第 24 辑）[M]．北京：中华书局，1962.

[214] 中国社会科学院经济研究所“无保”调查课题组．无锡、保定农村调查统计分析报告：1997 [M]．北京：中国财政经济出版社，2006.

[215] 中国社会科学院经济研究所“无锡、保定调查课题组”．中国村庄经济：无锡、保定 22 村调查报告（1987–1998）[M]．北京：中国财政经济出版社，1999.

[216] 中国社会科学院科研局组织编写．中国社会科学院学者文选　陈翰笙集 [M]．北京：中国社会科学出版社，2002.

[217] 中华人民共和国国家农业委员会办公厅编．农业集体化重要文件汇编 1949–1957（上册）[M]．北京：中共中央党校出版社，1981.

[218] 朱文强．20 世纪 30 年代以来中国农村土地经营规模研究——以无锡、保定为例 [J]．河北学刊，2006（5）．

[219] 朱文强．李罗侯村七十六年的变迁 [M]．北京：中国社会科学出版社，2011.

[220] 朱文强．怎样认识 20 至 50 年代无锡农民的纯收入——对“第二次无锡、保定农村经济调查报告”的再研究 [J]．中国经济史研究，1998（3）．

[221] 朱洗．一位农业经济研究工作者的足迹——孙晓村传略 [M] //《经济日报》主编．中国当代经济学家传略（四）．沈阳：辽宁人民出版社，1989.

[222] 朱议国等．民国时期华北农民的离村与社会变动 [J]．史学月刊，2001（1）．

[223] 朱英．期待中国近代乡村经济史研究向纵深拓展 [J]．华中师范大学学报（人文社会科学版），2007（1）．

[224] 宗菊如．无锡乡镇企业简史 [M]．北京：方志出版社，2011.

[225] 邹依仁．旧上海人口变迁的研究 [M]．上海：上海人民出版社，1980.